珍藏本
纪念版

汉译世界学术名著丛书

施蒂格勒论文精粹

〔美〕库尔特·勒布
托马斯·盖尔·穆尔 编

吴珠华 译

2017年·北京

George J. Stigler

THE ESSENCE OF STIGLER

Edited by Kurt R. Leube and Thomas Gale Moore

Hoove Institution Press

本书根据胡佛研究所出版社 1986 年版译出

汉译世界学术名著丛书
（120年纪念版·珍藏本）
出 版 说 明

2017年2月11日，商务印书馆迎来120岁的生日。120年前，商务印书馆前贤怀揣文化救国的理想，抱持“昌明教育，开启民智”的使命，立足本土，放眼寰宇，以出版为津梁，沟通中西，为中国、为世界提供最富智慧的思想文化成果。无论世事白云苍狗，潮流左右激荡，甚至战火硝烟弥漫，始终践行学术报国之志，无改初心。

逐译世界各国学术名著，即其一端。早在20世纪初年便出版《原富》《天演论》等影响至今的代表性著作，1950年代后更致力于外国哲学和社会科学经典的译介，及至1980年代，辑为“汉译世界学术名著丛书”，汇涓为流，蔚为大观。丛书自1981年开始出版，历时三十余年，迄今已推出七百种，是我国现代出版史上规模最大、最为重要的学术翻译工程。

丛书所选之书，立场观点不囿于一派，学科领域不限于一门，皆为文明开启以来，各时代、各国家、各民族的思想与文化精粹，代表着人类已经到达过的精神境界。丛书系统译介世界学术经典，引领时代思想，为本土原创学术的发展提供丰富的文化滋养，为推动中国现代学术和现代化进程做出了突出的贡献。

为纪念商务印书馆成立120周年，我们整体推出“汉译世界学术名著丛书”120年纪念版的珍藏本，寄望既利于文化积累，又便于研读查考，同时向长期支持丛书出版的译者、编者和读者致以敬意。

两甲子后的今天，商务印书馆又站在了一个新的历史时间节点上。我们不仅要铭记先辈的身影和足迹，更须让我们的步伐充满新的时代精神。这是商务人代代相传的事业，更是与国家和民族的命运始终紧密相连的事业。我们责无旁贷，必须做好我们这代人的传承与创造，让我们的努力和成果不仅凝聚成民族文化的记忆，还能成为后来人可以接续的事业。唯此，才能不负前贤，无愧来者。

商务印书馆编辑部

2017年10月

译者前言

本书是美国斯坦福大学胡佛研究所于1986年为纪念世界著名经济学家，1982年诺贝尔经济学奖获得者乔治·J. 施蒂格勒教授诞辰75周年而编辑出版的一部论文精粹。

乔治·J. 施蒂格勒(George J. Stigler)，1911年1月17日生于美国华盛顿州西雅图市郊的伦顿。他最初在西雅图市接受教育，大学毕业后赴芝加哥继续其研究生课程的学习，并于1938年在芝加哥大学获经济学博士学位。从20世纪30年代起，施蒂格勒博士曾先后执教于美国的依阿华州立大学、明尼苏达大学、布朗大学，以及哥伦比亚大学，并于第二次世界大战后的40年代末及50年代初，曾赴欧洲从事过经济学研究及教学工作。1958年，他又回到芝加哥大学，任 Charles R. Walgreen 功勋经济学教授，此后一直在该大学从事教学和研究工作，成为新芝加哥学派的重要成员。与此同时，施蒂格勒教授还曾长期担任美全国经济研究所的高级研究员；屡次应邀出任斯坦福大学胡佛研究所的客座学者，并曾任该研究所国内经济研究项目顾问委员会的主席。1964年，施蒂格勒博士当选为美国经济学会主席，成为该学会历史上最年轻的一位主席。从1977年起，他又担任了芝加哥大学经济和政府研究中心(the Center for the Study of the Economy and the

State)的主任。1982年秋,施蒂格勒博士被授予诺贝尔经济学奖,使其毕生所从事的经济学研究工作,达到了一个辉煌的顶点。

施蒂格勒博士一生著述颇丰,从1940年出版其第一本著作开始,便不断地有重要著作问世。他的著作所涉及的经济学理论研究领域也十分广阔,均取得了极为显著的成就。无论是他有关经济思想史的论述,还是政治经济学或信息经济学等方面的著作,都曾在美国引起过广泛的影响。如他在20世纪40年代出版的《价格理论》一书,就曾数次再版,并且至今仍是全美范围内的经济学研究生所使用的一本教科书。尤其是施蒂格勒博士在工业组织、市场功能以及政府管制的理由和效用等方面的开创性研究,更是使他赢得了世界性的声誉。1982年,瑞典皇家科学院在授予施蒂格勒诺贝尔经济学奖的公报中曾经这样概括过他的主要贡献:

"通过长期、广泛的实证性研究,乔治·施蒂格勒博士为市场运行的研究和产业结构的分析做出了重大贡献。作为这一研究的一部分,他对经济法规如何影响市场进行了探索。他对产生经济法规的诸力量的分析,已开辟了一个经济研究的全新领域。

"施蒂格勒博士的成就已使他成为市场和产业结构应用研究领域(产业组织)的学术带头人。他的独特的研究成果,还使他被公认为'信息经济学'和'管制经济学'的创始人,以及边缘学科——法律和经济学的先驱之一。"

经胡佛研究所编辑出版的这部论文精粹,可以说比较全面、准确地概括了施蒂格勒教授一生的辉煌学术成就和他对经济科学的独特贡献。该书所收入的重要论文,既有较早期发表的"最低工资立法经济学",以及反映他在上述产业组织和政府管制等研究领域之杰出成就的"论寡头垄断"、"经济管制理论",也有从经济思想史的角度讨论西方经济学家的作用和伦理思想基础等问题的“经济学抑或伦理学”等重要文章。除此以外，该书还收入了几篇表现施蒂格勒博士之锐敏思想和机智谈吐的杂论，使我们在了解这位杰出经济学家在经济学研究方面的伟大贡献和辉煌成就之余，还能领略其犀利幽默的文采。正如托马斯·盖尔·穆尔博士（Dr. Thomas Gale Moore，里根政府总统经济顾问委员会成员）在为这部论文集所写的导言中所说的，读这些文章，“不仅是必要的，而且是一种乐趣”。

为能顺利地翻译并出版此论文集，译者从1993年起便开始着手做了大量的准备工作。当时在与胡佛研究所出版社总编，以及施蒂格勒教授的研究助手和家属等美方有关人士进行接洽的过程中，得知这位著名经济学家已于其时不久前逝世，不禁深感遗憾，同时更感到应当竭尽全力译好这部著作，以使广大的中国读者能够从中比较全面地了解施蒂格勒博士在经济学领域里的主要贡献和杰出成就，并且或多或少地获得一些有关市场经济的更深认识和启迪。尤其值得我们学习和借鉴的，是这位著名经济学家坚持不懈地为加强经济学理论的科学性和实用性而注重实证性研究的治学方法。

我坚定地相信，如果有更多的中国读者能够认真地读一读本书所收入的这些论文，肯定会对我国的改革开放和今后的经济发展大有益处。

在本书的翻译过程中，谢实同志曾协助做了部分工作，谨在此声明并表示感谢。

译者

1996年6月于北京

目　　录

第一部分　有关经济学的论文

第二部分　政治经济学论文

第三部分　施蒂格勒论产业组织

第四部分　有关经济思想史的论文

第五部分　杂文

序

这部论文集是为纪念本世纪最杰出的经济理论家和学者之一,乔治·J.施蒂格勒(George J. Stigler)诞辰75周年而出版的。虽然他的同事们早在20年前就推选他担任了美国经济学会主席,从而使他跻身于该学会历史上最年轻的荣任此职者之列,但是,他在经济学界的成就与地位直到1982年被授予诺贝尔经济学奖时,才算获得应得的承认。当听到他获奖的消息时,我想,肯定会有很多人像我一样认为:"理所当然","他早该获此殊荣"。

我第一次拜读施蒂格勒的著作是40年前在哈佛大学教授经济学时,他对复杂经济理论问题的深刻分析与明晰地阐述自己思想的能力,以及文章中随处可见的敏锐措辞,当时便使我印象颇深,现在仍然如此。托马斯·罗伯特·马尔萨斯(Thomas Robert Malthus)在一个半世纪以前曾称经济学是"沉闷的科学",我想,要是所有的经济学家都能像施蒂格勒这样写作,那经济学就不会被冠以如此称号了。

此后一百多年来,在从事经济学研究的学者当中,没有人比施蒂格勒更能令经济学不再沉闷,也没有人比他更能使经济学成为一门科学。作为经济学家,他极力主张改变以前那种缺乏实证依据的推理方式和思想方法,强调所有的经济学理论均需经过实际的验证。他是一个真正的科学家，一个重视实际经验的科学家。施蒂格勒具有利用严谨的实证方法来检验某些很有权威的理论正确与否的特殊才能。在此我仅举一例便可证明他的这种天赋，他曾对一种被广泛接受的观点，即政府对经济活动的管制有利于消费者，提出质疑，结果这类"真理"未能经受住他的严格检验。他的著作，以及他给予学生的影响，使经济管制的有利效用之说已不再是经济学家所信奉的教义。相反，今天新崛起的年轻一代经济学家都以怀疑和嘲弄的态度看待政府管制的效用。

当未来一代经济学者回顾过去10年这场横扫美国经济界的巨大反管制浪潮时，一定会认识到乔治·施蒂格勒对经济理论和公共政策的深远影响。在他之前的经济学界，几乎没人会想到撰写"保卫管制"(In Defense of Regulation)一类文章，而现在这类文章却越来越常见，然而其作者们——坚持主张施行管制的顽固分子——正在逐渐成为经济学界被围困的少数派。像哥白尼(Copernicus)一样，施蒂格勒推翻了一种占统治地位的理论，并从根本上改变了人类探索真理的方式。

本书汇集了从乔治·施蒂格勒的大量天才著述当中精选出来的一些作品。在此我们想对库尔特·勒布(Kurt R. Leube)以及托马斯·盖尔·穆尔(Thomas Gale Moore)参与此书所收论文的挑选及编辑工作表示感谢，并对穆尔博士在担任里根总统经济顾问委员会成员的百忙当中抽出时间为本书撰写富于启发性的导言，表示感谢。

尤其令我感到自豪的，是施蒂格勒教授与胡佛研究所持续15年之久的密切联系。他不仅曾屡次担任我所的客座学者，而且还从 1972 年起，开始担任我所国内经济研究项目的顾问委员会主席。在任此职期间，他对几百名申请到我所从事一年经济分析及公共政策研究的年轻学者进行了能力审查和评估，并以不同寻常的热情使这些后辈经济学家因他的中肯评价而受益匪浅。在此，我谨代表全所同仁，向施蒂格勒教授祝贺生日，同时希望他今后能与我们保持更长时间的积极合作关系。

胡佛研究所所长

格伦·坎贝尔

致　　谢

胡佛研究所出版这部论文集是为庆祝乔治·J. 施蒂格勒教授75周年诞辰，此意始于1985年夏的一次编辑部讨论会上。要想从这位学者如此广博的著述当中选出一些精品是一件很难做好的事，虽然由于篇幅所限，我们不得不放弃一些值得收入的论文，但是，使我们感到欣慰的是，所有入选论文均得到了施蒂格勒本人的充分赞同。在此，我们想对他为出版此书所给予的协助表示感谢。

本书的出版是在胡佛研究所及其所长格伦·坎贝尔、第一副所长约翰·科根(John Cogan)以及高级研究员罗伯特·赫森(Robert Hessen)的大力支持下，才得以实现的。

在此，我们还要对胡佛研究所出版社的全体优秀工作人员，以及奥德丽·卡尔森(Audrey Carlson)和格兰·普伦(Glen Pullen)在本书的整个出版过程中所给予的一切帮助，表示感谢。

乔治·J.施蒂格勒生平简介

库尔特·勒布

I

乔治·J.施蒂格勒1911年1月17日生于华盛顿州西雅图市郊的伦顿，其父母均为19世纪末来自欧洲中部的移民。作为约瑟夫(Joseph)和伊丽莎白(Elizabeth)的独子，他成长的环境较少拘束。

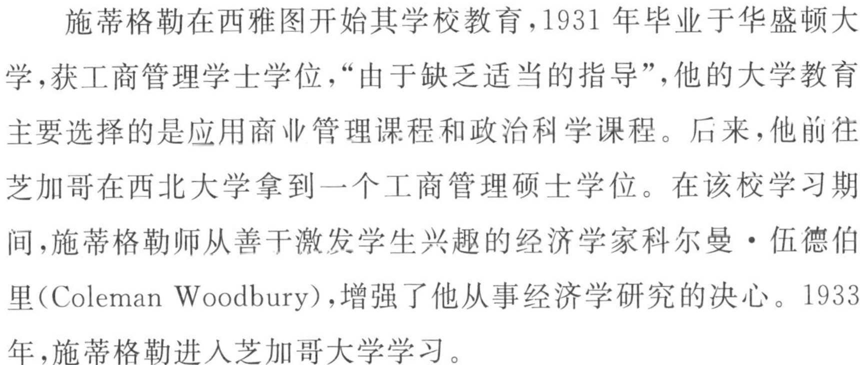

施蒂格勒在西雅图开始其学校教育，1931年毕业于华盛顿大学，获工商管理学士学位，“由于缺乏适当的指导”，他的大学教育主要选择的是应用商业管理课程和政治科学课程。后来，他前往芝加哥在西北大学拿到一个工商管理硕士学位。在该校学习期间，施蒂格勒师从善于激发学生兴趣的经济学家科尔曼·伍德伯里(Coleman Woodbury)，增强了他从事经济学研究的决心。1933年，施蒂格勒进入芝加哥大学学习。

当时的芝加哥大学经济系，不仅因为有像弗兰克·奈特(Frank H. Knight)、亨利·西蒙斯(Henry Simons)以及雅各布·瓦伊纳(Jacob Viner)这样伟大的古典自由主义学派学者而光彩照人,而且还拥有一批才华横溢、志同道合的研究生[其中包括肯尼思·博尔丁(Kenneth Boulding)和萨恩·卡尔森(Sune Carlson)],更为其增添了辉煌。这段求学的日子,对施蒂格勒的学术生涯有着重要的影响。他与米尔顿·弗里德曼(Milton Friedman)及艾伦·沃利斯(W. Allen Wallis)持续终生的友谊(此二人后来与施蒂格勒一起,被称为现代芝加哥学派的“三个火枪手”),就是在50年代的芝加哥校园里发展起来的。这里的教师与学生之间那种活跃的学术气氛对施蒂格勒产生了强烈和持久的影响。

施蒂格勒于1938年获哲学博士学位,其有关经济思想史的博士论文是在学术水平很高的弗兰克·H.奈特指导下完成的。虽然他曾开玩笑地说自己绝不能再从头至尾地看一遍这篇文章,因为这会使他很不好意思,但是,此论文还是在1940年成功地作为他的第一部著作得以出版发行。[①]

Ⅱ

施蒂格勒于1936年在阿米斯(Ames)的衣阿华州立学院经济系开始其教书生涯,当时的系主任是T. W.舒尔茨(T. W. Shultz)。同年12月,他与芝大同学玛格丽特·L.麦克(Margaret L. Mack)结婚,他们婚后生有三子:斯蒂芬(Stephen),统计学家;戴维(David),律师;以及约瑟夫(Joseph),社会工作者。玛格丽特·施蒂格勒已于1970年夏去世。

施蒂格勒的第一篇重要文章发表于1937年的政治经济学杂

志,题目是“卡尔·门格尔的经济学”(The Economics of Carl Menger)。该文论及了主观奥地利学派从方法论出发的自由主义观点,这种观点与施蒂格勒所主张的以经验为依据的实证方法有所区别。在衣阿华州立学院任教两年后,弗雷德里克·加弗(Frederic Carver)邀请施蒂格勒去明尼苏达大学与弗朗西斯·博迪(Francis Boddy)以及阿瑟·马杰特(Arthur Marget)一起在该校任教。1938 年,他应邀赴明尼苏达大学。然而,战争使学术活动的开展遭到普遍的制约。1942 年,施蒂格勒获准休假离开明尼苏达大学前往纽约,到全国经济研究所(NBER)工作。此后他发表了一些有关美国经济产出、就业以及生产率发展趋势之定量研究的论文。而且,这段时期与阿瑟·伯恩斯(Arthur Burns)、杰弗里·穆尔(Geoffrey Moore)以及老朋友米尔顿·弗里德曼的共同探讨,使施蒂格勒更加确信实证经验对检验经济理论的重要意义。②

虽然从 1942 年到 1976 年,施蒂格勒一直是 NBER 的研究人员,但是他曾在二战时期离开该所前往哥伦比亚大学担任统计研究工作组成员。在那里,他与弗里德曼及哈罗德·霍特林(Harold Hotelling)一起,在 W.艾伦·沃利斯领导下从事一些军事问题的统计学分析工作。1945 年,战争结束前不久,施蒂格勒返回明尼苏达大学,并很快在那里与弗里德曼会合。同年,他发表了“生存的成本”(The Cost of Subsistence),这是一篇早期的论线性规划的文章。

施蒂格勒在 1938 年时就已经开始写作和发表了大量有关微观经济理论的论文,但是,他对价格理论的富于开拓性的实证性研究工作,直到 1946 年《价格理论》(*Price Theory*)一书的出版[3],才真正达到了顶峰。他还在 1946 年与弗里德曼合写了《屋顶或者天花板》(*Roofs or Ceilings*)。在这本书中,施蒂格勒有力地论证了对租金的控制必然会导致房屋租赁市场的扭曲,从而实际上会造成居住空间的不当配置。这本薄薄的小册子一问世便激怒了自由主义者,并从此成为经济学家的必读书目。在另一篇引人注目的论文"最低工资立法经济学"[(The Economics of Minimum Wage Legislation) 1946]中,施蒂格勒继续就最低工资立法对资源的配置、总需求、家庭收入以及贫困的有害影响进行了分析。[4]

施蒂格勒于 1946 年到布朗大学任教,而弗里德曼也于同一年离开明尼苏达前往芝加哥大学加盟芝加哥学派,因此他们在明尼苏达大学的重聚没能持续很长时间。

Ⅲ

在布朗大学只做了一年全职教授之后,施蒂格勒便前往哥伦比亚大学,并在那里教了 11 年经济理论、产业组织以及经济思想史。他的新同事中包括 A. F.伯恩斯(A. F. Burns)、A.哈特(A. Hart)以及拉格纳·诺斯科(Ragear Nurske)。1947 年,施蒂格勒发表了两部在全国经济研究所时便开始创作的专题著作,《美国的家仆》(*Domestic Servants in the United State*)和《产出与就业的发展趋势》(*Trends in Output and Employment*)。[5]在第二本书中,他首次使用了全部要素生产率衡量方法,即将产出当作所有投入的指数。

同年,施蒂格勒应F.A.冯·哈耶克(F. A. Von Hayek)之邀前往瑞士的维维伊(Vevey)附近,与一些来自全世界的拥护自由市场的学者们共同出席一个会议。在这次会议上,这一小批见解相同但以往却缺乏沟通的思想家们聚在一起,探讨用以保卫自由社会的恰当方法和手段,并成立了自己的组织:蒙特·佩拉任学会(Mont Pelerin Society)。作为该组织的发起者之一,施蒂格勒后来曾于1976—1978年担任其主席一职。正是在该学会这第一次会议期间,他认识了艾伦·迪瑞克特(Aaron Director),并与之建立起亲密友谊。迪瑞克特在产业组织和公共管制理论方面对施蒂格勒产生了很大的影响。许多年后(1970年),施蒂格勒在其论文"关于公共收入再分配的迪瑞克特定律"(Director's Law of Public Income Redistribution)中描述了这位友人的一些思想。

1948年施蒂格勒应邀前往伦敦经济学院讲学。在40年代末到50年代初这段期间,他发表了一些有关产业组织的研究论文;重新修订了《价格理论》一书;还发表了论文"市场范围限制劳动分工"[(The Division of Labor Limited by the Extent of the Markct)1951]。在这篇文章中,施蒂格勒表明了劳动分工是经济组织的基本原则这一论点。⑥

1955年,施蒂格勒被授予古根海姆研究基金(Guggenheim Fellowship),在瑞士日内瓦工作了5个月。随后他发表了其重要论文"完全竞争,历史的反思"[(Perfect Competition, Historically Contemplated) 1957],以及精心研究的成果"伯纳德·肖、西德尼·韦伯以及费边社会主义理论"[(Bernard Shaw, Sidney Webb, and the Theory of Fabian Socialism) 1959](这两篇文章均

收入本论文集中)。施蒂格勒有关"生存技术"的观点,即用以确定某一产业的企业效率和最佳规模的方法,也是在50年代发展起来的,他在其著名的"规模经济"[(The Economies of Scale) 1958]一文中对这一方法进行了全面的阐述。这篇有争议的论文是在NBER完成的,但是最终却未能收入该所出版的丛书。

Ⅳ

施蒂格勒于1958年回到芝加哥大学经济系任Charles R. Walgreen功勋经济学教授,并从而得以在其最兴盛时期加盟新芝加哥学派。从那时起,强调推行货币主义和消减政府作用,明确主张实行自由市场制度,因而对经济学与政治学产生了极深刻影响的芝加哥学派,便成为施蒂格勒余生之学术活动的家园。

在回到芝大的当年,施蒂格勒便发表了其力作(虽然有点遭到忽视)"经济政策的目标"[(The Goals of Economic Policy) 1958],出于对政府政策的极度不信任,他对许多由政府强制施行的管制法令之价值提出质疑。从50年代末以来发表的一些文章,已经显示出他在公共管制方面的研究之逐渐增长的兴趣。⑦

60年代初,施蒂格勒开始对政府管制的经济作用进行深入的研究,首先发表的文章是他与克莱尔·弗里德兰(Claire Friedland)合写的具有开拓意义的"管制者能管制什么?"[(What Can Regulators Regulate?) 1960]在这篇文章中,两位作者考察了受管制的和未受管制的公用事业公司所收电费的费率,从而得出了管制对价格不存在有意义的作用这一结论。在继此文之后陆续发表的一些有关公共管制政策的实证性研究论文中，施蒂格勒明确指出了各种管制政策所带来的影响深远和始料未及的副作用。⑧

这些对引起公共管制的力量所进行的实证性研究，造就了一些新的经济研究领域。这一新研究方法和思想主张被称为公共选择学派，其代表人物是像詹姆斯·布坎南(James Buchanan)以及戈登·塔洛克(Gordon Tullock)这样的人物。施蒂格勒就公共管制对不同利益集团而言的成本与收益所进行的经济分析与政治科学的研究方法截然不同。政治科学家认为，任何管制都是对所谓的公众利益进行保护的公众需求之立法反映，而施蒂格勒却在其有关文章中证明，这种"公众利益"理论实在没能解释清楚社会为什么要采纳这些管制政策。另一方面，他用自己的公共选择理论所进行的分析表明，政府官僚们的行为是受其自身利益支配的，这些管制者并不总是为"公众利益"服务，相反，他们往往要为其显然正在试图加以控制的利益服务。

1963年，施蒂格勒发表了《知识分子和市场》(*The Intellectual and the Marketplace*)。这是一本包括其同名杰出论文的十分成功的论文集。遗憾的是，我们只能从中选取很少几篇精品收入本论文集。

1964年，施蒂格勒在当选为美国经济学会主席的大会上发表了纲领性的演说，"经济学家和政府"(The Economist and the State)。在这篇演说中，他精练地阐明了其有关政府对个人之保护的哲学与理论论点。一年后，《经济史论文集》(*Essays in the History of Economics*)一书出版。该论文集包括了施蒂格勒从

40年代到60年代有关经济史的全部论著，再次表明他确实是一个研究思想史的大师。

V

在初版发行20年后，经全面修订的《价格理论》第三版于1966年发行问世（这本成功的著作至今仍是全美研究生院的教科书）。同年，另一篇论及管制问题的文章，“反托拉斯法的经济效用”[The Economic Effects of the Antitrust Laws (1966)]发表。5年后，他又继另外几篇论文之后发表了“经济管制理论”[The Theory of Economic Regulation(1971)]。所有这些文章都产生了很大反响。施蒂格勒在50年代和60年代之间有关产业组织的许多研究成果随着1968年《产业组织》(*The Organization of Industry*)一书的出版而达到顶峰。

在60年代至70年代期间，施蒂格勒曾任职于一些政府委员会。他1960年任联邦价格统计审查委员会主席；1970年任竞争与生产力特别工作组组长。他与斯坦福大学的战争、革命与和平胡佛研究所的密切关系也已持续了若干年，他不仅是该所的客座学者，而且还担任其国内经济研究项目顾问委员会主席。1974年，施蒂格勒成为《政治经济学杂志》的编辑。1977年，他又担任了芝加哥大学经济和政府研究中心主任一职。

1975年施蒂格勒将其论述政府管制的论文集，《公民与政府》(*The Citizen and the State*)，献给其密友及同事——艾伦·迪瑞克特。1979年，值F. A.冯·哈耶克80寿辰，施蒂格勒为这位前同事的纪念文集撰文，追溯了过去100年间政府在整个西方世界得以大大发展的根源。[9]

出于对自由及政府为个人提供的保护之深切关注，施蒂格勒于1981年发表了“经济学抑或伦理学”（Economics or Ethics）一文。[10]此文是在哈佛大学发表的“坦纳人类价值演讲”之一。这些演讲的第一部分引出他最近的一本书，《经济学家和说教者》[*The Economist as Preacher* (1982)]。该书是一部论及知识分子之影响问题的论文集。

使施蒂格勒本人大感意外的是，1982年秋他因“对产业结构，市场运行，以及公共管制的原因及结果所进行的开拓性研究”获诺贝尔经济学奖。他的获奖是芝加哥经济学派的又一次胜利，并进一步增强了其影响力和威望。施蒂格勒在颁奖大会上的演讲，“经济学的发展过程及其所取得的进展”[The Process and Progress of Economics (1982)]，是一篇将其信息理论应用于推销经济科学新思想的方法论论文。

施蒂格勒对经济学之最重要的贡献是在信息理论方面的研究。他对反托拉斯问题的研究使其确信，近似于同质的商品会存在不同的价格，从而得出了“昂贵的信息”是保持价格差异的原因这一结论。有关买主搜寻最低价，卖主搜寻最高价的理论，使他断定，信息会随着时间的推移失去其价值，即我们可以认为，经常购买的商品价格之变动会比不常购买的同样价值的商品小。施蒂格勒认为，价格的离散表明“对市场的无知”，他的著名论文“信息经济学”[The Economics of Information (1961)]是其对既定时刻不同经济条件下存在着价格离散进行了广泛研究的结果。在这篇文章中,他将其理论应用于不同的领域。与传统理论假定消费者和厂商均具备完全的市场信息不同的是,施蒂格勒认为信息像所有商品一样很难获得且价格昂贵。个人欲得到的信息至多只会达到他们感到满意的程度。他指出,这些都是市场固有的基本特点,政府的干预不可能对其产生什么效力。

施蒂格勒有关信息及公共管制的论著对实际存在的现象进行了详细的阐释。他最新的著作论及了一个相关领域——政治生活中的信息问题——所研究的是,假如能得到有关理智的投票选举之必要的信息,我们的社会将会是怎样的。

乔治·约瑟夫·施蒂格勒的确不愧为“世界上最杰出的经济学家之一”。他对经济学的开拓性贡献打开了许多通向新的及未开发的研究领域的大门。他的经济思想史论著对当代经济学研究产生了极为深刻的影响。他的一生,对其所从事的事业一直保持着巨大的影响力,是很受爱戴的师长(倘使需要的话)。同时,其不容置疑的才智和杰出的幽默感也是有口皆碑,在此仅举一例便足以证明这一点:施蒂格勒将其游艇命名为“论文”,因而当被问及如何度过余暇时,他便答道:“在我的论文上忙呢。”

注释:

①乔治·约瑟夫·施蒂格勒,《生产和分配理论》[(*Production and Distribution Theories*),纽约:麦克米伦出版公司,1940 年]。

②施蒂格勒,《美国的家仆》[(*Domestic Servants in the United States*),纽约:NBER, 1947];《产出及就业的发展趋势》[(*Trends in Output and Employment*),纽约:NBER, 1947];《就业及教育的补偿》[(*Employment and Compensation in Education*),纽约:NBER,1950]。

③施蒂格勒,“社会福利和价格差异”(Social Welfare and Differential Prices),载《政治经济学杂志》(1938年8月);“短期内的生产和分配”(Production and Distribution in the Short Run),载《政治经济学杂志》(1939年6月);“对由两家买主垄断市场理论的注释”(Notes on the Theory of Duopoly),载《政治经济学杂志》(1940年8月)。

④施蒂格勒,“最低工资立法经济学”(The Economics of Minimum Wage Legislation),《美国经济评论》(1946年6月)。

⑤见注释2。

⑥施蒂格勒,“市场范围限制劳动分工”(The Division of Labor Is Limited by the Extent of the Market),载《政治经济学杂志》(1951年6月)。

⑦施蒂格勒,“兼并与预防性反托拉斯政策”(Mergers and Preventive Anti-Trust Policy),载《宾夕法尼亚法律评论》(1955年11月);“守得住的地方政府职能范围”(The Tenable Range of Functions of Local Government),载联合经济委员会,《稳定经济增长的联邦政府支出政策》[(*Federal Expenditure Policy for Economic Growth and Stability*),华盛顿,D. C.:1957年11月];“被合并的普罗米修斯:服从或强制”(Prometheus Incorporated: Conformity of Coercion),载R.斯皮拉(R. Spiller)编辑的《自由社会的社会控制》(*Social Control in a Free Society*),本杰明·弗兰克林系列讲座(费城:费城大学出版社,1960年)。

⑧施蒂格勒,“证券市场的公共管制”(Public Regulation of the Securities Markets),载《商业期刊》(1964年4月)。

⑨施蒂格勒,“为什么社会主义者常常获胜”(Why Have the Socialists Been Winning?),《奥多》第30卷(1979年)(F. A.冯·哈耶克纪念文集)。

⑩施蒂格勒,“经济学抑或伦理学?”(Economics or Ethics?),载《坦纳人类价值演讲集》第二卷(盐湖城:犹他大学出版社,1981年)。

导　　言

托马斯·盖尔·穆尔

据说在被问及如何评价其同事和朋友米尔顿·弗里德曼时，乔治·施蒂格勒曾说，“他是一个糟糕的世纪中最伟大的经济学家之一。”虽然很多人可能并不认为这一世纪对经济学家来说真的很糟，可是，大多数人都会赞同应当把乔治·约瑟夫·施蒂格勒归入本世纪的伟人之列。用他自己在纪念亨利·西蒙斯(Henry Simons)的演讲中所说的话就是，“对一位学者的真正赞誉，就是指出他已将自己的全部生命都贡献给了其所从事的学术研究工作。”施蒂格勒的著述在经济学文献中属于被引用最多的那一类论文，充分证明了其具有持久的活力。本书所汇集的论文即是他的23篇最好的论文。

施蒂格勒的著述实际上遍及全部微观经济学、经济思想史以及政治经济学领域。本书所收入的文章只不过是他数量庞大的论文中之一小部分。从1940年发表其博士论文至今，他所完成的论著不仅数量惊人，而且文笔机智、论述清晰、富于特色，在经济学家中实不常见。

乔治·施蒂格勒一直是个甘于寂寞的学问家，是个学者中的学者，对其周围世界的好奇心是他从事研究工作的动力。他一向很小心地避免进行鼓吹,事实上他坚信,"说教"(他使用的术语)是徒劳的。政府推行的政策可能显示出是愚蠢的和错误的,然而这些政策的存在却是因为一些有影响力的集团会得益。因此,经济学的目的不是进行说教,也不是精心构建一些假设的经济理论模式,而是对我们周围的世界加以研究,以便更好地了解其运行的规律。除有关经济思想史的论著以外,施蒂格勒的大部分著作都遵循着这样的宗旨。

作为他最早发表的论著之一,"最低工资立法经济学"(The Economics of Minimum Wage Legislation)是一篇考察最低工资立法对就业之影响的导航性文章。在这篇文章中,施蒂格勒分析了法定最低工资对资源配置所产生的扭曲作用;并指出其对总就业的作用是可以忽略的;以及在相对工资的变化与减轻贫困之间并不存在相关性。这些结论,后来经其他学者的经验性论证均得以证实。

或许由于对经济思想史的兴趣,使施蒂格勒将研究的重点转向亚当·斯密的著名定理——市场范围限制了劳动分工。这一命题形成了一个两难推理,即,要么某一企业通过专业化能够垄断市场,要么该定理是错误的。事实上,施蒂格勒指出,虽然这对于厂商的很多功能来说可能确实如此,但是总有一些伴随着收益递减的功能会限制企业的规模。

他的论文"规模经济"(The Economies of Scale)提出了一个评判厂商最佳规模或最佳规模范围的方法。在这篇文章中,他指出,用工程技术方法来评定最佳规模几乎总会导致错误结论。但是,如果对厂商规模的分布衡量两次或两次以上,那么,得以生存或发展壮大的厂商之规模便是最佳规模，而缩小了的规模显然是未能经受住市场的检验。

对周围世界的好奇心使施蒂格勒向自己提出了一些问题，诸如，为什么市场要按其固有的方式运行？为什么我们在大多数市场上看不到单一的价格，而是许多种价格？为什么市场不会在瞬时内出清所有商品？为什么会有失业？等等，从而写出了“信息经济学”(The Economics of Information)一文。该论文随后引出了一大批新的经济学文献。在这篇文章中，施蒂格勒指出，信息是昂贵的，这使有理性的消费者和生产者不能，也不会试图获取完备的信息。搜寻的开展会在其边际期望收益与其追加的边际成本相等时停止。因而，对时间成本高的人来说，进行大量搜寻并不合算；而时间价值低者增加寻求机遇的次数则是值得的。

在“免费搭乘和集体行动：经济管制理论的一个附录”(Free Riders and Collective: An Appendix to Theories of Economic Regulation)一文中，施蒂格勒表明，“独立于某联合体之外的行动是免费的”这一简单的命题并不正确，而应当重新表述为“廉价乘车”。在很多情况下，厂商加入集体行动是“有理性的”。有很多因素导致了集体组织的建立。例如，一个联合会可为其会员提供有益的服务，还可在收取一些租金的情况下为会员提供公益商品。假如厂商的数目少，其参与集体行动的比率就会高；假如一些小厂商不从事该行业较大企业全部产品品种的生产，它们就会感到必须加入集体行动，以保证自己的利益不被忽视。

一般来说施蒂格勒避免进行说教，但在“知识分子和市场”一文中，他却系统地考察了市场制度并极力捍卫这种制度。他指出，

"知识分子"应当感谢竞争的体制，因为他们的价值就建立在思想的竞争之基础上。他承认知识分子厌恶贪婪，但是却责备他们在这一点上有些虚伪。知识分子对市场趣味的指控往往纯属势利行为。对市场产生不信任的部分原因在于未能理解，某人在从事商务活动中赢利不等于另一人受了损失，而是所有人都能赢利。知识分子还因最终收入分配的不够公平而不喜欢市场。施蒂格勒指出，收入分配并没有变得更不公平，继承得来的财产也没有在收入分配中起支配的作用。在收入分配中意义最重大的因素是由遗传得来的才智、精力以及一般能力。

比"知识分子和市场"早 5 年（原文如此——译者注）发表的"经济政策的目标"，也论述了知识分子的态度问题。施蒂格勒承认经济政策的通常目标是最大限度的产出、经济的增长以及尽量减轻收入的不平等。但他指出，其压倒一切的目标，应当是个人的自由。虽然这个目标似乎往往与收入的不平等这一问题相抵触，但是它实际上是区分我们的经济政策与马克思主义经济政策的唯一标准。

施蒂格勒强烈反对从事经济学研究的人不进行验证或无足够根据便提倡推行一些公共政策。在"经济学家和政府"一文中，他凭借渊博的经济思想史知识，考证了古典经济学家们如何在既没有实证基础，也没有恰当的理论根据的情况下反对政府的行动；而近几十年的现代经济学家的态度却与之相反，他们倡导政府的行动，但却同样只不过是一些主张或语录而已。虽然从 19 世纪初起经济学已成为一门实证科学，但是施蒂格勒确切地预测出，革命才刚刚开始，未来的政府行动将会经受经验性检验。

在“经济竞争和政治竞争”(Economic Competition and Political Competition)一文中,施蒂格勒将投票选举及政党与市场进行了比较。他认为,地方政府以其提供的服务和税收政策与其他政府竞争公民。他还推断出,实际上满足半数投票人需求的单个政党便可符合霍特林的政党之间的竞争形式。他指出,将选举结果看成得到一切或者一无所获是错误的,更确切地说,一个获得49%选票的政党对政策产生的影响并不比获得51%选票的政党少多少。这表明政党在政治竞争中会有强烈的动机去争取最大限度的选票;这还意味着从投票选举所得到的收益会比通常认为的多,因为即使投了失败者的票也能对最终结果产生一些影响。

施蒂格勒的诺贝尔纪念演讲“经济学的发展过程及其所取得的进展”(The Process and Progress of Economics)论述了在经济学领域创立新思想理论的问题。一些有价值的新思想往往在刚出现时并不被人接受,然而,过了一段时间之后,同一个命题却会被重新提出并被广泛接受。造成这种现象的部分原因在于,经济学采纳新概念需有所准备,不可能太快,正如施蒂格勒所言,“冰冻三尺非一日之寒”。在举例说明经济学界接受新思想的过程时,施蒂格勒注意到,他本人提出的信息经济学理论,很快便被经济学家们所接受,虽然古诺(Cournot)此前已从一个竞争者拥有关于另一个竞争者之信息的角度解释过寡头垄断理论,但是,施蒂格勒的理论却被广泛接受并使论述该题目的文献数量大大发展起来。

另一方面,经济学界却不太愿意接受施蒂格勒的重要著作“经济管制理论”所阐述的观点,这很可能是因为这一理论不符合很多经济学家的口味,因而也没有引出很多论及此题目的文章,然而由于他们不能更好地阐明为何存在管制的问题，所以施蒂格勒的理论还是被接受了。

在对信息经济学进行了开拓性的研究两年后，施蒂格勒将同样方法应用于寡头垄断理论的研究。在“论寡头垄断”(A Theory of Oligopoly)一文中，他详细考察了垄断寡头所面临的建立和强制实施共谋的问题。他提出的基本前提是，真正同质的重要市场，即，在产品提供者和购买产品者之间买主和卖主都完全一样，是不存在的。而且，任何异质性的市场之价格差异都是利润最大化的必要条件。为使之真正发挥作用，厂商可采取兼并或利用联合销售机构两种形式进行共谋，但这两种形式均代价不菲，且均被美国法律所禁止，因此，各厂商必须就价格达成协议并强制执行这一协议。

强制执行价格协议涉及查明背弃行为。如果某一卖主对大批顾客实行削价，便会因这种背弃行为获利。然而，当对很多小厂商削价时被查明的可能性较大，所以垄断寡头不太可能会为了这些小厂商的利益而采取背弃价格协议的行为。施蒂格勒讨论了新顾客的进入，以及这些顾客变换卖主的愿望及频率是如何影响查明背弃行为之可能性的。他得出的结论是：(1)通过秘密削价从任一竞争对手处得到的销售利润对竞争对手的数目并不敏感；(2)当每一卖主的顾客数目增加时秘密削价的动机下降；(3)当重复购买的可能性下降时秘密削价的动机上升。

1967年，施蒂格勒发表了“占优势的企业和反向保护伞”(The Dominant Firm and the Inverted Umbrella)一文。在这篇文章中施蒂格勒为普通卡特尔行为提供了一个最好的解释。尽管当时石油输出国组织(OPEC)的作用还远未引起人们的重视,他已对沙特阿拉伯及石油卡特尔的行为予以了杰出的阐释。

施蒂格勒的“反托拉斯法的经济效用”(The Economic Effects of the Antitrust Laws)一文建立在他坚持主张对政府政策进行实际验证的基础之上。他首先批评了大多数经济学家所采取的假设答案的研究方法,然后对没有反托拉斯法的英国与颁布了此类法案的美国的连锁董事会进行了比较,他发现,英国的连锁董事会数量很少。在对七个样本产业所进行的比较当中,施蒂格勒发现在英国有五个产业的集中率比较高,但是,由于英国的市场比美国的小得多,所以较高的集中率也是可以想见的。施蒂格勒还发现,1950年通过反兼并修正案以后同行业间的兼并率有所下降。他的结论是,反托拉斯法对有效的共谋比对那些为了进行一些无关痛痒的贸易联合行动而结成的效果较差的共谋,更可能发挥效用。

贯穿施蒂格勒大部分论著的一个主要宗旨是,他从来不把目的与结果混为一谈。无论是他本人的大多数有关管制的著述,还是他激励别人所完成的著作,都是对某一既定的政府规章制度的结果所进行的研究。政府对某种行为的禁令并不一定意味着发生了任何变化,因为可能已经没人这样做了,即使这种行为原本是合法的(或者该行为可能仍在继续发生,尽管已经颁布了禁令)。许多论述政府管制之影响的经济学文献,都以这种独特的思考方法为出发点,施蒂格勒的“管制者能管制什么:电力部门的实例”(What Can Regulators Regulate:The Case of Electricity)是其中最好的一篇(而且当然是率先发表的一篇)。在这篇文章中,他考察了州政府管制对电业部门价格的影响,没有发现这种管制对消费者有利或对生产者有害。

对这一领域的深入研究，使施蒂格勒发现各种管制在实现其表面的目标，即保护公众方面，并不成功，反而会使另一些人得利。这一发现促使他考察了与政治经济学有关的问题，诸如，是哪些因素决定哪些产业在什么条件下谋求政府的管制或保护？哪些产业会成功地获得政府的帮助？这些帮助将以什么形式提供？施蒂格勒的"经济管制理论"阐释了各种不同利益集团是如何利用政治过程来谋求利益的。

施蒂格勒1983年(原文如此——译者注)的诺贝尔纪念演讲之部分内容重复阐述了他1955年在"科学进展之创举的性质与作用"(The Nature and Role of Originality in Scientific Progress)一文中所提出的思想。在这篇较早完成的论文中，他表明，在大多数情况下，在创新者提出某一新思想之前，已有很多人对此进行过长期的思考，新思想必须具有某种说服力才会使同行们实际上接受它。施蒂格勒指出，约翰·斯图亚特·穆勒(John Stuart Mill)在许多研究领域中都最先提出了一些思想，但由于未能推销它们，而没有为此获得荣誉。一种思想不仅必须得在其被公认为具有重大意义和创见性之前使别人信服，而且必须是正确的，是能够引出新的见识的，其他学者能对其加以扩展并进行进一步的详细探讨。

施蒂格勒的大部分著作都以其经济思想史知识及分析为基础，这使他的很多文章都可作为经济思想史和基本价格理论的论著。他于1957年发表的"完全竞争，历史的反思"(Perfect Competition, Historically Contemplated)一文充分表现出这种双重特点。在这篇文章中，施蒂格勒从亚当·斯密开始，追溯了竞争的概念从对手间的抗争到F. A.埃奇沃思(F. A. Edgeworth)著作中较精确严谨的定义之发展过程。最后,到了弗兰克·奈特笔下,竞争的概念被表述得十分严密,以致显然在现实的世界中不会存在。施蒂格勒承认完全竞争所起的规范性作用之重要性,但他认为,应当用一个较狭义的概念,“市场竞争”(market competition)来形容不存在垄断力量的市场。

在“伯纳德·肖、西德尼·韦伯以及费边社会主义理论”(Bernard Shaw, Sidney Webb, and the Theory of Fabian Socialism)一文中,施蒂格勒分析了费边主义者的经济学,他们对资本主义的批判以亨利·乔治(Henry George)有关地租的理论为基点,然后推及利息及资本,从而宣称资本主义的罪恶,并以此为诉状攻击资本主义的收入分配制度。施蒂格勒指出,费边主义者将地租理论扩展到利息是站不住脚的,并用下面这段精彩的语言揭穿他们对收入分配不平等之论述的不公正本质:

> 约翰·厄普赖特是一个年轻的医生,他为给病人治病献出了全部精力,毫不吝惜自己的时间,尽力地满足病人的任何需求,只是一心想帮助他们。这位医生每年收入2,000英镑,直到41岁时死于过度劳累。而亨利·莱热医生却与厄普赖特相反,他坚持说即使病人腿断了也必须只能在星期二、星期四和星期五这三天当中的中午12:30到下午3:30之间到诊所找他。他更愿意同时接待三个病人,这样可以在打桥牌时为他们看病,也好欺骗他们。每年他收入2,000英镑,直到84岁退休为止。

施蒂格勒于1980年在哈佛发表的坦纳演讲题为“经济学抑或伦理学?”该演讲由三部分组成,分别题为“经济学家和说教者”(The Economist as Preacher)、“竞争伦理学:友善的经济学家”(The Ethics of Competition: The Friendly Economists),以及“竞争伦理学:不友善的评论家”(The Ethics of Competition: The Unfriendly Critics)。在这些文章中他再次提到“知识分子和市场”及“经济学家和政府”中所论及的主题。在第一部分中,他指出经济学家很少说教。在亚当·斯密的著作中仅偶尔有一两句话蕴涵着道德判断的意味,而大多数经济学家的论述都以阐述经济制度如何运行的方式出现。事实上,施蒂格勒引用了弗兰克·奈特的话:“不可避免的就是理想的”,这个警语告诉我们,说教是徒劳的。

如果经济学家进行说教,那他们的目的也是鼓吹经济效率。正如施蒂格勒所言,“经济学家是这样的一种人物:在读着被关在小牢房里的爱德蒙·丹蒂斯时,惋惜自己不能同时阅读大仲马的另一部作品”。但是施蒂格勒并不反对向自己的同行说教,他总在提醒同行们少担心政治行为是否正确,而应当多关注如何解释政治过程。

大多数经济学家鼓吹的第二个目标是平等。斯密认为收入分配应由市场来决定,但是这一思想经过200多年时间却逐渐向着平均主义演变。然而这种特殊的伦理观却非经济学家首创,而是他们从其所生活的时代之精神气质中汲取的。施蒂格勒的结论是,如果经济学家确实在扮演说教者的角色,那么只有当他们说教公众想要听到的东西时,才会获得成功。

在该演讲的第二部分，施蒂格勒讨论了经济学家的伦理价值问题。他发现，他们持有两种最牢固的价值观，一是坚信市场能够有效率地分配资源，二是坚信边际生产率是最恰当的补偿标准。施蒂格勒指出，虽然经济学家可能会接受其所生活的时代的伦理体系，但是他们与非经济学家的重要区别却在于：他们认为，市场的伦理意义在于其所进行的各种交换是自愿的。

在最后一部分中，施蒂格勒对批评竞争体制的人予以驳斥。他认为，批评资本主义制度的人是在捏造这种制度的弊端，将一些优点当作弊病加以谴责，并夸大了缺点，而且对其他经济制度的困境视而不见。几千年来，知识分子一直对市场体制抱敌视态度。他们将实利主义当作与其自己的伦理价值相敌对的观念，并认为扩展政府的经济作用会最有利于其自身利益。施蒂格勒强调指出，知识分子这种反对自由市场的态度是建立在自私自利的基础之上，他说："人，无论是在家里，还是在政府的或私人的办公室里，无论是在宗教的活动中，还是在从事科学工作时，简而言之，无论他在何处，都永远是一种追求效用最大化的动物。"

在"为什么社会主义者常常获胜？"（Why Have the Socialists been Winning?）一文中，施蒂格勒认为，政府在西方社会的发展并不是一个错误，而是一些力量强大的集团在利用政府追求其自己的利益。他没有为这种趋势提供好的解决办法，并且不主张放弃民主政体，也不主张在投票选举方面对某些社会集团实行限制，或者必须以超多数通过法律。

本论文集的最后 4 篇文章是表现施蒂格勒讨人喜爱的机智才华的范例，这种才华贯穿于他所有的著作中。"样式变化的惊人成本:对一个实例的研究”(The Alarming Cost of Model Changes: A Case Study)是一篇对此前不久发表的论文,“1949 年以来汽车产品型号变化的成本”(The Cost of Automobile Model Changes since 1949)的讽刺文章。在上述论文中,三位著名经济学家对由于汽车型号变化所带来的成本进行了计算,并提出,如果汽车型号不这样频频变化,公众就会节省很多金钱。施蒂格勒不赞同这种论点。他指出,如若从 1900 年以来不出版那么多新书,出版业所能节省的开支将会十分庞大;由于天下本没有什么新鲜事,所以如果不印行那么多报纸,可节省的金钱也会相当可观;正如他在文章的末尾嘲弄地指出的,“大多数新知识都是不正确的;各种新闻都离不开某一中心焦点。”

在“可确知的加尔布雷思在不确知的时代”(A Certain Galbraith in an Uncertain Age)一文中,施蒂格勒淋漓尽致地讽刺了加尔布雷思为英国广播公司(BBC)所主持的电视系列讲座。虽然该系列讲座和在此基础上写成的书都不那么成功,但施蒂格勒在这篇文章中主要批评的是加尔布雷思的这部著作。

在“施蒂格勒的供求弹性规律”(Stigler's Law of Demand and Supply Elasticities)一文中,他指出,“一切需求曲线都是无弹性的,一切供给曲线也都是无弹性的”,并引证学术界和企业界人士以及政府官员的论述,对此规律加以经验性验证。然后他又从理论的角度对这一命题进行了论证。他指出,由于所有产品都只是其他一些产品生产费用支出的一个很小的部分,因此按照马歇尔给出的证明,无弹性需求的第三个条件是,在商品生产的成本中只有一小部分是由这一要素的价格构成的。而且,施蒂格勒继续论证，对较高价格的期望使人们在价格上升时会继续购买，对此，他用数学方法给出了一个无可辩驳的证明。

本论文集的最后一篇文章是很令人感兴趣的“教授真理的历史素描”(A Sketch of the History of Truth in Teaching)。施蒂格勒在该文中谈到，由于现在政府要求做广告必须“如实”，所生产的产品必须保证安全，所以同样的标准也应当用于教学方面。在这篇妙文中，施蒂格勒讲述了一个关于哈佛工商管理学院研究生诉其母校及老师向他传授错误知识的虚构故事。虽然哈佛大学在初审中获胜，但上诉法官却判决道：“如果法律规定生产香波的厂家不得危害学生的头皮，而却允许一家地位显赫的教育机构随意向他头脑中塞进一派胡言，似乎是不能容忍的自相矛盾。”尽管哈佛大学在最终裁决时获胜，但是这场闹剧却使政府建立了联邦学术阅读、写作和研究管理局，来为参与学术活动颁发执照。

我们无法以恰当的言词来概括出施蒂格勒的著作之辉煌学术成就及其对经济学的独特贡献。要想全面深入地理解其才智和学问，就必须反复地阅读他的著作。所幸的是，读他的文章，不仅是必要的，而且是一种乐趣。他的写作将远见卓识与幽默风趣巧妙地结合在一起，很少有人能在表述经济学思想时做到这一点。本论文集所辑录的只是施蒂格勒大量有价值的著述之一小部分。我们希望该论文集会引起读者的兴趣，进一步阅读他的许多其他著作。

第 一 部 分

有关经济学的论文

1. 最低工资立法经济学

目前的通货膨胀已经使1938年的“公平劳动标准法”(Fair Labor Standards Act)中有关最低工资的规定条款* 不再适用了，因此，各界人士纷纷呼吁，要求提高最低工资标准，比如说，将其提高到每小时60美分至75美分。

虽然很多经济学家尚未公开坦率地谈到对最低工资立法的看法，但是我想，他们很可能，并且应当完全一致赞同的，正是我在此所要阐述的主要论点。一般来讲，最低工资立法的目标是消除极端贫困，人们对此并不存在重大争议。然而，更重要的问题却在于：(1)这样的法规是否确实能够减轻贫困现象？(2)我们是否还能找到比法定最低工资标准更有效的方法来消除贫困？假使我没有弄错的话，上述问题的答案无疑是属于经济政策范畴的问题，那么，应当说这些答案该是早已得出来了。

或许有些读者现在已经猜出我会如何回答上述问题了(“是”或者“否”，二者必居其一呗)。然而，不幸的是，人们在猜测某一经

选自《美国经济评论》第36卷第3期(1946年6月)，承蒙美国经济学会允许重印。

* 在美国，联邦一级的最低工资率是1938年颁布的“公平劳动标准法”(一般称为“工资与工时法”)规定的。该法规定，参与州际贸易的行业(除农业和少数其他行业外)的工人最低工资为每小时25美分。——译者注

济学问题的答案时，往往很可能仅仅依据其对提出这一问题的经济学家的了解，而事实上，我个人怎么回答这类问题倒实在不是十分重要的事，重要的是这些答案所依据的论点，它们将体现在下列这样四个方面：

1. 法定最低工资对资源分配的影响；
2. 法定最低工资对总就业的影响；
3. 法定最低工资对家庭收入的影响；
4. 解决贫困问题的其他一些方针政策。

Ⅰ. 资源的分配

从原则上讲，在雇主能够对其赋予一定技能的劳动及其使用这种劳动的工资率进行控制的行业与雇主不能进行这类控制的行业相比，最低工资立法的影响可能会不一样，因此我们要分下列两种情况进行讨论。

由竞争决定工资

在竞争的条件下，每个工人所得到的报酬就是其边际产品的价值。假如实施了某种最低工资标准，那就必定会造成这样两种结果：第一种结果是，那些生产价值低于最低工资标准的工人要被淘汰掉（他们要么被迫进入非正规的就业领域，要么被迫失业或者退休）；第二种结果是：这部分工人的劳动生产率得到提高。

劳动生产率低的工人之生产价值距法定最低工资标准差得越远，其生产的产品之需求弹性越大，就越可能被另外一些生产效率高的工人所取代。因此，上述第一种结果就会更有可能发生，即将生产率低的工人淘汰掉。对这些被淘汰的工人来说，其最好的出路就是转到可以获得较低薪酬的非正规就业领域。所以，如果不将低生产效率工人的劳动生产率加以提高，这种法定最低工资的规定就会降低总的产出。也许它能使那些以前的工资稍稍低于该最低工资标准者的收入有所提高，但却降低了那些以前所能获得的报酬大大低于该最低工资标准者的收入水平。毫无疑问，在竞争的生产行业中，这就是最低工资标准在分配方面的主要作用。

最低工资立法在竞争的生产行业中所带来的第二种结果，即劳动生产率的提高，可能会呈现出两种表现方式，第一种是，工人们更加努力地工作，第二种是，厂方会采用更先进的生产技术。失业的威胁可能会迫使生产效率较低的劳动者干活更卖力气（最初很起作用的是增加收入的刺激因素，后来其激励作用逐渐衰退了）；但是这种靠工人们更卖力气地工作来提高劳动生产率的方式很可能行不通，因为这些工人已经遭受着贫困的煎熬，他们中的许多人（50%以上）一定是已经为了避免被解雇而在超负荷地增加劳动强度了。

因此，在竞争的情况下提高劳动生产率的更为普遍的方式，是由厂方采用新的生产技术。这里也存在两种可能性。

首先，由于劳动力成本的增加，使本来没什么赢利的生产技术可能变得有利可图。法定最低工资标准使生产的人工成本提高了，但是由于厂家可以用其他资源来代替人的劳动力进行生产，其产品成本的提高就会相对来说要低一些。产出的减少以及一定的产出量所使用的劳动力的减少，会使得就业的数量有所下降。一般地讲，新技术的采用需要雇用更优秀的工人，所以很多生产效率差的工人就遭到了淘汰，这显然只不过是一种主要由竞争造成的结果。

第二，雇主方面可能会由于最低工资的立法而受到震动，改变过去那种不愿采纳新技术的冷漠态度，而且还可能会努力探索更先进的生产技术以增强竞争能力。目前这种“震动”论的说法尚缺乏实证经验的依据，不过它倒也并未得到经济学界的普遍认可。

我们可以找出不止一个理由来说明这种“震动”论尤其不适用于解释低工资行业的情况。表 1.1 所列出的是 1939 年所有工资相对较低的大制造业的有关统计数字（其工资的计算方法是用工资总额除以其平均人数）。根据此表的统计数字，我们可以概括出这样两个结论：(1)这些低工资的行业都存在竞争；(2)其工资支出与扣除总生产成本的产业利润之比率高于其他高工资行业。这些低工资生产行业的竞争性质表明，从事这些行业的经营者们并不是一些懒散闲适、因循守旧的人，因为国内市场上的激烈竞争确实不可能吸引或容忍这种人。而且，相对较高的劳动力成本也显示出减少工资性支出的动因已经十分强烈了。上述两点都有力地表明这种“震动”论并不适用于解释 1939 年低工资制造业部门的情形[①]。由于这些行业与其他制造业相比在总体上受战争的影响较小，因此在二次大战之后，它们很可能仍然处于低工资行业之列。战后这些低工资行业在贸易和劳务方面显示出与战前相同的特征，并且同样地可以证明前述的“震动”论之说法对其并不适用[②]。

表 1.1 1939 年低工资制造业全日制工人年平均工资及其占产业增值的比率

产业名称	雇员人数	平均工资(美元)	工资占产业增值的比率(%)
男士服饰用品	166,945	632	52.2
罐头食品	134,471	660	28.0
香烟	50,897	673	42.0
棉制品	409,317	715	51.1
化肥	18,744	730	24.0
木箱制造	45,070	735	47.2
女子装饰用品	58,952	740	41.3
各种纺织品	49,242	746	36.2
各种服饰用品	38,288	769	45.5
人造纤维及丝织品	119,821	779	54.4
食用油	21,678	781	25.1
化妆品	25,256	782	43.5
锯木厂等	265,185	810	52.0
皮革产品	280,411	847	50.9
全部制造业		1,153	36.8

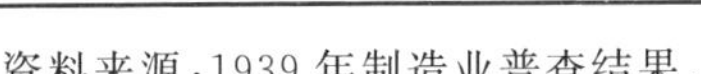
资料来源:1939 年制造业普查结果。

由雇主决定工资

假使雇主能够在很大程度上控制并决定其付给一定劳动技能的工资率,某种经过精心制定的最低工资标准就可能使他雇用的工人数量及工资率都有所提高,同时,由于此时的工资更接近于边际产品的价值,总的产出也会增加。我们可以用表 1.2 中列示的假设数据来阐明这一点。倘若该雇主能够不受干涉地自行决定工资率,他就会将其定在 20 美元,雇用 50 名工人;而 24 美元的最低工资标准则将会使雇用的工人数增加到70名。

表1.2 由雇主决定工资情况下的假设数据演示表

雇工人数	工资率	每位工人边际成本	边际产品价值[a]
10	(美元)12		(美元)36
20	14	(美元)16	34
30	16	20	32
40	18	24	30
50	20	28	28
60	22	32	26
70	24	36	24

a.或可使用边际价值产品这一概念。

虽然这一简单的计算是相当准确的,但是却并不完全适用于联邦政府规定的最低工资标准。能够达到上述理想目标的法定最低工资必须要满足下列几个条件:

1.必须选择正确。否则,过高的工资标准(按表1.2计算超过28美元)会降低就业人数。根据很不完善的会计记录所列出的现有的就业与工资数据来看,只有在一个相当的范围内明确了供需计划,才有可能制定出最理想的最低工资标准。目前还没有产生令人满意的能够确定出这类计划的精确方法,而且,人们还很有理由怀疑,某种正式颁布的法令是否就是为了必须推出这样一种方法而制定的。

2.最理想的工资标准应随着生产行业的不同而有所变化(并且,在同一行业当中,最佳的工资率还要随工人的素质而有所变化)。

3.不同的企业(和工厂)应选择不同的最佳工资率。

4.最佳工资标准应迅速追上时代的变动。

总的来讲，由联邦政府所规定的统一的最低工资标准，由于不能经常变更，所以并不符合上述各个条件[③]。

于是我们便可以概括出这样的结论：法定最低工资将会减少总产出量，而且会使那些以前的工资收入大大低于该最低工资标准的劳动者的劳动报酬有所下降。

Ⅱ.总　就　业

虽然我们无法精确地估算出法定最低工资对总就业人数到底有多大影响，但却可以得出一个基本的结论，即最低工资标准定得越高，遭到解雇的工人人数就会越多。据估计，目前通行的一些规定可能会影响到全体工人的1/20到1/10，因此，很可能会有几十万工人被解雇。无论遭到解雇的工人人数有多少（没有人知道确切的数字），法定最低工资导致了失业都是千真万确的事实，因此我们完全可以推测出，法定最低工资对总就业的基本影响，是不利的。

目前的货币总需求状况也进一步证实了我们的这一推测。尽管现在的形势并未显示出今后一两年内货币需求不足的具体状况，但是其需求过量的危险却的确存在。如果法定最低工资使工资收入者所获得的相对货币量增加了，并因而促进了其消费的倾向——这里必须有一个不确切的假定，即对低生产率劳动力的需求不具弹性——那么，这种消费需求的增长就将是多余的，并且或许还很不受欢迎[④]。（相反，在就业率高的时期由工资立法所直接造成的失业将会较迅速地缩减。）

只需指出最低工资立法并没有带来就业数量的大大增长，便足以证明上述论点。事实上，我们所推断出的结论就是，有关最低工资标准的规定将会对总就业产生不利的影响。

Ⅲ. 工资率和家庭收入

利用控制各种价格的方法来衡量不断变动的个人收入分配情况，既无效又不公正。这一结论在有关农业规划的分析当中已经得到了大量证明，并且我们也能很容易地证明它同样十分适用于最低工资立法。

在小时工资率水平与家庭收入总量之间，一般不会存在很密切的关系，然而家庭收入与需求又是研究贫困问题的基本因素，或许，我们可以将造成这二者之差别的主要原因排列如下。

首先，小时工资率只能用于衡量那些能够得到它们的人之收入，而我们在本文第一部分中已经指出，那些生产效率最低的劳动者将会被迫从事无保障的职业或者失业。

第二，小时收入和年收入并不密切相关。某些行业工作的季节性、加班的范围、缺勤数量以及职业的变动等因素，都显然可以用来解释小时收入与年收入的关系并不密切的原因。

第三，家庭收入是该家庭内所有劳动者收入的总和，因此劳动者数量的分布至关重要。表 1.3 中所列示的 1939 年明尼苏达州靠工资生活的低收入家庭情况表明，收入在 280 美元—500 美元之间的那一组家庭中，约有 1/20 拥有一个以上的挣工资的成员；而收入较高的那几组家庭中，该比例数字则上升到 1/8。

第四，尽管工资收入必然会是低工资家庭收入的主要组成部分,但是这些家庭也绝不是只有工资这一项收入。如表 1.4 所示,有 1/10 的靠工资生活的家庭还有现金投资收入;1/4 的家庭有经营性收入;1/4 的家庭拥有自己的住房。

表 1.3　靠工资生活家庭中挣工资者数量分布状况
明尼苏达州,1939 年

家庭收入	有 1 名挣工资者的家庭(%)	有 2 名挣工资者的家庭(%)	有 3 名挣工资者的家庭(%)	有 4 名或 4 名以上挣工资者的家庭(%)
(美元)250—500	94.5	4.6	0.7	0.2
500—750	92.4	7.1	0.3	0.2
750—1,000	86.7	10.7	1.5	1.1
1,000—1,250	88.5	10.4	1.1	0.1

资料来源:1938—1939 年明尼苏达州收入统计第Ⅱ卷(圣保罗,明尼苏达州资源委员会,1942 年),第 152 页。

表 1.4　靠工资收入生活家庭之收入构成
1939 年,明尼苏达州

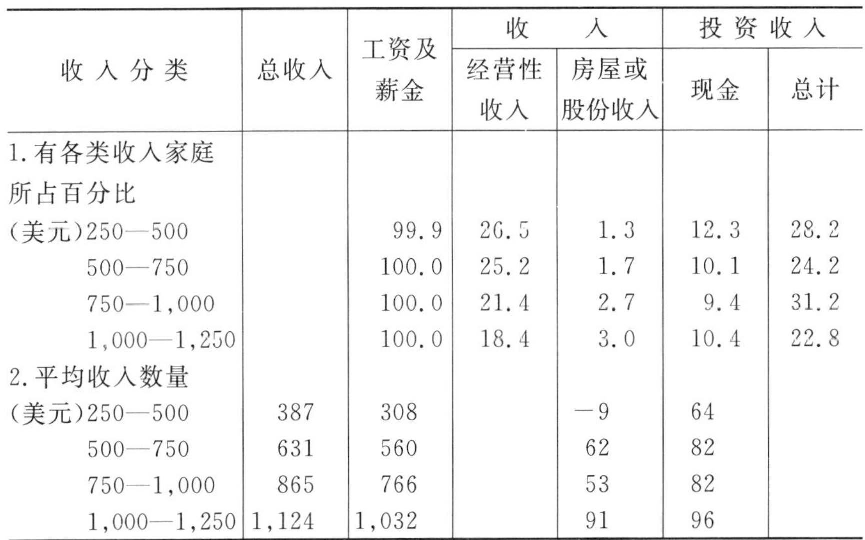

收入分类	总收入	工资及薪金	收入		投资收入	
			经营性收入	房屋或股份收入	现金	总计
1.有各类收入家庭所占百分比						
(美元)250—500		99.9	26.5	1.3	12.3	28.2
500—750		100.0	25.2	1.7	10.1	24.2
750—1,000		100.0	21.4	2.7	9.4	31.2
1,000—1,250		100.0	18.4	3.0	10.4	22.8
2.平均收入数量						
(美元)250—500	387	308		−9	64	
500—750	631	560		62	82	
750—1,000	865	766		53	82	
1,000—1,250	1,124	1,032		91	96	

资料来源:1938—1939 年明尼苏达州收入统计,第Ⅰ卷(圣保罗,明尼苏达州资源委员会,1942 年),第 42 页;第Ⅱ卷第 200 页。

上述几点只涉及了家庭收入问题，我们还必须谈到的是家庭需求。下面我们可以证明的是，衡量家庭需求的最佳标准是家庭成员的构成情况，而且不论人们是否接受这一观点，它显然都是一个重要的判断标准。表 1.5 中列示的资料即着重强调了靠工资生活的家庭在规模上的巨大差异。对某一种规模的家庭来讲足够的收入，至少对该收入组的一半家庭而言，不是太多就是太少。

表 1.5　靠工资收入生活的家庭之成员数量的分布情况(%)，芝加哥及亚特兰大，1936 年

收入分类	家庭成员数量			
	2 名	3 名或 4 名	5 名或 6 名	7 名或 7 名以上
1. 芝加哥				
(美元)0—250	39.6	43.6	14.9	2.0
250—500	35.3	45.8	17.6	1.3
500—750	31.8	53.7	13.0	1.6
750—1,000	29.0	56.5	12.4	2.1
2. 亚特兰大				
(美元)0—250	30.0	55.0	15.0	0.0
250—500	20.1	48.1	16.5	5.3
500—750	22.6	46.9	24.4	6.2
750—1,000	21.6	48.1	23.5	6.7

资料来源：《芝加哥家庭收入，1935—1936》(劳工局统计公报第 642 号[华盛顿，9 月份第 194 号文件])，第Ⅰ卷第 117 页；《东南地区家庭收入》(劳工局统计公报第 647 号[华盛顿，9 月份第 194 号文件])，第Ⅰ卷第 148 页。

在小时工资与家庭生活水平之间，也不存在十分密切与清晰的正相关联系。如果法定最低工资不随着就业人数、家庭内挣工资者数量、非工资性收入、家庭规模以及其他许多因素的不同而变化，它就会不适用于来解决贫困问题，甚至不适用于来解决那些并未遭到解雇而继续被雇用者的贫困问题。然而，倘若法定最低工资标准要是真的随着所有这些因素的变动而有所变化，那它就会是一种极其愚蠢而又不切实际的法律规定了。

Ⅳ. 贫 困 问 题

最低工资立法通常宣称有两个目标，一是减少雇主对工资的控制；二是消灭贫困。由于打破了有利于雇主进行控制的劳动力固定不变的状况，前一个目标以及非常次要的目标可能较容易实现。由政府将各个地区及各个行业的就业形势信息综合起来制定出来的法律条款，会大大增加劳动力的流动性，而通过提供职业培训和用于支付流动成本费用的贷款，又可以进一步改变劳动力固定不变的状态。但是，雇主对工资的控制并不是很重要的问题，因此让我们来讨论一下消灭贫困这一难题。

要增加穷人的收入，就必定会降低人们努力工作的积极性。对于某既定数量的穷人的收入之增长来讲，考虑周全的精明政策与愚蠢而又不周密的政策相比，对激励人们努力工作的因素的损害会较小一些。但是，在人们对消除贫困的理解程度已定的情况下，越是彻底地消灭贫困现象，就越会使人们缺乏努力工作的动力，这是我们必须付出的代价。正如为了减轻收入的不公正程度，我们的社会已经心甘情愿地通过对收入和财产征收累进税的办法，损害了一部分人努力工作的激励因素一样。社会必须借助立法来确定家庭应受到保障的最低收入水平线（或者是附加收入）。我们将假定有关方面已经就这一难题做出了决策。

在减轻贫困现象的努力当中，一个重要的原则是，具有同等需求的人们应当获得同等的帮助。要想实施这样的原则，就必须明了需求的客观标准。倘若（很多人）对很多事物的判断都是“根据其价值”，那么就绝不可能有完全的平等。我们必须要以家庭的规模和结构作为衡量需求的客观标准，这几乎是一个不可抗拒的事实。体弱多病者必然会比健康的人需要更多的医疗方面的照顾[5]，这显然是需要进一步加以改进使之更加完善的问题。不过，在某些方面给予某些家庭特殊的待遇，比如在医疗照护方面，与在一切消费支出总量上给予所有的家庭以特殊待遇相比，倒是很容易做到的事情。

采取这种平等立场的必然结果是，在进行援助时并不根据人们的职业，无论是贫苦的农民、店员还是矿工，都将得到一视同仁的对待。从政府的角度考虑（虽然我们对此相当怀疑），可能会将农民与城市居民区别对待，但是它也没有理由去帮助一类穷人而不帮助另一类穷人。无论如何，通过控制价格来提供帮助是一种不可取的方法，因为这样做对富裕农民的好处要大于贫穷的农民，而且贫苦农民所得到的援助数量，各年之间的差异也非常大。

这样，按照这种平等的原则，就是在给穷人以补助时考虑的是他们的需求（根据家庭构成来衡量的），而不考虑他们的职业，所给予的补助可能是实物，也可能是货币。后者非常容易令人接受，因为用货币可以充分满足各种各样的需要，而且以货币形式给予补贴实施起来也会更为简便。然而，这样做却会引起一个一般不太为人所注意的问题。

这就是以货币形式给穷人以补助时的管理结构问题。即使有关方面采纳了上述这些总体的见解，这个问题也格外重要，而且我绝不装作已经在这一领域进行过探索了。有一个很令人感兴趣的建议是，将政府征收的个人收入调节税按相反的比率补助给收入最低的阶层。这种方法可利用显得最少的行政管理机构来实行平等待遇。假使我们能恰当地划分上述与累进税率相反的补助率，就可能保留一些促使人们增加其家庭收入的激励因素。毫无疑问，在具体推行这一计划时，我们将会面临很多令人困惑的难题，这些难题的确是难以避免的，即使它们由于不直接涉及消除贫困的问题而很可能会遭到人们的忽略。

最后一点是，有人认为：我们致力于在极大程度上消灭贫困，是因为贫困导致了国民的营养不良。关于这个问题，我想说的是，一些有关食物构成的分析评价表明，在任何收入阶层中，无论其收入水平多么低，总有一部分家庭保证了足够的基本营养；而在任何我们在此所研究的较高收入阶层中，也总有部分家庭的饮食结构没有达到规定的营养要求。因此，可以肯定，当家庭收入水平提高时，由食物不足引起的营养不良现象会大大减少，然而却不会完全消失。我们绝不可能仅仅靠提高收入来彻底消灭营养不良、住房短缺以及教育程度不足等一切弊病。

于是，我们得出两个结论，即，或者必须用教育计划来补充增加收入计划的不足之处，其中包括食物、住房和教育；或者应当给予穷人经过专门挑选的实物补助。虽然后一种方法在管理上会很复杂，但是实施起来较为迅速，并且可以大大节省直接支出的费用。这些因素肯定会影响我们对上述两种方法的选择，但是还应当考虑到的是它们可能导致的两种社会形态。

注释：

①我认为，目前所广泛通行且为人们所信任的各种劳动生产率指数并不可靠，因为它们的含义模糊，而且也不够精确。对于那些不怎么怀疑这点的人们，我可以给予一点补充说明。从 1929 年到 1937 年，表 1.1 所列出的制造业部门中有 9 个部门的人均产出差不多没有变化（资料来源于 S. 法布里坎特[S. Fabricant]的《1899—1939 年制造业的就业问题》，纽约，国家经济调查局，1942 年）。在这 9 个行业中，有 6 个行业劳动生产率的提高等于或超过了所有的制造业部门。

②或许，我们还应当注意到，即使这种“震动”论能够普遍适用，保持或增加就业数量也还是必须得满足下列条件：(1)需求具有弹性；(2)在改进生产技术之后继续雇用生产效率低的工人。

③人们可以进一步认为，即使是政府有意根据企业和时代的变化来确定各种最低工资标准，也很难进行具体的设计和修订，而且将会对私人投资产生极端不利的影响。

④这种论点意味着，最低工资立法更有可能在经济萧条时期产生有益的效果（假使对相应的劳动力之需求不具弹性），但是，这却并不意味着这种有益的效果真的可能产生。

⑤人们可能会认为，农村地区的家庭应当获得较少的帮助，以抵偿他们在获得食物和住房方面所付出的较低价格。这部分国民数量不少，并且或许是足以被认为应当区别对待的群体，但是，除了政治家的权术以外，还有一些其他的因素反对通过这样的提案。

2. 市场范围限制劳动分工

很多经济学家都曾对工业企业的运行费用问题进行过长期详尽的分析，但是，一般来说，他们却总是将企业运行过程中的实质性问题，即究竟是什么决定了企业的活动或发挥功能的范围，当作（技术上的）已知数来看待。本文的中心论点是，亚当·斯密（Adam Smith）有关“市场范围限制劳动分工”的定理，正是厂商和产业功能理论的核心，而且还可以用来解释许多其他经济理论问题。在此，我将从下列四个方面进行阐述：（1）简要地对该定理做一历史的回顾；（2）概略勾画出一个厂商功能理论；（3）将该理论应用于论述垂直一体化问题；（4）就这一定理的更广泛应用问题做一些提示。

Ⅰ. 历史的回顾

当初亚当·斯密在提出这一市场范围限制了劳动分工的著名定理时，就已经造成了一个两难的困境，至少在表面上，情况确实是这样的。假如该定理的命题普遍适用，那大部分产业岂不都应

选自《政治经济学杂志》第 59 卷第 3 期（1951 年 6 月），芝加哥大学出版社，1951 年。

当是垄断统治的吗？只要进一步的劳动分工（通过这种分工，我们可以理解劳动力和机械设备的进一步专业化），能够使厂方以较低的成本获取较高的产出量，那么他们便可以通过联合或扩张，以及驱逐竞争对手等手段来得到好处。这里的两难困境在于，如果劳动分工确实受到市场的限制，那么厂商运行的特征就是垄断；如果厂商运行的特征是竞争性的，那么该定理便不正确或毫无意义。上述两种说法都很有道理。无论是过去还是现在，都存在许多重要的竞争性生产行业；而斯密曾经论证过的观点，即倘若苏格兰高地的居民不是都非得靠自己来烤面包和酿酒以满足其日常生活所需的话，他们的生产效率就会更高，似乎也很令人信服，并且还具有很广泛的代表性。

在《国富论》(*Wealth of Nations*)出版以后的一个世纪当中，情况显得比较乐观，因为上述矛盾暂时找到了有利于斯密定理的解决方式。但是这种解决方式只不过是简单的权宜之计。就是说，它没有考虑到稳定的竞争均衡的条件。李嘉图(Ricardo)、西尼尔(Senier)以及 J. S. 穆勒(J. S. Mill)等著名经济学家，还有他们那些不太著名的同行们，都曾宣称制造业生产是由收益递增规律支配着的。西尼尔甚至认为这是一条不言自明的公理。农业的例外是根据一种经验的判断，即，在农业生产中也可以进行进一步的劳动分工，只是这种趋势不如对相对固定的土地供给进行更集约化的耕作所带来的收益递减趋势强。

这种解释很难令人满意。而且当马歇尔(A. Marshall)重新构筑古典经济学的框架，并将其纳入一个具有广博内容及内在密切联系的体系时，就更不可以再忽视这一两难的困境了。马歇尔既不愿意放弃收益递增的说法，也不想无视竞争的存在，他创立出三种理论（当然，并非全是为此目的）来保证这两者的和谐共存。首先，或许是最重要的一种理论，是他发展了外部经济的概念，即厂商势力所及之范围以外的经济，取决于行业、地区乃至整个经济世界的规模。第二，他强调有能力的企业家终究都会逝世，因此某一单独的企业不可能永远处于最高水平的管理之下。第三，他认为，每个工厂企业都可能具有局部的垄断，即其产品的需求曲线是独立的和有弹性的，所以，随着产出的增长，其产品价格的下降通常会比平均成本的下降要快一些。

在一个短暂的时期内，这种理论的确维持了竞争和收益递增说法的和谐共存，然而，随着价格理论的中心转向厂商的行为，斯密的定理就逐渐失去了其价值。曾经有一个时期，经济学家们认为，一个企业的各种成本应当十分具体和明确，而相对来讲，外部经济的概念则是一个相当模糊的范畴。况且，正如奈特(F. H. Knight)教授所指出的那样，对某一行业而言的外部经济范围，可能或许必定属于另一行业的内部经济范围。属于其内部经济范围的这些行业就会倾向于垄断。并且，应当顺便提及的是，前者作为后者之产品的买方，也就不再能共享这些“经济”。由于当时流行的经济分析技术似乎难以对付外部经济的概念，因此人们便越来越不重视它了。

马歇尔的企业衰亡理论也同样越来越不受重视，经济学界对它的研究与理解甚至比对外部经济的概念更为简单与模糊。这种企业衰亡理论不能很好地符合静态经济学的原理，而且也不便于体现在成本和需求曲线当中（特别是当人们不会使用典型的厂商概念时)。况且,倘若企业内部的规模经济真的如同马歇尔所描述的那样强大,那么维持高素质企业家的管理就不一定是达到垄断的必要条件。难道一家大的企业在内部发展较为迟缓的情况下,不能通过兼并来迅速扩大其规模吗?

马歇尔的第三种理论,即个别厂商需求曲线的下降,在最近几十年中也不再流行,因为它不符合严格定义的完全竞争概念,而后者已越来越成为经济分析的标准模式。然而在20世纪30年代,一些倡导不完全竞争和垄断论的人却重新发现并且大力推广起这种需求曲线下降的理论来。但是,这些人也并不是用这种理论来考察各种产业及整个经济体系在大范围内的运行情况,而是主要利用价格理论来分析具体企业的生理和病理问题,因此实质上并没有违背完全竞争的分析模式。

现在让我们再回到1928年。由于人们如此地忽视收益递增理论,以致使阿林·扬(Allyn Young)感到有必要强调斯密定理的重要意义,以重新恢复其应有的地位。他说:"我一直认为,在全部经济学文献中有许多最富于启发性和成果最卓著的一般原理,斯密的定理便是其中之一。"[①] 扬的见解似乎很具说服力,但是他却没有从技术上解决将市场范围问题纳入竞争的价格理论这一难题。实际上,阿林·扬当时是公开避开这一问题的,他声称单个厂商的规模太小,以致无法作为研究这一领域问题的分析单位,而且或许某一产业的规模也小得不足以进行各方面的分析。因此,尽管人们至今仍然常常提及并很赞赏扬、马歇尔以及斯密的见解,但却都是象征性地表示尊崇,并不能证明这些见解已经与厂商理论及产业竞争理论结合在一起了。

Ⅱ. 厂商的功能

人们通常认为，一家厂商的活动就是购买一系列的投入品，并据此生产出一种或多种有销路的产品。其投入和产出的数量关系由生产函数决定。从我们的目的出发，最好把厂商的活动看作是在从事一系列不同的操作。即，购买并储存原材料；用原材料制成半成品并将半成品制成最终产品；储存并销售产成品；提供买方信贷；等等。这就是说，我们不是按照购买投入品的市场，而是按照厂商的功能或构成其活动范围的操作程序来“分割”厂商的。

各种操作过程的成本之间的关系是由工艺技术决定的。某一程序的成本可能要取决于它与前一程序及其他程序的衔接是否紧凑，如趁热加工铸锭能够节约热能。或者是，各项运行过程之间的相关性很小。例如，为了监督市场销售情况，企业家此时必定会忽略生产问题。

为了得出表示企业各项生产成本的简单几何图形，让我们暂且先不考虑各不同操作过程的成本之间的相互关系。假如每一操作程序的成本只取决于该程序的产出率，那么，每项程序都各有其唯一的成本曲线。并且，假如每一操作程序的产出率与最终产品的产出率之间保持着固定的比例（例如每 100 磅水泥装一袋），我们便可以在一张图表上绘出所有的成本曲线，各项成本的（垂直）加总就是传统的厂商平均成本曲线。

各个生产程序的平均成本曲线有许多不同的形状，见图 2.1。有的呈连续下降形（Y_1）；有的呈连续上升形（Y_2）；还有的呈传统的“U”字形（Y_3）。当然，某些生产程序的平均成本曲线还很可能呈先升后降的形态。

现在我们来考虑斯密的定理。有些生产程序是使企业收益递增的关键环节，那么为什么厂商不进一步发掘本企业的这类生产程序之潜力，并由此来逐渐垄断这类操作程序呢？这是因为，在整个生产过程中，还有另外一些操作程序，其功能主要是使收益递减，并且总的来说，

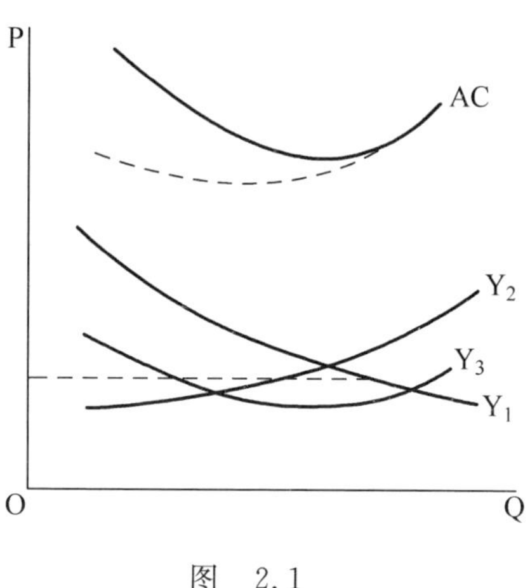

图　2.1

这些程序的成本至少会高得使最终产品的平均成本确实不会随着产出的增长而下降。那么，为什么该厂商不放弃那些收益递增的生产程序，而让其他厂商（或者产业部门）专门履行这类功能，以充分利用其收益递增的优势呢？或许，这是因为，在某一定的时期内，这类使收益递增的生产程序之规模太小，以致无法支撑一个或几个专门履行这些功能的厂商；其产品的销售量可能会少得不足以维持一个专卖商的活动，其半成品的产出量可能会少得不够一家专门的装配厂使用，其市场信息需求量也可能会小得用不着为此专门办一家贸易期刊，这样，该厂商就必须自己从事这些操作程序的生产。

但是，随着产业规模的扩大，这种使收益递增的生产程序可能会增加，其规模会逐渐扩大到足以允许某一厂商专门从事这类生产。于是这类厂商就会放弃 Y_1 的生产程序，而由新的厂商来接管。这个新厂商会成为垄断者，但是它将面临弹性需求问题。就

是说，该厂商对 Y_1 程序产品的定价不能高于将其放弃掉的那些厂商进行这种生产的平均成本。随着产业规模的继续扩大，提供 Y_1 这类生产程序之产品的厂商数目会越来越多，因此新产生的产业会展开竞争，并转而放弃一部分 Y_1 生产程序，将其让给一系列新的专门从事这类生产的厂商去完成。

原来具有 Y_1 生产程序而现在将其放弃掉的产业，其厂商的生产成本曲线将会发生变化，即由一条在有效区内低于 Y_1 的水平线（不考虑贴现量）来代替曲线 Y_1。这时的产品成本曲线（在图 2.1 中用虚线表示）将会下降；并且，按此时的情况假定，平均成本最低点的产出量（如果该点是唯一点，就会存在这样的产出量）就会变得较小。

有些生产程序会带来成本的递增，而厂商为什么不放弃或者至少严格限制这类程序的生产规模呢？前述的分析在此仍然适用，只需稍做一点改动。即，随着产业规模的发展扩大，原来的厂商不必完全放弃使成本递增的生产程序，有一部分必要数量的生产程序（比方说，汽车制造业的发动机铸件工序）的平均（或边际）成本不高，可以仍由该厂商自己来完成；而其余一些工序的产品则可向附属产业部门购买。

为了使图示简化，我们要做出两项假设。首先，假设各工序的产出率与最终产品产出率呈严格的比例关系。对有些生产工序来讲，情况确实如此（例如那些为某一最终产品制造零部件的工序）；但是也有一些工序的情况不是这样（例如为最终产品做广告的部门）。即使不进行这样的假设，也不会从实质上影响我们的论点，只是会使我们用来表示成本曲线的几何图形变得比较复杂。[②]

第二，假设各个生产程序的成本都是独立的。这一假设较为重要。实际上，很多工序之间的关系都是对立的，即某一工序的产出率越高，其他一个或几个工序之给定产出率的成本也就越高。有时这种对立会是技术上的（例如在很多生产多种产品的企业中），然而它也几乎总是会表现于管理方面。就是说，企业所从事的生产工序之范围愈广，就愈要设法达到彼此之间的协调。另外一些生产程序之间的关系会是互为补充的，即某一工序的产出率越高，其他一些工序的给定产出率之成本就越低。这种互补关系的一个最奇特的例子就是某一厂商内部的原材料循环流动，如钢铁厂在炼钢的过程中提供了它们自己生产所必需的大部分废钢铁。

总的来讲，倘若各个生产程序的关系是对立的，那么当厂商放弃某一工序的生产时，其最终产品的产出率就会提高。我认为实际情况一般来说确实如此。例如，在查普曼（S. J. Chapman）和阿什顿（T. S. Ashton）对英国兰开夏地区的纺织行业所进行的著名研究中，就曾发现，在1911年同时从事纺纱和织布这两项生产的厂商，平均拥有的纱锭是47,634个；而只从事纺纱生产的厂商平均拥有纱锭68,055个。③然而，现实的情况也并非是必定如此，虽然他们确实发现了上述织机数量的相反关系，但是对有关生产范围对厂商规模的影响问题，我们还必须进行大量的研究，才能得出可靠的一般性结论。

Ⅲ. 垂直一体化

许多经济学家认为，随着各个厂商（以及产业？）之规模的发展壮大，通常会将一些过去独立进行生产的产业之生产功能接收过来。例如，美国钢铁公司现在就不但自行从事矿石的开采、自营铁路及轮船运输业务来运送铁矿石，而且还自己制造钢管、油田设备以及厂房等（大量的主要根据六七个巨型大公司的情况所进行的经济学观察，可能会获得令人吃惊的研究结果）。

广义地讲，按照斯密的定理，在各个产业的成长过程中，典型的发展趋势应当是垂直分解的，而逐渐衰落的企业之发展趋势才是垂直一体化。[④]因此，我们可以利用有关垂直一体化的情况来检验该定理的重要性。

不幸的是，有关垂直一体化的趋势问题，并没有十分明晰的研究资料可以利用。目前只能对 1919 年威拉德·索普（Willard Thorp）与 1937 年沃尔特·克劳德（Walter Crouder）对一些拥有多个制造厂的大公司所进行的研究做一比较，这是我们手头能够找到的唯一信息量较大的资料了。1919 年的资料表明，在较完整的一份拥有多个制造厂的公司名单中（共 4,635 家公司），有 13%，即有 602 家公司所生产的产品具有连续性。就是说，这些公司所属的某一工厂的产品是另外一家所属工厂的生产原料。[⑤] 1937 年的研究发现，这类进行连续性生产的公司是 565 家（或者说其数量占一份更为完整的公司名单〔5,625 家公司〕的 10%）。[⑥] 1919 年，在所有由从事多种行业生产的厂家所构成的全部生产工序复杂的重点大公司中，有 34.4% 的生产是这种连续性的；而 1937 年的研究资料表明，上述这一相应的百分比只是 27.5%。或许这段时期是多工厂公司的地位变得相对来说更加重要的时期，所以很可能大量的制造业产出都来自于垂直一体化的企业。然而，上述资料表明，就这些工厂公司本身的情况来看，似乎仍然存

在着一种背离垂直一体化的倾向。[7]

如果考虑到各个生产行业的整个发展过程，垂直分解的倾向肯定会占主要的地位。一些新兴的产业部门常常会与现存的经济体系不相适应，它们需要新的种类与新质地的原材料，因而就得自己进行生产；它们必须靠自己来解决其产品使用中所面临的技术难题，而不能等待有可能使用这些产品的厂商来替它们解决这些问题；它们必须自己设法令买主购买自己生产的产品，而无法找到专门的商人来为其承担销售任务。这些新兴的生产行业必须要自行设计并且常常得自己制造专用设备；还必须自行设法补充技术人员（历史地看，常常需要从国外引进）。倘若某一新兴产业达到一定的规模并且有了一定的发展前途，便会具备足够的地位将很多这类工作转交给专门的厂商去完成。此时，对另外一些厂商来说，为这类新兴产业供应设备和原料，从事产品销售及副产品的利用，甚至培训技术工人，都会变得有利可图。最后，当该产业逐渐衰落时，上述这些附属的、辅助的以及作用互补的行业也会衰落；而且，幸存下来的厂商确实必须要重新调整其生产程序，使之不再主要是为了在很大程度上维持那些独立厂商的生产需要。

我们可以用棉纺织机械制造业的情况来具体说明这种一般发展过程，因为近年来已经积累了有关该行业发展情况的大量历史资料。[8]棉纺织机械的制造起初只是纺织厂生产的一部分，即所有的纺织厂都有机修车间用以建造和维修本厂的机器设备。后来，纺织机械的制造在纺织业内和跨行业的范围上，都越来越走向专门化。机车和机具的制造逐渐与棉纺厂的设计分开，也不再采取直接销售的方式。当 20 世纪 20 年代棉纺织业开始衰落下去时，一些从事棉纺织机械制造的厂商便增加了新的产品，如造纸机械、用于加工其他种类纤维的纺织机，以及一些全新的产品，如燃油炉和冰箱等。事实清楚地表明，甚至较长的周期性波动也会像长期趋势一样地影响专业化程度。

这当然并不是垂直一体化的全貌。让我们再概略地描述一下其他作用因素的情况，也许会很有意义。我认为，在这些因素当中，最重要的因素是由垄断或政府管制所形成的价格体系未能发挥作用，因为它无法在价格处于产品的边际成本（对于买主来说，如果他自己生产该产品）和边际价值（对卖主来讲，如果他进一步生产这种产品）的限度内出清市场。第二次世界大战期间及战后在美国发生的、旨在防止政府和私人价格控制和分配的垂直兼并浪潮，特别能说明这种现象。图 2.2 中的 OA 代表一种规定的价格，此时的产出量为 OM。对买主来说，该产出量的边际价值为 OB，这些买主是要根据非价格方式来分配给产品的买主。如图，在一种自由的价格 NS 下，买卖双方共同的收益为阴影部分所示，即 RST 部分，而垂直一体化则是取得这一收益的简便方法。这就是制造收音机的厂商要与生产收音机壳的厂商联合，而炼钢厂要与钢铁构件厂联合的理由。

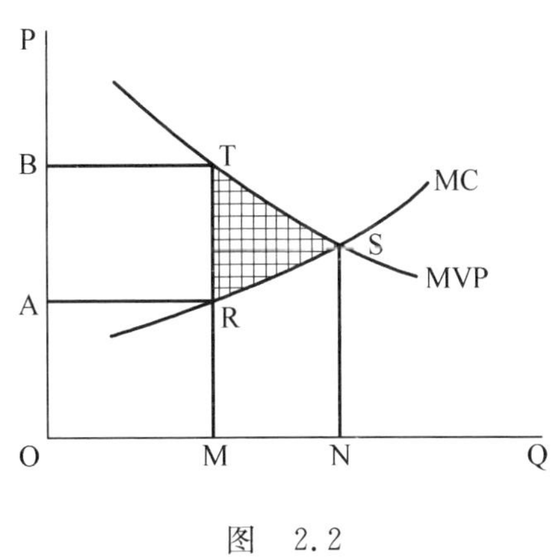

图 2.2

虽然这种导致垂直一体化的最显著例证是非价格的配给性销

售，但是私人垄断一般也能起到这样的作用。几乎所有从事原材料生产的卡特尔都会遇到这类麻烦——其买主为了对抗其价格约束想要进行反向的一体化，就是自己来生产这些原材料。由于卡特尔成员的产出配额受到严格的限制，所以即便是能以很高的价格销售，其未来利润的现值也不会很高，因此买主可以通过购买生产某种产品的厂商本身来实现反向一体化，（还可以）通过寻求非卡特尔成员的供货渠道，便可能获利。例如，莱因-西弗林(Rhenish-Westphalian)煤炭卡特尔就一直遭受这一难题的困扰：

> 虽然在最早参加1893年组建的辛迪加联盟的成员当中，有几个钢铁公司能够自己生产所必需的煤和焦炭，但是，钢铁业的大部分厂家仍需从市场上购买燃料。目前煤炭辛迪加的活动不但造成了价格坚挺，而且销售条件也没有弹性，因此这些钢铁厂都力求摆脱对辛迪加的依赖。
>
> 所有的买主都采取了自我保护措施。一些大型的工业买主……已经独自或合伙开采煤矿，其中有美因尼格的斯塔尔沃克及莱因的斯塔尔沃克-阿达米诺尔大钢铁公司，以及电力、煤气、铁路设备、橡胶等其他产业的一些大公司。科隆和法兰克福等城市的一些大工业公司也加入了这一行列。[9]

垄断是一种偏离正轨的情形，而且它还会由其他原因导致垂直一体化。某一个厂商不可能对其不生产的产品实行价格歧视。如美国铝制品公司只因为同时也生产铝制电缆，才能以低于铝锭的价格销售电缆，与铜制电缆产品进行竞争，同时保持其竞争性较差的其他产品之较高价格。[10] 并且，垂直一体化还可能增加新企业进入市场的困难,因为厂商会宁肯增加从事多种类型生产所必须掌握的资本和知识,而不愿依赖竞争对手的供给或者从市场上购买这类产品。

上面的论述并不是想构成一种垂直一体化的理论。实际上,除了将其作为厂商功能理论的一部分以外,我们也未必打算得出一种垂直一体化的理论。一旦试图为各种各样的生产程序进行分类,我们马上就会发现其“垂直关系”具有多么大的人为性和任意性。然而,无论人们是想将垂直关系单独看待,还是将其作为一般理论的一部分,斯密的定理都会是阐明这一关系的重要基础。

Ⅳ.斯密定理的推广

如果说斯密的定理还未能构成有关产业间功能分工的完善理论,那么,可以说,该定理不仅涉及了这类分工问题,而且还清楚地显示出有关经济结构及其运行等方面的情形。我们在此将试着讨论一下这种专业化程度越来越高之原理的几种含义。

人们向往能找出某一行业的生产功能结构与其地理结构之间的一些关系——归根结底,降低运输成本是扩大市场范围的一种主要途径(我们当然知道这里所研究的是各种高度互相依赖的因素,也知道这样单方面指出原因是为了简化和强调所要论述的问题)。生产的地区化是扩大产业经济规模和获取专业化利益的一种方式。与某一产业的生产活动密切相关的辅助性产业及互补性产业如果与中心产业相距遥远,便很难有效地发挥应有的作用。我敢肯定地说,在某一市场区域内,各种生产行业都只有在达到一定规模之后，才能负担得起地理位置分散的昂贵代价（结果甚至较小的生产中心都可以获得专业化的主要收益），而且一旦这类生产行业的规模开始收缩，它首先考虑保留的必定是地理位置集中的生产厂家。

与此密切相关的，是地区化对生产厂商规模的影响。在一些地区化程度较高的行业中，能够实现专业化生产的是那些产品和生产程序的范围都较小的工厂（在某种意义上，该生产行业的规模保持不变）。美国的一些地理位置集中的生产行业，其各个生产厂的规模通常都相当小。[11]还有迹象表明，位于一些较大生产中心的某种产业的生产厂之规模可能会更小。例如，1937 年位于工业区内的制鞋厂平均雇工人数为 137 名，而位于其他地区的制鞋厂之平均雇工数为 314 名。[12]在英国，也已经发现，一些高度地区化行业的生产厂商均以中等规模为主。[13]

在 19 世纪时，人们常说英国的优势在于“起步早”。这种意义不很明确的说法阐释了斯密定理解释得更清楚的基本真理。作为当时世界上最强大的经济体制，英国的生产之专业化程度比任何其他国家都高，尤其是在那些与任何其他产业都无密切联系的“一般”专业部门，如铁路、轮船、银行等，其专业化程度更高，所以英国的优势不仅在于“起步早”，而且还在于“起步大”。

那些认为在厂商之间进行的相互交易会付出很高的成本，而在企业内部进行交易便不必付出成本的人（这类人实在是不胜枚举），最好还是研究一下英国这一鼎盛时期的工业组织。在当时的英国金属工业中心伯明翰，专业化生产程度已经发展到了几乎令人难以置信的高度。请看 1860 年伯明翰轻武器生产行业的情况，它在当时处于世界领先的地位：

1861 年的伯明翰市轻武器制造业共有 5,800 名工人，其中大部分都在玛丽教堂街附近的一个小行政区内干活……造成这种高度地区化生产方式的原因并不难找出，这是因为制造枪支和制造珠宝首饰一样，须由很多具有各工序所需之特殊专长的工匠来分别生产零件，这就要经常将各种零件从一个工场运到另一个工场。

枪支制造商（即业主）很少占有某一家工厂或生产车间……他通常只是在生产枪支的地区拥有一个仓库，其作用是接收半成品零部件，然后将这些零部件分发给具有各种专门技术的工匠，再由这些人进行装配，从而完成枪支的制造。这类业主从制造枪管、枪机、瞄准器、扳机、通条以及枪托的人那里买来这些材料。如果他属于某军事部门，还要从刺刀锻造者那里买刺刀。所有这些零部件都是由独立的制造者根据不同枪支制造商的订单生产出来的……一旦将这些零部件从所谓的“材料制造者”手中买来，下一步工作就是把它们转交给长长一串的“安装者”。这些“安装者”每人负责完成一项互相关联的装配专门工序，从而最终完成整支枪械的制造。这里只列举几个负责安装前部瞄准器和枪管块状后端的工种：跳汰机工负责安装后瞠；枪托工负责嵌入枪管、枪机，并使枪托成形；枪管-扳机工负责为加来福线及保险做准备；还有坚固工、抛光工、钻孔工、加来福线工、雕板工、油漆工，最后是扳机校正工，负责调校各个工作部件。[14]

目前世界各国都在广泛模仿美国的生产方式，并且一些“落后”国家大概也已装备上最新式的美国机器并采用了其生产方式。根据现在已为人们极其熟知的理论，美国的工业化模式十分地不适合于小规模的经济体系。对这种经济体系来讲，我们的生产程序过于专业化，以致很不经济。在我们这里被认为理当具有的一整套附属产业网络体系，在小规模经济中是不存在的；它们的教育体制无法提供高度专门化的人才，并且缺少能够对原材料和产品进行改进的专家。这些小国至多只能模仿美国现在的生产模式，却不知道它下一步将怎样进行变化，因此其生产会很僵化。有一位对落后国家的经济具有敏锐观察力的美国人本杰明·富兰克林(Benjamin Franklin)曾对这种僵化的生产状况进行过十分精妙的描述：

> 在制造业发展很完善的地方，其产品是由很多很多人的手来完成的，其中每个人只精通他自己所从事的那部分生产程序，没有一个人能够掌握全部生产过程。如果某一个工人——无论用何种方式——被带到外国，没有了原来的生产伙伴，他便会一事无成。而要劝诱一整批具有全套生产技能的工人一起赴外国定居，却是一件极其困难的事情。可能被人们说动的人，也许是一些懒汉和酒鬼，这只能使雇主感到失望，从而不想再将这类事情进行下去。倘若由于皇家的慷慨大度，再花费一笔无法只由贸易利润负担的钱财，真的将一批具有全套生产技能而且品行良好的工人带到国外，这些身处异国的人就会发现太多体制上的缺陷；感到缺乏太多的生活

物品，需要求助于贸易；要克服的困难太多；于是这样的一批技工便很容易因死亡、不满和擅自离职而瓦解，以致工人和雇主都极其沮丧，从而使这一移民计划烟消云散。[15]

劳动分工并不是18世纪那些零星用品制造厂异想天开式的实践，而是经济组织的基本原则。

注释：

①“收益递增和经济进步”(Increasing Returns and Economic Progress)，载于《政治经济学杂志》第38卷，1928年，第529页。

②我们可以依据所选定的各生产程序之规模，或分别画出不同工序的成本曲线，或将其合并画在一张图表上，这样，与给定的最终产出率对应的各工序之最佳数量便显示出来了。

③S. J. 查普曼(S. J. Chapman)和T. S. 阿什顿(T. S. Ashton)“主要纺织业厂商的规模”(The Size of Businesses, Mainly in the Textile Industries)，原载《皇家统计学会杂志》第77卷，1914年，第538页。

④然而，这一含义却并不是十分严格。随着产业的发展，厂商专业化的形式可能是减少同类产品的生产工序，也可能是减少产品的品种。

⑤W. 索普(W. Thorp)，《工业生产程序的一体化》(*The Integration of Industrial Operation*)，华盛顿，1924年，第238页。我在此略去了一些铁路维修工场和301家从事连续性产品生产的公司，因为这里面包括了采矿公司。

⑥W. F. 克劳德(W. F. Crowder)，《制造业生产程序的一体化》(*The Integration of Manufacturing Operation*，“T. N. E. C. 论文集”第27号[华盛顿，1941年])，第197页。

⑦“增值”和产品价值的比率是衡量企业内部垂直一体化程度的一种粗略指数。有趣的是，1939年制造业中该比率最高的17个产业之平均雇员人数为16,540名；而该比率最低的17个产业之平均雇员人数为44,449名；这

就是说，在规模较小的产业中，垂直一体化程度较高（见国家资源计划委员会，《工业区位与国家资源》（*Industrial Location and National Resources*）[华盛顿，1943年]，第270页）。

⑧G. S. 吉布（G. S. Gibb），《索科-洛厄尔工场调查》（*The Saco-Lowell Shops*），坎布里奇，哈佛大学出版社，1950年；T. R. 奈温（T. R. Navin），《1831年以来的机器制造业之内部状况》（*The Within Machine Works Since 1831*），坎布里奇，哈佛大学出版社，1950年。

⑨A. H. 斯托克德（A. H. Stockder），《对某种行业的管制》（*Regulating an Industry*），纽约，1932年，第8页、11页以及36页。

⑩D. H 华莱士（D. H. Wallace），《制铝业的市场控制》（*Market Control in the Aluminum Industry*），坎布里奇，哈佛大学出版社，1937年，第218—219页、380页。

⑪国家资源计划委员会，《论文选编》，第250页。

⑫同上，第257页。

⑬P. S. 弗洛伦斯（P. S. Florence），《投资、区位和工厂规模》（*Investment, Location , and Size of Plant*），坎布里奇，1948年。

⑭G. C. 艾伦（G. C. Allen），《伯明翰及英格兰中部工业区1860—1927年的工业发展状况》（*The Industrial Development of Birmingham and the Black Country*, 1860—1927，伦敦，1929年），第56—57页、116—117页。作者对该地区工业较后期的发展评述道："总的来说，在产出迅速增长的工程性产业中，专业化的表现最为明显，而扩展产品品种的政策主要是由大康采恩或者那些迫于旧市场的衰落而将部分生产能力转向新需求的产业所采取的。"（同上书，第335—336页）革命性地采用了美国式新生产技术的枪支制造业之后期发展史表明，伯明翰的工业组织阻碍了技术实验的进行。

⑮"大不列颠对美国的兴趣"（"The Interest of Great Britain in America"），引自V. S. 克拉克（V. S. Clark），《美国制造业发展史》（*History of Manufactures in the United States*），纽约，1949年，第Ⅰ卷第152页。克拉克在此补充道："富兰克林这段话只是为了述说他个人十分熟悉的，人们当年为了在殖民地建立一种新产业或者扩展老产业的最重要的奋斗史。"

3. 规 模 经 济*

规模经济理论所研究的，是企业的产出率与经过适当组合的所有生产设施的使用规模之间的关系。按照最广义的解释，这种理论是社会组织经济理论的关键组成部分，因为它奠定了所有关于市场组织问题和政府在控制经济生活中的作用（及地位）问题的基础。倘若有人问自己，要是每一项经济活动都不可能在规模时大时小的情况下有效地进行，应当如何组织这种经济体制呢？那么，该问题的答案就会令这个给自己提问题的人认识到，这正是经济组织理论的基本要素。

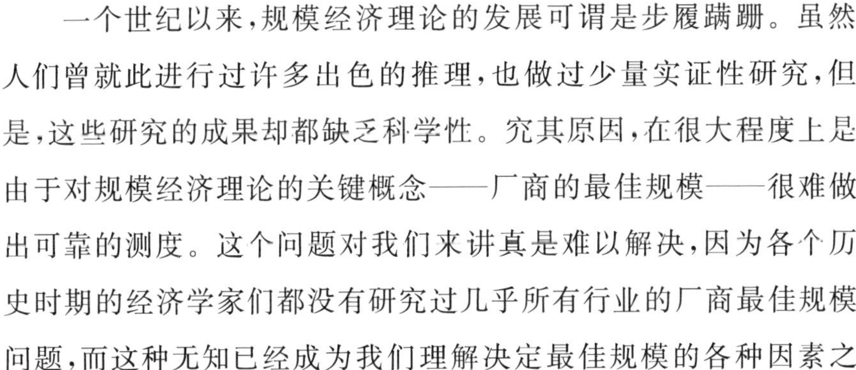

一个世纪以来，规模经济理论的发展可谓是步履蹒跚。虽然人们曾就此进行过许多出色的推理，也做过少量实证性研究，但是，这些研究的成果却都缺乏科学性。究其原因，在很大程度上是由于对规模经济理论的关键概念——厂商的最佳规模——很难做出可靠的测度。这个问题对我们来讲真是难以解决，因为各个历史时期的经济学家们都没有研究过几乎所有行业的厂商最佳规模问题，而这种无知已经成为我们理解决定最佳规模的各种因素之

原载《法学与经济学杂志》第一卷（1958 年 10 月）。1958 年版权所有，芝加哥大学。

* 本文是为全国经济研究所准备的一份报告。我必须感谢的是内斯特·特利克（Nestor Terleck）为此文所提供的大量统计数据。——作者注

难以逾越的障碍，就好像一个试图测量食物之营养价值的人，却不知道吃下这些食物的消费者是否还继续活着一样。

本文的中心论点是，如若将明智的人们通常用来判断有效规模的逻辑推理规范化，厂商的最佳规模便不难确定。这种技术，我按照老式的说法称为“生存技术”（Survivor Technique），它可以揭示出从私人成本角度考虑的厂商最佳规模的大小，也就是从适于厂商本身发展的环境角度考虑的最佳规模。在讨论过生存技术之后，我们再讨论一下决定最佳规模的各种因素是怎样可能分别起作用的这一问题。

Ⅰ. 生存原理

目前有三种方法可以依据经验来实际确定某一行业的各个厂商之最佳规模（或各种最佳规模的范围）。第一种方法是直接比较不同规模厂商的实际成本；第二种方法是比较各个厂商的投资收益率；第三种方法是依据技术资料具体核算不同规模厂商所可能发生的成本。这三种方法在实际应用中都会遇到一些麻烦，即所需要的资料通常难以得到，而且几乎无法获得最新的数据。然而这还不是最本质的困难，因为即使能够获得某些最新资料，但由于其涉及许多十分复杂的经济概念，甚至基本上不可能进行精确的计量（如收入），故而还是难以利用。事实上，显然由于我们不能明确指出自己到底需要什么资料，所以才无法获得这些资料。

对生产设施所进行的估价，无论是对实际成本的比较，还是对收益率的比较，都会产生极大的影响。因此，如若将某一厂商的重要生产设施估价过高或过低，就会错误地判断其生产效率。一般来说，最容易得到的各类资源的历史成本价值，并不适用于变化了的环境。若根据未来可能获得的收益进行估价，也不能提供有关某一厂商运转的效率情况。因为在这种将一切资源都用这种方法估价的有限情况下，无论是从平均成本的角度，还是从收益率角度进行判断，所有厂商的运转效率都会完全相等。只有那种不懂世故的人，才会愿意承担确定不同用途的各种资源之最大价值的规模这种任务，而且只有全知全能的人才能完成这项任务。资本市场在重新估价方面的各种不同作用，以及进行重新估价工作的会计师们所使用的各种不同处理方式，都会增加估价的困难。①

从生产技术角度来研究不同规模厂商的成本，同样会遇到许多难以克服的障碍。这类研究既包含一些相当精确（尽管不一定十分贴切）的工艺技术资料，还混杂着一些非工艺技术方面的粗略猜测，诸如市场销售成本、运转费用的变化以及劳资关系，等等，也就是说，很多问题的解决与处理对工艺技术专家来说，只能是处于一种并不十分得心应手的境地。而且，即便是理想的研究成果，也不可能告诉我们 A 行业 1958 年的厂商之最佳规模是怎样的，而只不过告诉我们，在假定该行业重建或者只增加少量投资的前提下，新工厂的最佳规模应当怎样。

利用生存技术测定最佳规模，不仅可以避免资源估价方面的许多麻烦，而且还可以避免上述从工艺技术角度进行研究的臆测性。它的基本原理在于，通过不同规模厂商的竞争，会筛选出效率较高的企业。穆勒（Mill）在很久以前就曾推荐过这种技术。他说：

> 在自由竞争的状态下，可以利用可靠的试验来确定大规模经营所带来的优势能否在任何特定情况下超过一般的小企业所具备的优点，即兢兢业业的经营方针以及对微小损益的更加关注。……在任何既有大企业又有小企业的行业当中，那种能够在现存环境下更有效率地从事生产的企业，必将能以较低的价格售出其产品。[②]

穆勒当时的错误，只是在于他认为生存技术不适用于寡头垄断的情况。事实上，即使是在寡头垄断的状态下，追求最大利润的动机也会导致生产效率较低的企业规模不复存在。

利用生存技术确定厂商之最佳规模的程序是这样的：先将某一行业的厂商按其规模分类，再分别计算该时期内不同规模厂商的产出占同行业产量的份额；如果某一规模的厂商之产出份额降低了，它就是生产效率较低的厂商规模，并且一般来说，生产效率越低的厂商，其产出量占全行业生产总量的份额下降越快。

按照这种论点，所谓效率高的厂商规模就是其领导者（企业家）能够应付实际经营中面临的所有问题，诸如紧张的劳资关系、迅速更新的生产技术、政府的管制、不稳定的国际市场等。毫无疑问，这就是从企业发展的角度所理解的效率的明确含义。而社会效率的意义当然很可能是与此完全不同的另一码事。从社会效率的角度看，最有效率的厂商规模或许是一种能够战胜垄断势力的占有、不合乎需要的劳动条件，以及歧视性法规等问题的厂商规模。生存技术并不直接适用于确定企业的社会性最佳规模，我们在此也实在不准备探讨这个问题。社会性最佳企业的含义在本质上是一种道德伦理概念，而且，我们认为，这种概念既不是很重要，也不是很明确。

利用生存技术确定厂商的最佳规模，不仅比其他一些方法更直接、更简便，而且也更可靠。假定根据对其生产成本、收益率以及工艺技术的研究，都表明某一行业的厂商之最佳规模是那种日产量为500—600单位的企业，并且超出这一产出范围的企业之单位生产成本就会大大提高。再假定据实际调查该行业中大多数生产厂商的规模都为上述“最佳规模”的3倍，而那些规模为日产500—600单位的厂商会很快衰落，或者发展成较大规模的企业。那么，我们还会不会相信该行业的厂商最佳规模就是日产500—600单位的那类生产厂呢？很显然不会相信。因为在竞争当中无法生存下来的规模，就不能称为最佳规模了。于是我们可能会一致认为，按照传统的研究方法是会造成一些错误的。毫无疑问，一切有关规模经济的判断，都总是要直接依据其生存能力，或者至少要借助于其生存能力来进行验证。

这并不是说，利用生存技术所得出的结果就是十分精确的了。企业家在选择企业的规模时可能会犯错误，因此我们在进行研究时必须要设法消除这些错误的影响。其方法或是扩大所研究的厂商数量，以使这些错误趋向于抵消；或是利用多个时期的研究成果，以使这些错误能暴露出来并得以纠正。由于生产要素价格和工艺技术的变化，厂商的最佳规模可能也会处于不断的变化当中，所以，对某一时期而言的最佳规模，或许在另一时期会丧失其优势，这就要求我们必须认真考虑所谓最佳规模所适用的时期。稍后在进行统计分析工作时，我们就会遇到这些问题。

我们还必须认识到，只有当某一行业的所有生产厂家都具有(接近于)完全一致的资源时，才会存在单一的厂商最佳规模。而由于各个厂商所使用的资源之种类和质量都不尽相同，所以其最佳规模就会有很多种，并形成一个分布范围。生存技术使我们可以估算出这种分布的情况。在下面有关具体应用问题的讨论中，我们就将仅限于估算厂商之最佳规模的范围。

衡量厂商的最佳规模，只是建立一种具有实质性内容的规模经济理论的第一步，但却是必不可少的一步。在本文的稍后部分，我们再来考察有关确定最佳规模的各种假设因素的验证方法。

Ⅱ. 利用生存法测定最佳规模的实例

生存原理的适用范围很广，应用起来也非常灵活。通过将该原理具体应用于各个生产行业，便能充分地显示出这些优点，而且也能展现出在运用生存技术时所遇到的许多有关资料数据和内容阐释方面的问题。我们先来看看美国钢铁业的情况。

为了证明某一规模的厂商由于效率较高而适于生存，必须要使这类厂商处于与其他规模厂商的竞争当中，也就是说，所有的厂商必须在共同的销售市场上出售其产品，因此我们只限于分析用平炉或酸性转炉冶炼钢锭的厂家。[③] 衡量厂商的规模大小，必定要根据其生产能力，因为各钢铁公司并不公布其具体产量；而且这些冶炼厂的生产能力要以其占全行业总生产能力的百分数形式来表现，以消除产业及公司规模之长期增长因素的影响。[④] 由于地区性钢铁消费模式在不断变换，已经形成了各不同地区市场的连锁关系,所以,确定钢锭市场的地理范围是一件特别困难的事情。我们在此将钢铁业的市场视为全国性的。虽然这样会夸大其销售范围,但是却很可能比只限于进行狭窄的地区性厂商分类,更符合实际情况。具体数据可见表3.1所示。

表3.1中的数据包括了美国钢铁业20多年的生产能力情况(可以认为是概括了半个多世纪的生产能力情况)。我们从表中可见,那些规模小于0.5%的钢铁公司之生产能力占全行业生产能力的比重,呈持续的和大幅度的下降趋势,由此可以推断出,这种规模的厂商之生产非常的不经济。[⑤]那些规模在0.5%至2.5%之间的公司之生产能力比重呈略有下降现象,说明其生产不太经济。其规模占全行业生产能力25%以上的一家大公司的生产能力也略有下降,表明了该企业的生产也不是十分经济。而其规模在占全行业生产能力的2.5%至25%之间的一些中等企业之产出比重,在这些年当中却有所增长或保持不变,因此我们可以说,这类企业的规模属于最佳规模的范畴之内。

企业的产出份额(或者如我们在此所称的占行业生产能力比重)之下降幅度越大,说明它的生产成本与规模最有效率的企业相比越高。[⑥]但是,我们却不可以据此倒过来推理,认为那些产出比重增长较快的企业,就一定比产出比重增长较慢的企业之生产效率更高,这里的区别是由于各类资源数量方面的差异。[⑦]按照这一思路,我们将表3.1中的数据转换成钢锭生产的长期平均成本曲线。如图3.1所示。根据这条曲线,我们可以看出,在一个很大的产出范围内,并没有明确地表现出纯净的规模经济或者规模不经济。

表 3.1　以公司相对规模为基准的钢锭生产能力分布情况

公司规模(占全行业百分比)	公司数目			占行业生产能力的百分比		
	1930 年	1938 年	1951 年	1930 年	1938 年	1951 年
0.5 以下	39	29	22	7.16	6.11	4.65
0.5—1	9	7	7	5.94	5.08	5.37
1—2.5	9	6	6	13.17	8.30	9.07
2.5—5	3	4	5	10.64	16.59	22.21
5—10	2	2	1	11.18	14.03	8.12
10—25	1	1	1	13.24	13.99	16.10
25 及以上	1	1	1	38.67	35.91	34.50

资料来源:《美加钢铁业名录》,1930 年,1938 年;《钢铁时代》,1952 年 1 月 3 日。

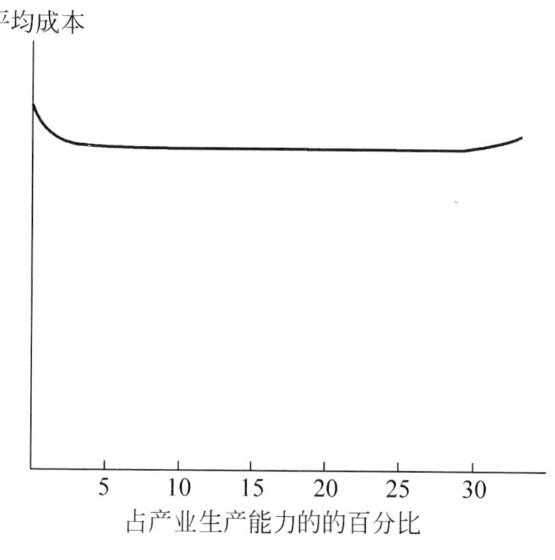

图　3.1

尽管我们运用生存检验法可以估测出长期成本曲线的形状,但是却无法估算那些产出比重有所下降的厂商之生产成本究竟比最低成本高多少。厂商的产出比重下降越快,说明其生产成本越高。然而,处于这类规模范围之内的各个厂商,由于还要受许许多多其他因素的影响,其生产能力比重降低的幅度也会不尽相同。如若某一厂商所拥有的耐久性和专业化生产资源越少,其产出比重的下降幅度就会越大,因为在这种情况下它较容易脱离该生产行业。资本市场和劳动力市场越趋近于完善,低效率厂商的产出比重之下降幅度也会越大,以使生产资源能够较多地供给生产效率较高的企业。在低效率的程度已定的情况下,产出比重的下降会较小,行业利润会上升。因为此时该生产行业中各类规模的企业之收益率相对于其他行业来讲,都比较高。

表 3.2　钢锭生产能力分布情况

工厂规模(占全行业百分比)	1930 年	1938 年	1951 年
1.占行业生产能力的百分比			
0.25 以下	3.74	3.81	3.25
0.25—0.5	6.39	5.81	7.20
0.5—0.75	6.39	4.18	3.82
0.75—1.0	9.42	12.29	10.93
1.0—1.75	21.78	15.56	20.67
1.75—2.5	13.13	16.73	17.01
2.5—3.75	23.49	17.18	8.10
3.75—5	8.82	12.07	12.46
5—10	6.82	12.37	16.56
2.工厂数目			
0.25 以下	40	29	23
0.25—0.5	20	16	18
0.5—0.75	11	7	6
0.75—1.0	11	14	12
1.0—1.75	18	13	15
1.75—2.5	6	8	8
2.5—3.75	8	6	3
3.75—5	2	3	3
5—10	1	2	3

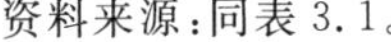

资料来源:同表 3.1。

只要将上述论点扩展开来，便可以估测出钢锭生产业在同一时期内的最佳工厂规模（见表3.2）。在此表中我们再一次发现，规模最小的工厂之产出比重呈下降趋势，表3.1中有关公司的资料也说明了这一点。那些生产能力比重居于0.75%—10%的工厂，没有表现出产出份额方面有规律的下降趋势，因此，我们可以推断，规模太小的钢铁厂和钢铁公司的生产能力趋于下降，是由于小厂的生产不经济；而最大的公司（美国钢铁公司）之产出比重也呈下降趋势，则应归因于它的生产在超过了某种规模后采用了多工厂运行方式的不经济。

另一个同样重要和同样令人感兴趣的生产行业——汽车制造业，所暴露的一些问题与钢铁业完全不同。在分析该行业的情况时，我们可以直接利用其产品数量，而不必利用其相对生产能力，并且我们完全可以将其销售市场看作是全国性的。表3.3给出了各汽车制造厂商的生产情况资料。

汽车制造业的突出特点是厂商的数量少，这就会提出一个我们在讨论钢铁业的情况时没有明确显现出来的统计方面的麻烦问题，即：如果某一规模的厂商数量很少，那么从厂商规模的角度研究其产出份额的变化还有多大可靠性？由于我们掌握了汽车制造业的年产量，所以能够据以分析不同规模的厂商之产出份额变化方向的持久性及变化幅度，从而在这一意义上提高了对其进行估算的可靠性。我们还可以将所观察的时期范围加以扩大，虽然这样做要冒将具有不同最佳厂商规模的各个时期混在一起研究的风险。要想减少对厂商数量少的生产行业之研究结果的不确实性，唯一的途径就是求助于有关的资料数据（例如，其他国家相关产业的生存模式)。

表 3.3　在美国生产的汽车中各公司所占比重(%)
1936—1941 年,1946—1955 年

年份	通用	克莱斯勒	福特	赫德森	纳什	凯塞	维里斯-奥维兰	帕卡德	斯塔贝克	其他
1936	42.9	23.6	22.6	3.3	1.5	—	0.7	2.2	2.4	0.8
1937	40.9	24.2	22.6	2.7	2.2	—	2.0	2.8	2.1	0.5
1938	43.9	23.8	22.3	2.5	1.6	—	0.8	2.5	2.3	0.3
1939	43.0	22.7	21.8	2.8	2.3	—	0.9	2.6	3.7	0.3
1940	45.9	25.1	19.0	2.3	1.7	—	0.7	2.1	3.1	0.1
1941	48.3	23.3	18.3	2.1	2.1	—	0.8	1.8	3.2	0.1
1946	38.4	25.0	21.2	4.2	4.6	0.6	0.3	1.9	3.6	0.2
1947	40.4	21.7	21.3	2.8	3.2	4.1	0.9	1.6	3.5	0.5
1948	40.1	21.2	19.1	3.6	3.1	4.6	0.8	2.5	4.2	0.7
1949	43.0	21.9	21.0	2.8	2.8	1.2	0.6	2.0	4.5	0.2
1950	45.7	18.0	23.3	2.1	2.8	2.2	0.6	1.1	4.0	0.1
1951	42.2	23.1	21.8	1.8	3.0	1.9	0.5	1.4	4.2	0.1
1952	41.5	22.0	23.2	1.8	3.5	1.7	1.1	1.4	3.7	—
1953	45.7	20.3	25.2	1.2	2.2		1.0	1.3	3.0	—
1954	52.2	13.1	30.6		1.7		0.3	0.5	1.6	—
1955	50.2	17.2	28.2		2.0		0.1		2.3	—

资料来源:哈兹汽车年度手册,1951,1955,1960。

汽车制造业的生存状况记录(见表 3.4)要比钢铁业的复杂一些,在第二次世界大战爆发前夕,汽车业已经显现出最大的公司之产量比重持续上升,而产量份额占全行业总产量的 2.5%至 5%的一些厂商之产品数量急剧下降的趋势。[⑧] 规模最小和次大的厂商之产量未表现出明确的变化趋势,但是从较长时期的角度来看,规模最小的汽车制造公司之产量份额却表现出相当明显的持续下降。战后最初一段时期,在敏感的政治气氛中,对较大型的公司需要实行价格控制，这使那些产出份额为2.5%—5%的企业规模受到极大的青睐。朝鲜战事爆发后的头两年，同样的现象又再一次出现，只是势头稍弱一些。由此我们可以推断出，在企业或国家对价格进行控制的通货膨胀时期，大规模企业生产并不经济，至少最大规模的企业生产是不经济的，但是在其他时期大规模生产确实很经济。长期平均成本曲线在通货膨胀时期呈浅碟状向上凸，然而在其他时期最大产出处却都不呈现上升趋势。

表3.4　各种规模的公司的汽车产量占该产业产出比重(%)

年份	公司规模(占全行业百分比)				公司数目	
	35%以上	10%—35%	2.5%—5%	2.5%以下	产量比重2.5%—5%	产量比重2.5%以下
1936	42.9	46.2	3.3	7.6	1	5[a]
1937	40.9	46.8	5.5	6.8	2	4[a]
1938	43.9	46.1	5.0	5.0	2	4[a]
1939	43.0	44.4	9.1	3.5	3	4[a]
1940	45.9	44.1	3.1	6.9	1	6[a]
1941	48.4	41.6	3.2	6.8	1	5
1946	38.4	46.2	12.4	3.0	3	4
1947	40.4	43.0	13.6	3.0	4	3
1948	40.1	40.3	18.0	1.5	5	2
1949	43.0	42.9	10.0	4.0	3	4
1950	45.7	41.3	6.8	6.1	2	5
1951	42.2	44.9	7.2	5.7	2	5
1952	41.5	45.2	7.2	6.1	2	5
1953	45.6	45.5	3.0	5.8	1	4
1954	52.2	43.7	0	4.1	0	4
1955	50.2	45.4	0	4.4	0	3

资料来源：同表3.3。a.或以上。

汽车制造业的应用实例，指出了一种方法，据此我们可以确定，不断变化的工艺技术、生产要素价格或者消费者需求，是否能导致厂商最佳规模的变动。我们认为，在生存趋势稳定的时期，最佳规模基本上呈稳定状态。相对于工艺技术的创新而言，人们要想判断某项创新在经济上的重要性，只能看其对生产厂商之规模分布的影响，除此以外，确实很难想象还有什么别的检验方法。

在即将结束有关生存技术之应用的分析之际，我们应当指出，这种技术也可以灵活地用于处理表面看来与我们所举的特定例子不相适合的其他一些问题。例如，一个马歇尔主义者可能会提出异议，他会认为企业必须先从小规模做起，然后逐步发展扩大到最佳规模，因此，某一行业在某一给定时期的厂商之规模结构不仅要受其最佳规模的影响，还可以反映出其所处的历史发展阶段。对于像零售商业这样的行业来说，这种解释相当有道理。我们可以通过研究，以企业的生命发展阶段或发展速率表明其在规模上的生存经历，来符合上述有关生命周期的说法。还可能会有人认为，在经济周期的不同阶段，不同规模的企业会具有不同的相对优势。这种说法，可以通过对某给定阶段的平均生存模式与整个经济周期之生存模式的比较来加以验证。

下面让我们来讨论一下人们可据以检验有关最佳规模之决定因素的各种假说是否正确的一些方法。

Ⅲ. 在不同产业间对最佳规模之决定因素的分析

一旦确定了各种不同行业的生产厂商之最佳规模，我们便可以进一步探究企业的规模大小与其他一些变量之间的关系。这是很多经济学家所惯常遵循的研究程序；并且，除了确定最佳规模的方法以外，我们现在要进行的调查研究与大多数类似的调查研究并无本质的区别，只不过更加系统化一些。例如，为数众多的经济学家们坚持认为，广告宣传是扩展企业规模的一种决定因素，他们常举的实例是烟草业的广告与其生产发展的关系。那么，倘若对一系列未被这些经济学家选为例证的生产行业进行验证，这种关系是否仍然成立呢？这正是我们在此所要讨论的问题。

虽然与其他一些用以确定企业最佳规模的方法相比，生存法需要的资料较少，但是在研究影响企业最佳规模的各种变量时，使用生存法和其他方法一样也需要确切的资料。在对下面48家(按3位数统计的*)制造业企业进行调查研究时，其最佳规模是根据《收入统计》的资料数据计算出来的，因此我们只能将一些缺少资料数据的变量排除，并且只能用最不完善的方法来衡量其他变量。表3.5中列出的是我们所研究的产业名称及所设计的衡量方法，

* 美国有关管理当局对各个产业之产品都予以编号，其位数越多即意味着分类越细。如化学产品编号为28，其中无机化学产品是281，等等。——译者注

下面对此做一些说明。

1.企业规模

在表3.5中,每一生产行业的企业最佳规模是通过比较1948年至1951年各资产等级的企业资产占全行业资产比重来确定的。[9]这里划入最佳规模范围的企业资产等级占全行业资产之比重均呈稳定或上升状态,并且我们还计算出这些企业的平均资产额[10],以及最佳规模企业的资产额范围。我们在此排除了非公司部门占很大比重(因为无法计量其企业的规模),以及有两种截然不同的最佳企业规模而使其内部差异很大的那类产业(如飞机及其零部件制造业)。

2.广告支出

我们已经提到过,很多经济学家常常用巨额的广告支出来证明大企业的发展,尤其是在一些像烟草、酒类以及化妆品等类的消费品制造业。这种论点可以从三个方面来阐明。第一,根据在给定价格的情况下每1美元广告支出的销售额来看,全国性的广告宣传可能会比地区性的广告宣传更有效;第二,长期持续的广告宣传可以构成累加的影响;最后一点与第二点密切相关,即,一系列相关产品的联合广告宣传,会比分别对各个产品做广告更有效。表3.5中对广告开支这一变量,是根据广告支出占销售额的比率计量的,其数据均取自《收入统计》。

表 3.5　48 个制造产业基本数据

产　业	最佳公司规模（资产：千美元，1948—1951 年）	最佳公司规模范围（资产：千美元）从	至	经营单位平均规模（1947 年增加值：千美元）	每百名雇员的化学家、工程师人数（1950 年）	广告开支占总销售额%（1950 年）
机动车，包括车身和拖车	$827,828	$100,000	敞开	$3,715	1.5879	0.4395
炼油	765,716	100,000	敞开	3,420	6.9171	0.4562
鼓风炉、钢铁厂和轧钢厂	525,485	100,000	敞开	8,310	2.0956	0.1321
奶制品	446,483	100,000	敞开	110	0.7865	1.5221
蒸馏、混合酒类	248,424	100,000	敞开	2,090	0.9041	1.3674
纸浆、造纸及硬纸板	203,794	100,000	敞开	1,645	1.4927	0.3357
油漆、清漆及真漆	175,404	100,000	敞开	394	6.0431	1.3539
铁路设备，包括机车及有轨电车	150,217	100,000	敞开	3,407	2.7171	0.3611
外胎和内胎	141,600	10,000	敞开	11,406	2.0974[a]	0.9453
除谷类食品外的谷类产品	128,363	100,000	敞开	210	1.0344	1.2492
医药品	123,662	100,000	敞开	552	6.2599	8.3858
有色金属冶炼、精炼、轧制、压延及合金	100,398	10,000	敞开	1,658	2.9845[b]	0.4088
办公室及商店用机械	65,914	10,000	敞开	1,411	2.5860	1.5812
面包房制品	58,960	50,000	100,000	192	0.2359	2.1335
纱和线	44,375	10,000	敞开	687	0.4461	0.3238
地毯及其他铺地材料	37,337	10,000	100,000	1,119	1.2391	1.7295
宽幅织物（羊毛）	31,265	10,000	敞开	1,211	0.4461	0.3400

续表

产业	最佳公司规模（资产：千美元，1948—1951年）	最佳公司规模范围（资产：千美元）		经营单位平均规模（1947年增加值：千美元）	每百名雇员的化学家、工程师人数（1950年）	广告开支占总销售额%（1950年）
		从	至			
钟表及其机械装置	31,025	10,000	50,000	705	1.2027	5.3238
水泥	29,554	10,000	100,000	1,600	2.1277[c]	0.2726
麦酒和麦芽	28,922	10,000	敞开	1,750	0.9041	4.7962
农业机械及拖拉机	28,291	1,000	敞开	684	2.1816	0.8956
建筑用混凝土制品	24,001	10,000	100,000	25.3	1.6292	0.4552
报纸	23,428	10,000	100,000	168	0.1348[d]	0.1948
编织物	17,918	10,000	100,000	273	0.1244	0.8522
糖果糕点	13,524	5,000	50,000	335	0.5950	2.6281
商业印刷，包括石版印刷	11,939	5,000	50,000	97	0.1348[d]	0.6474
家具，包括家用、办公室、公共建筑等用	11,378	5,000	50,000	209	0.3990[e]	0.9152
男子服装	10,077	5,000	50,000	247	0.0456[f]	0.8795
染色和纺织制成品，不包括编织品	9,625	5,000	50,000	545	1.1223	0.3472
罐头水果、蔬菜及海产品	6,536	1,000	敞开	240	0.9144	1.8462
宽幅织物（棉）	5,847	50	敞开	2,595	0.4461[g]	0.2822
鞋（除胶鞋外）	4,359	1,000	100,000	524	0.1474	1.1619
纸袋、纸板容器和纸箱	4,127	1,000	100,000	428	0.6939	0.1854

续表

产业	最佳公司规模（资产：千美元，1948—1951年）	最佳公司规模范围（资产：千美元）		经营单位平均规模（1947年增加值：千美元）	每百名雇员的化学家、工程师人数（1950年）	广告开支占总销售额%（1950年）
		从	至			
香烟	3,753	250	50,000	174	0.2274[h]	2.3188
肉类产品	2,665	500	100,000	322	0.5983	0.4264
有色金属铸品	2,365	500	50,000	172	2.9845[a]	0.2793
毛皮物品	1,966	1,000	5,000	55	0.0456[f]	0.4119
分隔物、棚架及锁制品等	1,545	500	50,000	121	0.3990[e]	0.8678
窄幅织物和其他小物品	1,382	500	5,000	226	0.4461[g]	0.3212
葡萄酒	1,304	500	5,000	227	0.9041[i]	3.5854
女子服装	1,304	500	50,000	150	0.0456[f]	0.9150
书籍	1,137	50	50,000	399	0.1348[d]	2.8796
期刊	1,117	250	10,000	307	0.1348[d]	0.5245
皮革—硝皮、制革及革制品	764	0	10,000	720	0.8140	0.1813
混凝土、石膏和石膏制品	762	250	10,000	53	2.1277[c]	0.6855
门、窗帘、帷幔及活动百叶窗	667	100	10,000	110	0.3990[c]	1.0581
无酒精饮料	546	100	50,000	75	0.9041[i]	4.0740
女帽及妇女头饰	468	250	5,000	108	0.0456[f]	0.4438

注：a. 橡胶制品；b. 非铁金属产品；c. 水泥、混凝土、石膏及石膏制品；d. 印刷、出版及有关产业；e. 家具及室内装置；f. 服装及附属饰物；g. 纱、线及纺织厂；h. 烟草；i. 饮料

3. 工艺技术和科研

许多有关企业规模的解释都涉及生产工艺技术特点及科研工作。复杂的生产工艺程序可能必须得由大公司来完成，或者至少需要较大规模的生产厂才能完成。科学研究工作的经济效益会十分显著；由于个别项目的成果难以确定，故而小项目的风险更大；一支功能齐备的科研人员队伍也许会非常庞大；将一项新技术引进商业应用阶段并等待其产生收益，可能需要大量的资本投入。

目前我们还无法直接计量科研工作的重要性或者工艺技术的复杂程度。[11]这里所使用的是化学家和工程师占全体雇员的百分比，该指数可以反映出科研和工艺技术特点的影响作用，但是却很可能非常不全面。如果能将这些科研技术人员与一般操作人员区分开来（这对于其他目的的研究也会极有价值），那么，对上述技术人员所占之比率的解释就会更加明确。

4. 工厂规模

工厂规模一般是构成公司规模的最小单位，因此它会对不同产业公司规模的差异产生显著的影响。在此我们只能用 1947 年每一经营单位（establishment）的增值来表示工厂规模，这与公司规模并无直接可比性，因为 1947 年的制造业普查中有关公司经营单位的资料，未能达到必要的详尽水平。[12]

对这些资料的初步分析表明，在厂商规模与广告支出之间，并不存在显著的相关关系，因此我们在进行统计核算时没有考虑这一变量。在消费品制造业，广告支出与销售额的平均比率为

1.97%；在生产资料制造业为0.57%；但是，无论在哪一类产业组，厂商规模与该比率数之间，均不存在明显的相关性。[13]

下面的回归分析证实了人们从表3.5的资料中所得出的印象，即我们所考察的其他变量都与厂商最佳规模呈正相关关系。

$$x_1 = -5.092 + 34.6x_2 + 42.7x_3$$
$$(10.8)\quad(12.2)$$

式中：x_1 是厂商规模，以百万美元资产额表示；

x_2 是生产厂规模，以百万美元增加值表示；

x_3 是每一百名雇员中的工程师和化学家人数；

回归系数下面的数字是该系数的标准差。[14]

对表3.5中的资料进行考察，可以看出，倘若这些资料更精确些，上述的相关程度还会更高。机动车制造厂的规模太小，是因为其中包括了生产零部件的那些工厂，而且，这种工厂规模也不是利用生存技术值测出来的。有色金属铸造业和混凝土制品业的工艺技术人员之比率数字有些夸大，因为我们能够利用的，只是在对这些行业进行粗略分类基础上所得到的比率数。制鞋业的公司规模与其生产厂规模相比，相对较小，这至少要部分地归因于该行业的机器设备通常是租来用的，所以没有包括在其资产之内。然而在我们的统计分析当中，并未忽略掉某些产业中属于其他产业经济活动范畴的厂商资产，因为如果这样做，就要将另外一些产业中属于该产业经济活动范畴的厂商资产计算在内。总之，我们还是会感到，随着对这些变量之计量方法的改进，它们与厂商最佳规模的相关性就会大大提高。

一般地说，这里所说的最佳规模范围很广，尽管其程度有所夸大；而且我们的计量方法也不那么精确，这是由于经济增长和通货膨胀使《收入统计》中所使用的规模等级分类模式不再适用，从而在最高资产等级（1 亿美元以上）中包含了规模差异很大的众多厂商。在 10 个产业当中，只有 1 个产业这种最大规模的厂商有资产份额的增长；而在另外的 9 个产业中，最大规模的厂商则包括在那些资产份额有所增长的厂商规模范围之内。当最佳规模的上限为已知的情况时，其范围一般为处于最佳规模范围内的厂商之平均规模的 3 至 4 倍。

我们在此对产业间规模经济的探索性研究所取得的一些成果，无论是从具体内容的角度看，还是从其指出了研究规模经济的方向（这是采用个案研究方法未能做到的）的角度来看，都可以说至少具有启发性。这些成果的主要局限都是由于资料的不完备造成的，如产业分类太粗、技术人员所占比率的计量很不确切等。但是，在我们的研究成果中至少有一项，即每一产业之厂商最佳规模的宽广范围，具有十分普遍的意义，应当作为生产理论中的标准模式。

Ⅳ. 产业内最佳规模之决定因素的分析

人们可能还要考察同一产业内各个厂商的种种特征，以求找出决定最佳规模的一些因素。例如，假使某一产业中那些逐渐接近于最佳规模的厂商是垂直一体化的，而那些仍保持非最佳规模或者向非最佳规模发展的厂商一体化的程度都不高，我们便可以推知，该生产行业之厂商最佳规模的必要条件是垂直一体化。这种方法与上面提到的产业间分析法相比，其优点在于无须假定诸如广告宣传或一体化这类决定因素在所有行业中都会以同样的方式发挥作用。

但是，这种产业内部分析方法也存在严重的缺点，即它只适用于分析我们能从每个厂商都可以得到有关资料的变量，而在厂商之数量众多的产业中，却几乎没有一个令人感兴趣的变量能够符合这一要求。由于我们能够进行考察的有影响的变量太少，而且所得到的结果又通常是否定的，所以在此只能极其简略地描述一下将此方法应用于炼油业所取得的结果。

表3.6和表3.7中的资料所显示的是1947—1954年美国炼油业的一些公司和生产厂的基本生存状况。每张表中都只包括正在运行中的炼油厂，沥青工厂和沥青公司除外。由于同对钢铁业厂家的分析一样，我们无法得到所有石油公司的实际产量资料，故而在此用按原油计量的生产能力来衡量其规模。[15]

表3.6　按公司相对规模确定的炼油能力分布状况

公司规模（占产业能力的百分比）	1947年	1950年	1954年
1.占产业炼油能力的百分比			
0.1%以下	5.30	4.57	3.89
0.1%—0.2%	4.86	3.57	3.00
0.2%—0.3%	2.67	2.16	2.74
0.3%—0.4%	2.95	2.92	1.65
0.4%—0.5%	2.20	0	0.89
0.5%—0.75%	3.04	4.66	5.05
0.75%—1.00%	0.94	0	1.58
1.0%—2.5%	11.70	12.17	10.53
2.5%—5%	9.57	16.70	14.26
5%—10%	45.11	42.15	45.69
10%—15%	11.65	11.06	10.72

续表

公司规模(占产业能力的百分比)	1947年	1950年	1954年
2.公司数目			
0.1%以下	130	108	92
0.1%—0.2%	34	24	22
0.2%—0.3%	11	9	11
0.3%—0.4%	8	8	5
0.4%—0.5%	5	0	2
0.5%—0.75%	5	8	8
0.75%—1.00%	1	0	2
1.0%—2.5%	6	7	6
2.5%—5.0%	3	5	5
5.0%—10.0%	7	6	7
10.0%—15.0%	1	1	1
总计	211	176	161

资料来源:"石油开采及精炼统计资料"(包括在美国的分馏厂),1947年1月1日;1950年1月1日;1954年1月1日。"信息交流"第7455(1948.3),7578(1950.8),7963(1954.7)号。

表3.7　按工厂相对规模确定的炼油能力分布状况

工厂规模	1947年	1950年	1954年
1.占产业炼油能力的百分比			
0.1%以下	8.22	7.39	6.06
0.1%—0.2%	9.06	7.60	7.13
0.2%—0.3%	6.86	4.95	3.95
0.3%—0.4%	5.45	4.99	7.28
0.4%—0.5%	4.53	6.56	4.06
0.5%—0.75%	9.95	10.47	11.82
0.75%—1.0%	5.35	7.07	8.33
1.0%—1.5%	12.11	10.36	13.38
1.5%—2.5%	17.39	23.64	22.45
2.5%—4.0%	21.08	16.96	15.54

续表

工厂规模	1947年	1950年	1954年
2. 工厂数目			
0.1%以下	184	158	138
0.1%—0.2%	64	53	51
0.2%—0.3%	27	19	16
0.3%—0.4%	15	14	21
0.4%—0.5%	10	15	9
0.5%—0.75%	17	16	19
0.75%—1.0%	6	8	10
1.0%—1.5%	10	8	11
1.5%—2.5%	9	12	12
2.5%—4.0%	7	5	5
总计	349	308	292

资料来源：同表3.6。

石油公司和钢铁公司的资料十分相似。即在这两种产业中，最大公司的生产能力比重都大大下降。在炼油业中，生产能力比重占0.5%—10%这一范围内的所有公司的炼油能力份额也和钢铁业一样，都保持稳定或者有所上升。

炼油厂的生存状况资料表明，较小公司的消亡是由于较小的生产厂效率较低，因为表中资料显示出，生产能力比重低于0.5%的所有规模之炼油厂的产油份额也都呈大大下降趋势。其规模为0.5%至2.5%的炼油厂之生产能力比重相对上升；而规模最大的炼油厂之生产能力比重略有下降；因此，其生产能力比重为2.5%以上的公司规模之发展，可能要归因于多工厂经营的经济效益较高。

有人声称，控制原油输送管道生产的反向一体化经营方式，是石油企业获得成功的必要条件。表 3.8 中所列出的资料与这一假说有关。其中所显示的拥有原油管道和没有原油管道的企业所占有的市场份额的变化，没有表现出很大的差异。由于表中其生产能力规模占 0.75%以上的公司都拥有原油输送管道，所以我们在研究中比较了其所占市场份额与每 1,000 桶炼油能力的原油管道之长度变化（此表未列出这一比较过程），结果发现，这两个变量之间没有联系。[16]

表 3.8　1950 年拥有及没有原油管道的炼油公司所占产业份额

公司规模（占产业能力的%，1947 年、1950 年、1954 年平均）	拥有管道的公司			没有管道的公司		
	1950 年数目	1947 年份额（%）	1954 年份额（%）	1950 年数目	1947 年份额（%）	1954 年份额（%）
0.1%以下	25	1.40	1.12	60	2.87	2.18
0.1%—0.2%	17	2.19	2.50	5	0.77	0.77
0.2%—0.3%	6	1.48	1.63	2	0.34	0.50
0.3%—0.4%	5	1.90	1.63	0	—	—
0.4%—0.5%	1	0.40	0.55	2	0.54	1.22
0.5%—0.75%	7	3.59	4.72	1	0.38	0.61
0.75%—1.0%	0	—	—	0	—	—
1.0%—2.5%	7	11.54	13.10	0	—	—
2.5%—5.0%	4	11.11	11.69	0		—
5.0%—10.0%	7	45.11	45.69	0	—	—
10.0%—15.0%	1	11.65	10.72	0	—	—
未实际经营	16	2.30	0.05	79	2.43	1.33
总计	96	92.67	93.40	149	7.33	6.60

资料来源：国际石油企业注册名录。

人们可能会推测，这种产业内最佳规模之决定因素分析方法

的主要作用,也许在于它可以提供一个对产业研究中普遍利用的资料进行系统分析的框架,但是,要对决定厂商规模的合理因素进行完整分析所需要的有关产业内各个厂商的资料内容是如此广泛,以致使这种产业内分析对于着手建立一般理论来讲,会成为一种缺乏吸引力的方法。

Ⅴ.结　　论

利用生存技术确定厂商最佳规模的范围,似乎能成功地将规模经济理论提高到具有实质性内容的水平。虽然使用这种方法常常会由于缺少资料而导致失败,但是,与其他方法相比,它在确定最佳规模时还是能够避开许多难以解决的麻烦。

或许,在我们所进行的探索性研究当中,最引人注目之处是,发现了最佳规模的范围通常十分宽广;就是说,厂商的长期边际成本及平均成本曲线通常在某一很长的规模范围上是水平的。我想,通过一项相关的调查研究可以进一步证实上述结论;即,假如某一产业的厂商最佳规模是唯一的,那么需求的增长就将主要由近似于成比例的厂商数目增长来满足;然而实际调查结果显示,大部分需求增长通常是由现有厂商之生产规模的扩大来满足的。

利用生存法可以验证经济学文献中到处可见的有关决定厂商规模之因素的大量假说是否成立。我们的探索性研究表明,广告支出一般并无导致企业规模扩大的倾向;而另一项验证(上文并未提及)指出,固定的资本—销售比率也与厂商规模无关。在我们的研究当中,证实了生产厂的规模是一个很重要的变量,这点与我们事先的推测相吻合，而且应当利用生存法来分析确定决定生产厂之规模的各种因素。另外一个十分含糊的变量，即劳动力当中工程师和化学家的相对比例，也被证实为相当重要。要想分清科研工作和日常技术工作，就必须进一步搜集资料并深入分析。最佳规模的确定使研究人员可以验证由他想象出来，或者根据资料推断出来的任何可能的决定因素是否正确。

注释：

①米尔顿·弗里德曼（Milton Friedman）在《集中的经营和价格政策》（*Business Concentration and Price Policy*，普林斯顿大学出版社，1955 年，第 233页）中讨论了这些问题。

②参见《政治经济学原理》（*Principles of Political Economy*）阿什利主编，第 134 页。马歇尔（Marshall）从达尔文主义的角度表述了同样的论点，他说："一般而论，替代法则（只不过是适者生存这一法则的特殊和有限的应用）有使某种工业组织方法替代另一种方法的倾向，假如它能以较低的价格提供直接迅速的服务的话。"[见《经济学原理》（*Principles of Economics*）第 597 页，1920 年，第八版]

③其公司的平均规模较小的坩埚冶炼业被视为一独立的产业，但与钢铁业关系密切。

④在昼夜连续生产以及产出的增长趋势适于用生产能力表示的产业，用生产能力来衡量其厂商规模最为可行。钢铁业和下面所举的炼油业都符合这些条件。

⑤1930 年，其生产能力比重为 0.5％的厂商之生产能力绝对数为 364,000 吨；1951 年该绝对数为 485,000 吨。我们当然可以使用这种绝对数规模等级进行分析，只是其实用意义不大。

⑥我们如何来说明仅仅是维持住一定的生产能力比重的厂商规模也是有效率的呢？虽然更详尽地进行解释是可能做到的，但是似乎最简便的方法是将这类厂商规模视为由于资料不够而未进行充分的估计，如果能有更充足

的资料(即更多的厂商生产情况和更长的分析时期),那么,所有规模等级的厂商之生产能力比重都会显示出非升即降的现象。

⑦例如,在最佳规模范围内,某一规模的厂商可能使用高级推销人员,而另一规模的厂商却使用的是低级推销人员(适当支付较低的报酬);这两类推销人员的相对数量就会影响这两种规模的厂商所占之行业生产份额的相对增长。

⑧见联邦贸易委员会,《汽车制造业情况报告》(*Report on Motor Vehicle*),第 29 页,1939 年。

⑨这里选择该特定时期是由于资料所限。1948 年的产业分类变化很大,而 1952 年又缺乏有关小产业的资料。如果能利用 1948 年至 1951 年各年间的资料进行分析,会更好地确定最佳规模,但是比较费力。

⑩通过这三种资产等级的移动平均数比较,允许样本有所变动。

⑪在早些时候按两位数分类对制造业企业进行的研究表明,资本—销售比率与厂商最佳规模无关。

⑫由于实际上许多大企业的生产涉及很多行业,而其分类却是按照它们的主要生产活动进行,因此即使根据资产来衡量生产厂的规模,也会有一些不可比性。

⑬该两类产业的相关系数分别为—0.187 和—0.059。

⑭相关系数为:

r_{12} —0.0460　　$r_{12.3}$ —0.400

r_{13} —0.471　　$r_{13.2}$ —0.413

r_{23} —0.252　　$r_{23.1}$ —0.046

⑮1947 年生产能力比重占 1%的厂商之日产油量为 52,508 桶,而 1954 年是 76,811 桶。对地区性市场所进行的试验性估算表明,其结果与在全国性市场基础上所进行的测算结果没有很大的差异。

⑯据全国研究顾问委员会所发表的《专业研究实验室指南》(*Directory of Research Laboratories*)对这些实验室的调查结果表明,厂商规模和实验室规模没有什么关系。这样的调查结果并不会令人感到奇怪,因为专业实验室的研究工作所影响的只是企业的长远发展。

4. 信息经济学①

学术界人士不需别人提醒，便知道信息是一种很有价值的资源；知识就是力量。然而信息在经济学界的地位就如同大城市中的贫民窟一样，往往要遭到忽视。经济学专家们总是假定，最好的工艺技术已经众所周知；消费品和顾客偏好的关系是已知数；而且，他们对生产信息的产业之一——广告业，就像通常对待关税和垄断一样，充满了敌意。

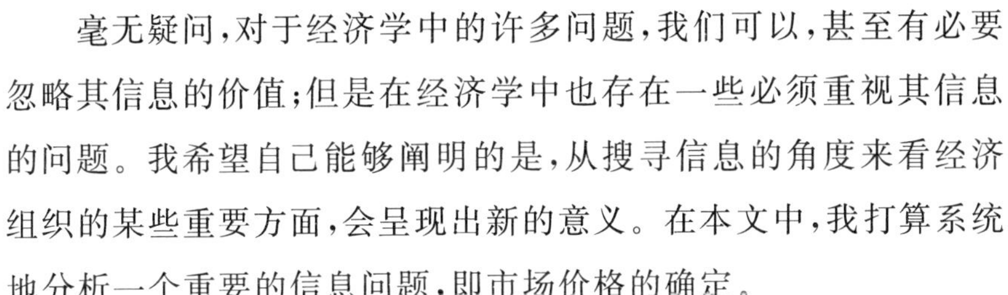

毫无疑问，对于经济学中的许多问题，我们可以，甚至有必要忽略其信息的价值；但是在经济学中也存在一些必须重视其信息的问题。我希望自己能够阐明的是，从搜寻信息的角度来看经济组织的某些重要方面，会呈现出新的意义。在本文中，我打算系统地分析一个重要的信息问题，即市场价格的确定。

Ⅰ. 搜寻的性质

价格在所有的市场都以不同的频率发生着变化，除非某一市场是完全集中的，否则便无人能知道各类卖主（或买主）在任何既

① 选自《政治经济学杂志》，第 69 卷第 3 期，1961 年 6 月号。1961 年版权所有，芝加哥大学。

定时刻所开出的所有价格。一个买主(或卖主),必须得与各种各样的卖主(或买主)进行多次接触,详细探讨之后,才能确定对自己最有利的价格。我将这种现象称之为“搜寻”(search)。

有关卖方要价散布的范围问题,我们想在下文予以讨论,但是在此却很有必要立即强调指出以下重要事实:即使对同质的商品,要价也非处处相同,而是普遍存在离散现象。下面让我们以两种商品的要价为例来具体说明这一现象,其中一种商品是消费品,另一种是生产资料,如表 4.1 所示。在表 4.1 中,汽车(同一型号)的价格是按“讨价还价”的平均报价定出的,即平均价格为 2,436 美元;其范围为 2,350 美元至 2,515 美元之间;标准差为 42 美元。无烟煤的价格是按联邦政府采购投标价格定出的,即平均每吨为 16.90 美元,其范围为每吨 15.46 美元至 18.92 美元,标准差为 1.15 美元。无论按哪种标准来看,这两种商品的价格离散都很显著。

表 4.1　两种商品的要价

A. 雪佛莱汽车,芝加哥,1959 年 2 月[a]		B. 无烟煤交货价格,(华盛顿特区)1953 年 4 月[b]	
价格(美元)	推销商数目	每吨价格(美元)	投标者数目
2,350—2,400	4	15.00—15.50	2
2,400—2,450	11	15.50—16.00	2
2,450—2,500	8	16.00—16.50	2
2,500—2,550	4	16.50—17.00	3
		17.00—18.00	1
		18.00—19.00	4

资料来源:a. 阿兰·F. 琼(Allen F. Jung),“芝加哥汽车推销商的各种定价”,原载《商业周刊》第 33 卷,1960 年 1 月,第 31—42 页。

b. 由约翰·弗拉克(John Flueek)提供。

价格离散表明对市场的无知，而且可以此来测度这种无知的程度。但是，假使我们将销售条件包含在商品的概念中，那么就会没有一种商品是绝对同质的了，所以如果用价格的离散来衡量对市场的无知，便会产生偏差。例如，有些汽车推销商可能会提供较完善的服务，或者所推销的品种更广泛，这样我们所看到的价格离散现象之部分原因，也许就要归结于这些差别。然而，倘若认为所有的价格离散都是商品的异质造成的，就会显得既不现实，又无益处。

于是，在任一时点，卖主所开出的价格都会有很多种。假如有的买主满足于从第一个卖主手里购买所需要的商品，那么无论这个碰巧遇上的卖主索要什么样的价格，他都会照付。但是，实际上，如若卖主要价的离散程度很大(相对于搜寻成本而言)，买主一般就会与好几个卖主来商讨价格问题，这样会对其有利。下面让我们用一个基本的例子来说明这一点。设卖主的要价均在 2 美元和 3 美元之间，我们可按搜寻次数的增加，构成最低价格的分布状况，如表 4.2 所示，与两个卖主讨论过价格的买主，比只与一个卖主讨论价格的买主，购买每单位商品可望节约 25 美分，依此类推。

表 4.2　按不同问价次数排列的假设最低价格分布

问价次数	最低价格的概率		预期最低价格(美元)
	2.00(美元)	3.00(美元)	
1	0.5	0.5	2.5
2	0.75	0.25	2.25
3	0.875	0.125	2.125
4	0.9375	0.0625	2.0625
∞	1.0	0	2.00

目前还没有人对卖主要价(或买主报价)的分布频率进行过充分的研究,以证实任何有关其性质的假说。不过按一般的规律,要价可能会向右倾斜,因为对于出售可供进行再生产之商品的卖主来说,他能够接受的价格会有某一最低限,却不会存在最高的上限。如果要价呈正态分布,那么搜寻一、二、三次所碰到的最低价格便如图 4.1(A)所示;如果要价呈矩形分布,那么相应的分布图形便如图 4.1(B)所示。

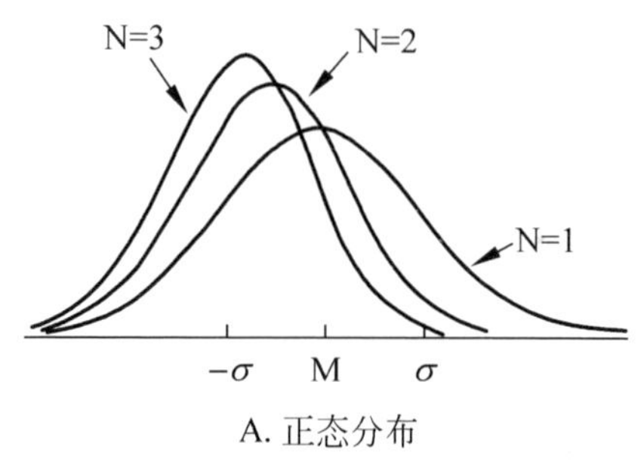

A. 正态分布

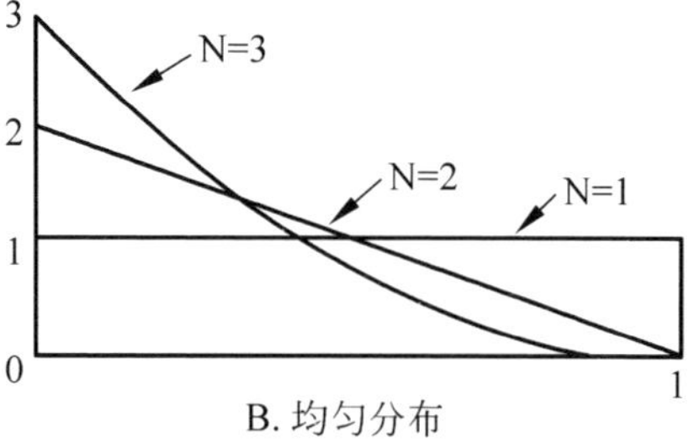

B. 均匀分布

图 4.1 不同搜寻次数的最低价格分布

虽然后一种假定尚未得到充足的实证支持,但是由于其计算简便,有时仍可以利用。

实际上,如果卖主的要价(p)在 0—1 之间呈均匀分布,那么[②],(1)n 次搜寻的最低价格便可表示为:

$$n(1-p)^{n-1}, \tag{1}$$

(2) 平均最低价格为:

$$\frac{1}{n+1},$$

(3) 平均最低价格的方差为:

$$\frac{n}{(n+1)^2(n+2)}。$$

如果用最低要价的预期降低程度来衡量其收益，那么无论价格的精确分布是什么样的，搜寻次数的增加都肯定会使收益递减。对于 n 次搜寻的预期最低价格为$\frac{1}{n+1}$的矩形分布来说，情况显然确实是这样的；在正态分布时，也是如此。[③]事实上，假如要价的分布不表现出这一性质，它就会是不稳定的，其道理很快便可以看到。[④]

对买主来讲，每增加一次搜寻的预期节约额将约等于他打算购买的数量(q)乘以搜寻所造成的价格预期降低额：[⑤]

$$q\left|\frac{\partial p_{\min}}{\partial n}\right| \tag{2}$$

价格离散的程度越高，与既定搜寻次数相应的预期节约额就越大。购买商品的开支越大，该预期节约额显然也会越大。让我们暂且先不考虑这种开支所涉及的时期问题，从而不必考虑开支的总量，而只考虑一种不可分割的、非连续购买的商品，比方说，二手车的购买情形。

消费者的搜寻成本可能近似地与其所接触的卖主(已确认的)数目成比例，因为主要的成本是时间。这种成本不一定对所有的消费者都完全相等，因为除了消费口味的差异以外，收入高的人的时间价值当然也会较高。当搜寻成本等于其预期边际收益时，就会得到最佳的搜寻次数。[⑥]

卖主自然也会进行搜寻活动，而且当所出售的商品为独一无二的东西时，他们的搜寻方式会碰巧与买主所采用的方式完全相同，在这种情况下——一般说来这种情况并不多见——最佳搜寻次数也是在边际搜寻成本等于预期收益增加额时达到，这与对买主搜寻行为的分析所得出的结论几乎完全一致。

对于独一无二的商品，无论是买主还是卖主的个人搜寻，效率都会极低，因为不知道谁是潜在的卖主——搜寻成本必须要用潜在的买主（或卖主）占搜寻对象的比例数来除。如果我打算卖掉一辆旧汽车，并为此进行个人搜寻以找到合适的买主，即使要卖的是一辆流行式样的旧车，在一个月的搜寻当中，随机选取的 100 个家庭中之潜在买主也少于 1，于是每一报价的搜寻成本都提高了 100 多倍。

在这样的条件下，搜寻成本会非常高，以致使人们强烈地渴望对交易的地域范围进行限制，并以此作为确定潜在的买主和卖主的一种手段。在中世纪，由于禁止在既定的集市范围内或非集市时期买卖某些指定的商品，故而提高了市场的效率；在集市上卖东西的人被强制征收的市场税（即使缺乏对非集市交易的有效控制，也能征收到这种税），清楚地显示出进入这种地区性市场的价值。

当然，广告显而易见是确定买主和卖主的现代方式；尤其是分类广告，更是使买卖双方相遇的媒介。从确认买主和卖主这一角度看，广告大大降低了搜寻的成本。但是广告也有其自身的局限性，即它本身的开支就很高，而且广告开支在本质上还与所宣传的物品价值无关。倘若某种商品的潜在买主相对于其广告传播的范围来讲，人数很少，那么它的广告费用就会格外昂贵。在此我们暂且将广告问题搁下不谈，先来讨论一下确认买主和卖主的另一种可行的方法。

这种方法就是发展专业化的贸易商，这类商人的主要服务实际上就是为潜在的买主和卖主们提供相互接触的机会。一位每年转手卖出 1,000 辆旧汽车的商人，很可能会遇到 3,000 至 5,000

次买卖双方的报价，他的服务能使贸易活动高度集中化。下面让我们来分析一下这些贸易商的市场活动。假定市场上同时存在很多位独立的贸易商，并因此会展开竞争。

每位贸易商所面对的都是（比方说）各种各样的买主出价，并可以根据对买卖产生的影响改变其出售的价格。即使是可分割（从而不是独一无二的）的商品的市场，也会在每笔交易中存在某些讨价还价（从而发生价格歧视）的余地，就是说，买主会根据其所搜寻到的（或打算搜寻的）贸易商所报的最低价格，确定出自己能出的最高价格，然而对买主来讲，却没有什么最低价格。但是，我们或许还是先不讨论这种不确定的价格范围，而假定贸易商会觉得价格歧视得不偿失[7]，那么在这种情形下，他所面临的需求曲线究竟是如何确定的呢？

每位贸易商都要定出一个售价 p，对所有按此价格买汽车的人来说，这就是最低价格。如果商人们的要价服从均匀分布，那么对每位贸易商而言，按售价 p 购买其汽车的买主数目即为：

$$N_i = KN_b n(1-p)^{n-1}, \tag{3}$$

式中 N_b 为该商人的潜在买主总数，K 为常数。[8] 随着贸易商卖价的下降，其现实的买主人数总按递增的速率增加，[9] 并且，如果售价低于与搜寻次数相关的费用，那么在要价均匀分布的条件下，买主人数便随搜寻次数的增加而增加。[10] 一般地讲，我们可以推测，要价较高的卖主是那些持有货物量较少的人。

任何贸易商要价分布的稳定性都取决于其成本。倘若收益的规模不变，那么收益率相等这一条件就意味着某一商人的买价和卖价之间的差额是一个常数。这个条件一般来说不可能得到满足，也就是说，如若任何贸易商满足于小批量交易，都可以低价买进高价卖出，从而赚取高于成本（包括竞争性收益率）的收入。其他的贸易商都无法消除这种非竞争的利润率，尽管他们可以通过标出同样的价格来占有一部分交易额，或者可以通过较低的要价来提高搜寻的报酬，从而增加搜寻次数。

按照规模经济理论，贸易商之间的竞争会排除售价极高和进价极低的可能性，从而不可能出现某些极端的价格。因此，按货物量计算的平均成本之下降幅度越大，价格的离散程度就越小。[11]许多价格分布形式将不符合任何可能的贸易商成本条件，[12]而且贸易商之间收益率严格相等的情形一般也不太可能发生。

假使有关贸易的规模经济比贸易成本固定的条件更能减轻要价的离散程度，那么较多的搜寻次数通过减少会付高价的买主数目，也能达到类似的效果。下面我们就来进一步探讨决定搜寻次数的因素。

搜寻次数的决定因素

只有当所购买的商品具有唯一性时，如购买房屋、特殊的旧书等，定义最佳搜寻次数的因素才会意义明确。假使购买是反复进行的活动，就必须考虑基于这种搜寻的购买量。

倘若贸易商们在各个逐次相连时期的要价完全相关（而且是正相关！），那么买主只需在开始时期进行搜寻便足够了。在这种情况下，搜寻的预期节约额将等于未来全部购买节约额的贴现现值，该未来节约额包括买主或卖主的整个活动期（不管哪一个更短）。[13]另一方面，倘若商人们在各个相继时期的要价不相关，由搜寻带来的节约额就会只与相应的时期有关，[14]并且每一时期的搜寻与以前所进行过的搜寻无关。如果各相继时期的价格正相关，消费者在起始时期进行的搜寻次数将会大于以后各个时期。[15]

从我所考察的若干实例来看，卖主的相继要价通常是正相关的。8个无烟煤投标商1954年和1953年的价格相关系数为0.68；芝加哥的29个雪佛莱汽车推销商1959年8月和2月的要价相关系数是0.33，但是同一时期的福特汽车推销商之要价的相关系数却为0。由于产品或服务之间的差异稳定不变，因此我们所观察到的大部分价格当然都会是正相关关系，不过这种分析严格限于商品同质的情况。

一般地讲，同质产品的相继要价也会呈正相关关系。由于用来购买某种商品的费用或搜寻成本的差异，不同买主的搜寻次数也会不同。倘若一位推销商想要保住那些较为重视搜寻的收益或者搜寻成本较低的主顾，就必须使自己的商品价格一直低于其他卖主的要价。实际上，商业信誉这个概念，或许就是指顾客无须不断地搜寻（或者只需偶尔查证一下即可），就会不断光顾的意思。

相继要价的正相关关系可以证实一种广泛流行的看法，即，无经验的买主（旅游者）在某一市场所支付的价格会高于有经验的买主。[16]前者不具备累积起来的要价方面的信息，即使其搜寻次数已达最佳，一般仍会付出较高的价格。虽然预期最低价格的方差会随着搜寻次数的增多而变小，但是由无经验的买主所支付的价格仍然会具有较大的方差。

假如某一买主进入一个完全陌生的市场，他就会不了解有关价格离散的情况，从而不知道怎样确定合理的搜寻次数。在这类情况下，或许要依据某种连续的过程来估计价格的离散程度，而这种方法会引出一系列问题，我只能将它们留给别人去探讨了。然而，一般地讲，人们在进入某一市场时总是会带着某些有关价格离散程度的一般知识，因为价格离散本身是平均搜寻次数的函数，而平均搜寻次数又是商品性质的函数：

(1)买主用于购买商品的开支越大，由搜寻所得到的节约额就越大，从而搜寻次数越多。

(2)在市场上进行反复购买的(有经验的)买主越多，有效的搜寻次数就越多(在相继的要价正相关的情况下)。

(3)进行反复销售的卖主越多，相继要价之间的相关程度就越高，从而，根据条件(2)可知，累积的搜寻次数就越多。[17]

(4)市场的地域范围越广，搜寻成本就越高。

买主人数的增加对要价离散程度的影响是不确定的。假如其他情况均保持不变，在较大的要价范围内，买主绝对数的增加将会引起推销商人数的增加。不过若除外广告宣传的作用，共同拥有信息的现象会有所增加。当两位买主比较价格的时候，就是在共同使用信息。即如果他们每人接触 s 个卖主，两人合起来实际上就是接触了 $2s$ 位卖主，这里将两人接触同一位卖主的情况除外。[18]对于某些商品的价格(如酒类)，消费者进行比较的次数常常要大大高于其他一些商品(如口香糖)——事实上，我们可以将共同拥有信息视为一种较廉价(但是较不可靠)的搜寻形式。

价格离散的原因

造成价格离散的一个原因就是卖主在探明其竞争对手的要价

时所发生的成本。然而，即便是这一成本为零，价格的离散还是会存在。更重要的限制因素是买主所进行的搜寻。如果市场条件和参与者永远保持不变，价格便会很快趋于统一。只有不可能给追加的搜寻以补偿的价格差异才会保持下去。满足最佳搜寻次数的条件（当相继的价格完全相关时）是：

$$q\left|\frac{\partial p}{\partial n}\right| = i \times \text{边际搜寻成本}$$

式中 i 为利率。如果每一次追加的搜寻成本是1美元，利率为5%，那么每增加一次搜寻的预期价格下降额将等于0.05美元/q，即其数额往往比最小的现金单位还要小。但是，除了商品的不可分割性以外，消除所有的价格离散通常对买主和卖主都没有什么益处。

一定程度的价格离散主要是由知识的老化造成的。商品的供求条件在不断变化，从而使要价的分布也在不断变化。除了进行搜寻以外，买主或卖主都不可能使用其他别的方法来确知与新的市场供求条件相适合的新的市场平均价格。由于进行搜寻需要付出成本，故而即使卖主很希望维持相继价格的完全相关性，也没有办法真能做到，所以买主也不可能依据价格的完全相关确定搜寻投资的数量。由此可见，商品的供求条件越不稳定，价格的离散程度就越大。

此外，买主和卖主身份的变化也会造成对市场的无知。在每个市场上都会存在一批新的买主和新的卖主，他们至少在初进入市场时会对价格毫不了解，这些人的出现，使有经验的买主和卖主所拥有的信息在某种程度上失去了作用。

价格的离散程度还会随另一个特征，即市场规模（从交易额和贸易参与人数两个角度考虑)的变化而变化。市场规模对价格离散的影响非常特别。随着市场交易额和贸易商人数的增长,会出现一批专门从事搜集和出售信息的企业,其活动方式可能是发行贸易期刊或充当专门的经纪人。由于搜集信息的成本与信息的使用(近似于)没有关系(但是传布信息的成本却与其使用有关),信息的供给必将强有力地趋于垄断:一般而言,贸易信息会存在"标准的"来源。

Ⅱ.广　　告

广告是向潜在的买主提供有关卖方信息的方式之一。很显然这是一种极其有力的消除无知的手段——可以与用书籍代替口头讲授来传播知识相媲美。一条登在大都市报纸上的只花5美元的广告,也许会有25,000人看到,或者说每1美分50名读者,即使其中潜在的买主(或卖主)所占的比重十分微小,这种方法在搜寻过程中所实现的经济效果,也会远远超过盲目相撞的方式。

让我们先来看看仅用于确认卖主的广告。这里对确认买主的问题不准备进行详细探讨,而对有关价格的广告宣传问题则将稍后再予以讨论。由于卖主的身份在不断地变动,因此很有必要确认到底谁是卖主;然而必须认明卖主的更重要原因,还在于买主的变化。每种消费品市场上,总会存在一连串新的买主(由于移民或金融证券到期),这些人需要了解有关卖主的情况。而且,对于那些没有进行连续购买的原有买主,也很有必要更新其有关卖主的各种信息。

假定某一规模为 a 的广告在给定时期内可以为潜在买主中比例为 c 的人提供信息，那么 $c=g(a)$，[19] 这样的假设无疑是有点过于简单了。但是按照此关系函数，收益很可能是递减的，至少在超过一定的广告规模时情况如此。对于某一稳定的人口数量来讲，其中的潜在消费者将会以一定的比例 b“诞生”（和“消亡”）。这里所说的“消亡”不仅包括离开该消费品市场的买主，而且还包括将已接受到的广告所传播的信息忘记掉了的买主。b 值的大小显然要随商品的性质不同而异。例如，对于人们不常购买的商品（如住宅），b 值就会较大。若 N 为潜在的消费者总数，那么在广告（一定规模的）发出的最初时期，将会有 cN 个潜在消费者收到其信息；在第二个时期，这些潜在消费者中的 $cN(1-b)$ 个人仍在了解有关卖主的情况；同时有 cbN 个新的潜在消费者将会收到该广告所传播的信息；而且原来的老潜在消费者中将有 $c[(1-b)n-cN(1-b)]$ 个将成为第一次了解到该广告之内容的人，或者说在这两个时期接收到这一信息的总人数为：

$$cN[1+(1-b)(1-c)]。$$

将此式一般化，即可得到 k 个时期能够接收到该广告信息的潜在消费者总人数为：

$$cN[1+(1-b)(1-c)+\cdots+(1-b)^{k-1}(1-c)^{k-1}],$$

当 k 足够大时，上式将接近于

$$\frac{cN}{1-(1-c)(1-b)}=\lambda N。\tag{4}$$

因此，能从该广告所传播的信息确认卖主的潜在消费者之比例 λ，取决于 c 和 b。

如果 γ 个卖主每人的广告量都相同，那么 λ 就是任何一位卖主的广告被任一位买主接收到的概率。N 个潜在消费者中接收到 γ 个卖主之广告的人数服从二项分布：

$$N(\lambda+[1-\lambda])^{\gamma},$$

例如，接收到 m 个卖主广告的买主人数为：

$$\frac{N\gamma!}{m!(\gamma-m)!}\lambda^{m}(1-\lambda)^{\gamma-m}。$$

每位买主所确认的卖主数目范围为从 0 到 γ，平均为 $\gamma\lambda$，方差为$\gamma\lambda(1-\lambda)$。[20]

即使在这样简单的模型中，市场上的适当信息量也不易使用单一的衡量法来加以概括，这是处理连续分布问题时普遍会遇到的难点。倘若全部买主希望接触的是 s 个卖主，那么，凡是所了解的卖主少于 s 个的买主所持有的信息就会不足，而所了解的卖主多于 s 个的买主之信息又会过剩，尽管这些多余的信息不一定全无价值。[21]如果信息的价值就是购买某种商品的买主之预期成本的降低额，若进行 1、2、…… 次搜寻的预期成本降低额分别为 ΔC_1，ΔC_2，…，那么对买主而言，信息的价值便近似于：

$$\sum_{m=1}^{\gamma}\frac{\gamma!}{m!(\gamma-m)!}\lambda^{m}(1-\lambda)^{\gamma-m}\Delta C_{m}。$$

然而，买主占有的信息并不只是一个机会问题。那些在购买商品时花费较多，或者在某一既定开支的情况下进行较多搜寻的买主，也会更多地注意广告所提供的信息。一般地讲，拥有信息较多的买主所进行的搜寻范围更广泛，因此信息的价值要比上式所表示的更大一些。

在此，我们且先插入讨论一下，为什么刊登广告的费用，比方说登在报纸上的广告费用，通常要由卖主来支付。根据我们的分析，广告信息对买主具有价值，所以买主会情愿花较多的钱来购买一份刊登有广告的报纸。如果让卖主“免费”刊登其广告，而让买主直接支付这笔广告费，就会使报纸无法分配其版面，因为这样一来卖主很可能会胡乱提供一些买主并不需要的信息（或某一类信息）；并且，由于大批广告信息是一起登载在报纸上的，买主可能会无法明确自己究竟最需要了解哪一则广告（不过货物价目一览表倒是常常要买主花钱来购买的）。对欲刊登广告的卖主收费，能促使其只提供那些买主迫切需要了解的信息。

人们常常抱怨随商品一起提供广告这类做法，因为买主必须支付这两者的价钱，尽管他所需要的只是商品本身。然而若将销售广告与商品分开提供，就必须由出售各种各样商品的卖主们联合提供广告，即通过一份综合期刊来传布有关信息。这样做的经济效果会十分显著，以至于各卖主不可避免地会采取某种联合形式提供广告。不过，上述普遍性的抱怨实际上是言过其实了，因为只要买主愿意，他就可以搜寻到很少发布广告（但是当然得足以被人发现）的卖主，由于这类卖主节省了广告开支，故而可以较低的售价出售其商品。

上述分析，似乎最适用于报纸上刊登的那种分类广告，而对于通过洋洋大观的电视表演及周末喜剧表演所进行的广告宣传，又应当如何评价呢？我们无力就其一般意义对广告宣传进行评论，因为商品同质的假定已经（并将继续）规避开质量问题。但是，即使在我们这里所涉及的狭窄框架中，通过娱乐的形式来引起买主对有关信息的注意，也是可以理解的现象。对大多数人来讲，吸收信息并非是一件轻松愉快的事情，他们会乐意支付较多的钱来得到以娱乐方式提供的信息。从原则上讲，信息与娱乐的需求互补恰似消费者对商品和送货上门的服务方式，或者装有空调的商店之需求的互补一样。人们或许会发现这样一种自相矛盾的现象，即有些人抱怨商品的广告过于精巧，同时却又抱怨学校的校舍太破陋了。

一个垄断者会依获取最大利润的原则来决定所提供的广告量（以及产品价格），

$$\pi = Npq\lambda - \phi(N\lambda q) - ap_a,$$

个别买主的需求曲线是 $p=f(q)$，$\phi(Nq\lambda)$是除广告费以外的生产成本，ap_a 是广告开支，利润最大化的条件为：

$$\frac{\partial\pi}{\partial q} = N\lambda\left(p + q\frac{\partial p}{\partial q}\right) - \phi' N\lambda = 0, \tag{5}$$

以及：

$$\frac{\partial\pi}{\partial a} = Npq\frac{\partial\lambda}{\partial a} - \phi' Nq\frac{\partial\lambda}{\partial a} - p_a = 0。 \tag{6}$$

其中方程式(5)表示通常的边际成本与边际收益相等，而方程式(6)表示产品价格与边际成本之差与广告的边际成本[$p_a/Nq(\partial\lambda/\partial a)$]相等。[22]

根据古诺(A. A. Cournot)的省略方式（生产成本 $\phi=0$），垄断者的广告量将在价格与向买主传达信息的广告之边际成本相等时达到均衡。也就是说，他不会（不可能）像其利用买主对商品的欲求那样利用买主对市场的无知来获利。潜在消费者的“消亡”率 b 越高，垄断者的广告量便会越大，除非 b 值相对于“接触”率 c 来讲非常大。[23]垄断的局面不能与竞争的局面相比较，因为前者缺乏一个最基本的特征，即在价格离散情况下的搜寻的价值。

本文附录对竞争的厂商之广告量进行了高度简化的分析。假定所有厂商的广告量和所有买主的需求曲线及搜寻次数都完全一致，我们便可以得出利润极大化的方程式为：

$$生产成本 = p\left(1 + \frac{1}{\eta_{qp} + \eta_{kp}}\right), \qquad (7)$$

式中 η_{qp} 是买主需求曲线的弹性，η_{kp} 是从某一售价的卖主处购货的买主比例的弹性，后者即按次序表示的买主搜寻次数。当要价服从均匀分布时，增加搜寻次数会导致售价低的卖主增加广告量，而售价高的卖主会降低广告量。当厂商数目增加时，单个厂商的广告量会有所减少。

价格广告对价格的离散具有决定性的影响，它会使搜寻的经济效果十分显著。而且有人会问，为什么在产品质量无差异的情况下，仍会存在价格的离散呢？答案其实非常简单，就是说，假使大多数卖主都做价格广告，那么价格差异将会大大缩小；(在给定的市场)价格差异之所以未能完全消失，只是由于任何一种广告媒介的组合都不可能在有效的时间范围内将其信息传达到所有潜在的买主。

如若我们假定所有的卖主所处地域都同样便于购买，那么是否就一定得认为有些买主会固执地不看广告了呢？很显然我们不会这样讲。因为关键的问题在于，要对个人所欲购买的一切商品之最新信息，总是保持经常不断的了解，其成本实在太高。一个典型的家庭每个月或许要购买几百种不同的商品，如果这些商品的价格(在某些商店)一个月只变动一次，那么消费者必须阅读的广告数量(至少涉及几个卖主),就会多得根本不可能读完。

卖主方面的麻烦甚至比买主更大。也许某一位销售商必须出售的商品种类达 2,000 种(该数字对于一家食品杂货商店或五金商店来讲,只是一个中等大小的数目),倘使价格每变动一次该商人就登一次广告,并保持足够的频率以便提醒买主注意自己的售价,其开支就实在是太大了,以致他根本不可能真这样做。假如卖主真这么干了,那也许会使报纸上的广告增加上千倍。

从制造商的角度讲,其产品价格的不确定性显然是不利的。搜寻成本就是购买成本,因此价格的离散程度越高,最佳搜寻次数越多,消费量就会越小。这或许就是那些在全国范围内做广告宣传某种商品之价格的卖主们要统一制定价格的原因之一(不过,我认为这并非是一个十分重要的原因),因为如果消除了价格差异,即使中间商的赚头平均来说会稍高一些,而对买主而言,还是会减少其购买的成本(包括搜寻)。

因此,价格广告的作用,就相当于很大一部分买主进行了大量搜寻的效果。根据我们在第Ⅰ部分中的讨论可知,要价的离散程度会大大降低。由于价格广告对于那些搜寻的边际价值较高的产品,作用会更大,所以它将主要用于降低那类总购买的支出很大的商品之价格离散程度。

Ⅲ. 结　　论

在经济生活中,信息的搜寻具有很多种作用,而认明卖主及其售价只是其中之一。在探查有利可图的投资领域,以及劳动者选择就职的行业、地点和具体职位时，也存在类似于购买商品时的信息搜寻问题。本文有意避开了商品质量信息的搜寻。或许这个问题并没有什么特别重要的意义，但分析起来却实在是更加困难。在经济学的研究当中，尚没有对质量问题进行过成功的专门探讨，因而所有涉及于此的问题都只能设法回避。

某些经济组织形式之主要作用，或许就在于消除质量的不确定性。正如米尔顿·弗里德曼（Milton Friedman）曾经对我说过的，我们可以把百货商店看成是一个寻求高质量商品并确保商品之高质量的组织。"信誉"这个词意味着保持高质量，而且信誉是有价格（或者说是罚金）的，因为它会节省搜寻的费用。当很多经济学家为了消费者对信誉的依赖而感到痛心疾首时——尽管他们自己在选择所要阅读的文章（以及可以共事的伙伴）时，基本上也要根据信誉来进行判断——实际上就是在暗中假定，消费者具有一种能够很容易地迅速免费提供最新商品信息的大实验室。

对商品信息的无知就像是零度以下的气候，也就是说，我们可以通过付出足够的费用使它对人的影响维持在能够忍受的、甚至感觉挺舒适的限度内，但是，要想彻底消除这种影响，则会完全不值得。正如要是对寒冷的气候一无所知，便不可能全面分析人应当用什么样的住所和衣着一样，倘若我们对商品信息的无知这类冷风没进行过系统的研究，也不可能全面理解经济生活。

附　　录

下面的分析可以说明在竞争的条件下任一卖主 i 的广告量是如何确定的。根据本文第一部分讨论的因素，我们可以确定每位买主搜寻 s 次。平均

每位买主所知道的卖主为

$$(\gamma-1)\lambda+\lambda_i$$

个。这里的 λ_i 之意义可见方程式(4),它表示潜在的买主中知道卖主 i 的比例。因此,知道卖主 i 的买主中有比例为

$$\frac{\lambda_i}{(\gamma-1)\lambda+\lambda_i}$$

的人将在第一次搜寻中遇上卖主 i,而比例为

$$\left(1-\frac{\lambda_i}{(\gamma-1)\lambda+\lambda_i}\right)^s$$

的人在 s 次搜寻中不会遇上卖主 i,

$$s\leqslant(\gamma-1)\lambda+\lambda_i。$$

所以在知道卖主 i 的买主中,至少与其相遇一次的人的比例为:[24]

$$1-\left(1-\frac{\lambda_i}{(\gamma-1)\lambda+\lambda_i}\right)^s。$$

如果用

$$\frac{\lambda_i}{(\gamma-1)\lambda+\lambda_i}$$

的近似值 $\frac{\lambda_i}{\gamma\lambda}$ 来代替它,并仅取二项式 $\left(1-\frac{\lambda_i}{\gamma\lambda}\right)^s$ 之展开式的前两项,上面的式子便成为 $\frac{s\lambda_i}{\gamma\lambda}$。

这样,任一卖主的收益便取决于:(1)与其相遇的买主数目,令

$$\frac{s\lambda_i}{\gamma\lambda}\lambda_i N=T_i,$$

(2)与其相遇的买主中购买了他的商品者的比例 K,K 由其相对价格(以及搜寻次数和竞争对手数量)来决定;(3)对每位顾客的销售量 pq。设 $\phi(T_iK_q)$ 为生产成本,αp_a 为广告成本,利润则为:

$$\pi=T_iKpq-\phi(T_iKq)-\alpha p_a。$$

获取最大化利润的条件是:

$$\frac{\partial\pi}{\partial p}=T_i\left(K\frac{\partial pq}{\partial p}+pq\frac{\partial K}{\partial p}\right)-T_i\phi'\left(K\frac{\partial q}{\partial p}+q\frac{\partial K}{\partial p}\right)=0 \tag{8}$$

以及

$$\frac{\partial\pi}{\partial a}=Kpq\frac{\partial T_i}{\partial a}-\phi'Kq\frac{\partial T_i}{\partial a}-P_a=0。\tag{9}$$

前一个式子可以用弹性来表示为：

$$\phi' = p\left(1 + \frac{1}{\eta_{qp} + \eta_{Kp}}\right) \tag{8a}$$

价格超出成本的部分，并不像在垄断的情况下那样只是由$(-p/\eta_{qp})$引起，而是由另一较小的量$\frac{-p}{\eta_{qp} + \eta_{Kp}}$，引起的。$\eta_{Kp}$一般是某一买主搜寻次数的排列顺序。[25]方程式(9)表示广告的边际收益与其边际成本相等。设ϕ'为常量，用s对方程式(9)求微分，可以看出，买主搜寻次数的增加会导致以较低价格出售商品的卖主增加其广告量，而高价出售商品的卖主之广告量减少(在价格服从均匀分布时)。[26]

用同样的方法可以证明，当竞争对手的数量增加时，每一厂商的广告量会减少。[27]随着厂商数目s的增加，该生产行业的广告总量，可能会或者增加或者减少，这取决于λ和∂之间的关系。

注释：

①仅在此深切感谢加里·贝克尔(Cary Becker)、米尔顿·弗里德曼(Milton Friedman)、兹维·格里利切斯(Zvi Griliches)、哈里·约翰逊(Harry Johnson)、罗伯特·索洛(Robert Solow)，以及莱斯特·特尔瑟(Lester Telser)等人的评论给予我写作本文的启示。

②设$F(p)$为p的分布函数，n次观察的最低价格大于p的概率为：

$$[1 - F(p)]^n = \left[\int^1 dx\right]^n。$$

③平均值为M，标准差为σ的正态分布的最低期望价格为：

搜寻次数	期望最低价格	搜寻次数	期望最低价格
1	M	6	$M-1.267\sigma$
2	$M-0.564\sigma$	7	$M-1.352\sigma$
3	$M-0.846\sigma$	8	$M-1.423\sigma$
4	$M-1.029\sigma$	9	$M-1.485\sigma$
5	$M-1.163\sigma$	10	$M-1.539\sigma$

④罗伯特·索洛(Robert Solow)指出，n 次观察的一个随机样本的最低期望值

$$E(n) = n\int_0^\infty p(1-F)^{n-1}F'dp$$

是 n 的递减函数，而且

$$[E(n+2)-E(n+1)]-[E(n+1)-E(n)]$$

是正的，因此该最低值以递减速率下降。上述证明意味着，对 n 次观察某一样本的最大值的第 γ 次观察的密度函数为：

$$n\binom{n-1}{\gamma-1}F^{n-\gamma}(1-F)^{\gamma-1}F'dp。$$

⑤节约额的精确值为(1)价格的减少额乘以若价格未降低将会购买的商品数量，即正文中的表达式；再加上(2)由于价格的降低而增加的购买量之平均节约额。我将这后一个量忽略掉，因为一般来讲该数额较小。

⑥买主常常把他们关于市场的信息集中起来共同使用，从而降低搜寻的实际成本。下文将对此种方法予以评论。

⑦这是零售业中除耐用消费品以外的典型情况。

⑧由于 $n(1-p)^{n-1}$ 是密度函数，因此我们须用其乘以 dp，dp 表示相邻价目之间的价格范围。而且，假如两个或两个以上的卖主定价相同，他们就将分摊销售额，所以 $K=dp/\gamma$，其中 γ 是报价为 p 的厂商数目。

⑨由于

$$\frac{\partial N_i}{\partial p} = -\frac{(n-1)N_i}{(1-p)} < 0,$$

若 $n>2$，则

$$\frac{\partial^2 N_i}{\partial p^2} = \frac{(n-1)(n-2)N_i}{(1-p)^2} > 0$$

⑩由(3)式可得：

$$\log N_i = \log K + \log N_b + \log n + (n-1)\log(1-p)。$$

则

$$\frac{1}{N_i}\frac{\partial N_i}{\partial n} = \frac{1}{n} + \log(1-p) = \frac{1}{n} - p。$$

⑪该论点假定，在买主搜寻次数已定时，贸易商就会找到异常有利可图

的价格，当然这只有一部分正确性，因为还存在一个贸易商对有关价格的搜寻问题。

⑫当要价服从矩形分布时，如果每位买主的购买量相同，那么需求弹性则随价格的下降持续下降，因此，倘若在每一销售率（每位卖主一种价格）上平均成本都等于价格，那么当产出较高时，边际成本会是负的。但是，以较低价格出售产品的卖主数目可能较少。

⑬令最低期望价格在时期1时为 $p_1=f(n_1)$，$f'<0$；若用 γ 表示各卖主相继售价的相关关系，则时期2的最低期望价格为 $p_2=\left(\frac{p_1}{f(n_2)}\right)^{\gamma}f(n_2)$。若搜寻的单位成本为 λ，并将利息忽略不计，单位时间固定购买量 Q 的总支出 E 为：

$$E = Q(p_1 + p_2) + \lambda(n_1 + n_2)。$$

当

$$\frac{\partial E}{\partial n_1} = Qf'(n_1) + Q\gamma[f(n_1)]^{\gamma-1} \times [f(n_2)]^{1-\gamma}f'(n_1) + \lambda = 0$$

$$\frac{\partial E}{\partial n_2} = (1-\gamma)Q[f(n_1)]^{\gamma} \times [f(n_2)]^{-\gamma}f'(n_2) + \lambda = 0。$$

时，支出最小。若 $\gamma=1$，$n_2=0$，且 n_1 由 $Qf'(n_1)=-\lambda/2$ 决定，则搜寻成本实际上减少了一半。

⑭见注⑬，在这种情况下是，若 $\gamma=0$，$n_1=n_2$。

⑮令 $f(n)=e^{-n}$，则据上述注释的说明，

$$n_1 - n_2 = \frac{2\gamma}{1-\gamma},$$

该式为近似值。

⑯负相关关系会产生同样结果。

⑰如果两个时期内的卖主人数 s 和要价的分布相同，而 K 是新的卖主，那么买主在时期1平均将失去该时期搜寻成果的 K/s。

⑱由于共享信息较常发生在其居住地点及购买兴趣相似的买主之间，所以此时的共享现象会比随机过程所描述的更多。

⑲广告的效率还是该广告的制作技术和接触其传播媒介的人当中潜在买主之比例的函数。不过，我们在此不打算详细地讨论这类复杂问题。

⑳这一方法与S. A. 奥兹加(S. A. Qzga)在“缺乏信息的不完善市场”(“Imperfect Markets Through Lack of Knowledge”)中所提出的方法相似并形成对照。奥兹加的文章原载《经济学季刊》(*Quarterly Journal of Economics*),第74卷,1960年2月,第29—52页。

㉑所了解的卖主人数越多,s次搜寻之后卖主间的价格范围就越大,最低期望价格越低。但是该效应一般较小。

㉒广告支出的边际收益为:

$$\frac{Npq}{p_a}\frac{\partial\lambda}{\partial a},$$

根据(5)式和(6)式,它等于需求弹性的绝对值。见R. 多夫曼(R. Dorfman)和P. O. 斯坦纳(P. O. Steiner)的“最佳广告和最佳质量”(“Optimal Advertising and Optimal Quality”)一文,载《美国经济评论》(*American Economic Review*),第44卷,1954年,第826页。

㉓用b对方程(6)进行微分,可发现$\partial a/\partial b$在$b<\frac{c}{1-c}$时为正,在$b>\frac{c}{1-c}$时为负,在$c\geqslant\frac{1}{2}$时,$\partial a/\partial b$必定为正。

㉔若允许一位买主多次遇到一位卖主,该公式略有偏差。

㉕在均匀分布的情况下,η_{Kp}为

$$\frac{-(s-1)p}{1-p}。$$

㉖$\partial a/\partial s$的符号取决于$(1+\eta_{Ka})$,在价格呈均匀分布的情况下,这一弹性等于:

$$1+s\log[1-p]。$$

㉗用γ对方程式(2)[原文为(2),但似应为(6),请读者注意。——译者]进行微分,可得:

$$\gamma\frac{\partial a}{\partial\gamma}\left\{\lambda_i\frac{\partial^2\lambda_i}{\partial a^2}+\left(\frac{\partial\lambda_i}{\partial a}\right)^2\right\}=\lambda_i\frac{\partial\lambda_i}{\partial a}\left(1-\frac{\gamma}{K}\frac{\partial K}{\partial\gamma}\right)。$$

在稳定条件下,左式括号中的项是负的,而右式是正的。

5. 免费搭乘和集体行动：经济管制理论的一个附录

免费搭乘者问题可更为精确地重新表述为廉价乘车问题。所阐明的论点是，倘若人们考虑到某一产业内的不同企业在利益方面经常出现的或者是十分典型的不对称性，就会懂得，很多企业参与冒险事业的动机很强烈。

Ⅰ. 引　　言

关于免费搭乘者这一命题，讲的是在许多种情况下，如果没有强制命令，或者适当的个人诱因，个人便不会参与集体性的赢利行动。该命题并未详细说明有利于集体行动的环境，因而也没有解释清楚为什么会有数不清的集体组织（例如目前存在的几十个各类同业公会）仍在进行活动，而且其行动的效率也许并不很高。本文的目的，就是进一步探讨一下这种有利丁集体行动的环境。

Ⅱ. 免费搭乘命题的内容

我们可以很容易地来举例阐明该命题的内容。假设在采取某

选自《经济与管理科学钟声杂志》第5卷第2期，1974年8月。承蒙《兰特经济周刊》允许重印。

种集体行动时,某一个别参加者所得到的好处等于 G,比方说,由一项有效的行业游说活动而使某厂商所获得的关税上的好处为 G。该项集体行动的成本为 C,该产业有 n 个同等规模的生产厂家。根据上述假设,该联合行动会使该产业的厂商集体受益,因此 $nG>C$。如果 n 相当大,而且其联合行动的可行性并不由某个别厂商是否参加来决定,那么该厂商就会避免加入这项集体游说活动。倘使避开这种集体行动的个别厂商达到一定的数量,并且其所采取的这类立场都是对称的,那该项集体行动便不会发生了。

即便我们把集体行动解释得这样简单,也不可能允许完全免费的参与者存在,就像人们不可能总是一文不花地享受午餐一样。如果厂商 i 不参与集体行动,它就会付出这样两种代价:

(1)实现该集体行动的可能性将会减少,因而其可望得到的好处就会减小。

(2)即使除了 i 厂商以外仍有足够多的厂商参加这项集体行动,其规模也会比 i 也加入行动的情况下要小。我们可以这样来计算,即,假设有 K 个厂商联合起来采取一项集体行动,其中每个厂商付出的成本为 C_k 美元,但是假使 i 也参加这项行动,其总成本就会为 $(k+1)C_{k+1}$ 美元,无疑会比 i 不参加时要大。

然而,尽管会付出上述代价,i 厂商仍然可能会避免参与这项集体行动,但是它的“搭乘”行为却不会是完全免费,而只会是较廉价的。

这一论点是否成立,并不取决于参加集体行动的个体之数目,即使 $n=2$,也可能会有一个是廉价搭乘者,[①] 因为在有两个航空公司的情况下,其中正在使用机场的一个就可能会竖起风标指示风向。人们普遍认为,当 n 大于 2 时,无论其可能会大到什么程度,该命题的论点都是绝对正确的。

Ⅲ. 副产品理论

穆尔(Moore)曾经提出一种方法,以解释上述命题的论点与大量集体组织之存在这一事实不相符合的矛盾。他说:

> 假使某一同业公会为其成员提供的是一些无法在别处以竞争的价格买到的服务,那么,该公会的地位就是垄断的,即它面临的是向下倾斜的需求曲线。这类同业公会所提供的服务可能是出版杂志、举行会议、提供会员证书,以及有关本行业之新发展的信息、发行广告等。在一定程度上,该同业公会所面临的是一条向下倾斜的需求曲线,它可以垄断者的身份来募集活动经费。[②]

奥尔森(Olson)在"集体行动的逻辑"[③]一文中,也曾更加详尽地描述过同业公会的这种垄断地位。但是,他和穆尔一样,也未能对此进行任何经验性的检验。

然而,这里所要谈到的副产品理论却显然是提出了一种与上述两位学者的解释完全不同的观点。这种理论认为:某同业公会不见得能以高于其成本的价格来收取本适合于作为私人商品的一些服务的费用。如若某同业公会试图提高作为集体性商品的服务之收费标准,那么,未采取集体行动方式的竞争对手公会便会廉价出售这类服务,而加入各种同业公会都不存在任何障碍。即使某一类服务，如收集信息，具有很好的经济效果以及“自然的垄断性”，上述论点仍能成立，因为作为竞争对手的同业公会仍可以较低的价格来吸引该集体组织的成员。[④]

Ⅳ. 少数成员参与集体行动的分析方法

如果构成某一群体的个体之数量很少，那么，每一个体参加该群体活动的可能性就会增大。我们在上文中已经提到过的，用来说明群体之外的人不可能免费参与其集体行动的理由，在此仍然适用。首先，实现集体行动的概率更加取决于每一厂商的参与；其次，倘若参与集体行动的厂商个体之数量较少，则该行动的规模就会较小。奥尔森称这种少数成员理论为群体行为的“特殊利益”理论。[⑤]

少数成员参与集体行动的规律可用下述数学公式来表示：

π_p = 如果 i 厂商参加，实现该集体行动的可能性，

π_{np} = 如果 i 厂商回避参加，实现该集体行动的可能性，

$Gi(m,e)$ = 如果该集体行动实现，i 厂商所可望获得的好处，

m = 参与联合行动的厂商数目，

$e(m)$ = 参与联合行动的每个厂商所支出的费用，

于是，当

$$\pi_p\{G(m,e)-e(m)\}>\pi_{np}G(m-1,e+\Delta e)$$

时，i 厂商便会参与该项集体行动，并且，按照泰勒（Taylor）级数近似值，

$$G(m-1,e+\Delta e)=G(m,e)-G_m(m,e)+\Delta e G_e(m,e)$$

因此，

$$(\pi_p - \pi_{np})G(m,e) - \pi_p e(m) - \pi_{np}\{\Delta e G_c(m,e) - G_m(m,e)\} > 0。$$

这样,i 厂商参与集体行动可望得到的净收益便为:

(1)用联合行动之构成概率的增长,乘以如若构成联合 i 厂商所得到的收益。其中 i 的收益将随 m 的增大而增加,而构成联合的概率却可能会随着 m 的增加而减小。

(2)减去参与联合行动所望付出的成本。由于 π_p 随 m 的增加而增加,而 e 却很可能会随着 m 的增加而减少(对联合行动的费用支出而言,收益是递减的。),所以 m 的变动所带来的净影响仍然是不确定的。

(3)减去当 i 厂商不参与联合行动时该规模较小的联合对 i 的收益之影响,[⑥]然后再乘以 π_{np}。

图 5.1 所示的是上述各个函数所可能使用的图形表达方式,这里的 m_0 是该联合体可能容纳的成员总数。m_0 越小,个别厂商可能参与集体行动的曲线(π)就越陡,$e(m)$下降的速度越快,$G(m,e)$

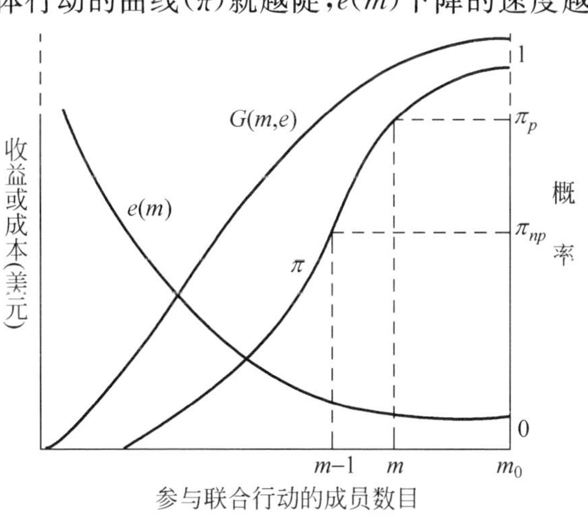

图 5.1　各个函数可能显示的图形

上升的比率就越大，也就是说，一切都要取决于既定的 m。这至少与普通人的知识水平相吻合。

按参与成员数目较少的分析方法来解释集体行动，其适用范围比按实际参与集体行动的成员数目进行分析更加广泛。如果构成某一群体的各个体之大小（厂商的销售额，家庭的财产额）都很明确，就会大大地歪曲各个体成员之规模的分布状况，因此，假若某一群体中的大型个体成员所占有的该群体资源份额非常大，它们便可以将自己当成一个由很少成员组成的产业之一员。例如，烟草制造业的情况便是如此。根据 1963 年的统计资料，4 个最大的香烟制造厂所增加的产值占全行业新增产值的 66%；其次的 4 个大卷烟厂占 17%；再次的 12 个卷烟厂占 10%；30 家较小的卷烟厂所增产值占全行业的 6%；最小的 143 家烟厂只占全行业产值的 1%。人们可以想出一种适当的办法，将上述排列转换成相当于同等大小的厂商之排列，如若所使用的是赫芬代尔集中法（Herfindahl measure of concentration），那么这个与上述排列相当的排列之成员数目就大约为 7 或者是 8。[7] 有很多很多的生产行业都完全能够按照这种成员数量很少的情形来分析其集体行动。

V. 不对称的分析方法

除了极少数的例外，各产业部门的产品品种或服务项目，都十分广泛。如纺织业生产各种织物；家具业制造各式铁、木家具；汽车制造业生产各种不同重量和马力的汽车；而钢铁业生产具有各种不同成分和机械性能的产品；总之，这些行业的产品品种都极为丰富。一般地说，某一生产行业中规模较小的厂家不会从事全部产品品种的生产，它们所生产的只是某一较窄系列的产品，因而，假使这些厂家不参加本行业的联合行动，就可能会发觉这种廉价搭乘行为将导致自己不希望得到的结果。有关关税结构的议定也许会忽略掉它们的产品；有关的研究项目很可能未将它们的生产过程包括在内；劳资间的谈判也可能会没有考虑这些小厂家之劳动力分派的特定状况。

我们可用下述方法来衡量大厂家和小厂家的利益偏差。令：

s_i＝由大联合企业所生产的商品 i 占据的销售份额，

$1-s_i$＝由小联合企业所生产的该产品之销售份额，

S_i＝商品 i 的总销售额，

S_L，S_s＝分别为大企业和小企业的总销售额，

$S_L+S_s=S$，总销售额。

大企业对商品 i 的销售在总销售中的相对价值为：

$$\frac{s_i S_i}{S_L},$$

大企业和小企业的该相对价值之差为：

$$\Delta_i = S_i\left(\frac{s_i}{S_L} - \frac{(1-s_i)}{S_s}\right)。$$

倘若我们将该生产行业的集中率*定为 k，即几家大企业的产品在总销售额中所占的比例为：

* 集中率(concentration ratio)：指某一行业的全部业务中由一定数目的最大公司所控制的百分比。该比率是相对指数，它表明一个行业的所有权或控制权在少数几家大公司手中集中到何等程度。——译者注

$$k=\frac{S_L}{S_L+s_s},$$

且：

$$\Delta_i=\frac{S_i}{S}\left(\frac{s_i}{k}-\frac{(1-s_i)}{1-k}\right)。$$

这样，我们便可以用此来衡量大企业和小企业之间的利益分差了，即：

$$\Delta^2=\Sigma\frac{S_i^2}{S^2}\left(\frac{s_i}{k}-\frac{(1-s_i)}{(1-k)}\right)^2=\frac{1}{S^2k^2(1-k)^2}\Sigma S_i^2(s_1-k)^2。$$

利用此式来解释集体行动，关键是要说明，Δ^2 通常可以达到足够大，以促使大多数大企业结成联盟，采取共同行动。

Ⅵ. 关于各类同业公会的抽样调查

无论在理论上怎样解释，美国存在几千个同业公会都是毫无疑义的事实。而且只要其名称能够得到认可，往往同一行业中就会有好几个联合会在进行活动。这些联合会的名称常常隐含着难懂的行话，外人未必都能理解。为了取得一份起码的有关这些行业联合会的抽样调查资料，我们以 1967 年的制造业普查资料为基础，随机抽取了 70 个 4 位数的生产行业，[⑧] 其中每个行业再根据 1966 年的“大型厂家及其产品名录”选取两个公司作样本，使每个公司内都要包括若干能够提高该行业地位的大型厂家。[⑨] 我们的具体调查方式，是先致函所选出的公司（常常由更大的企业再细分出来的），询问在该既定行业（名称由我们来定）中，其活动能够代表该公司利益的行业联合会之名称。然后再请该联合会提供书面报告,向我们说明其行动内容及预算规划、专职工作人员数目、所属会员企业的数目,以及该联合会的成员企业在全行业生产中所占的份额。

如果我们不这样着手调查,而是先向各同业公会询问其成员企业的活动情况,就会得到不同形式的样本。下面这张根据我们所得到的有用答复所列出的表,可以显示出这种差别:

1.其会员企业基本上符合4或5位数行业的同业公会。 32个

2.其会员企业所属行业中包括1个被报告者计入某4或5位数行业中的3位数行业的同业公会。 11个

3.其会员企业所属行业中包括1个被报告者计入某4或5位数行业中的2位数行业的同业公会。 11个

4.其会员企业属于数种行业(不一定全部是2位数的行业),报告者的行业也是其中之一的同业公会。 7个

5.其会员企业属于其他一些行业,一般地讲,报告者的公司是这些行业的原材料供应者或是它们的一个无足轻重的部门的同业公会。 16个

上面这张表假定我们的报告者是属于某一明确确定了的4或5位数行业,然而由于产品的多样性或者企业的联合所有,报告者当然会很可能属于一个广泛得多的行业范围。美国一些最大的同业公会组织,例如全国电气制造商协会,就包括数个半独立的产业部门,其中的每个部门分别处理一些彼此业务关系较为密切的事务(如电线和电缆、通讯器材,等等)。

表5.1所列出的一系列回归方程式表示同业公会的规模与行业特征的关系。根据我们所选取的较多样本,同业公会的专职工

作人员数量和财政预算都与其所包含的行业规模密切相关，但是却不涉及其集中率。在前面的讨论中，我们本以为能得出与其集中率有关的结论呢。在同业联合会资源与集中率之间，倒是的确存在着一些呈负相关关系的迹象。那么，各同业公会在一些集中率较低的领域的行动，是否可以由一些很大的公司来承担大部分呢？我们认为，同业联合会的会员数量似乎直接关系到它的行动，而其所包含的行业占据的份额，却很少与同业公会的行动有关。这一经抽样调查所得出的结论，与我们前面所阐述的不对称理论完全一致。

表 5.1　有关同业公会的回归方程[a]

X_1 = 同业公会财政预算，千美元，1969—1970 年

X_2 = 同业公会专职雇员人数，1969—1970 年

X_3 = 同业公会会员数目，1969—1970 年

X_4 = 相应行业的产量增值，百万美元，1967 年

X_5 = 1967 年集中率，按 4 位数行业计算

X_6 = 公会所属行业所占份额，%，1969—1970 年

	N^b	R^2
$X_2 = 10.44 + 0.00616X_3 + 0.00667X_4$	60	0.258
(2.71)　(3.02)		
$X_2 = 17.40 + 0.00566X_3 + 0.00699X_4 - 0.191X_5$	60	0.277
(2.46)　(3.15)　(1.22)		
$X_1 = 554.7 + 0.255X_3 + 0.742X_4$	60	0.230
(1.22)　(3.67)		
$X_1 = 1148 + 0.212X_3 + 0.769X_4 - 16.28X_5$	60	0.247
(1.00)　(3.78)　(1.14)		
$X_2 = 19.37 + 0.0066X_3 + 0.0039X_4 + 0.446X_6$	42	0.137
(1.45)　(0.72)　(1.51)		

a. *t* 比率见括弧中数字。

b. 能得到资料的行业数目。

我们选取的样本的最严重的忽略之处，就是根本未注意同业公会会员经济利益的不对称所起的作用。

注释：

①仅在此感谢哈罗德·德姆塞茨(Harold Demsetz)，因为我在本文中的观点受到了其成功论述的启发。

②T. G. 穆尔(Moore)，“颁发执照的目的”(The Purpose of Licensing)，见《法学与经济学杂志》第4卷第4期，第114页，1961年10月。

③见M. 奥尔森(Olson)的《集体行动的逻辑》(*The Logic of Collective Action*)，麻省，坎布里奇，哈佛大学出版社。特别参见其中的第6章。

④见H. 德姆塞茨：“为什么管制是有用的方法?”(Why Regulate Utilities?)，载《法学与经济学杂志》第11卷第2期，1968年4月，第55—66页。

⑤见奥尔森的论文，第141页及随后几页。

⑥ $\Delta G=\Delta eG_e+\Delta \dot{m}G_m=\Delta eG_e-Gni$。

⑦见G. J. 施蒂格勒(Stigler)：《工业组织》(*The Organization of Industry*)第4章，霍姆伍德，伊利诺伊州，理查德·D. 欧文出版社，1968年。

⑧所选取的样本限于其所包含的行业范围和专业化比率在75%以上者。

⑨在此我要感谢克莱尔·弗里德兰(Claire Friedland)为我所做的统计工作。实际上，我们所选取的是4位数产业中生产最多的5位数产品的厂家，因此无论是4位数还是5位数产业的资料全都可以使用。

第 二 部 分

政治经济学论文

6. 知识分子和市场*

知识分子从来就对市场没有什么好印象，他们认为，市场上所充斥的，无非是一些粗俗的人和卑劣的动机。无论是古希腊的哲人，还是现代社会中的知识阶层，其基本立场都十分相似：前者视经济生活为一种绝对不应当宣扬和予以重视的讨厌需求；而后者则以竭力嘲讽生意人的伎俩和麦迪逊大街的商业广告为能事；这类现象，已是众所周知的事实。

那么，按照"知识分子"一词的意义来看，你们和我都应被包括在内。由于我本人是一个买书的次数超过了打高尔夫球的大学教授，因此我当然地成了一个知识分子；而你们可以被称为知识分子，是因为普遍受过良好的教育，并且还宁可去当美国的参议员或诺贝尔奖得主，而不去做某汽车公司的总裁。然而，我在此打算讨论的问题，却不是知识分子是否应当喜欢市场，因为，即使一个思

本文经《知识分子和市场》一书增订本原出版者（麻省，坎布里奇，哈佛大学出版社，G. J. 施蒂格勒主编）允许重印。1963 年版权所有，乔治·J. 施蒂格勒；1984 年版权所有，哈佛学院院长及全体员工。

* 我写此文，是为了使年青一代的知识分子懂得，我们应当重新审查过去所持的那种敌视私人企业的传统是否正确。我想，今天的社会生活已经较成功地再次肯定了实业家的忠实与勤恳，对此我并不感到奇怪。这并非是一个令人不快的结果，但是，谴责食人主义的演讲者，当然必定会将素食主义者的掌声当做欢迎其雄辩论证的模糊证据。——作者注

想倾向极端保守的经济学教授，也不可能让自己陷入关于五位拍卖行经纪人的花言巧语是否比得上莫扎特的五重奏这种无意义的论述中去。我想，应当探讨的问题在于，知识分子不喜欢市场的哪些方面？他们是否能够肯定自己的态度对社会是有益的？

首先，我想提请大家注意，某些很有吸引力的观点认为，人们期望知识分子的，是对我称之为市场的私人企业制度采取极其友善的态度。

倘若我可以现实地讲话，那么，总的来说，知识分子的口味是很高雅的。例如，他们喜爱美味的饮食、不落俗套的穿着，以及舒适的住房。尤其使他们感兴趣的，还有游历名山大川。沃尔顿·汉密尔顿（Walton Hamilton）曾经说过，一般人见面时的习惯性问候语，“日安”，是一种农业社会的遗迹，因为那时的人们所盼望的，就是好天气。汉密尔顿还说，将来城市居民彼此打招呼时，应当用“降低物价”一词。假使他说的话有些道理，知识分子们见面的问候语，就可能会采用“公正的富布赖特”*了。

由于供养知识分子并非是很省钱的事情，因此自古到今，直到现代这种提倡私人企业制度的社会，都养不起很多的知识分子。按照最不保守的推测，在非凡的古希腊伯利克里**时代，雅典有专职知识分子200名，即约占当时人口的1/1500。而在其后的人类历史上，大多数时代的知识分子人数都远远低于该比例数。在今天的美国社会中，至少生存着100万名知识分子（此数字只限于那

* 富布赖特（Fulbright）基金会是美国的一个专向学者们提供资助以利其进修和从事研究工作的机构。——译者注

** 伯利克里（Pericle），公元前五世纪，全盛时期的雅典城邦执政官。——译者注

些专靠写作或演讲为生的人），或者说，每 200 名美国人当中，就有一位是知识分子。我认为，在这些知识分子中，至少有 4/5 的人应当为了自己能够过上的舒适生活而感谢市场的伟大成就。教授学者们对亨利·福特（Henry Ford）其人的感念之情，应当远远超过对以其名字命名，并使其财产得以扩大的福特基金会的感激。

市场在发展生产方面所取得的成就，不仅已经可以供养数量比过去庞大得多的知识分子阶层，而且有些市场活动之领导者本人就是知识分子的强大财政后盾，尤其是对从事学术研究的知识分子来讲，其经济上的支持就来自于某些市场的领袖。假使有人询问，在哪一类西方大学里，才能最坚定地维护教授们进行科学研究的自由，并使其科研工作获得最积极的进展？那么，我就会回答说，这绝不会是受政府控制的大学，因为不管是在美利坚，还是在德意志，立法者当中都不会有很多非常宽容的人，他们也都不会十分在意公众的愿望。像 1700 年至 1850 年的牛津和剑桥这类著名的高等学府，也不会有多大的学术研究自由，因为在这类大学里，教授们的工作只是使自己不朽，甚至这里的知识分子都成了能够证实自己已经探明最高真理，并可以通过每年一次地在学生面前宣讲这种真理而使之永垂青史的人。我以为，最富于学术研究自由的大学，必定是那些由素质最高的市场领袖来组成其董事会的大学。经验表明，只有这些人才最能容忍除平庸和自满以外的任何事物自由发展。在经济学领域内，就可以找出很多实例来证明这一点。如若某位教授打算像我所做的这样批评大企业的某些方面，他就会很明智地选择一座由大企业家当理事的高等学府任教。我就正是这么做的。

然而,企业家对知识分子的惠顾,却很少是基于友情。知识分子之所以有可能与市场产生共鸣,是由于他们的组织原则与市场的组织原则完全相同,这是一个比友情要有力得多的理由。

私人企业制度是一种自愿订立契约的制度体系,在这样的市场体系所规定的道德规范约束下,既不允许欺诈行为,也不允许强迫命令。由于互相竞争的对手在市场上为所有的买主和卖主提供了各种可供选择的机会,因此在纯粹的私人企业制度下,确实不可能存在强迫命令。虽然一切现实的经济体制都会包含某些垄断的成分,并从而会对一些特定的个体具有某种强制的力量,但是,一般地讲,这类垄断力量的大小与实施的范围,通常总要被大大地夸大了,而事实上,垄断从来没有成为我们这种经济体制之逻辑关系的整体组成部分。

关于知识分子的组织,我在这里所主要谈及但并不打算作为唯一例子的是学术研究领域,也可以说是一种自愿构成的制度体系。知识分子在学术研究当中所信奉的中心宗旨,就是在充分展示证据的基础上,经过自由辩论后再得出某种学术观点。学者们认为,强制和欺骗同样都是令人厌恶的事情。学者之间及其学术思想之间的公开竞争,是保证自由思考的手段。与经济生活中的垄断势力相类同的学术权威,是自由探讨的大敌。学术上的激烈竞争在某些方面会超过商业竞争的程度,因而法律上规定了一些条款,不允许学者们诋毁其竞争对手的学术研究成果,除非是以书评的方式将自己的意见发表在某一学术刊物上。

正如在现实的市场上会存在某些欺诈和垄断,损害了买卖双方的权益和信誉一样,在知识分子圈内,也能找出一些强制和欺骗的实例。例如，有时某一领域的学术论坛会被一群专事谄媚的家伙和风行一时的红人所把持。然而，这些反常的现象仍是我们的制度之逻辑体系以外的事情。

而且，无论是我们这种市场经济体制，还是知识分子的组织原则，都是民主的。知识分子主张，一切有能力并且愿意受教育的年轻人，不管其种族和经济的背景如何，都应当有机会接受良好的教育。市场所信奉的宗旨也是，任何有能力并且愿意工作的人，无论其种族和教育的背景如何，都应当有权得到一份职业。市场上的种族歧视现象，比在政治生活领域中减少得更早和更快一些，这一事实可以令我们深思。

我们还可以更进一步探寻知识分子的世界与市场的相似之处，尽管这样做可能会使所有的教授和大部分企业家产生反感，因此，我在此只想顺便提一下的是，知识分子和市场都对包装和做广告相当地重视，而且都对独特的创见精神极端欣赏，并赋予这种精神近乎荒谬的高度评价。知识分子的世界与市场之间，也存在着许多微小的差异。例如，学者并不十分想了解市场；而商人却很愿意，或者至少是自认为很愿意了解知识分子圈内的情况。总的来讲，知识分子实际上也认为自由市场的概念是正确的，只是他在口头上所讲的，却完全不是这么一回事。

因而，无论知识分子对市场具有怎样的同感，他们在公开场合却还是要表示敌意。美国的知识分子普遍藐视经济活动的直接"赢利动机"，并顽固不化地怀疑出于这类动机的行为全都是不正当的。他们对美国社会的物质至上所进行的谴责，超过了其引用《独立宣言》的次数，并且还将这种谴责译成很多种外国文字，在全世界广为传播。

我却以为，这些知识分子对市场的批评，基本上是错误的，有时甚至还很伪善。按照我和很多知识分子都赞同的标准来衡量，美国的经济制度所生产出来的许多商品，确实是很粗俗、愚蠢或者华而不实。要是能表明这些标准都经过了多么精心的选择，似乎只需引证不多的例子便能说明问题。在此，我不打算以当前最流行的商品——马力很大的大型轿车——为例，因为我注意到，批评这种汽车的知识分子，几乎全是那类素质不高的人。但是，还有其他一些随手可得的例子。例如，我不满意的是绝大多数美国人的欣赏趣味，他们当中十有八九会认为非小说类的书籍只是给正上大学的年轻人读的。我还有件不满意的事，是美国人对音乐的兴趣过于狭隘，以致所有的交响乐团都需要财政补贴才能维持。我感到，读过《丰裕社会》这本书的美国人比读过《国富论》的美国人要多得多。这可真是一件令人愤慨的事。

尽管有人可能会指责我这样说是为了表现自己的通情达理，我还是想从新的角度来看待这类抱怨，通过仔细的观察，我认为美国公众的情趣要比历史上任何大型社会的公众情趣都更高尚。在历史上，大多数社会都要按其精神贵族的标准来评价其情趣。而在更早的历史时期，绝大多数人民甚至与社会的精神文明完全无关，因为他们根本就没受过任何教育，还要受传统习俗的约束，并且几乎像畜牲一样地生活在原始粗陋的茅草屋里。而在今天的美国社会，其情趣由大多数人来进行评断。他们是一些慷慨大度、谦虚谨慎，并且工作努力的人们。在人类的历史上，从来没有一个社会能像我们的社会这样，有如此为数众多的人正致力于更高层次的自我教育；也从来没有一个社会能像我们的社会这样，涌现出这样多乐于赞助艺术发展的人们。我们的正统剧院无疑是全世界第一流的，这种由市场给予财政支持的高水平剧院，就是一种显示公众情趣的判断标准。

这样评论，并不是想完全撤销应当提高公众情趣的意见，并且，就此而言，应当提高的还有知识分子的情趣。事实上，知识分子的主要职能，就在于更明确地界定高尚情趣的标准，并劝导民众更趋近于这种标准。我们应当对社会上存在的粗鄙情趣，采取大力谴责的态度，谴责得越彻底，公众就会越容易接受。应当允许人们全面地抵制某些欲望，例如我们依据义务教育法对不愿受教育这种欲望的全力抵制，尽管在有关个人情趣的领域内，一个有力的假定前提是反对使用强制的力量。

我认为，如果知识分子直截了当地抱怨市场缺乏情趣，就是一种错误的指责，这正是我想阐明的主要意思。市场对消费者情趣的反应，表现在商品和服务是否有销路上，而不管这些情趣是高尚还是低俗。假使公众的情趣本身就显然具有缺陷，那么由于市场满足了公众愿望而对其进行指责，就是不公平的。我以为，谴责为其服务的人用这种方式来偷偷地攻击公众的情趣，是一种向假装传布民主思想的方式让步的懦夫行为，就好像是在饭馆里为了吃得太胖而指责侍者一样。

为了不让别人这样说自己，比较老练的知识分子就从另一个角度来进行论证。他们说，公众想要的东西，是由市场来决定的，也就是说，市场所做的广告，巧妙地贬损和歪曲了公众的愿望。这种说法毫无疑问会包含几分道理，只是这点道理实在是太微不足道。广告宣传并不具备那种能够转变人们愿望的至高无上的权威性，因为我们不是盲目追随广播员的最新建议而跑到商店里买肥皂的小孩子。而且，广告本身是一种完全中立的工具，这使它往往传播的是完全对立的愿望。例如，汽车业的广告劝诫我们驾车时不要喝酒；而烈性威士忌酒商的广告又对我们说喝酒时不能驾车。交响乐团在与摇滚乐队的竞争中所进行的广告宣传，其声势要大得多。美国的高等院校会利用一切可能利用的形式做广告，然而典型的高校学科分类目录却绝不会排斥第欧根尼（Diogenes）对纯朴人性的探究。

所以，我认为，要是知识分子直接向公众进行说教，而不利用广告做替罪羊，反而会赢得坦率和宽厚的美名。而且，要是他们对自己的趣味更具批判的眼光，还可能会博得与人为善的赞誉。假如一名优秀的丑角演员和哈姆雷特在电视屏幕上展开竞争，我真希望自己能够确信，教授们当中会有一小部分人能懂得欣赏他的喜剧表演。

然而，知识分子对市场的主要指控，是说其运行的原则就是追求个人利益，市场上的竞争，事实上甚至会使本来很仁慈的商人也成为损人利己的家伙。知识分子常用诸如“利己主义”、“贪婪”、“狗咬狗”等词语来描述追求个人利益的行为，并将这种行为看作人性当中最为愚昧并且是反社会的因素。他们认为，一个建立在这种行为基础上，并且整日反复宣扬利己动机的经济制度，绝没有什么可值得赞美的。事实上，世界各主要宗教流派在信仰上的少数共同点之一，就是对赢利行为的厌恶。

尽管我也认为赤裸裸的自私自利是一种令人讨厌的品格，可是我却不知道到底应该怎样把一些比较令人赞赏的利己行为给区分开来。一般地讲，人们不会对谨慎地爱护自己生命的行为产生任何非议，即使一个小心保命的人没有说："我躲开这段火车道只是为了能早点赶到夜校上课。"大家会更加钦佩的，是经过刻苦努力而战胜竞争对手的运动健将，尽管这位运动场上的优胜者不会声称："很高兴我能赢，虽然这主要是由于我祈慕虚荣，但是另一方面也是为了给谢博尔甘高级中学赢得荣誉。"

甚至在除了运动场以外的其他某些领域，利己主义和由于找不到更好的名称而被我称为"乐善好施"这两种行为，也总是错综复杂地纠结在一起。虽然我本人确实一直从事着最具竞争色彩的科研与出版事业，但是我的主要工作还是在大学里教书。与我一起教书的同事们毫无疑问并不是对谋私利感兴趣，因为我见过一些蠢人——政府官员和私人企业家——试图出钱购买我们的建议；然而，我却没有见过，甚至在任何情况下都没有怀疑过，哪位有名望的经济学家曾想出卖自己的专业信仰。事实上，许多最优秀的教授如果从事其他职业，确实会赚到更多的钱。

但是，另一方面，经济学家们的工作动机也并不是完全单一的。我搞不清楚的是，当他们全力以赴地投入某一科学课题的研究时，其对知识的热爱是否能够完全超过那种渴望提高自己的学术地位的野心？我也搞不清，当某学者撰写一篇指明他人著作中之谬误的论文时，他对这种谬误的深恶痛绝，是否绝对不掺杂一点展示自己才智的欢欣愉悦？

在别的领域，情况也差不多。我就从来没听说过哪位参加竞选的政治家会宣称："我之所以参加竞选，是因为，在我亲爱的妻子和未来同仁的帮助下，从事政治能比干别的赚更多的钱。”说实话，我也不希望政治家会真的这样说。不过，当人们谈及公众利益的同时，倒是的确会包含着许多个人利益因素。

有一种普遍流行的看法是，市场对个人利益格外看重，超过了其他一切或多或少会表现出利己动机的人类行为。持这种观点的人认为，在市场上，一个人的获利肯定会使另一个人蒙受损失，做生意就像所谓友好地打扑克牌一样，是一种一方得益引起另一方相应受损的游戏。其实事实并非如此。

首先，我们必须承认，市场赢利的巨大源泉是其参与者的生产能力。与扑克牌戏完全不同的是，我们的社会财富已经达到人均产值每25年翻一番的水平，而这种增长是由于人们在市场上的辛勤劳动和精明强干。市场上当然也有一些人的财富是靠垄断手段而不是靠提高效率赚得来的；还有些人不是靠增加产量而是靠欺诈获利；然而，总起来看，这一类市场收益充其量至多只会占整个市场之收益总量的1/10。在市场上，确实存在着一些有待于改进的不足之处，但是更值得赞颂的，却是它所取得的巨大成就。

另一方面，我想强调的是，由市场上的创新所带来的利益，绝大部分都转交给了整个社会。一种新发明起初可能会获得相当大的利润，但是激烈的竞争会很快使新产品的价格大幅度下降。例如，圆珠笔这种东西刚上市时，卖给那些迫切希望写得流利的人，每支要12.50美元（照我看来，这种笔只是使书写较流利而已），后来价格很快就降下来，到现在已经便宜得使你感到假使没用它写出什么伟大的美国小说，也用不着觉得买笔的钱花得不值了。西尔斯-娄巴克公司和蒙哥马利·沃德公司在改进美国农村销售结构的过程中，曾赚取了大批钱财，然而我可以肯定，他们为美国的广大贫苦农民所带来的利益，确实要比最近这 50 年的联邦政府农业资助计划总额还多。

现在市场本身已经开始对其追求利润的行为表示歉意了，这是对知识分子之巨大影响的一种颇为有趣的阐释。工业界的头头们已将某一范围内的公共关系问题列入与生产效率同等重要的范畴，在他们所取得的重大成就当中，已将其为自己的员工所修建的滚木球场和给高等院校提供的奖学金也包括在内。甚至连这些企业家都认为，以夸耀大量赢利来显示现时生产的极高效益和未来生产的巨大潜力，对公众消费而言，已经是一种过于陈旧的思想方式。作为经济学鼻祖的亚当·斯密（Adam Smith）曾经写道："我从来没听说过那些假装为公众利益而进行贸易的人真的为人们谋得了很大福利。这确实是一种做作，一般的商人很少会这样，而且即使有人要这样做，也只需用很少几句话便能使其回心转意。"我很想知道斯密的这很少几句话是怎么说的。

而知识分子对市场上赢利动机的厌恶，其一部分原因无疑是由于他们不理解市场的运行逻辑和经营方式。自从 20 世纪以来，有关经济学问题的著述水平并没有显著的提高，这是一个很令人难过的历史事实。尽管经济学专业所研究的内容已变得更加复杂，其研究人员所使用的术语也越来越令普通人更加望而生畏，然而，许多经济学家与其他知识分子进行交流的能力，却似乎更差了。在不到一个世纪以前，一般经济学论著的开场白还是："经济学就是人类对一般商业买卖行为的研究。"而今天的经济学家们，却往往要首先这样宣称："本文必须要论述得如此详尽，它专门考查的是某种经济体制所存在的问题，在这种经济体制下，实际经济职能的次要派生物分布在有限数量的间断点上。为了使问题容易解决，这里假定每个人的消费只限于两种商品，而且其生存期限只是罗伯逊（Robertson）*式的一个星期。本文所要使用的基本数学工具，将仅限于拓扑学范围，而且要经常不断地利用拓扑学来进行分析。”

但是，知识分子对市场的错误认识却并不能完全归因于误解，因为他们所接受的有关经济学的教育，未必能够完全根除其对某种有组织地追求赢利的经济生活体制的本能性厌恶。许多知识分子似乎不会放弃这类看法，即，能使人们在适度的无私精神支配下努力为他人谋福利的经济制度，要比人人都只追求个人利益的经济制度更优越一些。这样的伦理思想，实际上已深深植根于世界上各主要宗教教派的教义中。

我个人也认为，居住在一个良好社会中的人民，将会高度重视他人的福利。然而这并不是良好社会的唯一特点。良好社会的一个突出特点是，人们应在他人对其信仰和行为之最大可能的容许范围内，享有个人自由。这种强调个人自由的伟大伦理思想与那种一味主张乐善好施的观念不太调和，因为我们几乎不可能总是无限度地对另一个人提供实惠的帮助。确实我可以直接送给某人一些钱，然而在这种看来似乎对这位接受施舍者未加任何束缚的

* 罗伯逊（Robertson），英国经济学家，他曾在《储蓄和储钱》一文中论述道，今天的储蓄等于昨天的收入减去今天的消费，今天的收入来自昨天的消费加上昨天的投资。——译者注

极端情况下，他也会不可避免地面临着一个自己将怎样做才能使我再送钱给他的问题。一般而言，我会发现这么一点点善举是很难使人满足的。给某人一笔钱让他用来改善自己的食物、住房或者医疗保健条件，似乎会与送他一些汽油让他可以开车多去几次博物馆一样，都产生不了什么功效。因此，假若我送钱给人，也不会让他自己随便使用，而是要强调一下这笔钱应当用于改善住房条件；或是用于支付小孩的医疗费；以及用于推广一种我认为受社会欢迎的小麦种植方法；或者是出版伯克(Burk)、德·托克维尔(de Tocqueville)和马克思(Marx)及列宁(Lenin)的著作选集。出钱资助别人的人会产生家长制统治的倾向，当然其方式比较不那么专制。我这样说，并不是想诋毁乐善好施的行为，而是想提醒诸位，它很可能会像其他任何事情一样，做得过了头。

有关动机的最后一个问题是：为什么要把动机看得这么重要？假使有人企图以一种愚蠢和错误的方式保护我，结果却伤害了我；而另一个人却通过为我提供一些高尚持久的服务赚到很多金钱；那么我是否应当赞扬前者而厌恶后者呢？说来也怪，我想人们一般是不会强调动机之差别的。也就是说，无论是没本事的慈善家所造成的伤害，还是有本事的坏蛋所造成的伤害，都同样会遭人厌恶。但是，我想请各位思考的问题是：动机是否和效果同样重要？

为了完满地表达对市场的指控，知识分子罗列出个人利益占统治地位的好几条罪状。首先，他们说这种体制没有为那些不打算将自己的才智和兴趣投入赢利性经济行动的人们提供收益；其次，这种经济制度使财富不均的倾向日趋严重，倘若不加以遏制，就会造成社会的两极分化，即大多数人贫困而极少数人十分富有；

第三，市场上的竞争并不公正，因为继承得来的财产所起的作用会大大超出人本身的努力成果，从而使拥有大量遗产的人在竞争中获得胜利。下面，我就来简要地逐一评论上述几种论点。

首先，我认为知识分子对市场的第一项指控是确有其事的，因为市场的确不会为那些拿不出人们所需要的产品的人提供收入。虽然社会上的人们会有各种各样的需求，但是恐怕也难以找出几个人会愿意雇用一些用全部精力探究古人怎么讲话的人；在80年前，或许也没人愿意雇用专门研究量子力学的人。用来保卫国家的空军部队或者穷人的救济金，都确实不是市场能提供的，市场也不会向人们提供婴儿。我敢肯定地说，社会的需求必定会超出市场的供给能力。

知识分子对市场的第二条指控是，它会使贫富不均日趋严重，我以为事实并非如此。如若这种指责不是这么得人心，我实在是不打算认真地对其加以评论，因为我恐怕会遭到社会的斥责——对假想出来的不值一驳的论敌，不应该过分残忍。历史事实已清楚地表明，收入分配的不均一直是在逐步缩小，而且这种缩小更应当归因于市场的作用，而不应将功劳全归于政府的管制。另一个值得注意的事实是，在现代市场经济体制下的收入分配不均现象，要比中央集权或非工业化的经济体制下都少。

第三点指控是说，通过继承所获得的财产，在市场收入分配中占据了主要的地位，我觉得这样讲是过分夸大了。人们从继承得来的财产的确起了很大作用，但是，从整体的角度分析问题，便可知物质财富所带来的收入之比例只占全部国民收入的1/5，而继承财产总量还占不到所有社会物质财富的一半，因此它所能控制的收入分配，绝不会超过全部国民收入分配的10%。

只用这样信口说出的几句话来评价继承得来财产的适当作用，并不利于达到我们的研究目的，为了使我们的研究成果更有意义，必须要仔细认真地考察继承财产对人的激励作用，以及几乎等同于遗产的生前赠与所包含的激励因素；另外还必须确定的是，那些由私人捐赠的高等学府，是否确实给了捐赠人的靠遗产必然能过舒服日子的后裔们以足够的优惠待遇。

然而，在研究继承得来的财产方面所遇到的最难以解决的问题，还在于它会远远地超出能够安全地锁在箱子里的债券和股票的范围。我在前面曾经说过，诸位都是很聪明的人，现在想再补充一句，诸位之所以很聪明，主要是因为你们的父母就具备聪明的头脑。你们当中的一些人，特别是比较年轻的人，可能会认为我的看法很令人难以置信。马克·吐温(Mark Twain)就曾经说过，他对于其父在短时间内学到如此丰富的知识感到十分震惊，因为他本人曾花费了整整三年(从18岁到21岁)的时光，才学习到了同样多的东西。但是，我却以为，能力的遗传确实是一个很重要的因素，或许，它对于收入分配的影响会比继承得来的物质财富要更大。因此，全面评价遗产继承的适当作用，必须要将能力的遗传也包括在内，甚至还可能得包括姓氏和荣誉的继承问题。例如来自麻省的参议员就很可能会赞成这一点。在我们的社会中，有关遗产继承方面的社会惯例和法律制度，确实已开始有所改进，然而，假使我们不具备理智的头脑，而只是听从自己那种朴素的平均主义的引导，就未必能够真的对这些制度加以改进。

最后，我想指出，知识分子作为众所公认最富于人类才智的分

子，无疑能够在征服无知的广袤领域中起最大的作用。然而，在思考经济组织如何适应良好社会的基本文化价值观念这个问题时，他们却没有充分利用这种才智。人类所逐步形成的各种特征，显然都是由于其经济生活之组织方式的影响（这当然并非是唯一的影响因素），纵观历史的发展，我们人类的整个生命毕竟有一半得用来从事经济活动。

迄今为止，还没有人对市场在道义上的影响进行过实实在在的研究，尽管它在这方面的影响非常重要。随着构成市场这种经济组织形式的自由企业制度的诞生，在同时同地，也带来了普通教育和科学的进步，以及民主思想的巨大发展。我认为这些巧合并非是偶然的现象，因为过去三个世纪以来的经济进步，既是这种经济自由之普遍发展的原因，也是它的结果。作为人类历史上唯一的和平世纪——19 世纪，是自由市场经济的全盛时代，我想这种兴盛当然会与在这一世纪当中没有爆发过大规模的战争有关。但是，对这样的解释，我却不敢完全认可。我还不敢完全认可的是，这种兴盛是否还因为当时的英国公众已从暴戾无知的愚民转变成维多利亚式的严谨守法的正直公民。

上述这些看法可能正确，也可能不正确，但是却与情趣问题无关，不过只是一些有关经济组织和社会组织之间关系的设想，而且还须进行深入的分析和实际验证。立即着手这样做，的确可以说是正当其时。自从柏拉图（Plato）的时代以来，我们知识分子就从未认真改变过对市场的基本态度，难道现在仍不具备重新考虑这一问题的可能性吗？

7. 经济政策的目标

我十分高兴获此殊荣，能够首先发言来纪念亨利·卡尔弗特·西蒙斯(Henry Calvert Simons)的著述工作及其个人品格。即便是明知西蒙斯本人也许会不太赞同我们在这里集会并如此隆重地纪念他，我还是要满腔热情地赞颂这位伟大的学者和他所取得的成就——或许，我应当将对他的赞颂比作为英勇的斗士所树立的不朽丰碑，而我们这些演讲者，倒有时真的很像是一些紧张地徘徊不定在伟人丰碑上空的小鸟。

从某种意义上讲，西蒙斯当然是绝对无可非议的，因为对一位学者的真正赞誉，就足指出他已将自己的全部生命都贡献给了其所从事的学术研究工作，而西蒙斯的学术思想，就可以说当之无愧地具有一种永不衰亡的活力。他的著作，过去一直作为由他本人所创立的政治经济学之经典，现在也仍然像其刚刚发表时一样，不仅能够贴切地解释社会的经济现象，而且仍十分具有远见卓识。从这一角度讲，后人能够给予一位学者的最高敬意，就是与他展开论辩，或者是在理论上超过他。在此我可以绝对确信，西蒙斯本人将会希望在座诸位当中，能有人比我更加无拘无束地评论他的学术思想。

选自《法学与经济学杂志》第 18 卷第 2 期，1975 年 10 月。1975 年版权所有，芝加哥大学。

然而,从另一个角度讲,西蒙斯又无权反对我们在此集会来赞颂他,因为这些演讲者所赞颂的,是他和他的许多朋友共同具有的美德。他为人正直,才华横溢,情趣高雅,并且对人对己都既仁慈又慷慨——一个这样的人,当然应该受到赞誉,而不必非经他本人允许。不过,今晚我的演说却不只是限于对西蒙斯品格的赞颂,因为他本来就应当得到比我的赞颂更高的荣耀,与此同时,我还想让世人了解的,是我们会永远热爱自己的朋友——西蒙斯。

I

今晚我想谈的是经济政策应该达到的主要目标。

长期以来,美国和西方国家的经济政策几乎都是为了达到下面这样三个目标。第一个目标,也是最古老的目标,是要最大限度地增加商品和服务的产出量。随着社会的变迁和经济分析的巨大影响,这种追求最大产出的目标逐渐分化成两个部分:(1)在充分满足其他目标的前提下,尽可能地充分利用社会上的各种资源(应消灭不必要的失业和资本闲置现象);(2)尽可能地提高各种资源的使用效率。广义地讲,就是任何可用于多种生产的资源都不能只在一种生产中使用,因为利用调整资源配置的方式来增加某些商品的产量,必然会造成另外一些商品的减产。

第二个目标是实现经济的增长。就是使自然资源得到开发利用;扩大资本积累;并创造发明出新产品和新的工艺技术。这些颇具远见的活动,都是为了使相对于人口来讲的收入水平,能够稳步地提高。

我们的经济政策之最后一个主要目标，直到近些年才刚刚提出来。由于过去的几个世纪当中，人们一直致力于追求最大产出量，对于收入不平等问题，并没有给予足够的重视，直至今日，人们才更强烈地意识到，争取平等，或者至少要尽量减轻收入不平等的程度，已经成为当今时代发展的强大动力之一。

任何有关经济政策的重大改革，都是为了更好地达到上述这三个目标。即，最大限度的产出、物质财富的增长，以及最大限度地缩小收入不平等的差距。在美国本土通行的自由贸易、反垄断法，还有各种各样抵御经济衰退的政策方针，全都是为了追求最大产出量；我们所采取的各种保护性措施，如扩大公共教育、公共土地法规以及联邦政府对基础研究工作的财政资助政策，都有利于物质财富的增长；而个人收入所得税、农业经济政策、公共住房补贴、失业保险，还有其他许多政策法规的目的，则都是为了最大限度地缩小人们收入上的差距。如若我只将某项政策和某一目标相联系，当然就是把问题简单化了。倘若有人积极提倡推行某项经济政策，而不设法阐明它将有利于实现经济政策的所有目标，也不去想办法证明它与经典的要义完全一致，那么，他必定不会取得成功。

毫无疑问，我们所推行的经济政策还会有各种各样比较次要的目标。例如经济生活中的某些法规，就是出于消除种族歧视的考虑。而为了争取除收入之外的其他个人平等待遇，又导致了另外一些规章制度的诞生，比如禁止在火车票价方面实行歧视，等等。然而，这些目标只不过是一些较小的、而且是对经济政策不会产生多大影响的目标。

不需着力强调，人们就会发现，我们所采取的很多经济政策实际上并不利于达到上面所提到的这些目标。比如，农业发展规划本来是为了帮助低收入家庭改善生活，以及合理保护自然资源而实施的，但实际上却可能会扩大收入的不均，至少会在农业领域内使人们之间的收入差距增大，而且很难说这一发展规划在保护自然资源方面起到了什么有益的作用。又如，制定关税的原意本是为了扩大国内的产出，然而很多经济学家都认为，我国的关税政策绝不是增加国内产出的有效办法。还有其他一些经济政策，更是简直就像是对联邦政府金库的抢劫一样。譬如白银购买规划一类的政策规定，就与上述经济政策的目标几乎不存在什么关系。不过，任何社会在力求达到所欲实现的目标之过程中，倒是都会产生一些失误；也常常会错误地估计某项经济政策对于实现某既定目标的实际功效；而且，某些公开的目标往往只是一些特定的群体为了掩盖自己追求特殊目的而披上的伪装。然而这些偏差和假象绝不会构成对上述三个基本目标的绝对威胁，也就是说，我们的经济政策所要达到的主要目标，无疑都是最大限度地扩大产出，争取物质财富的增长，并降低收入不均的程度。

假使有人问，这些基本目标是否能够充分实现，那么我的回答就会是：根本不必完全实现。经济政策所指向的，是某一抽象的目标，好像罗盘会指向北极，而且正如罗盘若放在具有强大磁场的北极就会失掉其效用一样，经济政策的目标一旦完全实现，就会失去其作为努力方向的价值。有些特定的目标，如某某台电视机、某某公里的公路，或是某某美元的所得税收入，通常都是很实在的和可达到的具体指标，但是从一般意义的角度来理解的总体目标，却不应当是能够完全实现的。

无论人们是否赞成这一观点，我都认为，实事求是地讲，目前美国人普遍感到，经济政策的上述几项基本目标，已在我们的国家内达到了。

首先，美国人认为收入不均的现象已经大大减少。只有极少数国民感到个人收入所得税的累进率还应当提高，而大多数人却觉得这种累进所得税率实在是太高了。传统上对于生活条件差的人们，尤其是对工人和农民阶层的社会性怜悯，现在已逐渐过时；如若有人建议将“下层阶级”这个词从新自由主义的词典中抹掉，也许并不完全符合现实，然而，对这些人们的特别怜悯与关照，目前已实在是没有太大的必要性。在某种程度上，美国公众所关注的事情，已经从摆脱贫困转向如何更好地开发那些未知的经济领域。

给美国人以更大满足感的，是我们的社会经济生产状况。我们感到自己已相当富有。在一般美国老百姓的日常生活中，所缺少的只是一些超出常人所需的高档奢侈品，没人会因为得不到这类奢侈品而愤愤不平。劳动阶级确实只能买得起黑白电视机，他们所拥有的汽车也非最时新的出品，但是这又有什么要紧？谁会真的在意农业发展规划或是某一居心叵测的政治分肥行为浪费的究竟是10亿美元，还是不足美国国民经济一天的产出量？又有谁会相信收入的增长确实是太慢，或者是近年来的资源滥用已经达到非常严重的地步了呢？甚至连那些30年代的批评家都已闭口无言，或是转而改成对当今的社会经济状况大加赞扬。在像我们这样一个人口众多的国家里，虽然仍会有人对这种经济体制的生产状况提出批评意见，但是，这些批评者所处的尴尬境地，就好像是一个每次比赛都赢的高尔夫球手一样。

我确信美国人对物质生活的满足是一种短暂的感觉。战后消费者的实际收入以十分迅猛的速度增长，比战前的1932—1945年期间增长要快得多，以致人们还来不及构成新的需求欲望，然而，新的欲求必将逐步显现出来。在战后较早的一段时期内，实际收入的增长要大得多，“欲壑难填”这一经济学的著名格言所描述的现象已经初露端倪。而十几年后或再过更长时间，我们就会痛切地发现，人的欲望真是没有止境。那时的美国百姓会普遍认为，满足基本的像样生活所必需的物品，应当包括夏季避暑用的小屋、电器系列产品、全空调的住房以及家庭精神心理医生。但是，此刻，我们感觉很富足。

经济政策的这几项基本目标不仅应当是达不到的，而且还应当是社会文明的重要组成部分。在我们美国，经济政策的基本目标并不符合上述要求，而是和俄国人的基本目标完全一样。

俄国人也主张收入平等。他们的基本观念实际上就是理应消灭一切收入的差距，甚至不必考虑人们的社会作为或者需求方面的不同，尤其不应将任何收入分配给生产资料的私人占有者阶级。我坚决反对俄国人的这种观念，私人财产本来就应当是经济发展的基本组成部分。但是，由于俄国经济体制也带来产出量的大幅增长，所以很多人认为不必过多争论这一观念上的问题。也许我们还须指出的是，俄国的收入不均现象事实上非常普遍，而且不像我们这里的收入不平等主要与社会作为密切相关。虽然上面所提到的这些问题在评价某一社会是否很好地实现了其所要达到的目标时，确实是很重要，然而围绕它们的争论却似乎是对政策本身的评价，而没有涉及其目标。

并且，俄国人也和我们一样，力求实现最大限度的产出以及经济的迅速增长。事实上，任何一个具有明确目标并且不墨守成规的社会，总是能够努力做到它想要做的事。不同体制的社会在产出方面的差异，只不过是所追求的最大产出量的性质不同。在我们美国，最大产出量主要是由各个消费者来决定的，而在俄国那种经济体制下，最大产出量却基本上由中央集权的领导机构来确定，因此俄国人所要实现的产出中会包括更多的军火与重工业设备，他们的这类产品之产量在总产出中所占的比例要比美国高。不过，这一差异仍然是内容上的区别（实在是很重要的区别），而非目标方面的不同。

我这样讲，绝不是想告诉大家，由于某位不友好者的目标与我们所要达到的目标一样，这个目标就是不正确的。倘若一个人只因碰巧发现某个乡下佬也欣赏莫扎特的音乐而不再喜爱这位大师的作品，那么这样的人肯定是头脑有点毛病。何况是像最大限度地扩大经济产出这样的目标，如若毫无道理地将其放弃，就等于是失去了理智。

然而，我们的经济目标与俄国人所追求的目标完全相同这一事实，也不是什么符合常规的现象，因为按一般人的想法，这两个大国在实现各自的经济目标之过程中，应当具有某些导致彼此的反感和敌视的政治哲学色彩。与俄国的经济目标相一致，还在极大程度上造成了美国外交政策的失利，因为其他国家的领导人很可能会对这种缺乏明确政治哲学界线的方针政策大感兴趣。苏美两国提出了完全相同的经济目标，我们的主要区别在于其实现的前景，而不在于实现这些目标的具体措施。

但是，我之所以不太赞成经济政策的这几项已得到大家公认的目标，并不是想与俄国有所区别，也不是想争得知识界在不具政治哲学色彩的领域中之领导地位——虽然这些愿望并非无足轻重的小事。即使美国是在地球上，甚至在整个宇宙中，所存在的唯一国家，我们也极有必要对自己国家的经济政策加以引导和强调。我们现在的确是应当马上放下设法住得舒适一点儿的细微小事，而好好地考虑一下自己到底希望生活在一种什么样的社会里。

Ⅱ

西方世界所推崇的理想社会，是那种能够保证个人发展的社会，在这样的社会中，要为个人创造最大限度的自由，同时规定相应的个人责任范围。我们对人道社会的理解，就是允许并鼓励个人尽最大努力去争取成功。政治的民主和言论自由以及一切重视人类尊严的法规制度，都必须建立在公民的自我信赖、责任感和富于创造精神的基础之上，即人人都可以按照自己的愿望来“崇拜个人主义”。我认为这才是从道德伦理的角度讲最值得追求的目标，而围绕其他目标的激烈论辩，或许都是为了实现这一目标。

在口头上这样赋予某种价值以至高无上的地位，绝不等于已经引起整个社会对它的高度尊崇了。在美国，倒是很少有人反对提倡个人主义，但是许多拥护它的人们却已逐渐丧失掉鼓吹个人主义的热情，并且个人主义对各种社会事件的影响也正以极其令人吃惊的速度逐步下降。假如有人在大学校园里主张禁止人们自由地思考问题,他就会遭到大家的排斥;然而,要是有人认为人类应当掌握自己的命运,即使是认为人类必须承担自己所做出之决策的主要后果,那么,这个人就会被当成过去时代所遗留下来的怪物。在如今的美国,一种相当时兴的理论和一种十分古老的观念,以及不断变动的社会结构,已经大大地损害了我们对个人主义的信仰。

这种相当时兴的理论,就是环境决定论,形形色色观点完全不同的人,从戈德温(Godwin)到马克思(Marx),都倡导过这种理论。按照最广义的解释,环境决定论主张人的特点是由各种社会制度塑造出来的,就是说,一个人所吃的食物、所住的房屋以及家庭、邻里,还有子女教育等一切方面,都对其思维方式和行为具有决定性的影响。几代人的社会探索表明,没人会怀疑这种理论具有相当的正确性。主张环境决定论的人显然是想证明,社会环境对一切事物的影响,会不可避免地超出人类自身的努力,并且它会在很大程度上决定后者的性质与方向。

在一个相当长的历史时期中,人们依据环境决定论的观点,一直认为大部分人都不具备明智地驾驭个人事务的能力,只是到了19世纪,这种观念才曾经暂时退出统治地位,因为当时刚刚开始普及教育,社会上普遍认为,绝大多数人都可以通过一定程度的教育来达到适当的水平,从而具备妥善处理公共事务和个人事务的理智和能力。

既然现在绝大多数的美国人都至少受过12年的正规教育,我们就不太有可能再指望教育的这类伟大成果了,因为义务教育制是人人必须遵守的法规。况且,总的来看,我对教育的成效是越来越感到幻灭了，尽管目前还很难说能拿出可以直接证明这种幻灭的书面材料。对很多知识分子而言，教育所带来的奇迹仍在为其提供民主信念的港湾和道德地位的象征。

但是，如若我能从自己所从事的专业角度来判断，那么就可以认为，怀疑个人能力的论调正在明显地重新抬头。专业性的经济学文献将消费者描述成一些喜欢顺从别人的家伙，他们会迅速地遵循麦迪逊大街的利己法令行事，或者只根据证券经纪人从遥远的异国打来的长途电话，便立即做出决策。他们赋予这种消费者的唯一优点，就是前后一致，至于其抉择是否会有良好的规律性，却没有明确的阐述，因为经济学家们认为消费者的愚蠢念头总是反射性的、对称的，并且还是易转移的。而且，即便是消费者不像这里所说的那样难以琢磨，他的消费倾向也会与其无兴趣的项目相互交错，使人无法说得清楚。

从事其他专业的人们，虽然不像经济学界这样坦率直言，我们却也可以举出一些差不多与文字同样有力的具体行为，来证明这些人对个人能力的信念也在逐渐衰落。大多数知识分子都赞成政府加强对教育的管制（如义务入学制度、教师资格制度、对学校课程和学年安排的统一管理等），并且主张州政府和联邦政府要对地方政府的教育管理措施实行干预。假使教育向人们传授的是聪明才智和符合逻辑的思维方式，那么它就应当成为一个最能令人确信可望保持更多的个人尊严和小型政治团体之威望的领域。

造成人们对个人能力的信仰逐渐衰落的最后一个原因，是因为在都市化的工业社会中，各种社会关系变得越来越复杂，也越来越互相依存。个人的行为对他人的影响，已变成不容忽视的事情。

如若一位农民缺乏良好的卫生习惯，可能不过只是对人性的一种贬低，而一个不讲卫生的城市公民，却也许会立即造成对邻人的妨害；性格偏执古怪或缺乏自信的拓荒者，所造成的损失可能将主要由他自己承担，而具备同样不完善个性的企业家，却会使几千名无辜的人陪着他丢掉饭碗（不过时间不会很长）。简而言之，一个人可以信任充满敌意的印第安土人，却不可以信任态度友善的现代城市公民。

但愿我在此所描述的这些使人们对未加管理和引导的个人逐渐失去信念的原因，能有几分道理。其实每个原因中都包含着许多正确的成分，不过也都非常言过其实。迄今为止，还没有一项社会研究能够表明，人的行为与其愿望无关；也没有一项社会研究能显示出，在我们的社会里，一个人是否能获得成功要完全取决于其所处的社会环境。我们对教育的信赖，是一种狭隘的和学究气的观念。在这种观念的束缚下，我们几乎忘记世间还存在着一些非学究式的能力；也无法清醒地认识到，学校的教室只是人在整个一生中所应接受的教育之一个课堂，而且还不是最主要的课堂。如果说我们的社会变得越来越复杂了，那么就应当看到，它同时也为个人的抉择提供了多种多样在过去的时代梦想不到的机遇。

不过，我们却可以承认上面所提到的各种论点很有道理，而同时并不损害崇尚个人自由的主张。承认人与其生活的环境密切相关，并不意味着说他不会再有决定自己的生活道路以及自己所处的环境的机会。事实上人类极有可能得到决定自己命运的机会。虽然教育确实不可能使大多数人都成为学者，但是这绝不会减少它的价值，因为教育能教会大多数人如何进行自己的或明智或蠢策的抉择，而这一点正是其价值所在。人与人之间越来越相互依存，确实会唤起人们不断地核查自己的权力和职责，然而我们却不可以据此来设想，人类不会再有机会创造新的自由，也不可以据此想象，社会上所发生的各种冲突都只能通过压制的手段来加以解决。我们想要按照我们的社会和我们对社会的变化之理解，来修订个人所享有的自由及应承担的责任之特定内容，但是总会在此过程中遇到一个难以解决的问题，就是力图使个人能够更大限度地决定自己的生活方式。这一问题，是一切信奉自由的社会中都会存在的深奥而又含糊的问题。人类并不仅仅只是社会的动物，不应当只受社会的驱使去争取成功，或者是平息心态进入无喜无悲的状态。

现在让我们回过头再来看经济政策的那几项传统目标。其中的两个目标，即最大限度的产出和物质财富的增长，都是符合一般伦理的中性目标，无论是由美食家、禁欲者、武士、专制暴君来统治的国家，还是民主党人领导的政府，都可能会采纳这样的目标。而到底什么样的产出量才是最大限度的产出，要依自由人的愿望来定，因此这已经几乎是隐秘地表示出这两个目标所具有的伦理意义。

我们想用减少收入不均现象这一目标，来表明社会的发展方向，然而它却担当不起如此重任。这一目标确实可以作为一个体现并构成个人主义之基本价值的重要因素，即人道主义，其表现形式是力图消除贫困，以及随贫困而发生的一切现象，如营养不良和意外的疾病。对于用什么样的恰当方式来消除贫困和饥饿，我们可以互相展开争论，这说明摆脱这类丑恶现象，是我们大家的共同愿望。

除此以外，这一力求减少收入不均的目标似乎就很难说与我们的基本价值相一致了。倘若某一社会中一小撮极端富有的人具有垄断一切的力量去剥削他人，或者掌握着用以颠覆政治秩序的财政权力，那人们倒可以有理由为个人的自由担忧。但是在美国，这种对个人自由的威胁既非现实也没有发生的可能，因为我们的富人太多了，不可能都阴谋勾结起来。况且极少数人也不可能对政治生活施加决定性的影响。在最大限度地降低收入的不平等程度与个人自由之间，最多只具有一种偶然生成的关系；在最坏的情况下，也只不过是关系反常。

Ⅲ

追求个人自由并不能自动地形成一套固定的经济政策纲领，因而我们必须继续探究，在不断变化着的社会条件下自由的真正含义；并且还必须继续发挥高度的创造才能，来设计出一套有利于个人自由的方针政策。更令人向往的是，最好我能马上推出一套全新的经济政策，这套政策所具有的似是而非乍看起来令人极为不快，而在对此展开激烈争辩的硝烟过后，又会产生不可抗拒的说服力。然而，凭良心讲，我做不到这一点。

恰恰由于个人自由的传统对我们的政治哲学来讲，具有极其重要的意义，因此它所带来的最明显的必然结果，便是众所周知的事情。并且这些必然结果在很多人看来，就像追求个人自由这一目标本身一样，将显得已经过时。然而，在历史上最推崇个人自由的时代里，追求个人自由也并不只是意味着一定的生活方式。对这一目标的意义，我们从未尽可能充分完善地探讨过，现在所进行的研究工作，也实在是没有什么成果。

至于有关竞争的政策，其基本作用就是消除对个人自由的各种限制，使付出更大努力的人得到较好的报偿，以促使人们增强个人能力。但是这样的政策目前正迅速地失去人心和它本身的活力。这是因为，一方面，越来越多的人逐渐深信——并且是唯一的信念——大企业才是经济发展的中坚力量；另一方面，许多人认为，对于一个富有的国家，垄断所造成的收入减少不会产生引人注目的后果。

然而，我们却没有理由很自负地认为，美国人已将个人自由当成了主要的价值观念。战后这些年以来，我们的反托拉斯法已逐步失去活力，无法抵制那些更加明目张胆的共谋和垄断集团的行动，而联邦政府却总是将这类现象归咎于个人自由，这就等于在整个经济生活领域为个人的行动暗中设置了一些障碍。例如它所颁布的富于家长式统治色彩的小企业行动纲领，以及有关农业、机动车运输业和住房建筑业的竞争管制法规，等等。

美国政府所制定的一些援助亏损产业的规划，直接违背了竞争的原则。而且我认为推行这类计划就是摒弃个人自由的明显例证。这样说倒不是因为这会有碍于其他目标的实现，而是因为这种援助亏损产业的政策没有将自由放在首要的地位。我们一直在利用限制产出、增加库存和固定价格等种种限制这些行业中以及打算进入这些行业的人们之个人自由和责任感的方法，试图减轻其困境。然而问题在于，我们是否应当采取这些措施？事实上，我们可以通过帮助个人转业到报酬更多的行业和地区工作的方法，如向个人提供受教育机会和有关信息，还可以制定出其他一些能够扩大个人选择范围的方针政策，来达到同样符合人道的目的。

联邦政府上次制订大规模的计划，以扩大个人从事生产活动的范围，或者扩大某一领域的个人自由是在什么时候？对这个问题很难找到最近的答案。而且，假使我们向州政府和地方政府的首脑们提出这个问题，即便是能让他们暂且不用专注于以下一些重要工作，他们也同样难以做出回答。这些重要工作有：向游艇推销员等许多职业颁发执照，要求摔跤运动员起誓不搞阴谋颠覆活动，但主要是恳请上级政府部门接管其职能。

目前我们已经制定出数不清的方针政策，以保护消费者利益，其中包括一些防止他们遭受低廉价格欺骗的办法。毫无疑问，我们确实应当帮助消费者识别那些他们自己不能很快辨明的欺诈手法，但是，我们是否应当教导消费者不做蠢事呢？倘若我们禁止他们进行赌博活动，以使其保持道德完美或者不犯缺乏远见的错误，那么，是否也应对他们的投资业务进行监督管理，以使其拥有的核原料保持在一个可靠的水平呢？我觉得这类政策之所以不那么高明，倒不是因为通常无法确定某一行动是否明智，而是因为无意中当上的圣人一点儿也不值得钦佩。

我们还必须按照追求个人自由的原则来彻底地重新研究一下如何制定那些影响收入分配的政策。如若将个人收入累进税制对于减轻贫困的意义放在一边，人们对它的指责主要是认为这种税收制度程度不等地惩罚了个人的努力进取精神，这就极端不利于实现尽可能调动个人积极性的目的。唯一的一种为这种税收制度辩护的论点，是指出大量的收入是“不公平的”，这种指责可能意味着大笔的收入不见得全是来自正当的赚取，倘若事实真的如此，并且不必费心去研究这种大笔的收入中究竟有多少不是正当途径赚来的，那我们为什么不直接设法修订一些制度，使其无法系统地造成这种持续、大量地产生公众认为是不正当的收入呢？

遗产继承制也许就是一种能造成这类收入的制度。社会对遗赠财产的绝对拥有权，或者至少是很大的拥有权之承认，通常是为了维护赠与者的利益，却几乎没有考虑这种权力对受赠人的影响。传统观点认为，遗赠者会非常努力地工作并继续过节俭的日子。然而究竟是否需要用相对地讲免费遗赠财产来激励人们努力工作，却实在是尚无定论。因为我们发现，人们也会在政治、艺术以及科学研究等领域付出巨大的精力，而在这些领域内取得巨大成功的人留给自己子女的，却往往主要是一种不如父辈的自卑感。从另一个角度看，大量的遗产很可能会使受赠者不用再努力争取发挥自己的个人才干，因为他在竞赛起步之际就已经拿到了金牌。由于遗产继承制对家庭本身具有很多非常宝贵的价值，所以我们不可能废除所有的馈赠（更不用说智力的馈赠啦！）和遗产，但是却似乎可以对人们所继承的财物（包括人在一生中所得到的非财产形式的馈赠品），征收数目比现在要大得多的税款，这或许是很值得考虑的一种办法。

我在此对经济政策所发表的这些评论，只是一些带有极大试探性的看法，然而，我却还是希望各位能够据此认识到，如若能彻底地奉行一种崇尚个人自由和责任感的哲学信条，就可以制定出按照我们现行的标准衡量既不是很“激进”，也不是很“保守”的经济政策。我们美国人一向只满足于每年呼吁一次或两次要保护个

人自由，而同时又对它直截了当地进行非比寻常的无情攻击，剩下的时间就是用来自鸣得意地制定一些完全忽略了追求个人自由这一目标的政策。在我们的社会里，高等院校的知识分子群体是自由政体的主要受益者。因此我们比其他公民负有更加不可推卸的责任，复兴追求个人自由的信念，发展个人自由在经济方面的含义。实际上，就是使全部社会政策都能充分体现这一伟大的目标。

8. 经济学家和政府

在1776年，我们那位德高望重的大师——亚当·斯密，曾经就争取经济繁荣的适当途径问题，向其国人提出过明确而又有力的忠告。这一忠告当然也传给了他在美洲殖民地的同胞，虽然那时我们美国人正在忙于建立这个现在被称为巨大税收漏洞的社会制度。大家知道，斯密的忠告之核心在于，有关经济事务的处理最好留给私人去做，而一国的政府如若能在诸如赢得战争、维护正义，以及保证各种商业渠道的畅通等类无法回避的事务上获得成功，那它就算是干得相当不错了。

这样说已经是差不多两个世纪以前的事了。如今几乎没有多少现代经济学家会将这样有节制的作用看作政府应尽的经济责任。事实上，大多数现代经济学家都确信政府应当在经济生活中扮演一种极其重要的角色，这种信念的坚定程度，正如当年斯密坚决否定政府在经济生活中的重要作用一样。对此，我们完全没必要大惊小怪，因为188年的漫长岁月，常常会使学术观点发生变化，而政治和经济制度，当然就更是不会一成不变了。

本文承蒙美国经济学会允许，转引自《美国经济评论》第55卷第1期，1965年3月。该文是施蒂格勒博士在第77届美国经济学会年会上作为主席的讲演稿，地点在芝加哥，时间是1964年12月29日。

然而，无论我们是否感到惊讶，由于专门研究公共政策的学者们改变了自己的主导观点，因而便提出了我想在此进行讨论的问题。这个问题就是：经济学家们认为自己在何等基础上才能就政府的适当职能问题提供有益的忠告？斯密及其追随者用什么方法表明政府在处理经济事务方面的无能？后来那些赞成政府对铁路、股票交易、工资率和价格、农业产出量，以及成百上千种其他方面的事务加以控制的经济学家，又是利用何种方法来证明上述事务最好是由政府来经办和指导的？还有，一个经济学家怎样才能相信自由贸易政策和财政稳定政策是明智的，就像他确信收益递减规律或企业家必定会争取最大化的利润一样。

这些问题的思想基础十分简单。一般地讲，经济学家们所持的价值观念，就是在其所生活的社会中占统治地位的价值观念，但是，他们的专业能力却实在并不表现在用令人生畏的专业术语来表述大众的愿望，而在于能够很好地理解一种经济体制是如何在不同的制度框架下正常运行的。如果说经济学家能够在经济政策的广泛讨论中贡献出一点自己的东西，那就是他们对各种经济政策及其所造成的结果之间关系的特定理解。

因此，科学家在公共政策方面的基本作用，就是确定各种制度安排的成本和收益。斯密并不具备专业性的权威就有关《航海条例》问题对英国提出什么建议，除非他有确凿的证据能够说明这些法令所产生的效应，以及废除它们所可能带来的后果。假如一位现代的经济学家没能掌握有关铁路管制政策的事实根据，他也就不具备向联邦政府提供这方面忠告的专业性权威。

必须注意的是，人们并不十分熟悉经济学家的价值判断并无科学上的地位这种观念——我确实对价值判断持一种既不怀疑也不颂扬的态度。实际上，大多数人都会认为，如果某项课题是可以研究的，那么一位学者在向立法者提出建议之前，就应当先对该课题进行研究。假如你为疾病的传播感到悲哀，或者恰恰相反，你十分赞赏遭到无情杀伤的病菌，无论你持何种立场，我都坚决主张，在弄清楚求助于医生到底是会使人们的病情加重还是使病情减轻以前，你绝不应该建议他们去看医生或者不让他们去看医生。假使这个特殊的例子由于其可笑的学究气而引起了你的注意，那么，我就会先向你提出一个问题，即，是否无论某一国家的医学发展状况如何，你的答案都会相同？然后我们再来转向探讨更加难以解决的问题。

于是，我的任务就是，尽可能冷静地向大家提出这样一个问题：经济学家们在建议采取某项政策时所提供的能与其所追寻的目标密切相关的实际例证，到底是什么？下面，我将从分析亚当·斯密的实际例证开始讨论这一问题。

I

斯密的经济政策建议，所依据的是两个主要的基本观点。这两种主要观点的表现形式既不正规又不系统，而且也很难据以确切断定他之所以如此希望大部分经济生活不要处于政府管制之下的原因。

斯密的第一个主要观点，是他对天赋自由制度的信仰。几乎没有人会怀疑，这位固执的苏格兰人、冷峻而又头脑明晰的思想家大卫·休谟(David Hume)的亲密朋友，确实是对欧洲 18 世纪启蒙运动晚期的自然法则存在深深的眷恋。但是，斯密却并未提出将国民自由作为政治生活的信念，而是把它当作可以论证的经济分析题目，试图阐明，寻求自身利益增长的个人将把自己的资源投在能为其带来最大收益之处，并且，作为一种规律，这些资源就会为社会带来最大的收益。斯密感到，在个人不知道或者没有力量获得发展的地方，其个人利益显然受到政府的干预。

因此，斯密说，限制人们进行自愿的交易“是对天赋自由的明显侵犯，这种天赋的自由权利完全是法律上的问题，所以绝不应当侵害，而应当予以支持”。不过，他继续写道：

> 但是，一小部分人所行使的天赋自由权利，可能会危害整个社会的安全，所以它受到并且应该受到政府法律的约束，在这些法律中，既有非常宽松的，也有十分苛刻的。为了防止火灾的蔓延，政府有义务设置一些共用的墙壁，这种对天赋自由的侵犯方式，恰好与这里所提出的对银行交易的管制属于同一类。[①]

天赋自由似乎不是一个正起着作用的规则，斯密举出许多由于其参与者没有能力或者未能考虑到自己的行为所产生的客观效果，以致背离天赋自由的例证。[②]他很希望将以实物支付工资定为非法，因为他认为这样做是欺诈工人；他还认为应对利息率加以限制，因为高利率会鼓励贷款者将其资金投到缺乏远见的项目上去。斯密还主张必须建立一种复杂的税收体制，以改变对土地的利用方法。

斯密坚决主张由私人进行经济活动的第二个思想基础，是他对政府的极不信任。我必须在此强调的是，他对政府的不信任，主要是其动机，而不是其能力。斯密并不在意政府的不恰当行为，因为他确实很相信，从效率的角度讲，联合股份公司，甚至很多大学，对自由的冒犯都比政府还要严重。他对政府的真正不满在于，它是那些有组织的、联络在一起的、自我服务的集团，首先是商人和制造业者集团的产物。这种政府的立法机关，更多地受“喋喋不休地纠缠于局部利益”的影响，而不是在扩大的共同利益观点指导下进行工作。③

从纯粹学术评价的角度出发，我要说斯密在论证其第一个基本观点时，即自由的个人会更有效地使用资源，表现出了高超的技巧。然而他在证明其第二个基本观点时，即承认政府机器的能力而否认它的公正，却显得过于教条。他并未拿出有力的证据来证明国家和政府可以实现其政策目标；特别是，他只宣称而没有证实商业制度对英国资源分配的巨大影响；他也没有证实，政府确实会常常受“局部利益”的影响。

除了利用所有最不可抗辩的学术武器和无休止的重复以外，斯密的学术继承人几乎没能进一步加强他对自由放任原则的论辩。不过，这些人也有可能在下面这两方面发展了斯密的论点。

首先，他们可能会在斯密所谓的竞争的市场不起作用这方面，做某些修正，因为这位伟人有时也会犯错误。例如，麦卡洛克(McCulloch④)就曾经对斯密关于市场低估了农业投资价值而高估了外国投资价值的观点，提出过恰当的批评；边沁(Bentham)当然也曾及时地指出过斯密在高利贷方面所发生的偏差。但是，斯密所犯的每个得到修正的错误，又都引出了一些新的问题。例如J. S. 穆勒(J. S. Mill)就曾坚持认为，即便是所有的工人都希望减少工作时间，竞争的市场也无法做到这一点。我不打算原谅这一错误，只因为后来有那么多经济学家重复了这个错误。

然而，我认为，在斯密的学说中更为严重的缺陷，是他未经证实的假设——政府在有效地实现其错误的目标[5]，不仅被他的追随者们所接受，而且还被这些人加以强调和重申。詹姆斯·穆勒(James Mill)证明了政府以不民主的方式控制其所掌握的工具的罪恶，这是一个极端的例子，但是却很富于启发性，并能造成很大的影响。穆勒以不容争辩的严密逻辑性极力表明，掌握政府权力的人总要利用它来达到自己的目的。这就是说，只有以民主方式治理国家的政府，才会寻求全民的利益：

> 社会不可能对违反自身利益的事感兴趣，要证实这一点会在术语上产生矛盾。在社会内部及其与自身相关的方面，都不可能有邪恶的兴趣……社会的行为也有可能由于失误而发生差错，要是假设这种错误是由制度的设计而造成的，就是在假设人类可能会希望自己陷入悲惨的境地。[6]

因此，民主制度与君主专制和贵族统治不同，除了由于无知，它不会做出不明智的事情，而且这种出于无知而产生的例外，也不会造成严重的情况：

> 毫无疑问，给科学、艺术和立法本身带来最杰出装饰的中间阶层，是所有已得到提高和升华的人类天性的主要源泉，也是其所在社会的一个组成部分。假如中间阶层所代表的社会基础能得以大大的扩展，其主张就会最终得到确定。在其社会地位低于中间阶层的民众当中，会有大多数人无疑将以他们的建议和榜样作为行动的指南。[7]

这样，公众所受的教育和他们对中产阶级领袖的本能崇敬，以及那些社会的装饰品，都将确保民主国家的政府一般不会偏离公众的利益太远。这个论点意味着，在写作上述这篇文章的时候，美国政府是实现公共福利的工具，并且50年后的英国政府也会成为这样的工具。[8]

虽然我们有可能提供很多实际材料，来详细论证古典经济学家所主要反对的是政府对经济生活的**不明智**干预这一观点，但是我在此却只准备提供两个颇具启发意义的例证。

第一个例子是由优秀的爱尔兰经济学家M.朗菲尔德(Mountifort Longfield)提供的。就某些令人怀疑的援助劳动者计划，他写道："在这里，政治经济学只是一种防御性的科学，它试图防止纯理论性法规的不明智干预。"[9]这种说法听起来似乎有点保守，但是让我们继续分析下去。几年之后，朗菲尔德在皇家铁路委员会作证时抱怨说，南部和西部大铁路公司那些缺乏魄力的董事们低估了铁路服务的长期需求弹性。为了具备必要的勇气，他建议由政府任命一个在制定各种铁路收费标准方面拥有无上权力的铁路总监，而政府则抽取由此所产生的一半利润，并补偿所有的亏损。[10]朗菲尔德不赞成自由放任主义，但却不那么彻底。

第二个例子是由女工争取10小时工作日运动引起的大规模辩论。该运动于1847年以女工们获得了每日工作10小时的法定权利而取得胜利。这是现代英国第一次对有法定权能的成年人之间所订契约的干预，以致一些经济学卫道士们要开除英国的教籍。实际上，已经有两个重要的经济学家，即托伦斯(Torrens)和西尼尔(Senior)，表示过强烈反对这一《工厂法》，只不过这种反对不像对侵犯天赋权利的反对那样明确。托伦斯在其批评的前言部分有段话读起来似乎是振振有词：

> 不干预的原则只适用于进行干预可能会造成危害的情况，而在所有那些中央当局对个人交易的干预能够给人们带来福利或者防止灾祸发生的情况下，推行自由放任主义就是一种应受谴责的行动，因为它抛弃了使中央当局所得以建立和维持的一些职能。[11]

因此，托伦斯和西尼尔[12]都反对10小时工作日法案，因为这样会降低周工资，增加生产成本，并会由于削弱英国纺织工业在国外的竞争地位而减少就业机会。

上述两位经济学家都去世于1864年，所以按理说他们应当具备足够的时间来验证自己有关这一10小时工作日法案的预测，但是，这两位学者却谁也没有就此进行过实证性研究。与他们二位同时代的其他经济学家也都没做过这类研究。这说明托伦斯和西尼尔有关经济政策的议论，完全是脱离实际的。

令人十分惊讶的是，詹姆斯·穆勒(James Mill)的长子约翰·斯图亚特·穆勒(John Stuart Mill)，与他那思想保守得多的父亲相比，更加反对政府对经济生活的控制。他没有步其父后尘，接受有关民主政府的行动永远是明智的这类观点。这可能是由于小穆勒发表论著时早已通过了《改革法案》[13]的缘故。他的论述更加立足于对个人自由的捍卫，并在所列举的五个理由中用了整整三个来支持自由放任主义。他认为自由放任主义是在重视个人的尊严、独立、自主以及个性发展基础上的一种变异。[14]

尽管我觉得自己也是一个最热情地赞颂个人主义的人，但是我却不得不承认小穆勒的观点十分模棱两可。他并未告诉我们如何确定某种公共政策是给予还是限制了个人的自由。假设我正在考虑实施一项公共住宅规划，如果我劝说或者强迫人们住进这种住宅，那么当然就会减少他们自行抉择的机会和对自己负责的余地，然而我之所以希望人们住进这种住宅，很可能是为了使这一代儿童能有机会在一种完全符合卫生，并且有利于其身心健康的环境中居住成长。穆勒没有告诉我们这种政策是支持了个人主义还是限制了个人主义，虽然我高度倾向于他会赞成公共住宅建设规划，就像他曾经支持开放公共教育并主张取消对年轻人的工作时间限制一样。然而，倘若一个经济学家要想成为一名道德哲学家——我完全相信我们也能干得不错——那么，他就应该发展自己的哲学思想，使其对政策的含义成为一个逻辑上的问题，而不是一种表达个人口味的工具。[15]

现在让我们来看马歇尔(Marshall)的思想。他和许多英国经济学家一样，是最后一代坚持这种古典经济学传统的人。马歇尔承认应当扩大政府在控制垄断、解决穷人住房，以及处理一般贫困问题方面的潜在作用，同时又坚决主张维护私人企业制度。他对私人企业制度的偏爱，基本上是由于他坚信官僚体制的管理必定会给经济发展造成重负，而且还会缺乏效率。[16]马歇尔在这方面所发表过的其一生中最放任的言论是：

> 假使政府的控制在100年前(1807年)就取代了私人企业制度，那么人们就可以有充分的理由认为，我们的制造业生

产效率，将会停留在50年前的水平，而非像现在这样比那时提高4倍甚至6倍。[17]

然而，这种“充分的理由”，却从未被人指出来过，尽管论证这一命题是否正确，比解答马歇尔用一章或一本书的篇幅来论述，甚至用其一生的精力来研究的任何其他问题都更重要。马歇尔对政府的不信任，还因为他担心议会会成为某些特殊利益（尤其是工会利益）集团的产物[18]——这是对亚当·斯密思想的不知不觉但却并非是不可知的复归！

有关自由放任的这一个世纪，我想就讲到这里。推行个人主义的经济学主要流派甚至未曾提供过一点值得重视的证据，以表明政府不具备处理任何，或者说全部经济问题的能力。假如人们不准备以某种一般性理论的个别推论为依据，就实在难以找出非常确凿的证据，来证明政府对经济活动的参与全都是不明智的举动。主张政府不应干涉经济活动的学说，只是在人们愿意服从的范围内，才具有很大效力。

Ⅱ

从历史上看，经济学家们一直在积极鼓吹缩小政府对经济生活的影响，而同时也转而主张扩大这种影响。例如，在他们极力反对谷物法之前，曾经对政府颁布限制童工工作时间的法令表示过坚决的支持；在主张为了保护移民而对客运船舶进行管制以后不久，又于19世纪30年代提出应当推行放宽财产交易的法令。

我以为，实际的情况只能是这个样子，因为在得到一切人认可的古老警察职能与某些人建议施行的新型管制职能之间，到底存在什么本质的差别，是最难以捉摸的东西。同一位经济学家，一方面可能会，并且确实在抵制政府的管制，而另一方面，却又要求政府发挥管制的职能。[19]

在19世纪中期的英国，政府对经济生活的控制范围有所扩展，随后美国也显示出一点类似的迹象。当时的政府对经济生活的控制通常表现为：将某一传统的政府职能范围扩大；或采纳某种新的、与传统政府职能相类似的职能。其经济效果通常是在履行保护性作用的同时附带产生的。如政府对工厂和矿山的督查制度、城市卫生立法、建立初级教育体系，以及对铁路的大部分控制，都属于这类情况。[20]

不过，自从自由放任主义进入鼎盛时期以来，经济学家们就一直认为政府肯定能有效地履行自己建议它采纳行使的新职能，对此，他们从不觉得有必要用事实来加以证明。过去关于政府没有能力管理经济生活的断言，只是用相反的断言来予以掩盖；过去对民主政府可以更明智地行使权力的期望，被看成是太具预言色彩的空想，以致经受不住历史的严格检验。下面，我想引用两位除了杰出才能以外毫无共同之处的经济学家的著作，来说明一下经济学界对于实证问题的长期忽略。

第一位是杰文斯(Jevons)。他认为，如若满足下述四个条件，政府便适于经管某一产业：(1)该产业的生产活动必须是不变的，并具有常规性，以便能够按照固定的规则来进行；(2)其生产经营活动必须在公共监督下进行，或者必须由那些能立即察觉并揭露任何失误或松懈现象的个人进行经管;(3)必须不存在资本支出,以使每年的收支账目能够近于精确地表示出所从事之商业贸易活动的真实业绩;(4)政府的经营活动必须要能在全方位的政府垄断下带来巨大的优势和经济效益。[21]人们根据什么对城市的给排水系统进行不符合实际的描述呢?那当然是周密细致的内心反省。

在讨论政府管制问题时,杰文斯同样致力于使用上面那种方法。他在"工业立法原理"(Principles of Industrial Legislation)中首次阐明了由危险的机器设备所带来的问题。杰文斯说,无论是工人还是雇主,一般都未对没加防护装置的机器所隐含的危险因素予以必要的关注。

> 但是,我们可以用另外一种既简单又有效的方式来解决这一问题,这就是依法要求雇主为存在危险因素的机器设备安装防护设施,有关政府部门可任命督察员进行巡视,检查此项措施的执行情况,并依法追究那些不服从该项法律的雇主的责任。[22]

杰文斯的观点中有几个方面对我们很有教益。他没有用实际的例证表明雇主和雇工缺乏控制危险机器的能力,也没有证据表明政府的这类直接控制是简单而有效的。在一些规模太小不足以引起督察员注意的工厂里,肯定会看不到政府这种控制的效果;而且这些控制手段在别的工厂是否有效,也完全是一个尚未得到解决的问题。最后,杰文斯并未考虑到,价格体系很可能会对直接依法监督雇主的事故责任具有补充的作用(如果不能替代的话)。[23]

但是,让我们再回过头来看杰文斯的身份。他是一位经济学家,其最高天赋就体现在他需要对各种理论关系进行实际确定,并在确定这些关系时表现出巨大的智慧。这种寻求实际验证的强烈本能充溢出来,使他提出,任何有可能实施新政策的地方,都应当先在地方政府一级予以试行。他曾经说:“我们不可能真的按照理论上的设想来筹划社会改革。”[24]然而,无论是否有这种可能,实际上杰文斯就是按照其理论上的设想来筹划社会改革的。

从我们选定的第二位经济学家庇古(Pigou)的著作中,或许能够弄清楚一个理论家处理问题的方式。在《财富与福利》(*Wealth and Welfare*)[25]一书中,庇古列举了四点理由,来证明法律不具有控制垄断的能力。虽然这些理由都很肤浅,但是其启发性在于,它们“能在很大程度上被近来兴起的‘钦差大臣’这一新事物所排除。所谓‘钦差大臣’,就是由政府当局为了表现出对产业部门进行经营或控制而任命的一批人”。这样,政府便可以在“某些过去认为不应进行干预的情况下,对各产业部门进行有益的干预。”[26]

如果时间不是一位教授能够给予另一位教授的最宝贵物品,我也许就会从庇古这一不详的开端出发,沿着他所走过的路再做一番详尽探索了。或许,我们能从庇古所发现的、足以说明其有关政府能力的一系列观点的例证,得到一点启发:

> 直接为了“维持竞争”而颁布的法律条款,在实践中必定会达不到目的。[27]
>
> 在产品质量问题极其重大,而在私人管理下可能会使质量问题遭到忽略的产业,必须要由政府来经营。[28]
>
> 在具有高度风险性的行业,由政府进行经营比私人经营

> 方式的效率相对低下的现象，可能会十分严重，而随着业务风险性的减少，这种效率较低的状况会逐步得到改善，在实际上不存在风险的行业，政府进行经营的低效率现象就会完全消失。[29]

上面这几段包含庇古所发现之例证的话，是摘自他有关城市贸易的几本书，这一点不需我说大家自然都知道。

与其前辈经济学家们一样，庇古有关政府能力的一些见解，也是从不久前刚刚出现的观点中任意挑选若干，再根据期望进行加工而构成的。他认为，人人都不可避免地要以这些松散的一般性反应为根据。关于某一产业部门是由政府来经营还是由私人经营生产效率更高这一问题，庇古说："在开始时就应当明确，试图根据统计资料来进行这种比较是注定不会有结果的。[30]"证明这一论点的方法非常简单，即只需指出公营企业和私营企业的运转根本就不可能在同样的生产条件下进行。对这种统计学研究方法之可行性的检验，使人懂得再也不必去进行这种研究，而庇古当然是在他的一生中都采取这一立场的。

可以说，庇古与那些名气稍逊于他的同仁们一样，对政府管理经济生活之能力的评价也偏于肤浅，至少在进行这类评价时，他表现出和别的经济学家同样的精明和郑重。庇古的超群之处只是在于，他撰写了比任何一位 20 世纪的经济学家都多得多的，并且极具专业质量的经济分析著作。

我并不想用另外一些经济学家作为研究的样本，而只是将他们在政府日益加强控制经济生活的时代中所扮演的角色特征加以一般化。以下一些评论不打算考虑某些传统的和无法规避的政府经济职能，如税收和对货币制度的控制。这些职能与政府的经济职能是否合乎客观需求无关，并且与经济学家在经济政策方面所起的作用不是一回事。下面这三点看法，是我根据很不完备的文献资料概括出来的。

首先，经济学家们基本上忽略了一个范围广大并且其范围正在日益扩展的领域内的各种政策问题。倘若我们考察一下英国在商店的停业时间、食品卫生和药物检查、城市公共设施、铁路、公路及海上交通、工会的合法地位，以及许多其他问题上的立法，就会发现，该国的经济学家一般都没有就此发表过文章，也没有向皇家委员会陈述过什么见解，或亲自参与某些政策的制定。1914 年以前，超脱于当时政策之上的经济学家们感到自己高高在上。尽管这种超脱终究会完结，但是却很令人生畏。或许由于受过日耳曼式的训练，美国的经济学家对政策问题比较感兴趣，因此在有关公共设施的管制和工人补偿法案方面，人们可以 J. R. 康芒斯(John R. Conmons)为例；在有关托拉斯问题上，人们可以 J. B. 克拉克(J. B. Clark)和一大批其他经济学家为例，来说明他们对经济政策的关切。但是，即使是在美国，也仍然有许多十分重要的经济政策问题遭到了(并且仍在遭到)经济学家们的忽视，其中包括食品卫生法、工资立法、公平就业法案、土地使用的划分，以及对资本市场的管制，等等。

其次，即使在经济学家们对政策问题表现出积极和率直的兴趣时，他们也没有进行过系统的实证性研究，以确定某一问题的范围和性质，也没有实际考察过使用别的方法解决该问题可能会产

生的效果。

我们很难对一些未经一定形式的科学研究便得出的见解表示赞同。这类见解常常只能说明其作者的阅读习惯。然而,我却有理由确信,几乎从来没人对下列课题进行过哪怕是最不彻底的探究:(1)对价格或公共设施费用的水平和结构进行管制的作用;(2)通过竞争性市场和管制机构,对生产过程之安全的保障程度和产品质量提高的限度;(3)与通过保险方式付出的成本相比较,通过抑制竞争来防止金融制度失败所带来的社会成本;(4)与其他政策相比,对陷入困境的产业实行价格支持给收入分配造成的影响;(5)为保护竞争而制定的各种政策的作用。虽然这里列举的例子不多,但是其重要性已足以证明,我所提出的对经济政策的制定技术一向缺乏系统的实证性研究这一见解,还是有几分道理的。从1776年到1964年,在这段漫长的历史时期当中,以实证方法来显示政府的经济能力这一经济学家的主要手段,一直只是停留在口头上。

第三,经济学家们在经济政策的制定方面所施加的影响通常很微弱,这是因为他们缺乏对政府和私人企业的能力进行比较的专门知识。他们能够利用的,是自己的经济理论,并且也确实真的为此利用过自己的经济理论。不容否认的是,经济学家的经济理论比其他任何人的经济理论都更高明。但是,鉴于我马上就要讲到的原因,即由于他们缺乏真正的专门知识,又缺少向大众传播的热情,这种高明的理论并未得到大力的宣扬,因而使发明它们的经济学家也一直未能对经济政策的演变产生过什么影响。

Ⅲ

如果说经济学家在经济政策方面的见解缺乏坚实的实证基础，那么，人们或许会期望从他们的理论体系获得指导。事实上，就某种理论体系所经受的各种实际验证来说，它确实是一种比封闭条件下一成不变的实证经验更为可靠的知识源泉。这种理论允许人们用各种方式检验混杂在该理论之内而非其发明者之观点的关系，因此这些检验更容易引起争议。

经济学家对政策的看法，实际上要在很大程度上受其理论的影响。他们对国际贸易自由的强烈偏好，无疑是由于接受了有关比较成本的古典理论；而反对政府进行直接的价格管制之一般性依据，也肯定来自其对最适宜的价格体制是竞争的价格体制这一理论的信仰。在经济学家中，支持政府对经济活动进行管制的人日益增多，至少可以说，其部分原因在于私人成本和社会成本不相符合这种理论的发展。另外一部分原因，是由于最佳经济运行标准变得越来越严格了。

倘若否定经济理论对经济学家的政策见解具有巨大的影响是错误的，那么，仍然认为各种政策与一般化的理论具有密切的和毫不含糊的关系，就是犯了更大的错误。我们在此所列举的关于自由贸易的第一个例子，将足以表明各种政策与一般化的理论之间几乎没什么紧密的联系。斯密之所以主张进行自由贸易，是因为他相信关税的作用只是将资源从生产率较高的领域转向生产率较低的领域，而且他也不认为有必要对国内外商品的各种不同交换比率进行解释。一个世纪之后，西奇威克(Sidgwick)又论证说，从理论的角度讲，关税往往对一国有利，但是，“由于很难保证政府具有实际上足够的智慧和力量，而且其单一的目标只是为了保护本社会的利益”，因此政治家应当避免使用这种保护性的政策。[31]西奇威克的指导思想，无疑是来自一种政治学理论，而不是经济学理论。

信奉某种理论的人必须承认，这种理论的产生通常是为了用以支持各种不同的政策观点，这是一般来说理论之所以对政策不具强制性的一个根本原因。理论所表述的是各种一般化的关系，而在特定情形下具有决定意义的理论部分，就是实际验证的问题。假使可以不必考虑其几乎是不可分割的前提条件，我想在此提一下那个著名的工资基金学说。该学说宣称，由于在短期内所支付的工资总额是相对固定的，因此如果有一部分人得到较高的工资，另外一部分人的工资就会减少或者甚至失业。于是可以据此推知，倘若某一特定的工人群体组成工会并设法提高自己的工资，那么其他工人就得承担降低工资的后果。无数信奉工资基金学说的人接受了这种政策观点。[32]但是约翰·斯图亚特·穆勒(John Stuart Mill)的见解，却是从完全相反的角度出发的。他认为，由于大多数工人的生活都处于只能维持生存的水平，因此某一工会的成功至多只是在短期内给别的工人带来损害，而他们为自己所争取到的较高收入，却可能会永久保持下去。[33]而且，这种短期的损失和长远的利益哪个更大一些，显然是一个数量化的问题。

这种工资基金学说和其他各种理论一样，都总要在正式的学说和其具体应用当中，插入一个实际验证的问题。真正引人注目

的事实，并不是信奉同一理论的经济学家有时会在政策见解上产生分歧，而是他们很少在对政策的看法上不一致。我想，由于大多数经济学家都心照不宣地接受了同一种隐含的实证性假设，因而他们会在任何时候达成广泛的一致意见。例如，所有的古典经济学家都相信挣工资的人不会进行储蓄，并将此当作一个事实，尽管他们并没有证据可证明这一事实；所有的现代经济学家都认为自己绝不会碰上埃奇沃思(Edgeworth)式的税收悖论，关于这一点，他们也拿不出更多的证据；而且，经济学家们从来就认为需求曲线是普遍向下倾斜的，却一直没人认真地寻求过可能会得出相反结论的实证依据。

毫无疑问，这些实际经验上的一致性通常是正确的，因为人们并不需要经过很深奥的研究便能了解某一事物。在现代统计学出现之前，就已经存在着真理。然而历代经济学家也相信，经过很长的时期，农业的收入递减规律将会不可避免地胜过技术进步的作用，这种观点在最近一百年的农业发展史上，遭到了冷漠的忽视。

理论和政策之间不存在密切关系的第二个，也是较为次要的原因在于，鉴于政治或行政管理实践方面的问题，使人们很难将理论落实到政策上去。经济学家总是要避免就某种政策做出结论，因为某项政策的具体实施会带来很大的社会或行政管理上的代价。穆勒主张取消某种所得税，是因为这会给纳税人造成接受调查的负担，人们可能会想，这位学者应当记得此前的一项调查在西班牙曾受到公众的欢迎。至少这一百年来，经济学家一直建议应当以五年为一期，逐步推行贸易自由化，以使这一过渡能平缓地进行，并且主张在保护主义占优势的情况下，这种过渡阶段还应该再长一些。我一直感到不解的是，为什么我们会把告诫一个老酒鬼不要过快地减少饮酒量，当做十分必要的事情。

使理论和政策关系松散的第三个原因在于——幸亏这种情形比较罕见——经济学家的自相矛盾。这通常是由于那些热心肠的知识阶层往往会存在严重的自相矛盾。马歇尔曾经证明——我一定要说，他的证明很不令人信服——消费者剩余学说引导我们向必需品而不是向奢侈品征税。[34]这一思想是在一条脚注中表述出来的，因为它没有考虑支付能力问题。一些反对最低工资立法的经济学论点，往往要被越穷的人所需收入越多的观点驳倒。

然而，一般理论体系与公共政策的关系之严重的模糊不清，一直是摆在我们面前的基本困境。只要哪位有才能的经济学家能使现有的理论与进行最可行的争辩的任何一方的观点相符合，而又不违反经济学专业的各项规则，那么，他的声音必将会在立法会议的大厅中引起回响。

Ⅳ

两个多世纪以来，政府所扮演的经济角色一直引起学者们的注意，但是却没有激发他们的好奇心。我认为，从欧洲大陆以及英国和美国的文献来看，经济学家们无休无止的争论确实都没能脱离开抽象的理论表述圈子，他们既不愿将问题搁在一边不去争论，也不愿认真地进行实际的研究。

为什么甚至以减少百分之一的论述如何评估资产税率的文献为代价，也未能搞清楚各种制定规章的机构对价格和税率的影响？

为什么甚至以减少百分之一的谴责侵犯个人自由的文章为代价，却还是确定不了政府的福利性措施在其发挥作用的重要范围内对收入分配的影响？为什么甚至以减少百分之一的论述消费者剩余的经济学文献为代价，却还是不能估计出政府在弥合私人成本和社会成本之间的差异方面，究竟取得了多大的进展？为什么我们要一直满足于不去对有关政策的问题进行深入的探讨呢？

这一用不同措辞提出的问题，会使人感到既有必要对政府的行为进行正规的理论探讨，也有必要对政府控制和私人控制进行一系列的实证性研究，以比较二者孰优孰劣。

首先，我们应当把对经济生活的控制问题作为一个正式的理论问题来研究。为什么至今确实还没有一种理论，能够指导我们搞清楚在不受政府控制的私人企业、竞争的私人企业、政府管制的企业、政府经营的企业，以及其他各种形式的经济组织中，情况到底是怎样的？这种理论将能预测出政府进行各种经济活动的方式，如政府怎样保护消费者利益，使其免遭垄断和欺诈的侵害；政府如何从经济上援助处于困境当中的产业和地区；政府又是怎样激励人们进行发明创造活动的，等等。这种理论还可能用以作为一些经济法则的依据，如竞争的体制会更有利于引进新产品；在各类企业进行单一交易的情况下，公营企业会占据更大的优势，等等。我想，我们之所以尚未总结出这样一种理论，是由于存在这样两方面的困难。

第一个困难是，政府所着力控制的经济问题要不断地进行变动，在某一年，它可能要重点解决劳资关系问题；其后一年，又可能会将向从事农田改造工作的佃农提供补偿性贷款，或者是控制铁路收费标准，当作其经济政策的重点。在某些经济生活领域，历来就不存在重大的争议，因为其大多数经济活动都会无可争辩地或者为私人性质，或者为公共性质。要想用某一种理论来指导社会，以对付多种多样并且是千变万化的经济问题，那么，这样的理论或许会过于庞大，而且会十分抽象，以至于使从事经济学研究的人感到没有必要为此付出很大的精力。

除此以外，经济学家所使用的标准工具也非常地不适于进行这样的理论探讨。如果使用普通的最大化方法，由于存在一般报酬问题以及经济分析上的障碍，似乎不能直接解决有关政府对经济生活的控制问题。政府能力起作用的范围，以及它的活动会比各种受其控制的私人经济活动更占优势的领域，也很难全部包容在一个密切相关的理论体系之内。

简而言之，这种有关公共政策的理论可能确实是一种难以具体设计的理论，尽管直到我们真的试图进行这种设计时才认清这一点。

然而，对于专门从事政策研究的人来讲，一种论述经济生活之社会化控制的适用理论，并不是最重要的事：难道经济学家们就不能对政府处理各种特定问题的方式所产生的效果，进行一些实证性的研究吗？例如可以具体地探讨一下，假使工厂里的机器都由政府来管制，是否就能有效地减少工伤事故？成千种受政府管制的价格是否确实比不受政府管制的价格更低，也更稳定？如果能依据实证经验来解答上述问题，显然会对有关政府的经济政策，以及公共经济生活与私人经济生活的一般理论之发展，都能做出一定的贡献。

在此，我们必须先将上述有关一般理论的问题暂时放在一边，以便提请各位注意，很可能对于一些传统上不被人看重，既是经济学的，又是半经济学和半政治学的领域，也需要进行一些实证性的研究，虽然这样做不是没有麻烦。我以为，假使我们对垄断寡头们的行为知之甚少，就完全不必对自己不了解政府管制的作用感到奇怪。自从马歇尔(Marshall)提出长短期价格和利润差异受长短期供给反应差异控制的理论以来，到明年已经整整75年了。尽管75年来这一理论已经产生了广泛的影响，它却仍然有待于经受充分的实证性检验。如果我们对这些现代经济理论的基本内容都未曾进行过数量意义上的检验，那么，对于政府颁布的反托拉斯法、机动车辆管制条例，以及对保险公司投资的控制，也没有进行类似检验，就是不足为奇的了。

然而在这两者之间，还是存在着一定的区别。事实上，好几代的经济学家一直在致力于对各种经济理论进行实际验证工作，而且他们所做的努力，比我们在社会实践领域中所看到的，要更为频繁和勤奋。早在1863年，杰文斯(Jevons)便已查明，由于在加利福尼亚和澳大利亚发现了金矿，使黄金的价格从1849年至1862年这13年间下降了26%。只是那时的经济学家在有关政府控制经济生活的研究方面，没有付出这样多的精力和才华。半个世纪之后，亨利·穆尔(Henry Moore)又计算出了统计学意义上的需求曲线，而对公共政策的作用，却仍然没有进行积极的研究。

我们当前所处的时代，是经济分析数量化的时代。我们所拥有的数量分析技巧正在日益增加，而且其威力与一些未经训练的常识相比，就像鸟枪换炮一样大大增强。但是，量化分析技巧的进步与其说是更为基本的经济学之发展的原因，不如说是其结果，也就是说，现代经济学的发展才是使经济学家越来越迫切地意识到应当对各种经济现象进行具体的实证性衡量的主要原因。他们希望至少要建立起一种数量化的经济秩序，并且最好是能够比较准确地搞清楚各种经济函数关系的实际形态，这已成为当代的经济学研究工作之一项基本内容，也是现代经济学家所推崇的信条。

请注意，对各种经济关系进行实证性计量的不断增长，并不像德国历史学派在正统理论遭到攻击时所做出的反应，也不像美国制度主义者对谴责其理论观点的人所给予的回答，它的发展，经历了一种缓慢的过程。在某种意义上，这种发展可以归因于某些自然科学的先期发展，但是更主要的贡献，却应当属于那些率先进行数量分析的经济学家——杰文斯(Jevons)、米契尔(Mitchell)、穆尔(Moore)和费雪(Fisher)——所取得的巨大成功。

这是一场极其重要的科学革命——我真的认为，李嘉图(Ricardo)、杰文斯(Jevons)，或者是凯恩斯(Keynes)的所谓理论革命，与日益增强经济分析数量化的重大意义相比，都只不过是一些小小不言的修正。我坚信加强数量化分析的经济学最终将会站在它黄金时代的大门口——不，我们现在已经只需一步便可以跨过这道门槛了。

在我们的头脑中所发生的革命，已经开始触及政府的政策问题，并将很快向我们提出一些不可抗拒的要求。在不了解证券市场的边际需求甚至是否会产生最小的作用时，就认为这种需求会每年变动一次，将会成为令人不可思议的事情；对进口配额体系进行成本收益核算，会成为不可避免的工作；而使用外部经济这类术语，或者求助于完全竞争理论，讨论有关私人和政府所从事的特定经济活动，也会成为一种幽默怀旧的机会。

这样说，只是一种预测，而不是在说教。一个多世纪以来，你所听到的一直是关于应当研究什么和如何进行研究的明智忠告。要是你真的听从了这种忠告，那么，你所完成的工作，就只不过是范围广泛的专题研究和多得令人吃惊的研究方法。所幸的是，你现在已经明白，虽然这类忠告在诸如某专业学会的一位官员退休这样的场合，几乎也是必不可少的，它也仍然只是在以成功的例证为依据的前提下，才值得听从。我没有理由认为今晚的你已将自己的那份固执留在家里，可我会很看重这一点。我在此所坚持的看法，并不是我们应当着手进行我所希望的那些研究工作，而是没有人能够推迟这一天的到来。

我将会心满意足地注视着这一显示我们这门学科之美好前景的最终时刻的到来。我们经济学家确实是一些优秀的理论家，这一点无可争辩，因为二百年来，我们的理论分析体系已经越来越准确和明晰，并具有普遍意义，尽管这点并非总是十分清楚，能够表明我们正在成为优秀的实证工作者的历史证据还不十分广泛。然而，最近半个世纪的经济学之发展，已经证明了我们在进行数量化的经济研究方面，无论是在力度和广度上，还是在大胆探索的勇气方面，都取得了巨大的进步。目前的经济学领域内正在不断扩展的理论和实证性研究，必将不可阻挡地深入触及政府的政策问题，因此，我们将发展一种对于理智的政策制定来说至关重要的知识体系。从而，可以坦率地讲，我非常希望我们这些人能成为为民主社会增光添彩的人，也十分希望我们提出的有关经济政策的见解，会获得全社会的普遍赞赏。

注释：

①亚当·斯密，《国富论》(*The Wealth of Nations*)，现代丛书版，第308页。

②见瓦伊纳(Viner)的“亚当·斯密和自由放任主义”(Adam Smith and Laissez Faire)，纪念亚当·斯密诞辰150周年，芝加哥大学，1928年。

③斯密，第438页。

④约翰·拉姆齐·麦卡洛克(John Ramsay McCulloch)，《政治经济学原理》(*Principles of Political Economy*)，第一版，伦敦，1925年，第144页。

⑤麦卡洛克，一个在某种程度上被低估了的人，在此又一次向斯密提出挑战。参见“航海法”(Navigation Laws)，载《爱丁堡评论》，1823年5月号。

⑥《政府条款》，重印自大英百科全书补遗，伦敦，1829年，第7页。

⑦同上书，第32页。

⑧麦考利(Macaulay)很高明地攻击了穆勒(Mill)的文章。他利用后者关于人人都只是追求自身利益的论点来驳斥争取普选权的要求：“几乎没有人会否认，少数富人所拥有的财物可以用来为大多数穷人谋求快乐，但是穆勒却建议给大多数穷人以超过少数富人的权力，那么，根据他自己的观点，这样的安排必定会导致什么结果呢?”这段论述引出了一个有趣的预言：“至于美国，我们只有等待20世纪的到来了。”见“穆勒论政府”(Mill's Essay on Government)，载《批判、历史，及其他杂文集》(*Critical, Historical and Miscellaneous Essays*)，纽约，1873年，第Ⅱ卷，第36—37页、40页。

⑨蒙蒂福特·朗菲尔德(Mountifort Longfield)，《政治经济学演讲集》(*Lectures on Political Economy*)，1834年，第18页。

⑩皇家铁路委员会：《有关爱尔兰铁路的证据及文件》(*Evidence and Papers Relating to Railways in Ireland*)，1866年，第126—130页和第359—360页。

⑪《致阿什利勋爵的一封信》(*A Letter to Lord Ashley*)，伦敦，1844年，第64—65页。

⑫《关于工厂法的信件》(*Letters on the Factory Act*),伦敦,1844 年。

⑬他确实曾为政府行为的无能做过某些注解:“许多事情都由于政府的干预而做得更糟,如果把这些事交给那些对其感兴趣的私人来办,会更好一些,或者使问题得以圆满解决。”(见约翰·斯图亚特·穆勒,《政治经济学原理》(*Principles of Political Economy*),第 1 版,伦敦,1848 年,第Ⅱ卷,第 511 页。)不过这种论点并未对其基本立场的形成构成重大的影响。

⑭穆勒,论文第五卷,第 11 章。

⑮穆勒的著名文章《论自由》(*On Liberty*)几乎没能减少我们的疑惑。正是在这篇文章中,他写道:“假使其目标是为了使他们能够进步,并且所使用的手段也是正当的,那么政府对待野蛮人的专制主义管理方式便是合法的。”

“许多大陆国家有关除非男女双方均能证明其具有维持一个家庭所必需的财物,否则不得结成婚姻的法律规定,并未超出政府权力的合理限度……”

“由于个人自由的原则与自由贸易的信条无关……”[引自《从培根到穆勒的英国哲学家们》(*The English Philosophers from Bacon to Mill*)],现代丛书,1939 年,第 956 页、1035 页、1024 页。

从上面的几段论述,我们只能得出这样的结论,即,穆勒的“自由”概念,可以很便利地与他个人所赞许的行为方式联系起来。

⑯《阿尔弗雷德·马歇尔纪念文集》(*Memorials of Alfred Marshall*),1925 年,第 274—276 页,第 339 页。《工业和贸易》(*Industry and Trade*),1919 年,第 666—672 页。

⑰《纪念文集》(*Memorials*),第 338 页。

⑱《由阿尔弗雷德·马歇尔起草的官方文件》(*Official Papers by Alfred Marshall*),1926 年,第 395—396 页。

⑲因而麦卡洛克关于邮局曾经这样说:“虽然人们有时提出过相反的意见,但是由政府来管理邮政事业似乎会与由任何人来管理一样有效。只有政府才能使其各个下属部门有条不紊地开展工作……”,《商业辞典》(*Dictionary of Commerce*),1854 年版,“邮政”词条。

⑳大卫·罗伯特(David Roberts),《福利国家的维多利亚传统》(*Victorian Origins of the Welfare State*),康涅狄格州,纽黑文,1960 年。奥利弗·麦克唐纳(Oliver MacDonald),《1800—1860 年的政府发展模式》(*A*

Pattern of Government Growth,1800—1860),伦敦,1961 年。

㉑W. S. 杰文斯(Jevons):《社会变革的方法》(*Methods of Social Reform*),伦敦,1883 年,第 355 页、279 页、338 页。

㉒杰文斯:《政府与劳动关系》(*The State in Relation to Labour*),伦敦,1882 年,第 4 页。

㉓在有关如何对付有危险性的机器的法规刚刚订立之后,杰文斯立即谴责那些将经济学家视为"专横跋扈的理论家,总是在不断地为别人的行为订立一些一成不变的规则"的人,这对我们来说,会造成有害的教诲。

㉔"实验立法与酒后开车"(Experimental Legislation and the Drink Traffic),载《现代评论》第 37 卷,1880 年,转引自《社会变革的方法》第 275 页。但是,杰文斯并未看到在缺乏正规实验的情况下进行实证性研究的潜力,而且还否认统计学方法的可行性。

㉕A. C. 庇古(Pigou):《财富与福利》(*Wealth and Welfare*),伦敦,1912 年。

㉖庇古,第 250 页。

㉗庇古,第 253 页。

㉘庇古,第 288 页。

㉙这是其后来版本中逐渐成熟的观点,参见《福利经济学》(*The Economics of Welfare*)第 4 版,1932 年,第 399 页。

㉚庇古:《财富与福利》,第 274 页。

㉛亨利·西奇威克(Henry Sidgwick):《政治经济学原理》(*Principles of Political Economy*),伦敦,1883 年,第 485—486 页。

㉜例如,J. E. 凯因斯(Cairncs)的《政治经济学的某些主要原理》(*Some Leading Principles of Political Economy*),伦敦,1873 年,第 258—260 页。

㉝《政治经济学原理》(*Principles of Political Economy*),阿什利(Ashley)主编,伦敦,1929 年,第 402 页。

㉞A. 马歇尔(Marshall):《经济学原理》(*Principles of Economics*)第 8 版,1920 年,伦敦,第 467 页。

9. 经济竞争和政治竞争

竞争是一个十分重要并且普遍存在的经济分析概念。虽然人们对于市场上的竞争是否已经逐渐衰落这个问题,争论不休,但是,这一概念本身在经济分析中的作用,却绝对不会有丝毫的减小。[①]尽管政治生活中的竞争,或者更通俗点讲是互相争斗,要比经济学文献中所记载的竞争在时间上更早得多,可是对这一概念给予了更多关注的,却存在于经济学的理论与实证性分析当中。我写本文的目的,就是要分析一下经济竞争和政治竞争之间的类同与差异。

在第一部分中,我们描述了直接适于与地方政府的行为相比的经济竞争之标准特征。这里所分析的是各企业之间为了争取消费者的惠顾而展开的竞争(与此相类同的是各城市当局为争取居民的赞助而展开的竞争)。

我在本文第二部分中将政治竞争定义(按照惯例)为政党的竞争,即设定各个政党的规模和人数,并研究其进行政治活动的结果。从政党都力求更接近于满足投票人的偏好这一意义上讲,人们常常认为政党的规模相似会有助于竞争,但是空间竞争理论并未明确地表现出赞同这一观点,而且对于用这种方法进一步发展

本文转引自《公共选择》第 13 期(1972 年秋),承蒙马蒂纳斯·尼基霍夫(Martinus Nijhoff)允许重印。

起一种有关政党的规模或目标的理论，也几乎没有什么帮助。

本文的主题思想在第三部分中予以论述，即，政治竞争基本上与经济竞争相类似，即使是政党之间的竞争，也和经济竞争十分相像。甚至在民主政体之下，选票（或者立法机关的席位）的大多数也并不存在特别重要的意义，正如在经济市场上一样，政治“市场”上的投票人也可能必须通过少数派政党来最充分地满足自己的偏好。我在第四部分中指出，力求使自己所满意的公共政策得以采纳的投票人一般都会采取合乎情理的行为方式，从而为“各个政党给予最大关注的究竟是什么？”这一问题，提供了很有用的答案。本文的第五部分则进一步分析了投票反论的重新构成问题。

Ⅰ. 经济竞争及直接的政治模拟

让我们首先来看看汽车生产业的情况。经济学家认为，汽车生产业的竞争就是指各个汽车生产厂商之间为争夺买主而进行的斗争。如果只告诉他们 1969 年美国各汽车公司的销售量分配情况为：

通用汽车公司	47%
克莱斯勒公司	15%
福特公司	24%
其他公司	14%

那么经济学家便不可能据以得出有关该行业竞争状况的确切资料。这些公司可能会在价格方面串通一气，并对价格进行垄断；或者，它们之间的激烈竞争是在这样一种特殊的意义上展开的，即所有的公司都不能按现行价格随意地销售自己的追加产品，因为这

些产品的追加(边际)成本会超过现行销售价格。[②]

即使我们所谈到的是这种最初级的经济竞争,也应当明确下列几个问题:

1.正式的竞争定义——此时尚未给出——取决于某一厂商对价格的影响能力,如果该厂商对价格的影响力为零,则这种竞争就是完全竞争。在通常情况下,延续较长时期的竞争(可使一些新的对手加入竞争),比短时期内的竞争更激烈。

2.竞争所带来的一些重要后果是:消除了厂商可能在其他行业赚取的那些额外利润;并且消除了价格歧视。竞争性行业用尽可能少的资源生产出一定量的产品。

3.活跃竞争的存在概率应与下列条件呈正相关关系:

Ⅰ.竞争对手的数量;

Ⅱ.参与竞争的厂商之规模的相似性,尤其是在某生产行业的最大一家厂商的产出量占全行业总产出量的份额越小的情况下,竞争就越可能会更活跃。

4.对“竞争”的衡量,可以根据:

Ⅰ.厂商的产量对价格(需求弹性)的影响程度;

或者是根据:

Ⅱ.价格超出边际成本的相对量。从分析的角度看,这相当于厂商将利润扩展到了最大限度,因为

$$\frac{\text{价格}-\text{边际成本}}{\text{价格}}=\frac{-1}{\text{需求弹性}}$$ [③]

一般地讲,经济学家们一致认为,无论竞争结果如何,汽车制造业都是一个集中率高的产业。其集中率的具体计量方法,我们将稍后谈到。

这种有关竞争的传统经济学定义，可直接地并恰如其分地适用于政治生活的一个领域，即地方政府当局之间的竞争。[④]现在我们就来看看地方政府之间为争得更多公民而展开的竞争。请设想在某一地区有若干座以向人们提供各种各样的综合性服务及合理的税收制度来争夺公民的城市，其中每座城市的居民数(比方说)都是25,000人。假使这些城市的规模不是太大(因而参与竞争的城市数目不太少)，我们就可以按照经济竞争的标准条件和结果来描述政治竞争的状况：

1.将会有很多座城市向人们提供各种其所需求的市政服务项目，例如使每人年消费额达到800美元；发展学校教育；建立最好的图书馆；等等。

2.其他城市的竞争将迫使每座城市都以极高的效率来提供上述服务。任何地方政府都必须要根据成本来制定所提供的市政服务的价格(税收)。

我们或许可以更进一步来分析各市政当局之间的竞争，并且不承认私营企业的竞争和公营企业的竞争之间存在着性质上的差异。各个地方政府当局对人们的统治作用并不是持久不变的。也就是说，倘若有哪一座城市所提供的公共服务设施或价格是它的某些公民不愿意接受的，那么这些公民最终总是会迁移到由比较合意的政府当局所管辖的地方去居住。达到这种最终的平衡所需要的时间，以及这些公民暂时得不到满足的程度，将由下面这两种情况来决定：首先，这些公民对政府当局的未来服务状况和价格预测的精确度越高，脱离这种暂时处境而达到最终平衡的可能性就越大；其次，进行迁移所需付出的成本越小，达到最终平衡的速度就越快。这里所讲的这些因素，与有关长短期决策的经济理论中所论述的内容（如长期投资问题或职业选择），实在是没有什么原则上的区别。

在这种地方政府的竞争当中，并无明显迹象可以表明政党将会在政治过程中起重要作用。如若在使某一类城市服务设施专门化时能节省很多费用（就像似乎很有希望做到的那样），或者是如若市民们都更愿意和与自己同类的人聚集在一处，那么，这些城市就会变得十分相似。只是当市民们在进行最初的选择时不太注意造成各种政策问题的新环境时，地方政府的多党制政体才有可能出现。

当人们迁往较大的城市和较大的州时，互相竞争的地方政府数目就减少了，而且这些政府之间的竞争状况，就不能按照其数量增加的方式来衡量了。参与竞争的城市数量减少，意味着可得到的市政服务之种类减少。在较大的城市中，居民的类型也较多，这是因为人们在某一地区的集中居住，以及构成需要各种各样劳动力的大城市的规模，能节省很多经济资源。一般来说，要想获得与原来享有的市政服务完全不同的城市服务，就必须迁移到较远的地方去，这很可能会使迁移成本也随之增加，因此便会更难达到最终平衡。然而，即使是在国际范围内，也会存在促使各政府之间展开竞争的适宜环境。[5]

Ⅱ.政党竞争及其经济模拟

政党竞争的概念，正如它在政治科学文献中的发展一样，总是直接与选举的结果密切相关。假如能满足下列条件，某一政府就可以说是由竞争性的政党组成的：

1.即使是较不成功的政党，只要能占有大量选票(在最初由兰尼和肯德尔[Ranney-Kendall]所写的文章里，该选票份额为25%)，也能获得胜利(比方说在立法方面)。或者，与此密切相关的是，失败的政党平均所占有的选票份额，只稍低于50%。[6]

2.各个政党在选举方面绝对没有永久不变的成功或者失败。[7]

人们通常认为，在此意义上的竞争越是激烈，这种政治体制就会越倾向于满足大多数人的愿望。在这一节当中，我们将考察一下与上述见解不太一致的空间竞争理论，并对这种理论提出质疑。在下一节将进一步探讨在公共政策的形成方面大多数所起的作用。

哈罗德·霍特林(Harold Hotelling)所描述的一种经济学意义上的空间竞争模式，与前述的政党竞争十分相像。[8]政党的纲领和许诺要顺从选民们的意愿，这是一种能够确定政治竞争之方向的方法。很显然，这一点与在经济市场上两家厂商的竞争要顺着争取更多顾客的路子来进行差不多完全一样。霍特林用一个非常简单的模式(顾客在市场各处呈相同的分布状况)进一步分析了经济学意义上的空间竞争，下面我们就使用政治的术语来简要地重述一下这个模式。

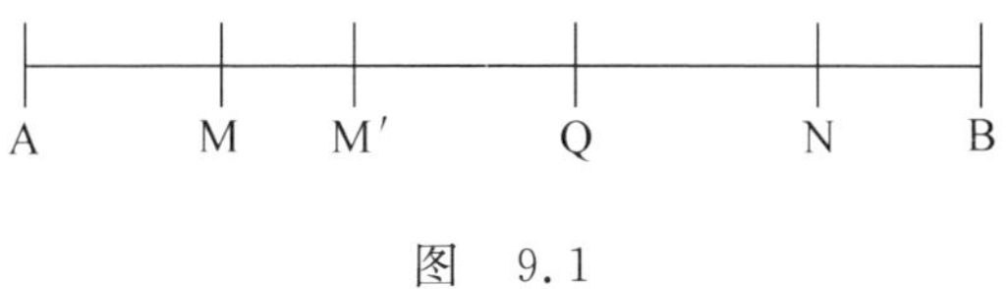

图 9.1

假设在偏好A到B这一范围内，投票人(或买主们)的分布相同(见图9.1)。A点可能表示政府的福利支出为零，而B点可能表示其福利支出占国民收入的8%。有两个可以像商业性公司那样合谋行事的政党分别位于M和N，这两个政党的施政纲领分别宣称其福利支出为国民收入的2%和8%，它们所获得的选票各占了解其上述纲领的选民的一半，并且这两个政党根据协议分享执政的利益。此时所通过的法律会在M与N之间随机波动。[9]像这样的按照传统已经达到最大限度的政党竞争，在经济学家看来会认为根本不存在竞争，因为这里不存在一个政党力图从另一政党那里吸引选民的现象。如果政党M改变其施政纲领到M′(比方说，将其福利支出增加到占国民收入的2.4%)，它就可能会吸引过来一小部分选民，并将其位置向右移到Q点(该偏好线的中点)。该政党此时吸引的选民是那些认为其立场与自己的偏好更接近的人。[10]而政党N可能会采取将其福利支出降低到占国民收入的5.6%的方法进行反击——这种“竞争”的过程会继续下去，直到两个政党都达到Q点——这与霍特林的分析所表明的情况相悖。在这种情况下，选票会再次被平均分配，而且两个政党会依随机次序分别获得少量多数票。我们所看到的与互相串通的政党均分选票的现象一模一样的情况，也同样在这种两个政党以某种形式互相竞争的情况下发生了。

这个模式当然是太简单了。倘若这两个政党在A点和B点之间的移动，导致位于这些点上的公民们不去参加投票选举，就会阻止它们达到这一共同点，即Q点。如果有较多的政党加入这一竞争的过程，那么它们的施政纲领和各种许诺也会扩散开来。一般来说，这一模式并不适于解释政党的规模各异的情况，也不适于解释选民的偏好分布不均的情况。

我们注意到霍特林所描述的这种竞争极端局限于形式。即使这两个政党进行对抗活动的某种结果揭示出其立场是完完全全互相依存的，它们也要将彼此所处的地点当做是固定的。如若我们再转回到经济学意义上来看霍特林的竞争模式，就会发现，它同样也没有对经济市场上的这两个厂商（垄断市场的两个卖主）将在何处确定价格予以任何解释。假如每一厂商都将对手的产量当做是固定的，再进一步便可以假设对手的地位是固定的，那么，我们所得到的价格，就会介于竞争的和垄断的这两种价格之间。⑪将此论题引入政治竞争问题，就可能会得出这样一个结论，即，政党的官员们所获取的报酬——执政党领导人和政治组织成员们的薪酬——会比把这些人从竞争对手政党的同样职位上吸引过来所必需的数目还大。然而，这样的结论却改变了政治竞争的性质，即迎合选民为追求个人利益而进行投票的各种偏好。

如果我们将政治竞争过程中的两个合理特征归结为：

1. 只能有一个政党在竞选中获胜（我们将在下一节中否定这一不言而喻的事实）。

2. 政党的机构基本上是中性的，且其全体工作人员的愿望只是设法赢得竞选的胜利。

那么就会无法根据这种抽象的结论来说明，为什么还会有一个以上的政党要小心翼翼地力图改变中立选民的立场，并要答应满足——而且真的兑现——他们的偏好。一个有理性的、力图获取最大限度之执政报酬的政党（或者专制暴君），将不会公然对抗大多数人的意志，尽管这样做可能会压缩大量可由独断专行而获取的利益。这就正像一个以获得最高利润为目的的垄断者不会拒绝（以垄断的价格）生产买主们所想要的产品一样。更明确地讲就是，如果某一政党实际上不力争采纳最得人心的政策，而垄断者不努力生产最畅销的产品，那么，他们就都会减少其收益的总量（对专制暴君来讲，会付出更多用于自我防卫的代价；对垄断者来讲，会少得利润）。根据这样的观点，竞争的作用并不是取悦于选民或者买主——这总是要做到的事[12]——而是消除政党和企业的官员们所得到的非必要性收益。

历来的政治学文献显然都未曾将政党官员们的收益（政党分赃制）当作政治竞争的一个方面。[13]如果沿着这一思路来考虑这个问题，那么按照经济理论所得出的主要结论就是，一个处于统治地位的政党（垄断者）所得到的非竞争性收益之数量及可获得这类收益的持续时间，将基本上取决于第二个政党参与政事的难易程度。假如这第二个政党能够参与政事，人们就会期望它少宣讲空洞的纲领和思想，而以实际履行必要政府职能的节俭与高效率来与执政党竞争。这种行动本身即足以缓和执政党的强权统治，从而对其地位造成威胁。

假使我们在霍特林的模式中再增加一个现实的因素，那么多党制的作用就将在具体衡量竞争状况时得以恢复。请考虑下面这一信息方面的问题，即如何来确定公众的偏好呢？霍特林的模式从其构成来看是忽略了这个问题，因为他假定顾客的偏好程度完全一致，而且其偏好在一条长度为已知的“道路”（偏好的范围）上呈现完全均匀的分布状态。然而，无论是在现实经济生活还是政治生活当中，这条“道路”的长度和每个人所处的位置，都是不断变化着的，需要定期地予以查明。这样，各个政党的竞争就是一种正式表达出在选民中占主导地位的舆论之方法，而且这种方法在某些方面极具说服力。根据这一观点，选民之偏好的变化越迅速及越无法预测，就越需要有多个政党加入竞争，而且政治上的胜利在各政党间的转换也越频繁。⑭

总之，霍特林的空间竞争模式并没有表明各个政党的人数和规模（或选票数）对于各政党根据选民偏好所选定的立场，到底起了怎样的作用。他所进行的讨论，大部分都停留在抽象的意义上，因而没有考虑存在第二个政党的可能性。这些局限性是由于他没能正确地分析选民的偏好与各个政党及各种公共政策的关系。下面我们就来看看应当怎样分析这种关系。

Ⅲ.政治竞争和经济竞争的基本相似点

在深入分析经济竞争和非地方性政治竞争的类同点以前，必须首先明确这两者之间的一个根本区别，即政治的产物（比方说各种公共政策）通常是互相排斥的，而经济意义上的生产品（各种商品和服务），却一般不会互相排斥。假使我们的社会保障体制已经规定了雇主的纳税率为6%，那么我们就不可能同时再采纳另一种规定了不同税率的社会保障制度。与此相对照的是，在向买主供应某种规格和型号的房屋和汽车的同时，却不可能绝对不供应其他规格和型号的同类商品。政治统治的本质就在于，当许多选民可能更乐意选择另外的公共政策时，向他们强制推行自己的政策；但是在经济生活领域里，只有当规模经济不允许生产适用于某一特异群体的某种物品时，才会出现这样的"强制"现象。由于公共政策的实施具有排他性，因此人们一般会将得到51%的立法席位视为胜利，而获得49%的立法席位就算失败了。而在经济生活当中，某种产品的销售额达到该产品之总销售额49%的某厂商，不但不能算是遭到失败，而且确实很可能会比销售额占该产品总销售量51%的竞争对手获取更高的利润。

政治竞争和经济竞争在排他性方面的这一明显差异，还会带来二者之间的一些其他差别。例如，经济企业的每一位顾客都可以得到某种产品，并且该企业还要以订立契约的方式保证这种产品不是假冒伪劣的；而作为投某政党一票的选民，却可能什么也得不到。就是说，大选以后组成的政府中，也许并没有该政党的代表参加，或者是只有一个根本无法兑现该党所许诺的政策的代表。况且，一般来说，企业的数目越多，所生产的产品数量也就越多，且越有可能会满足每位顾客的偏好；可是政党的数量越多却只能是使任何政党实现其政治纲领的可能性变得越小，因为联合执政的政府或许会不可能采纳任何与现状差距甚远的政策，大部分政治性著作也同样得非常符合现实政局的需要。

任何过于绝对的思想方法都不能令人信服。如果说自然界容不得真空的存在，那么人类至少会厌恶那种“全”或者是“无”的抉择办法。将某一政党在政治竞争中所得到的结果径直冠以失败(－1)或成功(＋1)这类名词，并不能表明其性质，因为在某种重要的意义上，政治结果是一种介乎于成功和失败之间的范畴。或许从数字的角度来这样表述会更为确切，即假使某政党以一个立法席位的多数赢得某一次选举的胜利，它很可能又会很快失去这个席位而成为选举中的失败者。因此，倘若成功这一概念具有时间的尺度，它就是一种数量意义上的概念，而非性质意义的概念，然而政治竞争的结果却正是这样一种性质意义上的概念。

政治竞争的“结果”，或者说它的产品，就是公共政策，即有关立法的、行政的以及司法的公共政策。一个选民希望他所选出来的代表只是作为一种代理人，其作用在于努力促成并保证现政府所采纳的各种公共政策正好符合自己的偏好。该选民所希望采纳的公共政策，就是一种实际上起作用的政策，也就是说，这样的政策并不是一份由当局颁布的个人所得税率明细表，即使这份明细表十分适于对付在收入的界定方面容易发生的疏漏之处和特异点；而是指明最终的收税标准，以及应有的强制实施限度。人们对政策的了解，总是习惯于从数量的概念出发，而其实一项政策是否能够令人满意，却要取决于其适宜度、实施的情况、官员们和一般市民（也要在立法程序中参与该项政策的具体实施）的态度以及所谓的管理方面的规定。

如果某项政策得到了所有人的赞赏，那么就可以假定它获得了完全的成功，即百分之一百的成功。倘若不是人人都赞成这项政策，就会出现违背它的现象，或者是在不同程度上不能完全彻底地执行这项政策，甚至还会对立法造成严重限制。人们绝不会只是通过某项救援法案就算是帮助了无独立生活能力的儿童。实际上所采纳的政策要由许多因素来决定，例如，必要的居住条件、支出款项明细表、行政管理状况（办公程序的运转速度、应有权利的审查，等等）、财政拨款的使用情况、是否能及时进行调整以适应新环境的要求，等等。政治竞争和经济竞争的根本区别，并不是由于各种公共政策的排他性而造成的。在一次竞选中获得 51％选票的政党并不能造成很大的影响，而在连续两次竞选中都获得 65% 选票的政党所形成的势力要大得多。在经济竞争的领域里，其产出量占 49% 的企业与产出量占 51% 的竞争对手相比，会对价格产生同样大的影响；在政党的竞争当中，情况也与此差不了多少。这至少可以说是政治竞争和经济竞争的第一个相似之处。

所谓政治效力，就是某一政党的规模所起到的正在或多或少地稳步增长着的功用，这是一个十分重要的问题，应当对其进行仔细的分析。本文附录中的统计调查给出的一个例子，谈到了不使用公立学校设施的少数派对公立学校之经费支出的影响。这项研究从一个角度证实了下面的观点，即当少数派的规模相对扩大时，公立学校按学生人数计算的人均经费开支水平将会有所下降。

首先，迫切需要采纳某项特殊政策的少数派可能会付出足够的代价来争取成功，甚至会不惜利用正规的和法定的民主程序。它们所付出的代价主要是通过投票交易的方法，即该少数党可能会投票赞成一些比它自己想要采纳的政策较少遭到反对的提案；如若它的得票数有所增加，其必须进行说服以争取共同达到所想要达到之目标的“多数派”中的子群体数目就会有所减少，从而使为获得这些政治势力的支持而付出的代价变得较小一些。

其次，任何政治体制都会包含一些权力分割的成分，因此一个少数派政党将会掌握较小部分与其相对规模相应的政府部门的权力。在采用十分明确的联邦体制的国家，如美国或瑞士，这种权力分割的成分当然会十分显著。然而像英国和法国这样的中央集权国家，也存在着权力分割的现象。例如，用不同的名词来称呼各种不同的政治职位，就显示出某种权力分割的成分。

第三，即使少数党的每个成员都只是以个人的方式采取行动，也会迫使多数党在强制推行一些少数党不赞成的政策时，付出一定的代价。少数党的规模越大，它对多数党的政策之反对程度越是激烈，多数党所要付出的这种代价就会越大。如果少数党的势力达到（比方说）1/5 或者更大的比例，并且很热切地希望实现自己的政纲，那么，一个民主的政治体制便确实是无法解决由此而产生的一些问题。当少数党和多数党都十分强硬地坚持自己的立场时，就必定得以分裂（比利时）或者发动国内战争（美国）的方式来解决争端了。

假如政治效力与政党规模之间不存在什么正面的以及或多或少是连续不断的关系，我们就会没法解释一些重要的政治现象。这个道理，只需考虑一下下面两个例子，便可明了：

1. 社会上的一些特殊行业和职业常常能得到政府给予的各种经济特权，这些特权妨害了大多数人民的利益。例如，农业补贴、石油进口限额、各种关税以及颁发职业许可证等。这些人数甚少的少数派之所以显示出其政治力量，主要是因为对多数派来讲，反对他们并不那么划算。[15]

2. 少数派政党往往能够长期存在——例如，北部联邦同盟的成员们虽然在 1801 年便丧失了权力，但是该组织却继续存在了 25 年之久。有人认为[简化了的唐斯（Downsian）观点]，这些少数党之所以能长期存在，是因为它们在这一长时期中的一系列竞选中都错误地预测了选民的偏好。然而，似乎应当从一种完全不同的角度来解释少数党的长期存在才更有道理，就是说，少数党在实现其目标方面一致性更强，因此要比不那么纯净的多数党具有更大的效力。

上述第二个例子说明，少数派政党要想得以持久存在，必须要有一个使其能够团结一致的中心政策。倘使它们没有一个共同的首要目标，而是存在许多不同的偏好，就不可能全力投入选举交易的斗争当中。

Ⅳ. 政党应具有怎样的最大规模？

当安东尼·唐斯（Anthony Downs）引入产业组织理论来解释政党问题时，曾经假定政党的目标是在下一次竞选当中获取最大数量的选票。[16]但是他却没有将最大数量的选票和最大限度的超额选票这两者之间的区别，明确地划分开来。[17]赖克（Riker）曾提出过一个与此不同的见解。他认为，政党为了在竞选中获胜，必须具有尽可能小的规模，从而使政治权力的受益者（取得成功的政党之成员）尽可能小，而由于该党的成功而付出代价者（非该党之成员）则尽可能多。[18]通过对前面一节所论述的政党力量和政治影响之间关系的仔细思考，我们便能够解决这一问题。

有关政党的两个基本假定是：

1. 某一政党在立法机关中超出其他政党的席位数（或说占大多数）越多，其对政府的控制就越有力。某一政党所发挥的效能大小，就是其进行公共政策决策的可能性之大小，[19]比方说，当 s 表示该政党在立法部门所占据的席位时，$I(s)$便是 s 从 0 到 1 这一范围内的单调递增功能曲线。但是，若 s 的增值超过某一水平，其收益却可能是递减的，因此 $I'(s)>0$，$I''(s)<0$。

2. 不参与共谋的人（资源）所占的比例越大，利用政府机制使该党成员获利的机会就越多。这是赖克提出的假设。参与共谋的每一成员通过利用某种既定的政治权力所获得的利益——比方说,通过一项税法或者是财政拨款法案——在参与共谋者占总人口的比例上升时,会有所减少。因此,当 s 增大时,该获利能力曲线 $G(s)$,呈单调减少形态。如果将不参与共谋的人经适当的挑选,其中最不坚定的分子最终便会加入共谋。例如,假使有人主张重新分配富人的财富,那么最富的人最终就会加入这个在立法机关占多数席位的政党。因而,超过某一特定的 s_0 的 $G''(s)<0$。

于是,当付出的代价一定时,政党的目标就必定是将其成员所可望获得的利益扩大到最大限度,或者是

$$I(s)G(s)$$

图 9.2 所示的就是这种功能形态。该政党力求得以最大限度地扩大的,将是它实现了其占有既定比例的立法席位之后所能获取的净收益,$C(s)$,即 $I(s)G(s)$减去其所付出的成本。由于占据某一比例的立法席位所需付出的边际成本为正的,而且大多数政党的规模都很可能会随着 s 的增加而扩大,因此追求净收益会有利于缩小政党的最佳规模。

这样进行描述当然是把政党的决策功能大大地简单化了,而且还可以很容易地加以扩展。例如,倘若存在三个或者更多个政党,那么使最满意的法规得以实现的可能性 $I(s)$,也是另外两党在立法机关所占席位所履行的一种职能。况且,执政党的基本目标也不是要在一个两年的任期内通过一些立法规程,而是要尽可能地扩大所有未来法规的现行价值。即使是在这类存在多个政党的比较复杂的情况下,也要按直接将现在这种阐述直接予以扩展的

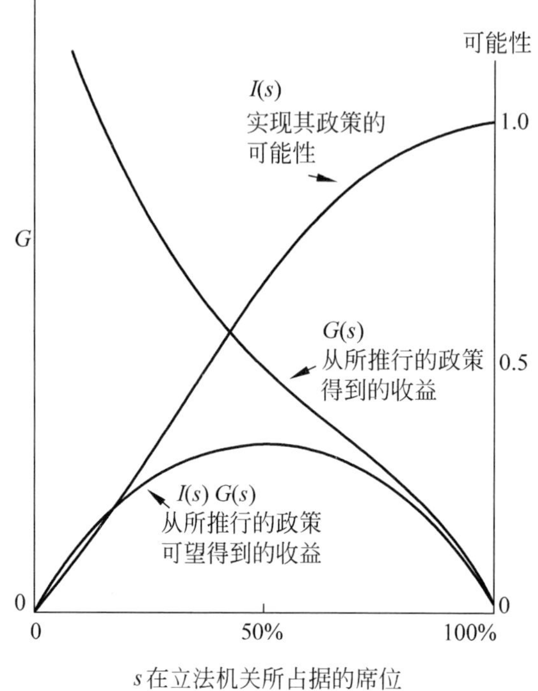

图　9.2

方式来阐述执政党的目标问题，这样阐述的意义，恰恰正在于可以引出更复杂更精细的分析，而这种分析必定会是理解现实政治行为的必要前提。

V. 投票反论

所谓的投票反论，简单地讲，就是理性的行为一般会导致放弃投票，而人口的大多数（根据有关的定义，这些人无疑都是有理性

的),实际上却会去参加投票。人们从投票选举中可望获得的利益是由下面两点来决定的:

1.使选举结果发生变化的可能性;

2.使其拥戴的政党或观点获胜而获得的好处;

除非是这种可望获得的利益超过了:

3.进行投票选举所付出的成本(其中包括获取充足的、合乎投票者兴趣的选举信息所需费用)。

否则,有理性的选民就会待在家里而不去参加投票。[20]虽然按照一般的经验会无法解释这个问题,但是我们在此所讲的情况却能够很容易地予以说明。人们习惯于认为,从成功中所获得的收益是某一有限的量,因而某人参加投票将会生效的概率就近似于:

$$\frac{1}{\text{可望得到的获胜和失败之间的投票差异}}$$

在大多数选区,这个量当然一般都可以忽略不计(在最近的几次总统选举中,该数字近似于 10^{-6})。由于这一概率是那么小,以至于只要稍微动动脑子来估算一下可望获得的收益及参加投票需要付出的成本,就会使人感到不去投票才是有理性的行为。大多数人用以避开这种自相矛盾并力图说明为什么在现实生活中仍然有许多选民非常踊跃地去参加投票的主要理由,是说他们在尽力履行某种意义上的公民义务。[21]

有关各派政治力量的联合政府及各个政党都要力图获取最大限度收益的说法,使我们难以完全信服上面这个很容易得出的论点。如果竞选的结果不是“或者拥有一切,或者一无所有”(得到49%的选票即为失败一方),而是随着得票比例的增加而呈单调增加的状态，那么，某人进行投票将会造成差别的可能性就是一个整体的量，而非某种无限小而不足道的部分量。这样重新叙述的确不可能像变魔术似的将上述的投票反论消除掉，因为某一政党由多得一张选票所增加的影响通常"很小"。然而，进行投票选举所需的成本也相当"小"，因而在有关投票的理性方面，仍得不出具有一般意义的结论。

或许，与投票选举对公共政策的影响最相似的事，还是在私人市场交易中所呈现出来的尽力改进某种产品以更好地满足顾客需要的行动。假定大的规模经济需要由大量的顾客来评判设计方面的变化，那么，某一位购买汽车的人究竟怎样对未来的汽车设计方案构成影响呢？个别买主可能会以一定的代价来搜寻和试用新产品，从而根据自己从现有的各类汽车中所挑选出来的型号获得很少一点信息。这位买主为了对未来的汽车生产构成影响而进行的某种搜寻往往很可能是有理性的行为，[22]并且会由于试用新产品而付出一些代价。

某一政党从争取到$(n+1)$张选票与n张选票所获得的附加影响，无疑是不一样的（并且实际上会随着n的增加而有所减小），而且，当参与竞争的政党数量越多，这些政党对该已知政党所要实施的政策之反对越不激烈时，这种附加影响就会越大。现在要想断言这种追求个人利益（投资）的动机不足以补偿大多数公民为进行投票选举而付出的代价，还为时太早，因此，必须从其本身的角度考虑（消费）来扩大投票选举的效用。传统意义上的投资动机含义非常丰富，而消费动机的含义却尚未充分得到阐明，所以我们应当在增加对后者之含义的认识以前，充分地了解应当如何运用前者的含义来分析问题。

附　　录

设平均每个家庭利用 i 州公立学校的需求为

$$e_i = f(p, y_i) = p^e y_i^\beta, \tag{1}$$

其中

e_i = 每个公立学校学生的总经费支出

y_i = 每个家庭的平均收入

p = 教育质量的单位成本，

并假定该成本 p，在所有的州都相同。但是，公立学校的赞助人所实际付出的成本却会小于 p，这是因为有些家庭把自己的子女送入教会学校或私立学校去上学，而同时照样为公立学校纳税。作为第一个相似点，某一家庭利用公立学校的价格将等于

$$\frac{N_n}{N_c + N_n} \cdot P$$

其中 N_c 是利用天主教会（和私立）学校的家庭数，N_n 是利用公立学校的家庭数。这样，i 州的家庭利用公立学校的需求就成为

$$e_i = \left(\frac{N_n}{N_c + N_n}\right)^\alpha \cdot P^\alpha y_i^\beta。 \tag{2}$$

如果在某个州内利用公立学校的家庭可以选择缴纳教育税的标准，那么他们就会选中公式(2)所包含的税率标准。该纳税标准将与各种类型的家庭支出都相称（因为根据假设的条件，所有的家庭都按同样标准纳税），并且每个家庭的支出与下式相符[23]

$$e'_i = \frac{N_n}{N_n + N_c} e_i = \left(\frac{N_n}{N_c + N_n}\right)^{\alpha+1} p^\alpha y_i^\beta。 \tag{3}$$

e_i 与 $\left(\frac{N_n}{N_n + N_n} = s\right)$ 有关的弹性为

$$n_{e's} = 1 + \alpha < 1。$$

但是，由于天主教家庭的政治势力在一定程度上发挥了作用，他们纳的税比较少，这部分少纳的税为 s，这就意味着 $n_{e's} > 0$。只有当 α 的值大于一个单位

时，即假如对质量的需求是弹性的时候，该需求效应〔等式(3)〕将导致某种负的弹性，因此，只要可观察到的弹性 $n_{e's}$ 大大地超过一个单位，我们便能推断天主教的直接政治影响控制着需求效应。至于应当怎样将现在或未来都没有学龄子女的家庭也明确地引入这项有关学校教育的分析当中，我们目前还不是很清楚。[24]

根据 1954—1955 学年度美国 48 个州的具体情况，我们推导出了下面的回归式：

$$\log e'_i = a + b\log s + c\log y$$

此式中的 e'_i 是根据这 48 个州的所有中小学生(包括公立学校和私立学校)之人均公共教育支出计算出来的[25]，我们可据以下公式得出下面的结果：

$$\log e'_i = -4.74 + 1.09\log s + 1.22\log y, \quad (R^2 = 0.659) \qquad (4)$$
$$(3.12) \qquad (9.03)$$

式中位于回归系数之下的数字是规定的 t 值。假使我们按照每个家庭的全部支出来计算 e'_i，便可得到：

$$\log e'_i = -4.64 + 1.96\log s + 1.20\log y。 \quad (R^2 = 0.590) \qquad (4.1)$$
$$(5.18) \qquad (8.01)$$

根据以上两个式子，都可以得出 e' 对于 s 的弹性大于一个单位的结论，尤其是第二个式子更加明显，因此，看来非天主教徒的政治力量会随其人口所占比重的增加而增长，并且会超过天主教会所发放的补助金的影响。

注释：

①参见 G. J. 施蒂格勒(Stigler)对这一问题的全面论述："完全竞争，历史的反思"载《经济史论文集》(*Perfect Competition, Historically Contemplated*)，芝加哥，1965 年。(见本译文集第 16 篇)

②这里的竞争还可能会涉及汽车的型号、耐用程度、马力大小等。但是由于正规理论中存在极度的对称性，因此我们在此将这些竞争的尺度忽略不计了。

③该需求弹性，即产量变化的百分比除以价格变化的百分比(沿着某一需求曲线与需求弹性相关的价格)，是负的，因而在这个式子的右边应加上一

个负号。

④参见查尔斯·M. 蒂博特(Charles M. Tiebout)的"地方财政支出的纯理论"(A Pure Theory of Local Expenditures),原载《政治经济学杂志》,1956年10月号。

⑤流动性较大的职业和群体将受到特别的关注,如英国在20世纪60年代对"人才外流"问题的关注便是证明。

⑥这第一个条件是一般常要引用的。参见A. 兰尼(Ranney)和W. 肯德尔(Kendall):"美国的政党制度"(The American Party System),载《美国政治科学评论》,1954年6月号。其后发表的有关文献中的参考资料,可见D. G. 法伊佛(Pfeiffer):"政党内部竞争的衡量和制度的稳定性"(The Measurement of Inter-Party Competition and Systematic Stability),载"美国政治科学评论",1957年6月号;以及R. I. 霍弗伯特(Hofferbert):"美国政党制度分类"(Classification of American Party Systems),载《政治学月刊》,1964年8月号。

⑦参见J. 施莱辛格(Schlesinger):"美国政党制度的二维体系"(A Two-Dimensional Scheme of American Party Systems),载《美国政治科学评论》,1955年。

⑧参见H. 霍特林(Hotelling):"竞争中的稳定性"(Stability in Competition),重印自《价格理论读本》(*Readings in Price Theory*)〔由G. 施蒂格勒和K. 博尔丁(Boulding)编辑〕;还可参见A. 史密希斯(Smithies):"空间竞争中的最佳位置"(Optimum Location in Spatial Competition),载《政治经济杂志》,1941年6月号。

⑨或者严格按照各占50%的席位来考虑,便可以实现N(4%)的折中——这实际上是某一单个政党的结果。

⑩由于N与Q之间有1/4的选民处于了解该政党的福利支出为2%的范围内,位于福利支出为0.2范围内的选民,或者说是全体选民的1/10×1/4=1/40会移到M,其选票为M′,即52.5%,N为47.5%。

⑪参见G. 施蒂格勒:《价格理论》(*The Theory of Price*),纽约,1966年,第12章。某种更有意思的经济学模式允许每家公司开办好几家商店,但是,由于这与我们在此所探讨的经济竞争与政治程序之相似之处有所不同,故并未进行深入的探讨。

⑫如果该垄断者也是审查人员(将自己的品位强加于人),他就可能会少生产人们想要的产品来使自己获得满足,而只是一味追求利润。对专制君主的看法与此相似,即假定他想要最大限度地扩大自己的实际职能,而不是尽可能地增加自己的薪金(例如,他会减少福利支出以获得满足,而不是设法满足公众的愿望)。

⑬参见詹姆斯·Q.威尔森(James Q. Wilson):"恩赐经济"(The Economy of Patronage),载《政治经济学杂志》(1961年),实际上,他的大部分论述都包含着以非竞争性环境为前提的成分。

⑭各政党之施政纲领的近似性可以根据每个政党得票份额的稳定性来衡量,正如同在经济竞争中常常用这种方法来衡量顾客的忠实程度一样。在只有两个政党的情况下,各党的得票所占份额分别为 s 和 $(1-s)$,并且任一政党之得票份额的变动都是 $ns(1-s)$,这里 n 为当选人数。一种常用的衡量集中率的方法是赫芬戴尔指数(Herfindahl index),

$$H = \Sigma s^2,$$

即各个公司所占产出量份额的平方总和,当有 n 个企业时,其最大值为1,最小值为 $1/n$。对两个政党来讲,

$$H = 2s^2 - 2s + 1,$$

因此其所得选票份额之变动的总和为

$$2ns(1-s) = (1-H)n。$$

这种衡量集中率的方法可以很容易地推广到有两个以上政党或公司的情况。有关衡量集中率的经济学方法,可见G.J.施蒂格勒的《工业组织》(*The Organization of Industry*)第4章;以及G.罗森布鲁斯(Rosenbluth)的"集中率的衡量方法"(Measures of Concentration),载《商业集中率和价格政策》(*Business Concentration and Price Policy*)(全国经济研究所,1955年)。

⑮参见G.施蒂格勒:"经济管制理论"(The Theory of Economic Regulation),载《经济与管理科学钟声杂志》,1971年春季。(见本译文集第15篇)

⑯《一种民主的经济理论》(*An Economic Theory of Democracy*),纽约,1957年,第31页、第35页。

⑰M.J.希尼克(Hinich)和P.C.奥德舒克(Ordeshook)曾详细阐述过这一区别。参见"最高得票数和最高超过票数:对参与者数量变化的空间分析"

(Plurality Maximazation v. Vote Maximization: A Spatial Analysis with Variable Participation),载《美国政治科学评论》,1970 年 9 月号。

⑱《政治合谋理论》(*The Theory of Political Coalitions*),纽黑文,1962 年。

⑲这种"进行公共政策决策的可能性",只是在进行某种单一的、一元性的一系列政策选择时才容易给出定义。在进行复杂的选择时,它可能对影响力的辨别以及政策的实现没什么用处。

⑳参见,例如,A. 唐斯(Downs)的《一种民主的经济理论》(*An Economic Theory of Democracy*),第 36—50 页和第 260—270 页;以及 W. H. 赖克(Riker)和 P. C. 奥德舒克(Ordeshook)的"竞选计票理论"(A Theory of the Calculus of Voting),原载《美国政治科学评论》,1968 年 3 月号。

㉑赖克和奥德舒克所给出的令人满意的理由,有 4/5 都与履行公民义务有关;第五个理由是,有人到投票站去投票也许是出于觉得这很好玩。同上书,第 28 页。

㉒更精确地讲,如果汽车的品种一直固定不变,那么买主所进行的搜寻次数就是既定的,倘若买主的搜寻能够促使未来的汽车做出合乎其意愿的改进,他们便有理由进行较多次的搜寻。参见本人的《工业组织》第 178 页。

㉓如果 E 为公共教育经费总支出,则 e_i 与

$$\frac{E}{N_n}$$

成比例,其比例系数为 $1/\lambda$,这里的 λ 为每个家庭的学龄子女数目。每个家庭的纳税标准与下式相称:

$$e' = \frac{E}{N_n + N_c} = \frac{E}{N_n} \cdot \frac{N_n}{N_n + N_c} = \frac{e_i N_n}{N_n + N_c}$$

㉔如果各州的儿童寿命模式都差不多,便不必将这部分家庭考虑进去,但是,假使其成员的年龄较大的家庭会有规律地向提供学校教育较少的社区迁移,不考虑这部分家庭就会得不出正确的结论。

㉕在等式(4)和(4.1)中,每家的收入都是按 1950 年的标准计算的。我们认为,用学龄儿童入学人数而不用成年人口数字来计量 s 比较合乎实际,因为已经将许多让孩子上公立学校的天主教家庭予以重新归类了。

10. 经济学的发展过程及其所取得的进展

我在 20 多年前开始研究信息经济学的时候，就曾经提出过关于购买汽车的问题，即，一个人怎样才能找到以最低价格出售某种型号汽车的商人？是否他用于进行搜寻的成本越大，此人就能越快地买到一辆汽车？在购买汽车之前，是否一定得为了在大量的潜在卖主当中进行搜寻而付出一些代价？现在许多熟悉自己专业的经济学理论家已在有关对贸易伙伴，以及对价格和质量的搜寻方面，进行了大量既深入又广泛的研究工作。

此刻我想讲述的，是在另外一个完全不同的市场上所发生的同类问题，这就是在经济科学领域里如何提出新理论的问题。我想强调指出的是，大多数进入经济学领域寻求新理论的经济学家，是为了得到这些理论和方法，以用来解决自己所研究的许多经济学问题。也就是说，这些经济学家并不是新理论的供给者，而是需求的一方。他们所面临的问题与那些打算买汽车的人相类似，都是要寻求一种可靠的代步工具。说实在的，这些经济学家通常最后只能找到一种旧的，从而是已经被别人验证过了的理论。

本文是作者在诺贝尔奖颁奖大会上的纪念演讲，1982 年 12 月 8 日，1982 年版权所有，诺贝尔基金会。

从某种意义上讲,那些致力于探索新的经济科学理论,即力图或驳斥、或证实、或进一步发展、或干脆用另外一种理论来取代这些新理论的经济学家们,既是买主也是卖主。他们努力发展新思想新理论,并尽力使其得到经济科学界的承认和接纳,但是,这些人所遵循的,也是这门科学所固有的思路,他们的探索,也离不开经济科学目前或过去已确立的理论和概念。进入经济科学的市场,必须付出很高的代价,因为要想彻底探究某种新经济理论的奥秘,需要花费大量的时间和精力,才能最终揭示出它是否符合客观规律。经济学发展的历史,就是处处布满了代价昂贵的错误的历史。而且我想一切科学的历史也都是如此。可以说,经济学思想的发展至今仍然并没能取得很大的进展,它在各阶层人民当中的普及,也并不是十分广泛。那么,经济学家们是怎样设法解决这一问题的呢?这正是我今天所要阐明的主题。

首先,我想先讲讲如何区别某一学科的前科学发展阶段和它的科学发展阶段。所谓一门科学,就是一种把某一类知识综合起来而形成的一个整体,并且要有一小群被称为科学家的、彼此互相联系和影响着的人,对这一综合的整体进行实际的探索和发展。这些科学家在这一领域从事智力活动的目的,就是证实并且发展这些知识的价值,尽管为达到这一目的而进行的活动,当然也会有利于实现他们所追寻的个人目标,如个人的声望、名誉以及可观的经济收入。虽然我在此所提到的,只是一些定义性的概念,但是我仍然希望自己能够讲得正确而且不过分牵强。

前科学发展阶段的部分特征,是这种综合性知识整体的不完善性,但这只不过是相对而言,因为没有一门科学可以说是已经达到尽善尽美的境地了。前科学发展阶段的另一个特征，是尚未形成一支能够互相影响的，并进行着实际探索的科学家队伍。这样的科学家，应当是一些将自己的大部分生命都毫无保留地贡献给了为这门学科积累知识这一伟大事业的人们。因而我们说，前科学发展阶段的特点，就是尚未在学科建设方面取得可以累积的进展。

Ⅰ.经济学的前科学发展阶段：重商主义

我们将会发现，稍微花点时间来研究一下所谓重商主义的大量著作，是十分有益的。这些文献涉及几个世纪的历史，并且涉及整个英国和西欧的情况。迄今为止，我们能找到的宣扬重商主义的小册子和书籍有几百本之多，其中包括气度不凡的约翰·洛克(John Locke)和威廉·配第(William Petty)的作品。我必须马上当众承认的是，我本人几乎从未直接阅读过这些经典性的文献，因为我对经济学说史的研究，一直是着重于其后的时代。但是，有三部研究重商主义的著作，却肯定会有利于证实我打算在此进行讨论的几个特点，这就是：埃德加·弗尼斯(Edgar Furniss)的专著：《劳动者在国家主义制度下的地位》(*The Position of the Laborer in a System of Nationalism*)(1920 年)；雅各布·瓦伊纳(Jacob Viner)的著名文章："亚当·斯密之前的英国国际贸易理论问题"(English Theories of Foreign Trade Before Adam Smith)(1930 年)[①]；以及伊莱·赫克舍(Eli Heckscher)的出色论文：《重商主义》(*Mercantilism*)(1934 年)。

首先，这三部专门讨论重商主义的著作，几乎都没有按照某种

时间尺度来进行论述。弗尼斯以写作时间相隔一个世纪以上的两本小册子为参考材料来证明一个论点；瓦伊纳引用了一系列理查德·莱斯特(Richard Leicester)写于1381年的文字材料，以说明重商主义的首要学说，即极其重视出口超过进口贸易(假使一个人可以脱离开经济学来考虑问题，当然能够毫不费力地连续赞扬从1381年到现在这整整6个世纪的贸易顺差，并且很可能还要继续赞美接下来的另外6个世纪的顺差，直到2581年!)；赫克舍很少感到有必要注意前面两位作者的时间顺序问题。

我想提到的第二个特点是，大多数重商主义者在提出自己的观点时，几乎都完全没有尽力来利用或者发展其他重商主义者的论点。在他们彼此之间，当然也曾发生过激烈的争论，但是却从未认真地展开系统的、批评与反批评式的正规论战。人们可能会注意到，这些著作的写作者，几乎总是从某些特殊感兴趣的角度出发，来进行简要的评述。

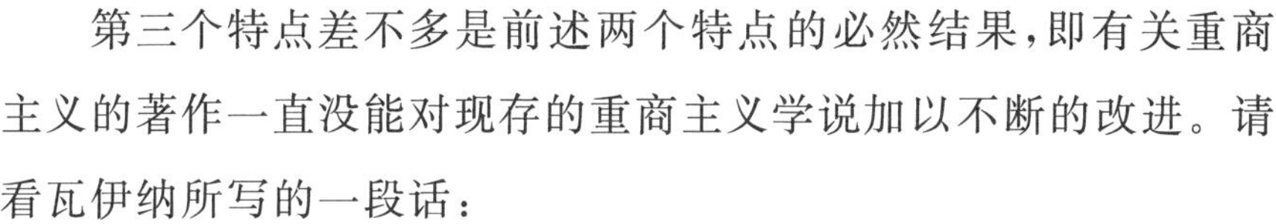

第三个特点差不多是前述两个特点的必然结果，即有关重商主义的著作一直没能对现存的重商主义学说加以不断的改进。请看瓦伊纳所写的一段话：

> 随着重商主义者所阐述的论点变得更加详尽和更加复杂，从现代学说的角度来看，他们的观点确实是在许多方面变得更加令人难以接受了。并且，除了有关贵金属问题的论述以外，18世纪上半叶谈及贸易问题的大批普通出版物，比写作于16世纪和17世纪早期的有关著作，都更明显地表现出更狂热和更混乱地坚持重商主义错误见解的倾向……仅就他

> 们所论及的贸易理论来看，产生这种现象的唯一原因，是由于一小部分有才能的作者在分析经济学问题时，虽然比其前辈的思想更加敏锐和更富于逻辑性，但是却不具备充分关注当时的社会现象的能力。他们甚至都未能引起自己同时代人的注意。②

这种经济分析程序根本就不能积累起对本学科的发展有益的知识。可以说，一个生于1680年的人，比生于1580年的人，在研究国际贸易问题时几乎占不了什么优势。

现在我准备来搭救一位几乎不需要搭救的经济学家：亚当·斯密。有相当数量的经济学家，其中有一些还具备相当大的影响，都强调说实际上在亚当·斯密之前便已经出现过许多天才的学者，斯密的所有思想这些人都早已表述过了，而且有时候还论证得十分完美，因此，有些经济学家就想将经济学之父的桂冠给予比斯密更早的学者，如坎梯龙(Cantillon)之类的人。在我看来，这种论点很难成立。

我认为，不是别人，正是亚当·斯密，才是唯一对已知的经济学学说进行了如此广泛和权威性论述的人，并因而使其后任何一位研究这门学科的学者，都不可以在提出自己的见解时忽略作为一个整体的经济学知识。一门科学总是要由许多相互影响着的进行实际研究的人共同发展起来的，而斯密之后的任何一位经济学家都不能够公然藐视他的著作，并且也不能藐视马尔萨斯(Malthus)、李嘉图(Ricardo)，以及在19世纪前半叶涌现出来的一大批其他经济学家的著作。

这一变化发生得十分迅速。1776 年之后，斯密本人并未与任何研究经济学的人有过什么瓜葛，甚至在他的论文当中，都未曾提到过其最主要的论敌：詹姆斯·斯图亚特爵士（Sir James Steuart）。但是，这种经济学界的研究人员之间老死不相往来的状况，很快就发生了变化。马尔萨斯在他的《人口原理》（*Essay on Population*）第 1 版（1798 年）刊行 5 年以后，就写出了向戈德温（Godwin）及其他批评者表示让步的重要文章。这表明经济科学的时代已经拉开了序幕。

能够证明经济学已经在彻底变革的一件事，发生在 20 世纪初期。A. C. 庇古（Pigou），一位继建立了世界性声望的阿尔弗雷德·马歇尔（Alfred Marshall）之后领导经济学思潮的人物，在论述使成本增加的客观因素这一理论时，犯了一个错误。他认为，当某一厂商经过反复考虑加入某一能使其投入物资的供给价格上升的竞争性产业时，该厂商的决策就会影响社会的收益，因为它没有考虑自己为了提高供给价格而加入该产业会使其他厂商不得不为所投入的物资付出代价。这一错误在于，庇古混淆了公益事业开支和社会成本的区别。有关这方面的论述可在他于 1912 年发表的著名论文《财富和福利》（*Wealth and Welfare*）中找到。

在第一次世界大战所造成的混乱状态稍稍平息之后，大部分经济学家迅即投身于对这个问题的研究工作。丹尼斯·罗伯逊（Dennis Robertson）和弗兰克·奈特（Frank Knight）于 1924 年[③]发表的论文，是两篇最著名的驳斥庇古上述错误观点的文章。而反驳庇古的基本论点，却是更早一些时候由 J. M. 克拉克（Clark）和阿林·A. 扬（Allyn A. Young）[④]提出来的。在这么多攻击之下，甚至连庇古这样一个以最不屑于理睬别人著称的学者，也举起了白旗。从此，一个只有名不见经传的经济学家所犯的错误才不会立即遭到驳斥的时代，已经开始。

Ⅱ．经济科学：由环境产生的见解

奉行重商主义政策的政治学和经济学是重商主义文献著作中所论及之问题的决定因素。任何一门学科的前科学时代，确实都要受其赖以成长的社会所实际关注之问题的支配。即使某一学科已经形成一整套完备的科学体系，它所要研究的主要问题，仍然是直接来自社会的首要矛盾，以及它想要推行的社会政策，从这个角度讲，直接反映社会实际是任何学科都必然要经历的发展阶段。

为了证明经济思想的发展史就是各个时代的经济学家对其所处的社会环境作出的一系列反应，韦斯利·克莱尔·米契尔(Wesley Clair Mitchell)曾经做过大量的工作。他写道：

> 如果对经济学说的发展进程进行一下全面的考察，就会发现经济学理论的大多数重要的出发点，都是对不断变化的现实问题所作出的智识上的反应；也就是说，在思想的发展方面考虑得最多的经济理论家，实际上就是一些深切关注着其所处的时代之必须解决的问题的人。

米契尔还举出了一些实际例证来说明自己的观点，他说：

> 马尔萨斯对人口问题的研究，显然是对当时社会形势的智识性反应，正像亚当·斯密提出“简单而又明显的天赋自由

制度”一样。

李嘉图在议会对英国政治生活的描述表明，他对这个问题（即如何确定一种方法来分配这个国家的全部产品）的重要性之关注，并不是他个人研究出来的结果，而是他对现实社会形势所作出的必然反应。还应当提请大家注意的是，李嘉图所得出的有关分配问题的特定概念，直接来源于英国议会的斗争。⑤

然而，当米契尔进入19世纪70年代，并且提出边际效用理论的时候，却不再尽力阐明经济理论反映了社会环境的变化这一观点，他将此归因于当时所发表的经济学理论著作令人难以充分理解，而且还脱离实际，却不认为这是由于他自己所作出的错误假设。⑥

像经济学这样的实证科学之主要任务，就是对现实生活中所发生的各种事件进行一般化的解释。而且，它的一切理论和技术，最终都必须能够用作完成上述任务的工具。但是这并非只是口头上说说而已，经济科学必须要实实在在地密切关注着其所处时代的社会环境以及各种社会问题。

如果经济生活中存在的问题常常发生根本性的变化，而且没有人对这些问题的本质进行连续不断的深入衡量，那么也许就根本不会有我们现在这样的可以称为一门科学的经济学了。作为一门科学，必须要具备能够将不断增加的知识累积起来这一基本的特点；并且倘若每一代经济学家所面临的问题基本上都是一些完全需要用新的分析方法来解决的新问题，就不可能显现出这种累积性。所要解决的问题和解决问题的方法要是真的变化非常频繁，还会慢慢损害经济学家的成长，就是说，如果年青一代经济学家是在老一代经济学家指导下进行研究工作的，他们就会想，自己正在学习的知识反正很快就会过时，而影响了学习的兴趣。一门科学要想实际生存下去，就必须研究一系列十分重要而又能持续存在的问题。

在经济学领域里，确实有很多这样的重要问题，其中最重要的，就是价值理论问题。价值理论所必须阐明的，是如何确定各种不同商品和服务的比较价值。只有解决了这一问题，才能对将要生产的产品品种和数量，以及在生产这些产品时如何利用各种资源和所利用的资源之价值等一系列问题，进行科学的分析。如若不懂得价值理论，经济学家便不可能创立国际贸易理论，也不可能创立货币理论。无论人们力图解释的是农村地区还是城市地区，是农业社会还是工业化社会的价值问题，这一重要经济学问题的本质内容都绝不会有什么变化。说实在的，假使这一有关价值的经济学问题会随着经济制度或政治制度的变动而不断地改变其性质，那么，每一新的经济生活时代就必须建立自己的理论，而且这种理论的寿命还要随每一时代的长短来定。

如果说一系列十分重要而又具有持久性的现象，是某种实证科学之实际存在的必要条件，那么，它所要研究的，就不会只是一种现象。一门实证科学将会不断地面对新的情况，这就要求从事这门科学研究的人不仅仅只会按照一般惯例来使用标准化的知识。20 世纪 70 年代所发生的能源危机，就曾经为经济学家提供了应用大量各类知识的机会，然而却并没有要求经济科学本身发生什么重大的变化。

一门实证科学的另一个，也是更重要的特点，就是对当前发生的问题表现出极大的兴趣和关注，因为，已经得到公认的标准理论，常常会不具备解决这类问题的能力。当英国在拿破仑战争时期开始长期进口谷物，并对国内生产能力造成沉重压力时，一些经济学家提出了有关谷物价格的收益递减规律。我们恐怕很难否认该法则的产生与当时环境的密切关系，但是，对这一原理的起源了解得这样详尽，却丝毫无助于我们理解埃奇沃思（Edgeworth）1911 年在考察他所处时代的社会环境时对收益递减规律的著名分析。我想，这一规律在经济学领域内所具有的重要地位，恰恰是因为其应用范围不仅仅局限于李嘉图对英国农业的分析。

当代社会所发生的问题越是急迫地需要解决，经济学对它的关注和反应就自然地会越全面越迅速；有关的经济分析框架越不完善，这种反应也会越全面彻底。如宏观经济学对当代各种事件的反响就是著名的例子。凯恩斯（Keynes）在 20 世纪 30 年代的崛起，是由于新古典经济学理论无法解释当时的持续失业现象；而其后发生的通货膨胀与失业同时并存的社会现象，同样也是结束凯恩斯理论之统治地位的决定因素。假使凯恩斯的宏观经济理论对社会经济循环的分析能够更加完善，那么，它就不会由于环境的变动而发生这样大起大落的变化了。

一门科学的生存和健康发展，必须要以能够长期应用且几乎不受时间限制的理论为基础，这样的理论一般不会受不断变化的社会环境的支配。况且，我们也很难用不稳定的理论来阐释各种现实的社会问题。没有坚实可靠的理论基础，就不可能使一定的知识体系逐渐发展以构成一门科学；没有各种有待于解决的重要问题的激励，这门科学就会陷入僵化而逐渐失去意义。

关于这个问题，我想最后提请各位注意的是，在经济分析的变化与社会环境的变动之间，并不存在一种简单的或者是众所周知的关系。在工业革命时期，经济学家们曾经接纳了收益递减规律，却未重视当时全世界都已看到的最持久最普遍的产量增长状况。过去一百年的大多数重要的政府收入分配方案，只是到了最近才引起经济理论家们的注意。这些创立经济理论的学者们，实在是并没有在从事本专业工作的同时，经常地或者仔细地读读各种报纸上的报道。

Ⅲ. 经济学家是无所不知的学者吗?

一旦某一门科学建立起稳固的地位，有了可靠的学术基础，并且具备了用以进行知识交流的手段，即定期出版的杂志、各种学术团体，以及学术讨论会等，它就会不断地向社会提供各种新的指导性建议或者新的研究方法。这门科学本身也确实要十分谨慎小心地总结发展自已所创立的新理论。罗伯特·K. 默顿(Robert K. Merton)在其有关科学之报酬结构的重要著作中指出，巨大的价值与成功的新理论之优先发展的顺序密切相关。⑦

而经济学理论却会在其刚刚提出时遭到冷落，而在其后的日子里又被当作经济科学的重要信条而得到接纳(差不多总是在某种与原来意义无关的重新发现之后得到承认)。熊彼特(Schumpeter)在其著名的《经济分析史》(*History of Economic Analysis*)一书中，就曾屡次指责过这种现象。他在下面这段话中所提到的人，就正是一些他认为其“写作超出了自己所处之时代”的经济学家：

> 朗菲尔德(Longfield)的功绩或许可以用一句话来加以概括，即，他彻底地审查了全部经济学理论，并且创立了一种将在1890年证明是经得住考验的理论体系。
>
> 约翰·斯图亚特·穆勒(John Stuart Mill)的功绩更大，他甚至将约翰·雷(John Rae)在经济学知识的积累方面所做的工作与马尔萨斯在人口理论上的建树进行了比较。而所有这些40年来所写成的最具影响力的经济学教科书，却都未能充分地向经济学界的同行们介绍雷的成就，也未能引起人们对其著作的其他部分产生兴趣！[8]

熊彼特当然是一个比任何别的经济学家都更精明的学者，然而他也只是对这些忽略天才的现象做出了一些敏智的阐释，却并未能够指出其间最重要的原因到底在哪里。

在人们对一门科学进行积极探索的每一个时期，都会不断地提出一些新思想。如果不付出大量的时间、脑力，以及进行研究工作所必需的各种资源，便不可能充分地认识和掌握任何新的思想概念，其中包括对现实存在之问题的概念化认识、新的方法论，或者是对新领域的深入探究。并且，这些新的思想概念也不可能进一步发展到具备初步可以接受的假设，并能经受一些实际验证的阶段。这是第一个事实。第二个事实是，随着时间的推移，人们将证明绝大多数的这类新思想都是没有意义的。实际上，人们很可能会推翻某一延续了很多年的时期之内所提出来的各种新的思想理论。只是在过了若干年之后，历史的发展有时会给我们提供充分完备的知识，我们才能辨明究竟哪些新的思想概念是真正值得重视的。

有一些人对刚刚出现的新思想具有超常的直觉，他们会对其及时地进行深入细致的探讨，然而却没有人一贯正确。即使是最伟大的经济学家，在探讨某些问题的时候也可能会一无所获。例如，李嘉图在其生前的最后几个月仍在致力于找到确切地进行价值衡量的方法，但却未能取得任何进展；约翰·斯图亚特·穆勒和里昂·瓦尔拉(Léon Walras)都曾倾注了大量心血来宣传将不可预期的未来土地增值国有化的建议，然而，无论是首次提出还是最后重提，都未使这一将某种可望得到的价值总和国有化的建议取得任何结果；杰文斯(Jevons)也一直没能摆脱太阳黑子的周期会对商业循环周期产生影响的想法；而伟大的帕累托(Pareto)，由于相信一般人对各种产品的消费顺序与某一不完全微分方程之积分的顺序有关，因而在这个问题上走了许多弯路。

不仅这些经济学界的伟人会走弯路，而且所有从事经济学研究的普通人都会花费很多的时间和精力，在各个历史发展时期对一些捉摸不定的问题进行探究。在20世纪30年代，人们曾对一个以工业组织和实证性微观经济学等不同名称著称于世的经济学领域，提出过下列几种主要的进行研究的假设：

1. 一些大公司的所有权及其对公司的有效控制，都是独立的。

2. 产品的分化现象要求有关厂商和产业的理论发生根本的变化[垄断性竞争(即不完全竞争)理论]。

3. 价格绝不是向下反映供需的变化，这或许是因为有关竞争对手行为的某种特殊期望造成了厂商需求曲线的某种缺陷。

4. 经济学家能够建立某一产业运转的标准，这种标准可能令人满意，也可能不令人满意，而经济学家对该产业运转情况的满意应当得到社会的认可（有效竞争理论）。

这些假设并不是唯一可供进行研究的新建议，因为人们通过对商界领袖的成长与获胜经验的深入探索，又补充了一些有关年产量之寡头控制的新理论。

我在此列出的上述四条建议，都曾在经济学研究中受到过高度的重视，起码有一些很有权威的经济学家在至少是 5 至 10 年之内，常常要一条不落地引用它们，并且直到今天这几条假设仍然确实是无一遭到冷酷的废弃。但是，它们也的确全部未能作为市场与产业运行之分析的重要常规部分纳入价格理论的主流。人们很可能会发现，至少熊彼特曾经沿着这些弯路走过一小段路程。一些重要的新思想[诸如霍特林（Hotelling）关于可耗尽资源的理论，以及拉姆赛（Ramsey）对最佳定价问题的探讨]，当然都曾经遭到过忽视。不仅普通人会犯错误，而且科学也会走入歧途。

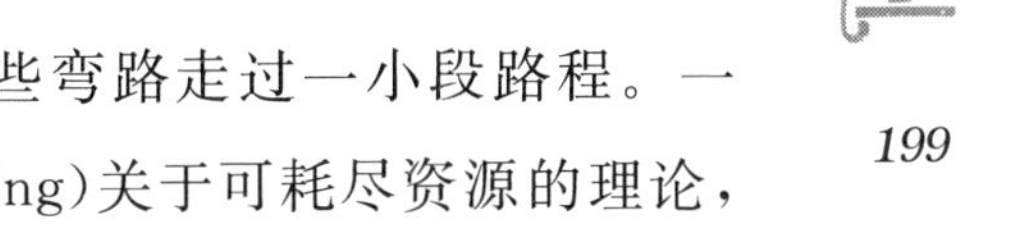

Ⅳ. 科学变革的连续性

俗话说："冰冻三尺非一日之寒"，一门科学也不会在一夜之间发生突然的巨变，而是随着时间的慢慢流逝，逐渐地不断发生着变化。这种科学变革的连续性，通常可由两种证据来表明。

一种证据是罗伯特・默顿（Robert Merton）提出来的。他指出，某种理论实际上是由数名科学家几乎在同一时期内各自独立地重复发现的。在经济学领域里，表明这一现象的两个普遍被人所知的例证是，1815年由爱德华·韦斯特（Edward West）和托马斯·罗伯特·马尔萨斯（Thomas Robert Malthus）同时发现的租金理论；以及19世纪70年代初期杰文斯（Jevons）、门格尔（Menger）和瓦尔拉（Walras）同时公布的效用理论。在上述这两个例子中，新的思想概念很可能都适合于当时经济学的特定发展。也就是说，租金理论使某种收入分配理论得以构成；而效用理论则顺理成章地导致了边际生产率理论的产生，并且促成了效用最大化行为理论向一般化的发展。⑨

我们还可以用这种科学变革的连续性来解释一种并非是很罕见的现象，即某一时代的天才往往无法使其同时代人接受他的思想，尽管其后的几代人都可能会十分赞赏其出色的研究工作。例如，奥古斯丁·古诺（Augustin Cournot）曾经是欧洲核心知识界的一位重要学者，但是他却无法在1838年使当时的经济学家相信，其有关最大值和最小值的数学理论是进行经济分析的有用工具。

我发现，通过仔细地考察一些重要经济学概念的进展过程，来证实这种科学发展的连续性，会更具说服力。但是，这种考察的过程却不见得总是十分合宜。⑩对事业的坦诚迫使我注意到，沿着历史的脚步进行严谨细致的考察，并不是一件容易做的事情，因为你必须一次又一次地明确回答诸如“一门科学的巨大变革究竟是什么？”“一门科学的迅速变革又是什么？”等问题。

加里·贝克尔（Cary Becker）指出，科学家对新思想的顽固抵制，可以用两个为人所熟知的经济学概念来解释。一个是特定人力资本概念，即已有建树的学者一般都会掌握某一特定的知识体系，从而拥有了一种宝贵的资本财产。如果由于人们普遍接受了新理论而使该学者的知识过时，其资本财产的价值就会下降，因此这些已有建树的学者会从自己个人的利益出发，攻击新的理论，这种攻击，甚至很可能是他们在单独行动的情况下最卖力气的事情。第二个概念是对风险的厌恶。这种厌恶风险的心理，使年轻的学者宁愿去掌握已经得到公认的理论，而不愿冒险去探索尚未确立稳固地位的新理论。科学上的创新者就像普通的冒险家一样，也许并不讨厌冒点风险。然而，某一学科的大多数学者对风险的普遍厌恶，却是构成科学上的保守主义之稳固基础。诸位将会看到，我马上要谈到的几段文字就是阐明这种特定人力资本理论的。

没人能够确切地描述，某种将使某一时期的科学家心甘情愿地迫切接受的新科学成果，会有什么样的特征和具体内容。确实，如若人们所掌握的知识足以用来辨明将会取得成功的理论，那么，发现并且不断地发展这样的理论就会带来巨大的价值，并从而获得科学上的声望。对科学家来讲，这样的知识会比预测股票价格的精确方法具有大得多的价值！即便是我们没有这种能够据以了解科学创造的无价之宝，对那些使某种科学思想成功地发展成经济学理论的过程进行仔细的考察，也会是很有意思的工作。下面我将以自己所研究的课题为例，来说明其中两种接受新思想的过程。

没有争议的接受：信息经济学

经济学家一向十分清楚的是，从事经济活动的人所掌握的知识之广度与精度，常常是影响其行为的决定性因素，并因而可对市场行动产生决定性的作用。

寡头垄断理论为信息的这种重要作用提供了一个很引人注目的实际例证。率先将寡头垄断问题当作经济学理论中的特定问题来进行研究的人，是古诺(Cournot)，我们已在前面提到过他的思想长期未被人承认这一情况。在阐明某一市场上的两位竞争对手将如何行动时，关键是要把每一方所遵循的行为模式之特征都看成是另一方也具有的。古诺曾经假定，互相竞争的每一方都假设其对手丝毫不了解自己的行动。其后的寡头垄断理论有关行为模式的假设，却与此完全不同，这些理论的思想基础是，每个卖主的行为都与其对手完全一样。在其他很多经济分析的领域里，如劳动力市场的运行情况、广告宣传的作用等，也都直接建立在经济行为信息之假设的基础上。按照这一传统，在任一市场上个人所拥有的信息量，都是靠任意的假设确定，而不是根据经济学原理推知。人们一致认为，顾客们几乎什么也不了解；贸易商有组织地进行大笔交易；而投资者不是容易上当受骗，就是无所不知。甚至连弗里德里克·冯·哈耶克(Friedrich Von Hayek)在他那篇很有权威且富于启迪性的文章“知识在社会上的应用”(The Use of Knowledge in Society)[11]当中，也未曾谈到获取知识的一些原则。

我在1961年曾经提出，应当利用有关效用最大化行为的标准经济学理论，来确定人们在其特别关切的买卖价格方面所能够获得的信息。一年之后，我将此具体应用于对劳动力市场的分析。在此我想谈到的，是自从我提出这一建议之后，经济学界的同仁们在接纳它的过程当中表现出来的一个有趣特征。

这一研究信息经济学的建议，很快就被经济学界广泛接受，甚至没有发生任何值得重视的最小争议。在其后的15年内，论述这一题目的文献数量是如此之多，在这一领域内从事研究的理论家也是如此地杰出，以至于当时的经济学著作索引要单独为此类文章分类，而且至今每年仍有一百篇以上的文章是专门论述这个问题的。

经济学界在这一问题上没有争议，当然并不表明我本人有关信息经济学的见解已经完美无缺。当时我选择的是固定的样本，而不是后来研究这一课题的经济学家更喜欢使用的序列化分析。我并未提出过某种具有普遍意义的、能够不偏不倚地分析市场上对立双方之行为的方法，而事实已经证明，这种解决问题的方法是难以找到的。除价格信息问题以外，我差不多一点也没有涉及有关质量及其他一些变量的信息问题，尽管我很快就开始进一步研究寡头垄断理论中的另一类信息问题了。我还未能将信息经济学理论用于研究失业问题，而阿尔曼·阿尔奇安(Armen Alchian)的重要文章却引出了一系列研究失业问题的经济学著作。[12]当年我所做的一切，只不过是打开了一扇门，在这道门后面的房间里，人们会找到许多极其富于魅力而且十分重要的尚待解决的问题。

因此，人们对信息经济学没有争议，不是因为我的论点已经树立了权威，而是由于这一理论本身并未向任何已确立其地位的经济科学理论发动挑战。事实上，我所提出的全部指责，只是说人们忽视了这个大有希望的研究课题。况且，信息经济学本身就是一种容易应用相当标准的经济分析技术来研究的理论。这种理论所很快取得的成果，无论是凭直觉，还是靠观察，都显得十分有道理。

可以说，信息经济学理论是一种连社会主义者都不讨厌的芝加哥学派的理论！

必须接受：管制经济学

经济学界对管制经济学的接纳，经历了另外一种完全不同的过程。

现代经济学家对政府之经济作用的兴趣，可能要追溯到安东尼·唐斯（Anthony Downs）那部很有影响的著作：《民主的经济理论》（*An Economic Theory of Democracy*）（1957 年），以及詹姆斯·布坎南（James Buchanan）和高尔顿·塔洛克（Gordon Tullock）的《同意的计算》（*The Calculus of Consent*）（1962 年）。虽然我以前曾经怀着极大的兴趣和深深的崇敬拜读过这些著作，但是我本人对政府管制的研究工作，却从一开始就是沿着一条与这几位学者不同的、更侧重于实证性研究的路子来进行的。

如果我们仔细地查阅现有的经济学文献，就会发现，没有一种文献试图认真地从专业角度衡量一下：在一些长期以来即由政府进行管制的领域，这种管制的效果如何。例如，政府对电力设施费用的管制、证券交易委员会新发布的报告，以及美国联邦政府的反托拉斯政策，究竟都产生了什么样的作用。由于我的同事和学生们一直在以彼此密切相关的努力工作，不断地加强对这些问题的研究探讨，因而使我也不得不逐渐面对一个立即显得十分突出的问题。这个问题就是：政府究竟为什么要进行这些管制？

这个问题的答案（至少是对一个经济学家来讲的答案），似乎不应从福利经济学原理，或者传统政治科学的惯例中去找，而更应该先系统地考察一下各种参与政治生活的人所怀有的个人利益。毫无疑问，这些人肯定要在各种不同规则的指导下行动，并且这些规则对他们的约束超过了市场对商人的约束。但是，这却绝不会妨碍我们使用一种强有力的经济分析工具，即效用最大化行为理论，进行分析。一旦经济学家能够确定各种政治行动的成本和收益，他就可以用上述理论来预测出，哪一类政治行为能理所当然地取得成功。

事实证明，很多经济学家都非常不欣赏这种研究方法。我的老师，弗兰克·奈特(Frank Knight)，就经常表示，参与政治行动的人(特别是那些选民们)，都是些既无知，又喜欢感情用事，并且通常还缺乏理性的家伙。许多经济学家也赞成奈特的这种观点。在一篇未公开发表的著名演讲中，奈特老师曾用下面这一比喻作为结束语，他说："社会的真理就像人身体里的马钱子碱，在某些特定条件下，并且其剂量很小的时候，可以有医疗的作用，否则，而且一般来说，它是一种能置人于死地的毒药。"像奈特这一类经济学家认为，在政治选举中参与投票的人都是缺乏远见和疏忽大意的，而政府所制定或者歪曲了的各种政治制度，使政府的官员们能够主要为了追求个人利益而从事公务工作。另外一些经济学家反对这种效用最大化的分析方法，是出于与奈特等人的观点完全不同的原因，或许这部分经济学家的人数要更多一些。他们认为，利用效用最大化行为理论来分析政治行动，好像是在对一个社会所拥有的、能够有助于实现一定社会进步的工具——政府，进行某种攻击。

然而，经济管制理论还是发展成为一种从本质上讲非常受欢

迎的科学理论。其有关政府对某些特定产业（如证券市场、交通运输以及职业许可证的颁发等）所实施的管制政策和这些政策的起源方面的研究成果，已得到很多人的赞赏。应当承认的是，我们对这些研究成果的阐释仍然不够充分和广泛，并且这一理论本身也确实仍有待于进一步发展完善。大多数人在事实上接受了这种理论的研究方法，主要是因为科学上的竞争存在着一条基本的规则，即用一种理论来打败另一种理论。对某一理论之发展前途的任何怀疑，并不能阻止人们去使用它，除非这些表示怀疑的人能够指出另外一种可以成功地研究政府管制这一科学问题的具体方法。

经济管制理论通常研究的是这样两个问题，即，某些管制政策为什么要采纳，又为什么被放弃掉？这些管制政策取得了什么效果？在一些成功地论述了这两个问题的经济学著作中，表现出一种有趣的不对称性，就是说，其作者在评价政府管制政策的效果方面所取得的成绩，要远远地超出他们对政府采纳这些政策之理由的解释。造成这种不对称性的原因在于，人们可以按照自己的意愿挑选某种政策所取得的效果这类问题进行研究，而且通常被选中的总是比较容易评价的效果。假使我们直接提出这一问题：为什么美国在1890年通过了反托拉斯法案？那么人们就不会再有这样进行选择的自由了。

对经济管制政策的效果进行研究，通常会涉及这些政策对价格和产出的影响，尽管其支持者所想要取得的效果很可能是它们对收入分配的影响。政府的管制措施所起到的全面防护作用，可以对收入再分配产生很大的影响，而这些收入再分配看来却显然并未纳入政府的预算当中。例如,某一产业对新加入者的一再排斥,会使其产出量较小,产品价格较高,受到保护的企业所获得的利润也较高,而且还可以利用这些好处来促进受保护领域的发展。假如这些收入的转移像局部证据所显示的那样大,那么经济管制理论就有可能成为与政府财政问题密切相关的税收理论和支出理论的最好搭档。

通过竞争而受到验证的接受?

在我所讨论的这两种理论中,没有一种通过与另一种理论的竞争而受到直接的验证,这是不是一种例外情况呢?我们常常谈到思想概念的竞争:这种竞争是怎样进行的?

在经济学领域里,两种力图解释同样一些现象的理论所进行的直接对抗,并不是很常见的事。[13](或许,这种情况在宏观经济学中比微观经济学中会更常见一些)下面这两个有关现代微观经济学的例子,将可以表明,经济学家们很少会选择那种根据批判性实证检验证明彼此是直接对抗的理论课题来进行研究。

1. 一种宣称应由垄断寡头限定价格的理论认为,某一产业中的各个厂商所制定的价格,都须能够妨碍或者阻止新厂商进入该产业。这种理论在寡头垄断形成之前便已经以潜在竞争的名义存在了很长时期,但是,直到二次大战之后,才由赛拉斯·拉贝尼(Sylos-Labini)、乔·贝恩(Joe Bain)以及弗兰科·莫迪利亚尼(Franco Modigliani)[14]等人,明确地提出了这种有关寡头垄断限定价格的理论。他们的观点引起许多经济学家纷纷撰文讨论这一问题,然而却从未有人直接验证这种理论,以反对其他一些观点明晰的寡头垄断行为理论。

2. 罗纳德·科斯(Ronald Coase)曾经直接向有关外部经济的庇古理论(Pigovian theory)提出过挑战。他认为,庇古理论实际上就是假定从事经济活动的人在各种各样的现象中具有部分非经济行为。[15]科斯的见解曾一度遭到很多持不同论点的经济学同仁的反对,但是这些人的论证却都集中在以科斯定理(Coase theorem)著称的逻辑问题上,而从未有人对庇古理论和科斯定理所阐述的实质内容进行过详尽的比较。

为什么这些经济学家没有直接检验这些理论,也没有检验20世纪30年代那四种被我称为极不成功的创新的理论呢?也许有人想用我们在历史传统上就很少对经济理论进行正规的实际验证当作一部分理由,尽管这样的实证性检验现在已经逐渐地频繁起来。可是,我却不打算赞同这样的答案。我想指出的是,产生这种现象的原因,是由于经济理论的验证过程,即通过竞争来进行检验所采用的是另外一种完全不同的形式。

经济学理论很少具有明确界定的适用范围。虽然某一理论的诞生,可能是为了解释某一特定类别的事件,如前面所举的第一个例子中提到的,在其他卖主有可能进入市场时,要由垄断寡头制定价格,但是它仍然会具有比较广泛的适用性。如果能以适当的规模来对两种理论彼此竞争的结果进行恰如其分的批判性验证,那么,这种检验就一般不会将该两种理论的全部适用范围都包括在内。

因此,一般地讲,经济学家会分别用每一种理论来探讨各种各样的问题,并通过这样的过程来确定所要选择的一种理论。例如,他们会具体地研究，寡头垄断式地限定价格的理论是怎样控制某一产业之成长，或者垂直一体化现象的？科斯定理怎样阐明有关民事侵权行为的法律条文，或者职业体育运动经济学之构成的？这样进行探讨是对经济理论进行检验的一种形式，即检验该理论是否创意丰富(或者至少可以检验提出这一理论的经济学家之知识是否丰富)，而对这些理论的各种具体应用，则是对它们所进行的一些局部的实证性检验。随着时间的推移，研究某一题目的经济学家会逐渐地达成共识，即承认有关的理论已成为标准经济分析体系的一个组成部分，或者是都不再重视这种理论而使之消亡。

Ⅴ. 结　　论

我们所列举的这些能够对某一学科之新思想理论的接纳问题产生影响的因素，可以很容易地加以扩展。

特别是，假如我们仔细地考察一下，与某一理论有关的公共政策之吸引力是否会影响该理论的适用性，可能会格外有益。一些有关方法论的教科书要我们必须将实际的理论和标准的理论分辨清楚。对经济学的研究使我们懂得，几乎没有一种理论能够毫不含糊地引出一系列政策上的含义，因此应当将科学和政策区别开来。那么，我们是否已经确实将这二者区别开了呢？我认为，目前离彻底地分清科学与政策的界限，还相差很远，尤其是在短时期内，还不可能区分清楚。然而，这却不是我们必须进行大量的研究工作以证实这一观点的理由。

况且，经济学研究的组织机构对新思想的接纳也会存在某种潜在的影响。施莫勒(Schmoller)和德国历史学派的强大组织势力,对德国经济科学在1870年之后的缓慢进展,无疑要负有重大的责任,而从马歇尔到凯恩斯的剑桥大学经济学家们之权威地位,也肯定不利于人们接受剑桥学派以外的经济学家所提出的新思想和新理论。我想,经济学研究的中心之所以转移到美国,其部分原因就在于这些英国经济学家未能全力投入数量经济学的研究工作。

即使我在此已将进行科学理论抉择的潜在决定因素加以进一步的列举,并且还更详尽地予以了证实,我却仍要信守诺言,绝不会向诸位讲述成功的经济学理论所应具备的详细特征。为此,我绝对不会感到痛惜。

科学研究工作的魅力并不在于像手工艺者一样地使用科学的工具。体操家运用自己受过杰出训练的躯体巧妙地完成各种复杂的动作,确实很令人赞叹;科学家运用受过训练的头脑进行一系列复杂的分析或实验性的研究探讨,无疑也同样非常令人钦佩。然而,在科学的小路上进行艰苦探索的巨大魅力,却恰恰存在于冒着风险探求新思想的努力当中,这种努力将会拓宽我们了解世界的眼界。我们所进行的艰巨探索,并不是一种知识体操式的优雅游戏,而与做游戏完全不同,因为科学家必须要在表面看来不符合一般规律和逻辑道理的概念和事实所构成的丛莽中蹒跚前行,其结果却往往是不仅未能走出丛莽,反倒被无数的荆棘刺得遍体鳞伤。从事科学探索时还会存在一种令人担心的事情,这就是有天赋的竞争对手将会比自己更快地到达目的地,并且,这种可能性不会因为有才能和有抱负的竞争者通常都要遵循颇具骑士风度的竞争规则而减小。但是,由于已经更清楚地认识到这种探寻新知识的过程本身就是一种很值得做的事情,我们还是会坚持下去,绝不放弃。

注释:

①参见《国际贸易理论研究论文集》(*Studies in the Theory of International Trade*),哈珀出版公司,1937 年。

②同上书,第 109 页。

③D. H. 罗伯逊(Robertson),"毫无意义的论述"(Those Empty Boxes),原载《经济学杂志》,1924 年;F. H. 奈特(Knight):"有关社会成本之阐述的几点谬误"(Some Fallacies in the Interpretation of Social Cost),原载《经济学季刊》,1924 年。上述两篇文章后来都收入《价格理论文集》(*Readings in Price Theory*),美国经济学会出版,1952 年。

④J. M. 克拉克(Clark):"评财富和福利"(Review of Wealth and Welfare),原载《美国经济评论》第 3 卷,1913 年,第 624 页;A. A. 扬(Young):"评财富和福利"(Review of Wealth and Welfare),原载《经济学季刊》第 27 卷,1913 年,第 682—684 页。

⑤参见《经济理论的类型》(*Types of Economic Theory*),纽约,奥古斯特·凯利出版社出版,1967 年,第 1 卷,第 13 页、235 页、286 页。

⑥同上书,第 2 卷,第 2 页。

⑦参见《科学的社会学》(*The Sociology of Science*),芝加哥大学出版社,1973 年,第 14 章。

⑧《经济分析史》(*History of Economic Analysis*),纽约,牛津大学出版社,1954 年,第 465 页、496 页。

⑨我在其他地方用另一种方法阐明了默顿有关重复发现的理论,比他本人更加强调这对于经济科学"准备好"接受新思想概念的重要性。参见"默顿论重复发现、否定与肯定"(Merton on Multiples, Denied and Affirmed),载《纽约科学学会学报》,1980 年,后收入《经济学家和说教者》(*The Economist as*

Preacher)一书,芝加哥大学出版社,1982 年。

⑩在另一学科中有关此种有趣情况的研究,可见尼古拉斯·费雪(Nicholas Fisher)的文章,"埃瓦加德罗和历史学家"(Avogadro and the Historians),载《科学史》(*History of Science*),1982 年 6 月和 9 月。

⑪《美国经济评论》,1945 年 9 月。

⑫"信息的成本、定价,以及资源闲置"(Information Costs, Pricing, and Resource Unemployment),载《就业与通货膨胀理论》(*Employment and Inflation Theory*),E. S. 费尔普斯(Phelps)主编,诺顿出版公司,1970 年版。

⑬我曾经用这种断折的寡头垄断需求曲线理论与较传统的理论直接对照,但未发现任何迹象以证明其存在某种断折。目前经济学界已不再研究这一理论,不过在每本教科书中都能看到有关的内容。参见"经济学文献:以断折的寡头垄断需求曲线为例"(The Literature of Economics: The Case of the Kinked Oligopoly Demand Curve),载《经济学研究》,1978 年,后来收入《经济学家和说教者》一书。

⑭保罗·赛拉斯-拉贝尼(Paolo Sylos-Labini),《寡头垄断与技术进步》(*Oligopoly and Technical Progress*),哈佛大学出版社,1962 年版;乔·S. 贝恩(Joe S. Bain),"论垄断和寡头垄断的价格制定问题"(A Note on Pricing in Monopoly and Oligopoly),载《美国经济评论》1949 年;弗兰科·莫迪利亚尼(Franco Modigliani),"论寡头垄断理论的新发展"(New Developments on the Oligopoly Front),载《政治经济学杂志》,1958 年 6 月号。

⑮"社会成本问题"(The Problem of Social Cost),载《法学与经济学杂志》,1961 年。

第 三 部 分

施蒂格勒论产业组织

11. 论寡头垄断①

如果不预先指明其所具有的价值，就无人有权，并且也很少有人能够诱使经济学家去阅读其他有关寡头垄断理论的文章。本文所依据的假设是：垄断寡头希望通过共谋获得极大化的共同利润。并力图说明实现这种愿望的条件，比如在有许多厂商的情况下不可能进行这样的共谋；这类共谋在某些环境中比在另一些环境中会产生大得多的效果；等等。在分析有关制定共谋协议的问题时，可以发现这种愿望与事实的一致性，而这一问题实际上是一个信息理论的问题。我在本文中还要讨论寡头垄断理论的许多含义，并且提供一定数量的经验事实来加以证明。

Ⅰ. 共谋的任务

一种令人满意的寡头垄断理论，不可以预先假定每个厂商都认为自己和竞争对手是互相依存的。倘若我们坚持按照传统的追求最大化利润的企业经营管理理论来思考问题，就不会再去假设厂商的行为是什么，而是通过推理得知厂商将要采取的行动。某

本文原载《政治经济学杂志》第 72 卷第 1 期，1964 年 2 月。1964 年版权所有，芝加哥大学。

一产业中的各个厂商都会在供需函数已定的情况下(包括竞争对手的供需函数),尽力扩大自己的利润。

如果某产业的所有厂商都联合起来像一个垄断者那样行动,其共同利润便会达到极大。至少按照传统的寡头垄断理论分析,能使利润极大化的产出和价格,在任何时候都不会存在重大的不确定因素。这一为人熟悉的结论看来不仅是不可避免的,而且无论厂商数目有多少,它总会成立。

我们对这一理论的修订,只不过是系统地描述一下决定共谋是否能够实行的各种因素。像这个世界上的大多数事情一样,进行共谋也需付出一定的代价。在描述这些因素之前,我认为很有必要先以某种批评的眼光,来观察一下产品同质的概念和利润极大化的含义。我们将会看到,在正常情况下的共谋,绝不仅仅只是串通起来坚持"某种"卖价,而是还要包括比这多得多的内容。

一般地说,同质性就是指产品同一,或者是互相关联的一对产品之间具有无限大的替代弹性(假定这一对产品是同等的)。无论按照哪一个定义来看,具有决定意义的都是买主的行为。但显而易见的是,对任何买主或者每一位买主来说,产品都可能是同一的,而从卖主的角度看,各个买主却可能完全不一样。

经济学家绝不会轻易忘记任何交易都要包括买卖双方这一事实。因此人们会期望同质性的定义也应当涉及这两个方面,就是说,如果卖方提供的是产品,买方提供的是购买的条件,那么,完全的同质性显然就应包含产品之间和购买条件之间都具有无限大的替代弹性。换言之,在价格相同的情况下,如果两种产品的任意组合——比方说一种产品是 x 件,另一种产品是 $(20-x)$ 件——对买主来说没有差别，那这两种产品对买方就是同质的；如果在同一价格下两种购买条件的任意组合——比方说一种条件为 y，另一种为 $(20-y)$——对卖主来讲是一样的，那么对卖方而言这两种购买条件是同质的。于是，完全同质就应当定义为产品(卖方)和购买条件(买方)这两者的同质。

但是，对同一产业产品之购买条件的异质性，在一般情况下常常至少和产品的异质性一样大。有时前者还会比后者大得多。买方和卖方一样具有同一类个人差异，如销售的容易程度、付款是否及时、有没有退货的嗜好，以及再次购买(或购买其他产品)的可能性等。除此以外，买方还普遍存在两种在经济学中已得到广泛认可的差异：

1. 购买规模的差异，及由所提供的各批货物数量不同所带来的成本差异。

2. 购买迫切性的差异，及很可能足以引起价格歧视的需求弹性差异。

声称任何重要的市场都不存在同质的交易是一回事，而具体衡量其异质的程度却是完全不同的另一回事。在信息完备的体制下，也许能根据各项交易的不同价格来衡量异质的程度；在信息不完备的体制下，即使交易是同质的，价格也会离散。[②]

异质性和共谋的相关性在于，制定一种价格结构，使之能反映各类交易成本的较大差异，是使产业利润极大化的任务之一部分。如果忽视买主之间的差异，即使只有同一种物理性质相同的产品，也会使利润减少。这种情况在本文附录中作了详细的说明。事实表明，忽略了买主的差异就等于是向其征收消费税，而所征的税款又没能落入垄断者的腰包。垄断寡头进行串通合谋的目标，通常就是使价格结构变得复杂一些。

Ⅱ.共谋的方法

厂商的合谋可以采取很多种形式，其中最全面彻底的一种是将所有厂商合并起来。然而，由于规模的不经济，[3]兼并常常不是很合适的方式，而且在某些时期和某些地点，这种方式还可能会遭到法律的禁止。一种比全部合并的彻底性只稍差一点的共谋方式，是组成具有共同销售机构的卡特尔，但是这种方法也有经济上的局限性，即妨碍为顾客服务，并且要为了达到各种质量标准、降低成本，以及产品的革新等付出很多管理上的代价。由于在美国须遵从反托拉斯法案，因此我们假定这里的厂商合谋形式是，由表面上各自独立的厂商共同确定产出量和价格，至于法律禁令的作用，我们将在以后说明。在美国，寡头垄断是 1890 年以前有过的现象，而在其他从未颁布过反托拉斯政策的国家里，现在却仍然存在着寡头垄断。

进行共谋的厂商，必须就与其打算认可的交易类别相适宜的价格结构达成协议。某种可以完全实现极大化利润的价格结构，也许会有多得几乎难以计数的价格类别，所以各个厂商必须依据为各种各样的交易制定的价格所产生的成本和收益，来决定究竟有多少类价格。我们已经用一个假设的实例（见附录）指出，按照各种不同交易制定的价格，可以带来净利润。共谋价格的水平还取决于进入该产业的条件，以及需求弹性。

现在让我们假定这些厂商的共谋已经发挥作用，并且已就某种价格结构达成了协议。一种得到人们普遍认可的观点认为，假使任何参加协议的厂商可以秘密地违反协议的规定，他就会获得比其遵守协议时更多的利润。④ 而且，凡是使违反协议者可能获利的协议，都必须要强制实施，也确实是人类行为的一条公理。在有关共谋协议的文献当中，从 19 世纪 80 年代操纵市场的各种集团，到近代电气行业的合谋串通，都充斥着由于"秘密"削价而使共谋瓦解的例子。虽然这些文献的描述会带有偏见，即可能会很少报道或察觉出那些成功地避免了许多导致协议崩溃的削价的共谋实例，但是，确实没有一例共谋，可以忽视其协议的强制实施这个重要问题。

强制实施的基本内容，就是查出明显背离协议价格的行为。一旦查出这类行为，这种背离就会趋于消亡，因为它已经不再是秘密的了，并且假如这些背离原协议价格的行为未得到纠正，其他参与共谋的成员就会随之仿效。但是，倘若共谋协议的强制实施非常软弱，即对削价行为的探查又慢又不完全，该共谋集团就必须承认其弱点，就是说，它必须要将价格定在略高于竞争价格的水平上，以减少削价的动机，或者是将共谋限制在能够有效地强制实施的范围之内。

固定市场销售份额可能是对抗秘密削价的最有效方法。一旦选定了某种能使利润极大化的价格，如果沿着该产业的需求曲线移动，⑤ 任何厂商便都不可能通过秘密削价获利。通过对产出量进行审查，并对由背离限额带来的收益和造成的损失进行再分配，就可以消除秘密削价的动机。假使对产出量进行审查的成本不是很大，或者不是十分缺乏效率（比如提供有关服务），这就是强制执行共谋协议的理想方法，并且有很多合法的卡特尔实际上使用的都是这种方法。然而，遗憾的是，对垄断寡头来讲，这通常是一种容易被人察觉的共谋方式，因为它可能要求厂商之间的额外支付，而且会留下无法消除的产出记录。

另一种防止秘密削价的方法是指定每位买主只能到一个卖主处购买，这种方法与固定市场份额的方法几乎具有同等的效力。如果将所有的买主都这样配置好，短期的削价行为便不再有任何意义。但是，倘若这些买主是互相竞争的，那么长期的削价行动仍然会很有可能发生，因为对自己的主顾低价售出产品的卖主可望扩大市场销售份额，所以他们的长期需求曲线会比该产业的长期需求曲线更具弹性。然而，只有在卖主向买主提供了成本的主要组成部分的情况下，长期削价才可能具有重要意义。

对卖主来讲，这种分配买主的方法还会存在一些其他实际困难。一般而言，各个卖主的运气在各不同的时期会很不相同，随着时间的推移，某一卖主的主顾也许会增长3倍，而另一卖主的顾客却可能减少了一半。如果顾客的需求波动互不相关，各不同卖主的相对产出量就会在短期内发生很大变动。[6]在买主的流动量很大的情况下，根本就不能实行这种方法。

不过，在某些产业仍会存在适于将顾客分派给卖主的条件，尤其是在按地理区域分割的市场，更要常常采用这种方法。由于分派买主是一种明显违反谢尔曼法案的行为，并且容易被人发现，因此我们可以又一次推断，政府所颁布的这些反托拉斯法容不得这种能有效地强制实施某种价格协议的方法。所以我们转向讨论强制实施共谋协议的其他技术问题。但是，我们将会发现，这种分析还是会回到买主的分配上来。

一般而言，对某一价格协议的管制就包含着对各种交易价格的审查因素。在没有或者违反反托拉斯法的情况下，事实上是由一些共谋集团对卖主们的会计账目来进行审计检查，但即便是这种审查也只能有限地确保其对价格协议的遵守。[7]归根结底，交易价格只能是从买主那里得到，并没有别的替代办法。

一个垄断寡头不会考虑对那些购买量低于某一规模（相对于总销售量）的买主进行秘密削价。在这种情况下，具有决定意义的是其竞争对手能否很容易地察觉出秘密削价。如果 p 是某一竞争对手将获知秘密削价信息的概率，且得到这一削价的顾客为 n 个，则 $1-(1-p)^n$ 就是一个竞争对手将至少获知一次削价的概率。即使 p 的值非常小，譬如说只有 0.01，当 n 等于 100 时，察觉秘密削价的概率也可达到 0.634；而当 n 等于 1000 时，该概率就是 0.99996。迄今为止，还没有人能发明出一种方法，可使无数顾客得知他已经降低了卖价，而同时却将其竞争对手蒙在鼓里。[8]

由此可知，即使在寡头垄断式的共谋对大买主不起作用的情况下，对小买主也常常会十分有效。例如，垄断寡头们在向较大的连锁商店和工业买家削价出售的同时，仍会严格按照共谋协议的价格把产品卖给为数众多的小零售商。这是我们的理论的第一个经验性含义。让我们由此不再考虑向小买主出售产品的情况。

查出秘密削价行为当然会像从这种行为得利者实施削价一样困难。削价者肯定会申明自己无罪；或者，假如人们不相信这种申辩，就将责任归咎于其附属部门不肯服从命令。秘密削价常常采取间接的形式，即以修改买卖交易中的一些非价格方面的形式出现。顾客可能,并且经常会泄露出价格下跌的信息,以期别的卖主也这样做,但是,他将从经验中得知,是否每次泄露之后都会引起较低报价的撤回。实际上,买主还会不断地编造纯属虚构的报价来考验其卖主的竞争对手。市场上发生的串谋行动,确实是很像一部优秀的侦探小说中所描述的情节那样,既微妙又复杂。

但是,这二者之间也有一点不同,即,在市场上"谋杀"共谋价格的人,将会得到一笔"遗产",这就是大批顾客的光顾。查明削价行为的基本方法,必定是探明某一卖主进行交易的情况,如若该卖主正在做的生意是除非进行秘密削价否则就不可能做到的,那么他显然是在削价出售产品。任何不能改变交易状况的削价许诺,都不可能真正起作用,这说明或者是该许诺的价格还是太高,或者是根本就没人相信会有什么削价。

因此,我们给完善的共谋所下的定义就必定会是:任何买主都不会自愿变换卖主。如若没有买主在卖主之间的流动,就没有竞争性的削价。

这一必须根据买主的转移来推断削价行为的原则,存在一个例外,这种例外情况虽然是局部性的,但是却非常重要。有一类买主常常公开宣布他所支付的价格,并且拒不接受暗中给予的好处。这类买主就是政府。密封投标制度,公开宣布每位投标者的价格和详细情况说明,是一种查明削价行为的理想手段。在这种情况下,不可能存在另外的秘密削价办法(代理购买机构的受贿除外)。于是,又可以根据经验得出第二个推测,这就是,在对付那些准确而全面地公布自己所支付的价格的买主时,市场上的串通共谋总是会更有效。[9]

根据这种用买主的忠实性来检验是否存在价格竞争的方法，可推断出我们的第三个主要经验推测，即，假如重要的买主在不断地发生变动，市场上的共谋就会受到严重的限制(假定不考虑市场份额问题)。有些重要市场的(主要)买主，确实是在不停地发生着变化，这就是建筑业市场。例如，一座工厂或一幢办公大楼的建造基本上是一种不会反复的事件，而且除非是对详细项目公开投标，竞争者就不可能确定中标者是否采取了削价行动。

然而，在正常情况下，市场总是既稳定又有变化。进入市场的新买主比率可能很小；即使在卖主的共谋生效的范围内，也会有一些买主发生转移，我们可以把各种各样造成买主转移的微小原因合并在一起，称为“随机因素”；一些买主常常会同时光顾好几位卖主，这对买主来说，倒是使卖主更难施行价格共谋的一种策略。下面我们来转向讨论充满着偶然事件的世界，或者说，概率的世界。

Ⅲ. 查明秘密削价的条件

我们这里将用一个简化了的模式来探究查明秘密削价的问题。根据这个模式，所有的买主和所有的卖主最初的规模都完全相同。每位卖主的顾客数目——请注意，我们前面已经讲过，不再考虑那些购买量很小，比方说低于某卖主产出量 0.33％的买主——将会是从 300 人到 10 人或者 20 人不等(因为我们希望避免完全的双边寡头垄断这种可怕的情况)。在这些买主当中，有一小部分是新主顾，但是在一个适当的时期内，大多数买主都是“老”主顾，虽然这些老主顾中会有一些人将改换卖主。如果秘密削价幅度已定，潜在的秘密削价者便可以从三个来源增加顾客，即：竞争对手的老主顾、在正常情况下会离开他的老主顾以及新来的主顾。

在没有秘密削价的情况下，大多数老主顾都会有规律地只光顾一个或少数几个卖主。此时由于卖主遵守共谋协定，或者由于能够索取的只是竞争的价格，因此可能会不存在秘密削价。我们将要指出的是，顾客的忠诚是决定采用何种价格的关键因素，另一个必须了解的因素，是在没有秘密削价的情况下老主顾仍会从原来的卖主那里按共谋价格购买产品的概率。

买主会建立重复购买以节省费用的体系(其中包括较少的交易成本和较少的产品检验费用)，以降低由于不断地变换卖主而提高了的秘密削价的概率。如下文所示，从任何一位买主的角度看，卖主越多而买主越少，从变换卖主中所得到的好处就越大。商品的同质性越强，买主的购买量越大(仍是其规模的反函数)，则变换卖主所需付出的成本就越小。让我们令这一重复购买的概率为p，稍后再说明怎样用更一般化的方法来确定这一概率。

某一厂商之销售量的次要组成部分，是其卖给新买主的货物量和转而来买他的产品的原竞争对手之老主顾所购买的货物量。在此，我们假定，在没有价格竞争的情况下，每位卖主做成这类交易的可能性相同。

现在让我们开始进行具体分析。令老顾客为n_0，新顾客为n_n，$n_n=\lambda n_0$，且卖主为n_s。某一厂商可能会根据三种迹象来观察是否存在秘密削价，因而，与此相对称的是，他也会有三个可实施秘密削价的潜在领域。

1. 厂商自己的老主顾的行为。

这类主顾的平均数目是 n_0/n_s，在没有秘密削价时，厂商在某一给定的交易范围内，可望将产品卖给他们当中的 $m_1 = pn_0/n_s$ 位。这一顾客人数的方差为：

$$\sigma_1^2 = \frac{(1-p)pn_0}{n_s}$$

该厂商失去的老主顾大于

$$\frac{(1-p)n_0}{n_s} + k\sigma_1$$

的概率是由数值大于 k 的概率决定的。预计在这些老主顾中会转向购买其任一竞争对手之产品的人数为 m_2，即

$$m_2 = \frac{1}{n_s - 1}\left[\frac{(1-p)n_0}{n_s} + k\sigma_1\right],$$

其方差为

$$\sigma_2^2 = \frac{n_s - 2}{(n_s - 1)^2}\left[\frac{(1-p)n_0}{n_s} + k\sigma_1\right]。$$

任何一位竞争对手将会得到大于 $m_2 + r\sigma_2$ 个转而购买其产品的顾客之概率，由 r 决定。现在，我们可以选择 k 和 r 的组合，使之确定某一定数量的考顾客转而购买任一竞争对手之产品的概率水平，若实际发生的情况超过这一水平，我们便可以推断该竞争对手进行了秘密削价。但是，由于这一数学计算过程过于繁复，因此我们采用一种不那么精确的方法来计算。

假定该厂商失去老主顾的临界值为：

$$\frac{(1-p)n_0}{n_s} + \sigma_1 = \frac{(1-p)n_0}{n_s}\left[1 + \sqrt{\left(\frac{p}{1-p}\frac{n_s}{n_0}\right)}\right]$$

$$= \frac{(1-p)n_0}{n_s}(1+\theta),$$

也就是说，如果他失去的老主顾比平均损失数大一个均方差，就可以推断其竞争对手有秘密削价行为。该厂商的任一竞争对手平均将从他这里吸引的老顾客人数为 m_2，

$$m_2 = \frac{1}{n_s - 1}\left[\frac{(1-p)n_0}{n_s} + \sigma_1\right]$$

其方差为

$$\sigma_2^2 = \frac{n_s - 2}{(n_s - 1)^2}\left[\frac{(1-p)n_0}{n_s} + \sigma_1\right]。$$

如果转而购买某竞争对手之产品的顾客人数大于($m_2 + \sigma_2$)，即如果该竞争对手得到任何较大数量之转向顾客的概率小于 30％*，他就有进行秘密削价的嫌疑。将该厂商损失的顾客人数等于平均损失加上一个均方差，与某一竞争对手所得到的转向顾客等于平均所得人数加上一个均方差这两个事件结合起来，其联合概率约为 10％(即 30％×30％≈10％)。如果不考虑新顾客的购买量，某一竞争对手的平均销售量为 n_0/n_s。任一卖主在不引起明显怀疑的情况下可从一个竞争对手处夺得的顾客之最大数量，减去他不

---

*　正态分布的随机变量比平均数大一个均方差的概率约为 30％。由此可推知，设厂商观察到某一竞争对手得到某一数量的转向顾客，若该对手得到这一数量顾客的概率大于 30％，说明该数量未超过 $m_2 + \sigma_2$；反之，若这一概率小于 30％，说明该顾客数量超过了 $m_2 + \sigma_2$，即可知这个竞争对手必定在进行秘密削价。也就是说，若已知转向顾客人数，即可通过计算这一数量是否大于 $m_2 + \sigma_2$，或者是看其得到这一数量顾客的概率是否小于 30％，都可以推知竞争对手是否有秘密削价行动。同理，如果该厂商观察到自己失去某一数量的老顾客之概率小于 30％，也可以推断竞争对手在秘密削价。——译者注

需削价就会得到的顾客平均数($[1-p]n_0/n_s[n_s-1]$)，用对该卖主的平均销售量之比来表示，就是：

$$\frac{[\theta(1-p)n_0/(n_s-1)n_s+\sigma_2]}{n_0/n_s}。$$

表 11.1 所示，即按这一判断标准所计算出来的数据。

表 11.1 中的各个数据是可以通过秘密削价行动从任一竞争对手处夺得的最大销售增量(用对平均销售量的百分比来表示)，若其销售增量超出了表中所列数据，该竞争对手就会推知他采取了秘密削价行动。由于发生秘密削价的概率取决于厂商可以由此获得的生意量(还取决于价格超出边际成本的量)，因此我们也可以将这些数据看作衡量秘密削价动机的标准。表 11.1 中的数据有三个值得注意的特点：

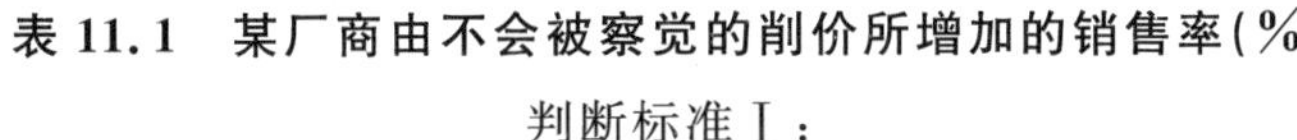

表 11.1　某厂商由不会被察觉的削价所增加的销售率(%)

判断标准 I：

$$\frac{1}{(n_s-1)}\left[\theta(1-p)+\sqrt{\frac{n_s(n_s-2)(1-p)(1+\theta)}{n_0}}\right]\theta=\sqrt{\frac{p}{1-p}\frac{n_s}{n_0}}$$

反复销售的概率(p)	买主人数(n_0)	卖主人数					
		2	3	4	5	10	20
$p=0.95$	20	6.9	11.3	11.3	11.4	11.8	12.7
	30	5.6	8.9	8.8	8.8	9.0	9.6
	40	4.9	7.5	7.4	7.4	7.5	7.9
	50	4.4	6.6	6.5	6.4	6.5	6.8
	100	3.1	4.4	4.3	4.3	4.2	4.4
	200	2.2	3.0	2.9	2.8	2.8	2.8
	400	1.5	2.1	2.0	1.9	1.8	1.8
$p=0.90$	20	9.5	14.8	14.7	14.6	14.8	15.7
	30	7.8	11.7	11.5	11.4	11.4	12.0

续表

反复销售的概率(p)	买主人数(n_0)	卖主人数					
		2	3	4	5	10	20
	40	6.7	10.0	9.7	9.6	9.5	9.9
	50	6.0	8.8	8.6	8.4	8.3	8.6
	100	4.2	6.0	5.8	5.6	5.4	5.5
	200	3.0	4.1	3.9	3.8	3.6	3.6
	400	2.1	2.8	2.7	2.6	2.4	2.4
$p=0.80$	20	12.6	19.3	18.9	18.7	18.6	19.4
	30	10.3	15.4	15.0	14.7	14.5	15.0
	40	8.9	13.1	12.7	12.5	12.2	12.5
	50	8.0	11.6	11.2	11.0	10.6	10.8
	100	5.7	8.0	7.7	7.4	7.1	7.1
	200	4.0	5.5	5.3	5.1	4.8	4.7
	400	2.8	3.8	3.6	3.5	3.2	3.2
$p=0.70$	20	14.5	22.3	21.8	21.5	21.2	21.9
	30	11.8	17.8	17.3	17.0	16.6	16.9
	40	10.2	15.2	14.8	14.5	14.0	14.2
	50	9.2	13.5	13.1	12.8	12.3	12.4
	100	6.5	9.3	9.0	8.7	8.2	8.2
	200	4.6	6.5	6.2	6.0	5.6	5.5
	400	3.2	4.5	4.3	4.2	3.8	3.7

a. 在顾客数量和重复销售的概率已定的情况下，通过秘密削价从任一竞争对手处夺得的销售增量对竞争者数目不很敏感。某一厂商从削价当中所获得的总销售增量——进行秘密削价的总动机——是从每一竞争对手处所夺取的销售量之和，因此会与竞争者数量的增加大体上成比例地增加。

b. 进行秘密削价的动力会随每位卖主之顾客数量的增加而减

小，而且其被削弱的程度大致上与买主人数的平方根成反比。

c. 进行秘密削价的动力会随着重复购买概率的减小而提高，然而其提高率是递减的。

我们已经说过，老主顾从变换卖主当中所得到的好处，就是促使卖主进行秘密削价，因为他们在各个卖主之间的流动，会使秘密削价更加难以察觉。根据表 11.1 可知，变换卖主的边际报酬是递减的，即随着 p 的减小，该表中的数据以递减的速率增大。在某种比较完全的模式中，我们可以引入变换卖主所需付出的成本，并且确定使买主期望收益极大化的 p 值。但是，在买主的购买规模不等的情况下，购买量越大的买主变换卖主导致削价的可能性就会越大。

而且，假使卖主数目在 2 个以上，那么两个或者更多的厂商就显然可能共享信息，并从而察觉一些不太明显的削价行为。例如，我们已在上文中表明，在概率水平已定时，任一竞争对手能从某厂商处夺取的老主顾人数最多不超过

$$(1-p)\frac{n_0(1+\theta)}{n_s-1},$$

其方差为：

$$\frac{(n_s-2)(1-p)(1+\theta)}{(n_s-1)^2}n_0。$$

在同一概率水平下，一个竞争对手能从 T 个厂商处夺取的平均老主顾人数最多为：

$$\frac{T(1-p)n_0}{n_s-T}\left(1+\frac{\theta}{\sqrt{T}}\right),$$

方差是：

$$\frac{(n_s-T-1)}{(n_s-T)^2}(1-p)\left(1+\frac{\theta}{\sqrt{T}}\right)n_0T。$$

如果用共享信息的每个厂商失去顾客所占的比重来表示，上述这两个式子的值都会比只有一个卖主情况下的相应表达式要小。

当然，这种共享信息也是有限度的，这不仅是因为随着厂商数目的增加，共享信息的代价会变得很大，而且还因为共享信息的某一成员本身就可能是秘密削价者，所以他们所提供的信息不是十分可靠。下面我们将会给出一些具体数字，以表明共享信息的效果。

2. 对其他厂商之老主顾的吸引力，是提供秘密削价证据的第二个源泉。

倘使某一已知的竞争者不削价，就会平均失去 $(1-p)(n_0/n_s)$ 个顾客，其方差是 σ_1^2。他在进行秘密削价的情况下将能保持住的顾客数目，不会超过可能使别的竞争对手怀疑他在削价的水平。任何竞争者都将难以判断自己是否从该厂商失去的老主顾中得到了公平的份额，但是他们可以交换信息，从而可以在总体上预期，当概率水平为 5%时，该厂商至少会失去 $(1-p)(n_0/n_s)-2\sigma_1$ 位主顾。因此，削价者至多只能保住其 $2\sigma_1$ 位老主顾（超出其平均拥有的顾客），该数占其平均销售量的比重（不考虑新顾客）为：

$$\frac{2\sigma_1}{n_0/n_s}=2\sqrt{\frac{(1-p)pn_s}{n_0}}。$$

用根据此式计算出来的数据列表，如表 11.2。

表 11.2　秘密削价可保住的老顾客占平均销售量的百分比

判断标准 Ⅱ：$2\sqrt{\frac{p(1-p)}{2}\frac{n_s}{n_0}}$

老顾客继续购买的概率(p)	每个卖主的老顾客数目(n_0/n_s)			
	10	20	50	100
0.95	13.8	9.7	6.2	4.4
0.90	19.0	13.4	8.5	6.0
0.85	22.6	16.0	10.1	7.1
0.80	25.3	17.9	11.3	8.0
0.75	27.4	19.4	12.2	8.7
0.70	29.0	20.5	13.0	9.2
0.65	30.2	21.3	13.5	9.5
0.60	31.0	21.9	13.9	9.8
0.55	31.5	22.2	14.1	10.0
0.50	31.6	22.4	14.1	10.0

如果用表 11.2 中的数据与表 11.1 中的数据相比较[⑩]，便可发现，观察厂商从任一竞争对手处夺得的销售量，比观察其重复销售量中的非正常部分，更容易察觉谁在进行秘密削价，所以我们很少使用这第二个判断标准。

3. 新顾客的行为是获得削价信息的第三个来源。

每一时期有 n_n 个新顾客，相当于 λn_0。[⑪]在没有削价的情况下，某一厂商可望将货物卖给这些顾客当中的 m_3 个人，

$$m_3 = \frac{1}{n_s}\lambda n_0$$

方差为：

$$\sigma_3^2 = \left(1-\frac{1}{n_s}\right)\frac{\lambda n_0}{n_s}。$$

如果信息由各个竞争对手们共同享有(倘若不共同享有信息，便无

法在这一领域内有效地实施共谋)，该厂商就不可能获得比($m_3 + 2\sigma_3$)个更多的新买主而不被人指责为削价者，这里所使用的概率标准仍为5%。于是，在没有削价的情况下，超出预期的新买主数量的最大销售量占该厂商总销售量的比重即为：

$$\frac{2\sigma_3}{n_0(1+\lambda)/n_s} = \frac{2}{1+\lambda}\sqrt{\frac{(n_s-1)\lambda}{n_0}}。$$

根据这一判断标准计算出来的数据列表如表11.3。

表11.3　秘密削价可得到的新顾客最大增量(占平均销售量的百分比)

判断标准Ⅲ：$\frac{2}{1+\lambda}\sqrt{\frac{\lambda(n_s-1)}{n_0}}$

新买主进入率(λ)	老买主数目(n_0)	卖主数目					
		2	3	4	5	10	20
1/100	20	4.4	6.3	7.7	8.9	13.3	19.3
	30	3.6	5.1	6.3	7.2	10.8	15.8
	40	3.1	4.4	5.4	6.3	9.4	13.6
	50	2.8	4.0	4.8	5.6	8.4	12.2
	100	2.0	2.8	3.4	4.0	5.9	8.6
	200	1.4	2.0	2.4	2.8	4.2	6.1
	400	1.0	1.4	1.7	2.0	3.0	4.3
1/10	20	12.9	18.2	22.3	25.7	38.6	56.0
	30	10.5	14.8	18.2	21.0	31.5	45.8
	40	9.1	12.9	15.8	18.2	27.3	39.6
	50	8.1	11.5	14.1	16.3	24.4	35.4
	100	5.8	8.1	10.0	11.5	17.2	25.1
	200	4.1	5.8	7.0	8.1	12.2	17.7
	400	2.9	4.1	5.0	5.8	8.6	12.5
1/5	20	16.7	23.6	28.9	33.3	50.0	72.6
	30	13.6	19.2	23.6	27.2	40.8	59.3
	40	11.8	16.7	20.4	23.6	35.4	51.4
	50	10.5	14.9	18.3	21.1	31.6	46.0

续表

新买主进入率(λ)	老买主数目(n_0)	卖主数目					
		2	3	4	5	10	20
	100	7.4	10.5	12.9	14.9	22.4	32.5
	200	5.3	7.4	9.1	10.5	15.8	23.0
	400	3.7	5.3	6.4	7.4	11.2	16.2
1/4	20	17.9	25.3	31.0	35.8	53.7	78.0
	30	14.6	20.7	25.3	29.2	43.8	63.7
	40	12.6	17.9	21.9	25.3	38.0	55.1
	50	11.3	16.0	19.6	22.6	33.9	49.3
	100	8.0	11.3	13.9	16.0	24.0	34.9
	200	5.7	8.0	9.8	11.3	17.0	24.7
	400	4.0	5.7	6.9	8.0	12.0	17.4

这里显示出两种对新顾客削价的刺激因素(或者相当于查明削价的困难),即,随着卖主数目的增加,削价的动机会迅速增强;[12]新顾客进入率的提高,也会增强削价的动机。这种对新顾客削价的动机通常会随着每一卖主的顾客之绝对数的增加而逐渐削弱。假如新顾客的进入率达到10%,或者10%以上,那么对新顾客削价,会比从竞争对手处吸引顾客更能使销售量增长而不被察觉其削价的行为(比较表11.1和表11.3的数据)。

这一模式可以沿相当多的方向展开,下面就让我们来简要地阐明其中的两个方向。

第一个方向是厂商的规模不相等问题。实际上,我们在阐述共享信息这一同等的问题时,已经提到了这种情况。如果我们把由 K 个厂商共享信息的效果列成表,其结果就会与使其一厂商的规模等于其他厂商的 K 倍时相同。表11.4所显示的,是任一小的竞争对手(所有这些竞争对手厂商的规模都相等)所能夺得的该大型厂商的老主顾占该小厂商之老主顾平均数的百分比,$K=1$ 这一栏中的数据，当然就是表 11.1 中分析过的情况。

表 11.4　某小厂商由未被察觉的削价可增加的销售率(%)

判断标准Ⅳ：

$$\frac{1}{n_s-K}\left[\theta(1-p)\sqrt{K}+\sqrt{\frac{n_sK(1-p)(n_s-K-1)(1+\theta/\sqrt{K})}{n_0}}\right]$$

$$\theta=\sqrt{\frac{p}{1-p}\frac{n_s}{n_0}}$$

反复销售的概率(p)	厂商数目(n_s-K+1)	每个小卖主的顾客(n_0/n_s)	大厂商的规模(K)			
			1	2	5	9
p=0.9	2	10	9.5	13.4	21.2	28.5
		30	5.5	7.7	12.2	16.4
		50	4.2	6.0	9.5	12.7
	3	10	11.7	15.8	23.9	31.4
		30	6.3	8.7	13.3	17.6
		50	4.8	6.6	10.2	13.5
	4	10	9.7	13.1	19.7	25.7
		30	5.2	7.1	10.9	14.4
		50	4.0	5.4	8.3	11.0
	10	10	5.4	7.2	10.7	14.0
		30	2.9	3.9	5.9	7.7
		50	2.2	2.9	4.5	5.9
p=0.8	2	10	12.6	17.9	28.3	37.9
		30	7.3	10.3	16.3	21.9
		50	5.7	8.0	12.6	17.0
	3	10	15.4	21.0	32.1	42.3
		30	8.4	11.6	18.0	23.9
		50	6.4	8.9	13.8	18.4
	4	10	12.7	17.3	26.3	34.7
		30	6.9	9.5	14.7	19.5
		50	5.3	7.3	11.3	15.0
	10	10	7.1	9.5	14.4	18.9
		30	3.8	5.2	8.0	10.6
		50	2.9	4.0	6.1	8.1

在共享信息的情况下查明削价行为的作用，最好是通过对表 11.4和表 11.1 的分析比较来进行。如果有 100 位顾客，10 个厂商（且 $p=0.9$），则单个厂商可由夺取一个竞争对手的顾客增加 5.4%的销售量，或者说，他总共可以增加 50%左右的销售量（5.4%×9，见表 11.1）。倘若其余的 9 个厂商合并成 1 个，该单个厂商可通过秘密削价得到的最大销售量增长为 28.5%（见表 11.4）。在有 20 个厂商和 200 位顾客的情况下，单个厂商可从每一竞争对手处夺得的销售量增长为 3.6%，或者说从 9 个对手厂商处共夺得 30%左右（3.6%×9）的销量增长；假使这 9 个竞争对手合并在一起，则相应的销量增长率就会下降到 14%，因而，共享信息能大大缩小秘密削价的作用范围。

表 11.4 夸大了厂商规模不相等的作用，因为它没有考虑顾客的数目随着厂商的规模变化这一事实。根据我们的观点，相对于卖主来说，只有超过一定规模的顾客才是适合于以秘密削价行动来争取的对象。小厂商会发现，对那些规模尚未大到足以成为大卖主试图以削价来夺取的买主实行削价，很是值得一试。

买主的一时性行为方式提供了另一种信息，即由于短期内的随机波动而发生的情况，与进行重复购买的机遇所造成的情况，概率不会相同。因此在一次交易中可望转向某一竞争对手的老顾客人数（在 1σ 水平）最多为：

$$\frac{n_0}{(n_s-1)n_s}(1-p)(1+\theta),$$

但是经过连续的 T 个时期，上述人数就为：

$$\frac{T}{n_s-1}(1-p)\frac{n_0}{n_s}[1+\theta\sqrt{T}],$$

方差是：

$$\sigma_b^2 = \frac{(n_s - 2)}{(n_s - 1)^2} T(1 - p) \frac{n_0}{n_s} [1 + \theta \sqrt{T}]。$$

这一信息来源对于查明削价的作用很小，除非连续交易的次数很多。也就是说，除非是买主不断地进行购买(签订合同)，这一信息来源对查明削价就不会有很大作用。

假使我们打算用产业集中程度来衡量有效共谋的可能性，我们的方法便具有确定的意义。例如，在有关新顾客情况的研究中，令厂商吸引新顾客的概率与其所占据的本产业产出份额(s)成比例，那么该厂商对新顾客的销售份额之方差就将是 $n_n s(1-s)$，且该产业的 r 个厂商对新顾客的销售份额之方差的总和将为

$$C = n_n \sum_1^r s(1 - s)$$

即 $C = n_n(1 - H)$，其中

$$H = \sum s^2$$

是计量集中率的指数。作为近似值，在衡量为吸引老顾客而进行的潜在削价时，同一指数也成立。[13]

若将上述分析做两项修正，便可以推广到非价格变量。第一项修正是，各厂商必须就某项明确的、能使利润极大化的共同政策，达成一致意见。在这里，我们可能会期望碰上一系列的可能性，从明确规定的最佳政策(比方说，在有利的立法基础上)，到一系列不太明确的可供选择的方案(比方说，研究的方向)。[14]共谋所赖以实行的基础越不明晰，其可行性就越小。我们的第二项修正是，任一厂商的竞争性行动被竞争对手察觉的可能性，在各个非价

格因素之间，差别很大。有些形式的非价格竞争会比削价更容易被察觉，因为它们会留下明显可见的痕迹（广告、产品质量、服务等方面的竞争），但是也有些非价格竞争行动不那么显眼（如购买上的互惠、专利特许的安排）。因此，一般人所持的那种认为非价格竞争比价格竞争更普遍的观点，与我在此所阐述的理论并不完全一致。适合于进行共谋的领域会较少竞争，而不适于进行共谋的领域，则会有较多的竞争。

Ⅳ. 若干实际验证

在为我们的理论寻求实际例证之前，很有必要先谈谈关于卖主数目对价格之影响的两项调研结果。这两项调研所取得的成果本身就很令人感兴趣，因为据我所知，迄今为止尚未有人对卖主数目的作用问题进行过系统的分析。

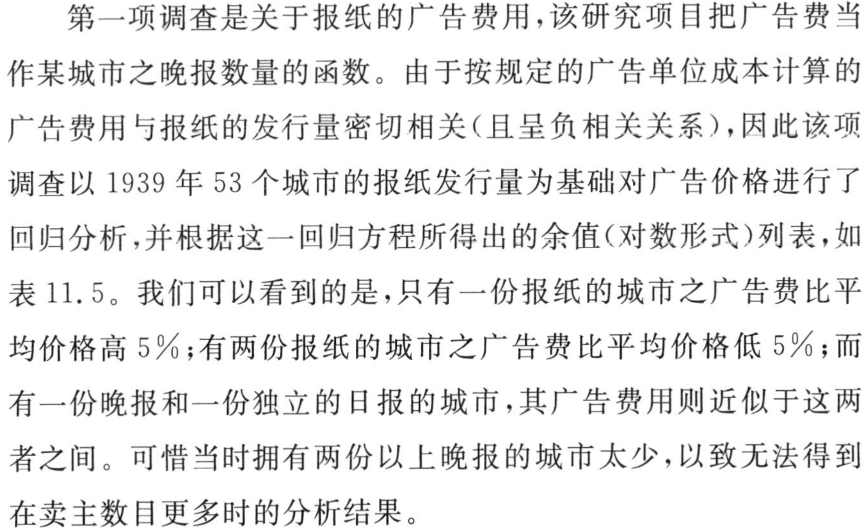

第一项调查是关于报纸的广告费用，该研究项目把广告费当作某城市之晚报数量的函数。由于按规定的广告单位成本计算的广告费用与报纸的发行量密切相关（且呈负相关关系），因此该项调查以 1939 年 53 个城市的报纸发行量为基础对广告价格进行了回归分析，并根据这一回归方程所得出的余值（对数形式）列表，如表 11.5。我们可以看到的是，只有一份报纸的城市之广告费比平均价格高 5%；有两份报纸的城市之广告费比平均价格低 5%；而有一份晚报和一份独立的日报的城市，其广告费用则近似于这两者之间。可惜当时拥有两份以上晚报的城市太少，以致无法得到在卖主数目更多时的分析结果。

表 11.5　广告价格对报纸发行量的回归分析余值

晚报数目	城市数	平均余值(对数)	平均值的标准差
一份	23	0.0211	0.0210
有日报	10	−0.0174	0.0324
无日报	13	0.0507	0.0233
二份	30	−0.0213	0.0135

资料来源:美国广告学会,《市场和报纸统计》第 8a 卷,1939 年。

a. 回归方程式:$\log R = 5.194 - 1.688 \log c + 0.139 (\log c)^2$,

(0.620)　(0.063)

其中:R 为 $5M$ 规定单位的广告费用,c 为发行量。

第二项调查是关于俄亥俄、印第安纳、密执安以及伊利诺伊等 4 个州的调幅无线电台插播的商业广告价格。其基本方程式中除了电台数目以外,还引入了其他一系列变量(如电台的功率、电台所在县的人口数量等)。不幸的是,电台的数目和其所在地的人口数量具有相当密切的关系($r^2 = 0.796$,对数形式)。表 11.6 中所显示的一般结论与对报纸的广告价格所进行的调查结果十分相似,即,与参与竞争者数目有关的价格弹性相当小(−0.07)。这里的每一个县的电台数目从 1 个到 13 个不等。

表 11.6　调幅无线电台的商业广告价格和电台诸特点的回归分析,1961 年(345 个电台)

自　变　量[a]	回 归 系 数	标 准 误 差
1. 县人口的对数,1960 年	0.238	0.026
2. 电台功率的对数	0.206	0.015
3. 广播时间(虚设变量):		
a. 从日出到日落	−0.114	0.025
b. 多于 a,少于 18 个小时	−0.086	0.027

续表

自　变　量[a]	回归系数	标准误差
c. 18—21 个小时	−0.053	0.028
4. 县电台数目的对数	−0.074	0.046
	$R^2=0.743$	

资料来源：标准价格及资料服务公司，“电台广告价格及资料”，第 5 期，1961 年 5 月。

a. 应变量：平均价格的对数，1961 年 5 月 1 日（美元）。

以上两项调查都表明，价格水平与参与竞争者的实际数目并不是直接相呼应的。这点与根据我们的模式所做出的推测相一致，因为该模式所论证的就是买主的数目、新买主所占比重及厂商的相对规模，都是与卖主数目同样重要的因素。

现在让我们来验证本文所阐述的寡头垄断理论。迄今为止，人们所设计出来的可包括许多产业在内的唯一检验方法，就是只能依据赢利的情况，这就必须依靠公司的数据，而这样会将一大批产业排除在外，因为这些产业的公司经营范围很难明确地限定在某一产业的范围之内。例如，一些较大的钢铁公司和化学公司的经营范围就包括一系列市场，在其中的一些市场上，它们可能占据着垄断的地位，而在另一些市场上，又可能需要与别的厂商展开竞争。我们所分析的产业，必须是其各个公司的很大一部分收入（以产出衡量的）是由该产业产品的赢利能力决定的。也就是说，我们能够掌握该产业的大部分赢利情况，而且该产业的产品就是其各个厂商所生产的主要产品。

表 11.7 所给出的数据是按三种方法衡量的赢利情况：(1)总资本（包括负债）报酬率；(2)净资本（股东股本）报酬率；(3)普通股

的市场价值与账面价值的比率。此外，该表还给出了按下述两种方法衡量的产业集中程度：(1)传统衡量方法，即最大的 4 个厂家所占产出份额；(2)H 指数法。

表 11.8 中所列示的是上述各数据的相关系数。我们可以看到，这两种集中程度和三种赢利状况的相关性都很明显，[15]而且都显示出所预期的正相关关系。总的来讲，这些数据表明，如果 H 低于 0.250，或者 4 家最大厂商所占的产业产出份额低于 80%，赢利状况和产业集中程度之间便不存在什么关系。如同对广告价格的调查分析所得出的结果一样，这些数据也只是在支持了那些声称竞争会随着厂商数目的增加而加强的理论这一意义上，肯定了我们的理论。

最后一个实例是对按相对标价衡量的钢产品买主实际支付价格的研究(见表 11.9)。例如，表中 8.3 这个数字表明，热轧钢板的买主所实际支付的价格比标价平均低 8.3%，标准差是标价的 7.3%。其削价率几乎与交易价格的标准差完全相关，这与我们所预期的情况相符，即，市场的信息越不完备，削价就越普遍。

表 11.7　赢利状况和产业集中程度

产业[a] 名称	产业集中程度(1954)		平均报酬率(1953—1957)		市场价值与账面价值(1953—1957)
	最大 4 家厂商所占份额	H 指数[b]	总资本	净资本	
硫黄开采(4)	98	0.407	19.03	23.85	3.02
汽车(3)	98	0.369	11.71	20.26	2.30
平板玻璃(3)	90	0.296	11.79	16.17	2.22
石膏产品(2)	90	0.280	12.16	20.26	1.83

续表

产业[a] 名称	集中程度(1954)		平均报酬率(1953—1957)		市场价值与账面价值(1953—1957)
	最大 4 家厂商所占份额	H 指数[b]	总资本	净资本	
原铝(4)	98	0.277	6.87	13.46	2.48
金属罐头(4)	80	0.260	7.27	13.90	1.60
口香糖(2)	86	0.254	13.50	17.06	2.46
硬面地板装饰(3)	87	0.233	6.56	7.59	0.98
烟草(5)	83	0.213	7.23	11.18	1.29
工业瓦斯(3)	84	0.202	8.25	11.53	1.33
玉米湿加工(3)	75	0.201	9.17	11.55	1.48
打字机(3)	83	0.198	3.55	5.39	0.84
家用洗衣设备(2)	68	0.174	9.97	17.76	1.66
橡胶轮胎(9)	79	0.171	7.86	14.02	1.70
人造纤维(4)	76	0.169	5.64	6.62	0.84
黑烟末(2)	73	0.152	8.29	9.97	1.40
蒸馏酒类(6)	64	0.118	6.94	7.55	0.77

a. 产业名称后面括号中的效字是计算赢利状况时的厂商数目。本表所选择的产业是，样本厂商所占的产业产出份额不低于 35%；样本厂商得自该产业的收入占其总收入的比重不低于 50%。

b. H 即赫芬戴尔指数(Herfindahl)。

表 11.8　利润率和产业集中程度的相关系数

产业集中程度	利润率		
	总资本	净资本	市场价值/账面价值
最大 4 家厂商产出份额	0.322	0.507	0.642
H 指数	0.524	0.692	0.730

表 11.9　钢产品价格,1939 年;产业结构,1938 年

产品	价格(1939 年二季度)%		H 指数	1939 年产出/1937 年产出
	对价目表所列价格的平均折扣	标准差		
热轧钢板	8.3	7.3	0.0902	1.14
商业用钢条	1.2	4.5	0.1517	0.84
热轧钢片	8.5	8.3	0.1069	0.56
薄板	2.6	4.8	0.1740	0.85
成型构件	3.2	4.3	0.3280	0.92
冷轧钢片	8.8	9.8	0.0549	0.88
冷轧钢板	5.8	5.0	0.0963	1.14
冷轧钢条	0.9	3.4	0.0964	0.83

资料来源:价格:"劳工部钢产品消费者价格调查",《钢铁时代》,1946 年 4 月 25 日;产业结构:1938 年生产能力资料来自《美加钢铁产品指南》;产量资料来自《钢铁学会年度统计报告》,纽约,1938 年,1942 年。

一般地讲,产业结构的集中程度越高(用 H 指数来衡量),价格下降的幅度就越大。尽管此表所列数据未见完全违反这一关系的情况,但是成型构件和热轧钢片的价格下降却相对来说稍显偏低,冷轧钢条的价格下降又比预期的偏高,而且这些偏差不能用需求水平(用 1939 年销售量对 1937 年销售量来衡量,即表 11.9 的最后一栏数字)来解释。在这项关于钢产品价格和产业结构的研究当中,未能考虑买主的数目,但是劳工统计局(Bureau of Labor Statistics)的研究报告指出:

> 本研究报告很可能低估了削价的程度,因为没有将汽车业和集装箱工业的大买主包括在内。这是应价格管理局(OPA)的要求略去的,该局准备通过其他一些研究项目得到这方面的资料。由于包括这些公司在内的、占钢产品消费者

比例很小的大买主之购买量所占的比重非常大，因此相对少数的大买主所支付的价格便会对整个钢产品的价格结构产生重大的影响。很大的买主会比小一些的买主得到更大幅度的价格折扣，这常常是由大批量供应钢产品的厂家竞相投标造成的。有一位很大的买主，其1940年的购买量超过了该年度热轧和冷轧钢板总消费量的2%，但他拒绝透露购买价格，因为担心“某些交易会破坏（钢厂对他的）信任”，从而无法保障得到足够的供应。不过，这家公司却披露了购买某几种钢产品所付价格之变动的百分比。从这些数据资料可知，该大买主为购买某些钢产品所付的价格比市场价低，而且其中一种产品的价格差不多低50%。这个公司在购买价格上得到的巨大利益表明，大买主得到的价格折扣要比较小的买主所得到的大得多[16]。

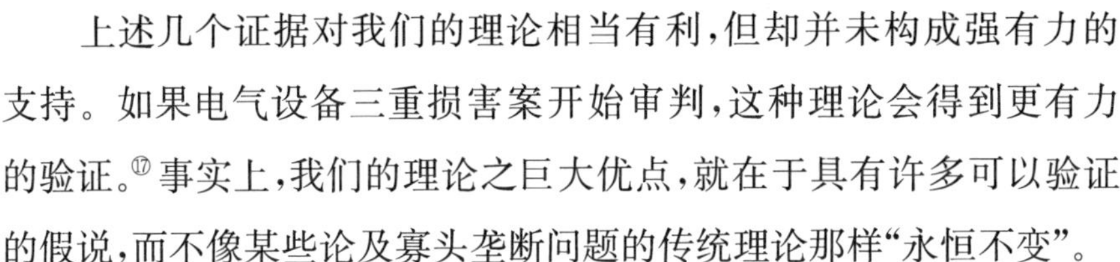

上述几个证据对我们的理论相当有利，但却并未构成强有力的支持。如果电气设备三重损害案开始审判，这种理论会得到更有力的验证。[17]事实上，我们的理论之巨大优点，就在于具有许多可以验证的假说，而不像某些论及寡头垄断问题的传统理论那样“永恒不变”。

附　　录

我们不可能利用某种演绎推理的方法，来彻底确立产品的异质性对追求最大利润行为的重要意义。然而，下面对忽视了产品异质性情况下之赢利状况的简单说明，可能会具有一些启发性。我们将会看到，这种分析在形式上与分析消费税对垄断者的影响，是一样的。

假定某垄断者制造男装，而且只做一种规格的男装。这种行为当然是很荒谬的，但是文献中所描绘的无视消费者愿望、有施虐狂的垄断者形象，常常显得不可捉摸，所以这个问题本身还是有其自己的意义。消费者对合身男装

的需求曲线本来为 $f(p)$，现在由于只有这一种规格的男装，所以必须做一些改动才适合消费者穿用，故需付出修改成本 a，因而消费者对男装的需求曲线会下降到 $f(p+a)$。再进一步假定制造男装的边际成本不变(m)，而且即使该垄断者制造的是各种规格的男装，其边际成本仍是 m。

我们可以用图 11.1 来表示生产单一产品对利润的影响——这里尤其适于使用“单一产品”这个词。在需求曲线为线性时，销售量减少为

$$MB=\frac{1}{2}af'(p)。$$

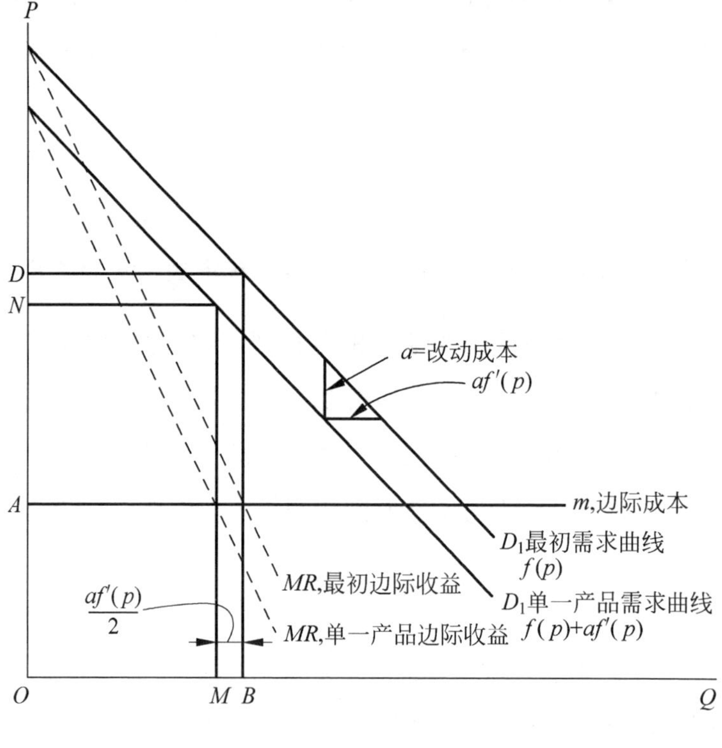

图　11.1

该垄断者的价格下降为

$$DN = \frac{MB}{f'(p)} - a = -\frac{a}{2},$$

因此，若 π 是单位产品利润，q 为产出量，总利润的相对减少就会近似于

$$\frac{\triangle\pi}{\pi} + \frac{\triangle q}{q}$$

或者

$$\frac{MB}{OB} + \frac{ND}{AD}$$

由于

$$OB = \frac{f(m)}{2}$$

$$AD = -\frac{p}{\eta},$$

其中 η 是需求弹性，生产单一产品时利润的相对下降为

$$\frac{af'(p)}{f(m)} + \frac{a\eta}{2p} = \frac{a\eta}{2p} + \frac{a\eta}{2p} = \frac{a\eta}{p}。$$

因此，由于产品单一而造成的损失，与修改成本和价格的比率成正比。

我们的例子是很不现实的，因而不值得对其进行任何具体数量的估算。一般地说，人们可以推测这一比率 a/p 具有上限，因为若 a/p 超过了一定的限度，消费者就会感到太不合算而转向考虑其他商品(从我们这个例子看就是改为订制服装)，或者放弃试图找到合适商品的努力。该垄断者的利润损失将与 a/p 的平均值成正比，而且买方的环境变化越小，这一损失就会越小。

但是，如果长期需求曲线的弹性最大只达到－5，那么垄断者就会倒运了，此时即使 $a/p=1/40$，他们也会少得到 12%的利润。我想要得出的一般结论就是，一个不愿迎合顾客们的多种需求的垄断者，必将蒙受利润上的重大损失。

注释：

①我非常感谢克莱尔·弗里德兰(Claire Friedland)为本文所做的统计工作，以及哈里·约翰逊(Harry Johnson)的有益批评意见。

②除非把发现低价卖主的运气差异也包括在交易异质的定义内。参见

“信息经济学”(Economics of Information)(即本论文集第一部分第4篇)。

③假使这些厂商生产多种产品，且其产品结构不同，那么兼并的不经济就不仅限于产出规模，而是厂商的绝对规模，或者以产品种类来衡量的厂商规模的不经济。

④如果价格高于边际成本，边际收益就会由于该卖主的削价而只稍低于价格(并因而高于边际成本)。

⑤更确切地说，是在沿着产业需求的固定份额需求曲线移动，因而该需求曲线的弹性与产业需求曲线的弹性处处相等。

⑥当这些厂商的相对产出发生变化时，所有卖主都可能会无法保持相等于边际成本的最低成本条件，从而使产业利润达不到极大化。

⑦有关“公开价格协会”的文献和案例包含许多涉及从卖主方面收集价格信息的情况[参见联邦贸易委员会，《公开价格的贸易协会》(*Open-Price Trade Associations*)，及其所引案例，华盛顿，1929年]。

⑧此论点适用于相对个别卖主而言的买主规模，也可以解释小额交易之所以不存在讨价还价，是由于讨价还价需要付出一定成本。但是，该论点的后半部分所论及的又是典型交易的绝对规模，而不是相对于卖主而言的规模。

⑨由此引出的一个隐含的问题是，为什么所有卖给政府的产品并非都按共谋价格。我们说，其部分原因在于，政府对某种商品的购买量通常不足以补偿进行共谋的成本。

⑩例如，当 $p=0.95$ 时，表11.2中每位卖主的顾客为10人这一栏的数据为13.8。这个数字就是可由削价得到的老顾客占平均销售额的百分比。表11.1中相应各栏数字分别为6.9(2个卖主20个买主)、8.9(3个卖主30个买主)、7.4(4个卖主40个买主)、6.4(5个卖主50个买主)、4.2(10个卖主100个买主)，等等。用 (n_s-1) 乘以表11.1中各栏数字，便可得到(未被察觉的)由吸引竞争对手的顾客所能获得的最大销售增量，而且在卖主超过2个的情况下，后一种方法所得到的数据更大一些。由于表11.1所依据的概率水平为10%，因此我们需在表11.2中使用 1.6σ，而不用 2σ，才有严格的可比性，这会使表11.2中各栏数据缩小1/5。

⑪新顾客的行为不像老顾客的行为那样可以在一定范围的交易中进行较深入的研究。新顾客是一种流量，其大小更主要地取决于所考虑的时期。

这里将(相对于老顾客数量的)新顾客年度流量作为一个单位。

⑫如果每位卖主的顾客数量不变,削价的动力随卖主数目增加得很缓慢。

⑬用同样的方法可以推算出集中程度对以潜在削价吸引老顾客的作用。厂商 i 会失去

$$(1-p)n_0 s_i$$

个老顾客,而厂商 j 会得到其中的

$$(1-p)n_0\,\frac{s_i s_j}{1-s_i}$$

个,方差为

$$(1-p)n_0\,\frac{s_i s_j}{1-s_i}\left(1-\frac{s_j}{1-s_i}\right)。$$

如果我们把所有 i 厂商($\neq j$)的损失加在一起,可以得出厂商 j 对竞争对手们的老顾客之销售量的方差之近似值为

$$(1-p)n_0 s_j(1+H-2s_j),$$

将所有 j 的这一方差加总,便可以得到集中程度

$$(1-p)n_0(1-H)。$$

这样衡量的集中程度,与对新顾客情况下的集中程度的衡量,只是在表面上相一致,因为后者隐含着共享信息的假设,而前者不含这种假设。

⑭当然,价格本身通常就是在这一范围内下降,而不会趋于两个极端,传统的静态条件假定排除了这种情况。

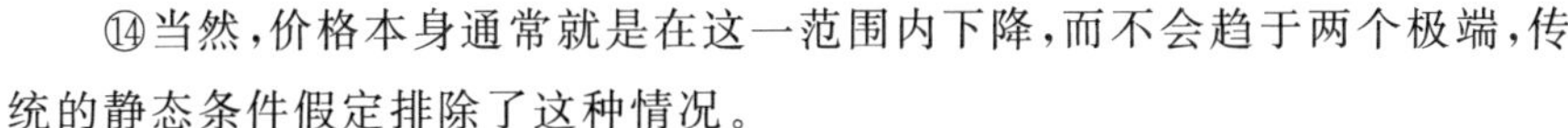

⑮两种方法衡量的集中程度之相关系数为 0.903,三种利润率的相关系数为:

	总资本报酬率	市场价值/账面价值
净资本报酬率	0.866	0.872
市场价值/账面价值	0.733	—

⑯参见《劳工部钢产品消费者价格调查》(*Labor Department Examines Consumers' Prices of Steel Products*),第 133 页。

⑰例如,可以对"由公共投标达成的销售价格会比私下商谈达成的销售价格更高,且更集中",以及"削价会随买主数量的减少而增加"等假说进行检验。

12. 占优势的企业和反向保护伞*

美国钢铁公司于 1901 年创建之时,其所属各厂的产出量占据了全国基础钢材和钢制构件产品生产的很大比重。1901 年该公司钢锭产量占全国钢锭产量的 66%。在那之后的 20 年间,这个公司所占的产出份额逐渐减少,至 1920 年已下降到 46%,1925 年只占 42%。在此期间,美国钢铁公司的其他钢产品所占的全行业产出比重,也有所降低(通常降低的量比较小)。对于上述事实,一般不存在什么争议。

但是,经济学界对这些现象的解释,却并没有取得完全一致的看法。我写这篇短文,就是准备检验一下有关该联合企业之构成的两种互相对立的假说。

第一种假说是,进行兼并的某种重大的,或许是基本的目的,是为了向一般投资者出卖股票。当这个新的钢铁联合企业刚刚组

转引自《法学与经济学杂志》第 8 卷(1965 年 10 月),1965 年版权所有,芝加哥大学。

* 本文所研究的问题是由阿伦·德莱克特(Aaron Director)提出,并且曾经由当时的研究生理查德·韦斯特(Richard West)做过一些具体的研究工作,而我并没有给予他过多的指导。由于与我的观点不完全相同,德莱克特不愿合写这篇文章;而现在已成为教授的韦斯特将指导多名研究助手共同工作,又一直没机会与我合写。因此,我作为在这一问题的研究当中的一名中间人,应当将其成果归于上述两位先生,而一切不当之处,却应由我本人负责。

建之时，其各个子公司的资产账面价值被从 7 亿美元抬高到 14 亿美元，而且当时它发行的普通股是有关联合企业财务文献中最典型的滥发股票的实例。

从这一角度讲，兼并的动机到底是为了生产上的重大经济性，还是在市场上的强大垄断势力，就不是很重要的了。如若美国钢铁公司没有较高的生产效率，或者是不能控制其他公司的进入，那么，它所占据的行业产出份额便会随着时间的推移而减少；而且它可能制定的较高价格还会为一些生产效率较高的竞争对手提供“保护伞”，使这些企业得以发展壮大，其所占的产出份额也会逐渐增加。该假说并没有能在这一方面进行详细的论述，因为它当时着重强调的是最初卖出股票的推销利润。[①]

第二种假说是根据占优势的企业这一理论得出来的。这种理论假定，美国钢铁公司的组建，是为了获得垄断的力量。这种占优势的企业将会制定一种能够获得极大化利润的价格，即在其需求曲线（用该产业的需求曲线减去其他企业的总供给）的基础上，使其边际成本等于边际收益的价格。因为利润的极大化是长期的行为（实际上是贴现后的未来利润总和），所以账面所登的利润率就会按其他竞争对手的进入率和扩张率来计算。不过，占优势的企业通常会发现，放弃掉一部分产出份额会有利可图，因为从较高的价格所得到的收益会超过由于产出比重下降而造成的损失[②]。

这两种理论都不否认产出份额的下降，因为这毕竟是众所周知的历史事实。它们的分歧在于，购买美国钢铁公司最初发行的股票是否明智。前一种理论认为这样做不明智，而后一种理论却不赞成这种看法。

本文的目的，就是探究一下购买美国钢铁公司及其他钢铁公司普通股股票的投资者之经济收益问题。按照第一种理论，投资者应当购买其他钢铁公司的股票；而第二种理论却认为购买美国钢铁公司的股票并没有做错，同时也应当购买其他公司的股票。[3]

从原则上讲，某一投资者的经济收益是很容易确定的：

1. 在某既定日期买进大宗股票，比方说，价值为 10,000 美元。

2. 将所得到的全部现金股息再投资买股票。

3. 随后在任一适宜时期计算其股票的市场价值（包括股息）。

表 12.1 所列示的数据，实际上就是我们按照上述步骤[4]计算出来的投资者之经济收益。

购买各个不同钢铁公司股票的投资者之收益状况，可如图 12.1所示。该图是根据从 1901 年到 1925 年最初投入的 10,000 美元股票，再加上其全部股息再投入的市场现值绘制出来的。由于此图按不完全对数比例标准绘制，故可以直接读出其增长率。根据这张图，我们便足以得出这一主要结论，即，美国钢铁公司股东们的经济收益，比除本瑟姆公司以外的其他任何钢铁公司的股东收益都高。在 1905 年后的 18 年当中，其他各钢铁公司的平均投资价值有 16 年要低于美国钢铁公司的股票价值。到我们计量的期末，美国钢铁公司股票的累积市场价值，已是其他钢铁公司股票之平均市场价值的 2 倍。

表 12.1　1901 年 7 月[b]所购买的 10,000 美元[a]股票及其股息再投资的市场总价值

年份	美国钢铁公司	本瑟姆钢铁公司	科罗拉多钢铁公司	克虏伯钢铁公司	卢克瓦那钢铁公司	共和钢铁公司	斯洛斯-谢菲尔德钢铁公司	除美国钢铁公司外的公司平均
1901	$10,672		$10,000	$10,000		$10,000	$10,000	$10,000
1902	9,606		9,427	10,383		9,240	9,905	9,739
1903	7,814		5,813	5,761		6,756	10,952	7,320
1904	3,599		3,199	2,139		3,678	10,994	5,002
1905	9,529	$13,851[a]	4,544	4,683		10,347	35,832	13,851
1906	10,707	13,102	4,884	4,839	$12,920[a]	13,595	28,184	12,920
1907	11,839	7,196	3,226	3,365	10,835	14,697	29,432	11,458
1908	13,890	9,503	2,930	2,652	7,172	9,948	28,054	10,043
1909	24,801	17,405	4,398	4,335	10,123	16,699	49,518	17,080
1910	26,688	11,945	3,166	4,900	8,470	15,949	38,343	13,796
1911	32,020	15,364	3,436	5,574	7,884	15,587	29,163	12,835
1912	31,374	16,648	3,037	7,331	7,681	13,921	32,789	13,568
1913	25,924	13,956	2,876	5,904	7,300	10,673	14,837	9,258
1914	29,990	18,817	2,532	6,857	6,691	11,195	16,190	10,380
1915	31,062	83,187	3,254	15,978	9,594	16,177	21,305	24,916
1916	47,455	209,845	4,324	29,865	15,750	23,363	28,302	51,908

续表

年份	美国钢铁公司	本瑟姆钢铁公司	科罗拉多钢铁公司	克虏伯钢铁公司	卢克瓦那钢铁公司	共和钢铁公司	斯洛斯-谢菲尔德钢铁公司	除美国钢铁公司外的公司平均
1917	78,599	215,746[d]	5,144	37,195	23,649	49,767	35,684	61,198
1918	76,881	154,121	5,189	29,043	23,740	54,020	46,601	52,119
1919	84,081	193,172	6,028	56,543	26,552	60,497	58,411	66,867
1920	73,490	185,991	4,247	146,756[e]	24,100	61,714	62,892	80,950
1921	60,148	114,594	3,511	56,206	13,493	31,741	29,955	41,583
1922	84,009	185,844	3,124	84,936	27,032[c]	49,501	39,919	65,059
1923	90,150	125,899	3,712	70,833		30,204	38,904	53,910
1924	101,039	115,453	6,234	61,158		31,686	53,041	53,514

资料来源：股票行情根据《金融与商业年鉴》，1901—1924 年；股息及分散状况根据《亏损行业便览》，1920 年，1924 年。

a 1901 年后除美国钢铁公司外进入市场的公司（本瑟姆、卢克瓦那）股票平均市场价值，用作最初投资数量。

b 如无特殊申明，用于计算股票价值的价格均采用每年 7 月第一个和第四个星期五的最高和最低价之平均数。

c 卢克瓦那公司与本瑟姆公司合并。

d 1917 年，本瑟姆公司宣布“普通 B 股”股息为 200%，1917—1922 年的全部股票价值都是根据“普通原股”和“普通 B 股”这两种股票计算的，1922 年该两种股票合并。

e 1920 年克虏伯公司宣布了三次股息：50%（4 月 30 日），16⅔%（7 月 31 日），14²⁄₇%（8 月 31 日）。为了将后两次股息也计算在内，这里使用的价格是 3 月 30 日、6 月 30 日、9 月 30 日和 12 月 30 日的最高和最低价之平均数。

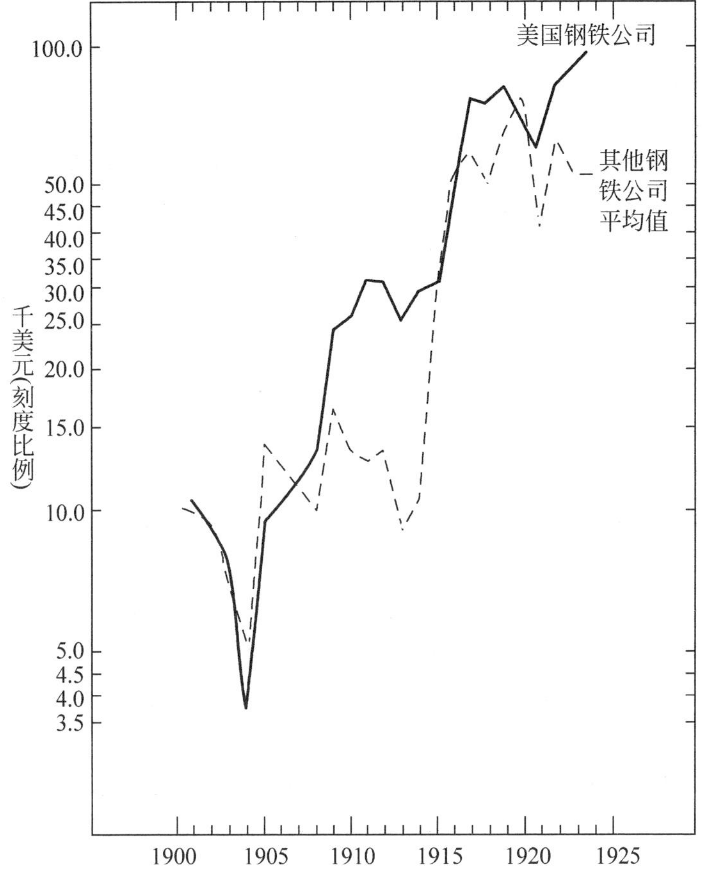

图 12.1　从 1901 年 7 月起，投资 10,000 美元股票加上股息再投资所得到的市场价值

资料来源：表 12.1 的数据。

这一事实似乎已经能够证明，美国钢铁公司的创建者并没有剥夺股东的资产，因此认为其组建的主要目的是为了促进垄断必定有些道理，而有关文献中抱怨该公司出售给摩根辛迪加的 6,200 万美元股票是滥发股票的典型，就是粗暴而欠公正的

指责了。

注释：

①或许，对这一假设的阐述影响最大的，是杜因(Dewing)的《联合企业的财务政策》(*Financial Policy of Corporations*)一书。参见该书第2卷，第Ⅳ册，第4章，第924—926页，1941年第4版。

②施蒂格勒在"通过兼并走向垄断和寡头垄断"(Monopoly and Oligopoly by Merger)一文中详尽地阐明了这一观点。参见《美国经济学会第67届年会论文及会议纪要》，原载《美国经济评论》第40卷第23期，1950年5月。

③关于是否也应当购买美国钢铁公司的股票，难以确定，可能做好，也可能做坏，这主要取决于该公司的成本是否较高，或者是否比其他钢铁公司的成本低。

④在具体计算中与此处所叙述的有一点不同。这里用每年7月的股票平均价来计算由股息的再投资购买的股份数，发行股票优惠权时除外。股票优惠权的价值是按其可行使的时间计算，而股息再投资的价值是按现行价格计算的。

将这些股票购买之后一些年的估价计入第一个有效年的平均值，再加上与其他钢铁公司(美国钢铁公司除外)平均投资现值相等的投资。

13. 反托拉斯法的经济效用*

我给自己提出的任务是，为反托拉斯法的效用建立一种数量概念。这个任务实在是很艰巨。根据我们的历史经验，对学者们表示友善的议会，并不会将谢尔曼法的豁免权给予那些特殊的辩护人，而是给予某一随机抽取的样本产业。在一个对学者们比较有利的世界上，会有许多像美国这样的国家，其中有一些国家也会采纳反托拉斯的经济政策。（我们美利坚合众国就差不多是这样一个对学者有利的国家，然而由联邦政府所颁布的各种法案，却几乎湮没了各州的反托拉斯法）研究经济问题的人，必须要从我们这个从统计学角度看缺乏效率的世界当中，多少分辨出一些在过去的 75 年中一直在影响着美国经济的各种势力构成的大军所发挥的效用。

许多人都对反托拉斯法的经济效用进行过研究，并且还得出了各种各样的估算结果，载入有关的文献。现有的文献中所记载的估算结果，都是一成不变地按照一种程序得出来的。即由研究

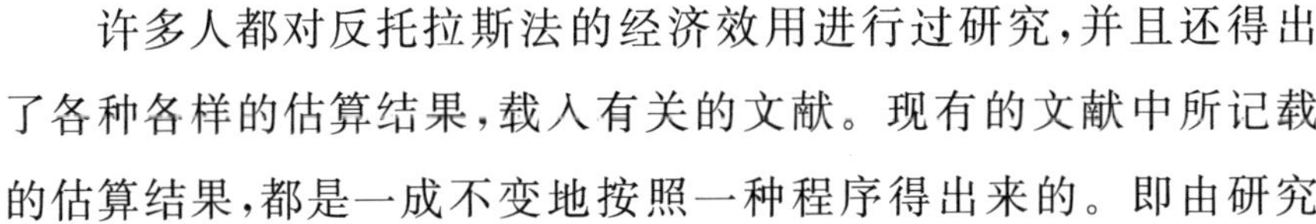

转引自《法学与经济学杂志》第 9 期，1966 年 10 月。1966 年版权所有，芝加哥大学。

* 仅在此感谢克莱尔·弗里德兰(Claire Friedland)为我写作本文所做的大量统计工作；并感谢贝尔·科尔(Belle Cole)、鲁思·韦斯特海默(Ruth Westheimer)以及贝丽·赫尔曼(Barry Herman)三位夫人为本文所作出的重要贡献。

这一问题的学者根据其对我们这种经济体制的了解——或许再加上一些有关其他经济体制的知识——对我们实施经济政策的历史进行研究，然后汇总做出判断。这种程序的缺陷在于，学者们对实际经验的通观研究与其所得出的结论之间，并不存在很清晰的联系，因此不同的学者会得出不同的结论。而衡量某种法令之经济效用的程序，却应当具有能使各种不同的人得出相似的结论这一基本特征。如果不能找到这样的衡量程序，我们对反托拉斯法之经济效用的估测，将很难加以改进。也就是说，每一位研究人员的工作就仍然会处于与其他同仁毫不相干的境地，而没有什么进展。本文的主要目的，就是试图找到这种较完美的衡量程序。

Ⅰ. 简单的反托拉斯法

让我们先来看一种似乎容易估测其效用的反托拉斯法，即《巴拿马运河条例》中的有关条款。该条款规定，凡违反谢尔曼法(Sherman Act)的公司，一律不得通过该运河运输货物。[①] 我们假定这一规定对垄断者所使用的运货方式没有产生任何作用，更没有影响竞争的范围和程度，其理由如下：

1. 如果曾有过强制实施该法令的实例，必定会大加宣扬，广为人知，但是实际上我们并未听说这类事例，因此很可能这种情况根本就没发生过。

2. 在众多违反了谢尔曼法的公司当中，似乎不可能会没有曾经利用巴拿马运河运过货物的公司。

3. 该条款的解释权由联邦司法部长授予了运河当局，这就意味着它极有可能会遭到忽视。[②]

在此，我实在不想和这种普遍流行的推测，即该条款从来就没影响过垄断企业的货物运输工作，大唱反调，也绝对不打算着重指出，这一推测，事实上是一种用来代替实证根据的并不高明的办法。《巴拿马运河条例》的这项规定，很可能会吓得垄断者们转而利用铁路来运输货物，而唯一能够令我们排除这种可能性的方法，就是对曾被指控为违反了谢尔曼法案和未曾遭到过这类指控的企业从水路运输货物的情况，进行一下比较研究。或许，这个问题太微不足道，以至于无法确定要是为此付出大量的劳动是否会真正很值得，然而，倘若我们不完成这项研究比较的工作，就会在谈到上述反托拉斯条款时，只能提出一种假设，而得不到实在的研究结果。有关反托拉斯法的文献所具有的致命弱点，就是依赖假设，而在许多情况下，他们所依赖的这些假设，比我刚刚提到的那个小问题要重大得多，也更不确定。

还有一种比《巴拿马运河条例》中的有关条款稍微重要一点的反托拉斯法，是任何人不得同时担任两个大公司的董事，假使在这两个公司当中至少有一个公司的资产达到或超过一百万美元，并且它们处于彼此竞争的地位。[③] 该项反托拉斯法案的逻辑在于，共同的董事比分别由属于两个公司的经理或董事进行密谋串通，更容易有效地推行其共谋的计划。

到 1965 年 1 月为止，历史上根据这项法案正式提出指控的情况有 23 例[④]。其中一例由法庭做出判决的是西德尼·温伯格(Sidney Weinberg)案，此人同时担任了西尔斯·罗巴克公司和

B. F. 古德里奇公司的董事，这两家公司都从事各种同类消费品的零售工作。[⑤]当时人们并未对这一案例的经济成效予以充分重视。

现在我想着手对各种反托拉斯法案所产生的效用进行一下经验性研究。在英国并未颁布过这类法令，但是这个国家同时在同一行业的几家公司担任董事的情况却特别罕见（参见表 13.1）。我打算据此得出的结论是，我们美国关于禁止连锁董事制的法令，并没有对各个公司的董事会产生过值得注意的影响，因此，我们有必要对“许多连锁董事会的存在是否减少了竞争？”这一更根本的问题，进行一番考察。[⑥]

表 13.1　英国的连锁董事会状况（1964 年）

产　　业	公司数目	董事人数	兼任董事人数
飞机制造	13	130	1
靴鞋制造	50	290	0
橡胶制品：轮胎	8	63	0
水泥	29	194	1

资料来源：官方证券交易所年度手册（1964 年）。

Ⅱ. 对产业集中程度的影响

反托拉斯法的首要目的，就是防止垄断势力的发展，其实现这一目标的途径有二，一是谢尔曼法第二条所规定的，禁止试图进行垄断；二是禁止旨在于削弱竞争的兼并行为。

在考虑兼并问题的时候，我们必须要对产业集中程度进行衡量，同时还要衡量兼并对产业集中程度的影响。我们采用 H 指数来衡量产业集中程度，即每一厂商占全行业产出比重的平方和。这是一种容易理解的衡量厂商规模的方法（在垄断的情况下，该指数最大值为 1，在有 n 个相等规模的厂商时，其最小值为 $1/n$）。H 指数适于用来对值得予以较充分解释的兼并进行研究。

现在让我们来看一种简单的方法，用这种方法可以测量出兼并对某一产业之集中程度的影响。[7] 具体地说，就是选取一家最大的厂商，然后根据其在不同时期通过兼并所获得的本产业产出份额，计算该厂商所占行业产出比重的增长情况。如果我们假定被兼并的厂商将保持其在未遭到兼并状态下所占据的产出份额，那么就可以直接计算主导厂商产出比重的内在增长及兼并对这种增长的作用。例如，英国的主要水泥生产厂家——波特兰水泥联合有限公司，在 1900 年至 1960 年这 60 年间，共靠兼并获得了该行业将近 125％的生产能力，而其 1960 年的市场销售比重仅占 70％，由此可以算出，波特兰公司的内在产出比重增长为－55％。

令人遗憾的是，所有厂商通过兼并所获得的产出份额总和，从数字上看并没有什么意义。这里存在一个重复的问题，就是说，设厂商 A 的产出占全行业产出的 40％，厂商 B 和厂商 C 分别占 20％和 10％。假如 B 兼并了 C(10％)，然后 A 再兼并 B(30％)，则 A 从兼并所获得的产出份额总和(40％)就会比它直接兼并 C 和 B 时要大。这种重复当然可以通过对每个子厂商只计算一次的方法来避免。更重要的问题是，这样衡量出来的数字与厂商规模没什么关系。假如有 1,000 个同样大小的厂商，其中的 100 个分别各自兼并掉 9 个厂商，于是，尽管该产业的集中率很低(最大的 4 家厂商所占的全行业产出份额只是 4%)，其通过兼并所得到的产出比重总和却高达 90%。或者，如果由两家产出比重分别为 10%和 90%的厂商各自兼并一个产出份额占 10%的厂商，用这种方法来衡量兼并的效果，也会得出同样结果。

利用 H 指数来衡量上例中的产业内兼并活动的总量，是一种较为适宜的方法。这一指数可以从使共谋有可能获得成功的普遍性论据推导出来。[⑧] 倘若产出份额分别为 p_1 和 p_2 的两个厂商合并在一起，其 H 指数便上升到

$$(p_1-p_2)^2-p_1^2-p_2^2=2p_1p_2。$$

对上面所举的那个有 1,000 家厂商的产业来讲，其 H 指数就会在那 900 家厂商被兼并以后从原来的 0.001 上升到 0.01。假使有 1 家产出份额为 90%的厂商兼并掉 1 家产出份额为 10%的厂商，其 H 指数会从 0.82 变成 1，上升 0.18，而在 2 家厂商各自兼并 1 家产出份额为 10%的厂商这种情况下，其 H 指数只上升了 0.02。

要想确定我们的反托拉斯政策对于防止垄断势力生成和产业内高度集中的效用，当然必定要对美国的产业集中率进行检验，即看它是否比别的国家相同产业的集中率低。要回答这一问题，应当从三个方面入手。第一，对比美国和其他未颁布过反托拉斯法案的国家的情况；第二，对比这些反托拉斯法案通过前后的情况；第三，对比免受反托拉斯法管辖和处于该类法案管辖之下的不同产业的情况。

1. 与英国的比较

英国的经济体制是一种不用公共政策来防止产业集中的体制，其运行处于在其他方面与我们相类似的法律环境中，并且处于与我们大体上相同的技术状态之下。一般来讲，在英国经济体制下向较高产业集中程度发展的规模，比我们在美国所看到的要小一些，因为在这两个国家当中，企业的最佳规模差不多是一样的。[⑨]由于美国的经济在1900年到1965年之间，已经从大约相当于英国经济规模的2倍增长到是它的4倍，因此我们就会认为美国的全国性产业集中程度比英国的低，而且相对来说是正在逐步下降。然而，假使我们将这两个国家可以得到地方性资料的某一地区之水泥业和钢铁业的情况，进行一番比较，便可能减少上述偏见。我们必须把研究的重点更多地放在这一领域。[⑩]

这里要进行比较的，是1900年以来英美两国7种产业集中率的发展史。只是根据7种产业的资料，几乎不可能得出什么具有普遍意义的结论，因而我们的比较主要还是为了介绍一套研究这一问题的方法。我们选取的样本之所以这么少，是因为事实上很难搜集到一整套有关英国各类产业和部分美国产业的可靠资料。例如，美国各个汽车公司的产量从很早以来就是按星期报告的，而英国的汽车生产业对其产出状况进行类似规范性报告的历史，还不到20年。

有关这7种产业的资料数据已在本文附录中给出；根据这些数据汇总绘出的图表可见图13.1所示。

这7种产业是：汽车制造、水泥、香烟、平板玻璃、肥皂和洗涤剂、钢铁、橡胶轮胎。

(1)从整个研究期的情况看,美国汽车制造业的集中率要比英国高。

(2)英国水泥生产业的集中率大大地高于美国。从我们研究的这段时期来看,美国水泥生产业的集中率没有提高。

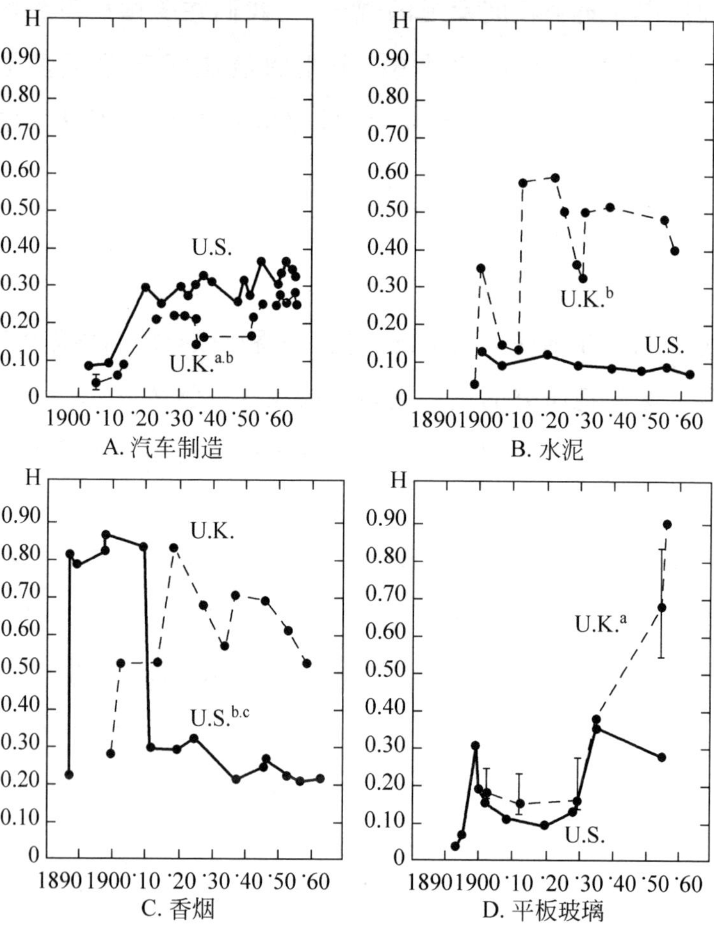

图　13.1

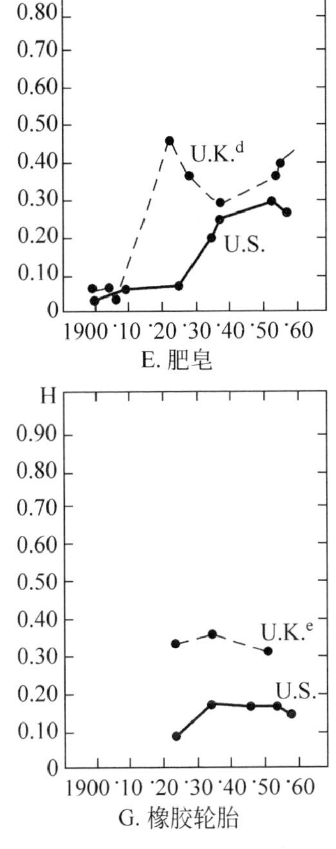

E. 肥皂

H
0.90
0.80
0.70
0.60
0.50
0.40
0.30
0.20
0.10
0
U.S.b
U.K.
1890 1900 '10 '20 '30 '40 '50 '60

F. 钢铁

G. 橡胶轮胎

图 13.1(续)

资料来源:表 13.4 至表 13.8 数据。

a 绘制此图所选取的点,是根据附录各表中竖行数据各邻近年代的中位数,那些表格中的数字是按年代估算的,而不是中位数。

b 附录各表中"兼并前"的 H 指数值在此图中绘在该兼并年度的前一年上。

c 1900 年及该年度以前是国内消费量比重;1900 年至 1947 年是生产量比重;1947 年后是国内消费量比重。

d 1954 年及该年度以前是民用和工业消费量比重;1954 年和 1961 年只有民用消费量比重。

e 根据表 13.18 中的国内消费值绘制。

(3)美国香烟业的生产高度集中，但是自从美国烟草公司解散以后，其生产的集中程度大大下降。1911 年后，英国烟草业生产的集中程度比美国要高得多。

(4)20 世纪 50 年代的美国玻璃制造业集中率比英国低(在英国该行业生产是垄断的)，然而，从 20 世纪 20 年代以来，美国的玻璃制造业生产集中率却一直呈上升的趋势，并已达到了较高的程度。

(5)虽然美国的肥皂生产业集中率已经相当地高了，而在英国，该行业生产的集中程度比美国还要高得多。

(6)在美国钢铁公司组建以后，美国钢铁业(钢锭生产)的集中率已达到相当高的水平，但是随着时间的推移，其该行业生产的集中程度一直处于稳步的大幅度下降状态，不过，仍然要高于英国同行业生产的集中程度。

(7)英国橡胶轮胎业的生产虽然高度集中，但是其集中率也有一些降低。美国这一行业生产的集中程度要比英国低得多，而且从 20 世纪 30 年代以来，几乎没发生过什么变化。

上述所举各例均与我们的假设相符，即谢尔曼法案只不过对高水平的产业集中率起到了最微小的遏制作用[11]。本文附录中的各个表格所给出的基本统计数据也表明，为提高产业集中率(H＞0.3)而进行的兼并活动，在英国比在美国普遍。实际上，我们还可以根据更多产业的大量统计数据来验证这一假设。这种验证方法当然可以进一步改进。

2. 同行业内的兼并率下降

我们的第二组资料更为全面，可以清晰地表明 1950 年通过的克莱顿法反兼并修正案所产生的效用。这些资料是制造业及采矿业的200家大公司进行同行业兼并的厂商数目,其主要数据如表13.2所示。

表13.2　制造业及采矿业大公司不同时期各类型兼并情况

兼并类型	1948—1953年		1954—1959年		1960—1964年	
	数目	百分比	数目	百分比	数目	百分比
同行业	18	31.0	78	24.8	42	12.0
跨行业	6	10.3	43	13.7	59	17.0
联合大企业:按市场范围	4	6.9	20	6.4	24	6.9
按产品范围	27	46.6	145	46.2	184	52.9
其他	3	5.2	28	8.9	39	11.2
总计	58	100.0	314	100.0	348	100.0

资料来源:联邦贸易委员会,经济处。

从这些数据可以看出,1950年的反兼并条例有力地遏制了同行业内的兼并。各大公司所进行的同行业兼并活动之比率降到了较低的水平。在这一由联邦贸易委员会所统计的表格中,甚至大大地倾向于将这种类型的合并也计算在内,即,两家同行业的公司,即使其销售市场只有很小部分重合,也算作合并。表13.4至表13.17所列示的美国7种产业的有关资料数据,也表明它们从1950年以来便没有过重大的合并活动。

可惜更早时期的同行业内合并情况未见记录下来,这点似乎是不可思议的,然而那时的统计资料确实是把所有形式的合并都归入了标准的兼并系列之内。(从我们的7种产业资料数据可以看出,早期的同行业内合并要比1950年后更频繁,而且是更重要的合并形式。参见表13.20所示)有关产业兼并史的统计学缺陷,当然不是不可弥补的。

3. 可以豁免的领域

另一类可供我们进行研究的潜在的资料来源，是可以不受反托拉斯法管辖的产业，不过有关这些产业的资料很难顺利地得到。大多数这类产业都要受其他一些规章制度的束缚，并且可能会相对于未得到豁免权又未受到这些法规管制的产业而言，有一些完全不同的经济特征。

保险业(或者说各类保险业)就是一例可以免除反托拉斯法之管制的行业。虽然该行业的豁免权并非是无条件的，但是却从来没发生过反对保险公司进行合并的事件，并且 1950 年通过的反兼并法案对保险业的影响也十分微不足道。[12]然而，在人寿保险和火灾及意外伤害保险这两个保险业的部门之内，集中率确实很低，进行兼并活动的例子也相当少见。表 13.21 所示的是火灾及意外伤害保险公司的有关数据资料，我们可在此将其汇总如下：

年度	H 指数	前一时期的合并带来的 H 指数增值
1945	0.0163	
1953	0.0164	0.0000
1963	0.0189	0.0024

从以上数据可以看出，对于某一典型的州来讲，该行业的集中率可以算是相当低了。[13]

由于这些资料的意义不是十分明确，因而我们无法找到可与无豁免权的产业相比较的标准，并且，保险业的集中率及兼并活动的水平都非常低，使我们实际上不可能设想在无豁免权的各类产业中，会有某一种产业的集中率可能急剧下降到相似的水平。这里有关保险业的资料，又进一步证实了我们此前得出的关于 1950 年反兼并法案之实际效用的研究结果。

Ⅲ. 对市场共谋的影响

谢尔曼法的主要矛头，是针对各种限制自由贸易活动的阴谋行为的，因此在评判其实际效用时，必须要以它是否成功地制止了这类阴谋串通活动为主要的依据。然而，在人类所制定的一切法规当中，最难衡量其效用的，就是这种所声称要禁止从事的活动可以隐蔽起来进行的法令。

据商业情报交换所（CCH）的蓝皮书记载，在 1963 年全年共有 957 例涉及反托拉斯法的完整案例。在这些案例中对当事人的指控提到了阴谋串通行为。[14] 在所有这些案例当中，由司法部获得确切胜利的共达 756 例，即差不多占总数的 3/4 还多一点儿。此外，联邦贸易委员会还提出了很多起涉嫌阴谋串通活动的案例。这类被指控为阴谋串通的案例竟然如此之多（获胜的又这样多），使我们可以同等的热烈程度，既欢呼其证明了谢尔曼法的有益效用，也欢呼其证明了该法案的失败。我们想要了解的，当然是有关市场共谋的统计数字，包括已被察觉的和未被察觉的共谋行为，以及在颁布了反托拉斯法和未颁布这类法律的情势下进行市场共谋活动的统计数字。

我们的困难，在于这样一个基本事实，即我们根本没有一种已得到普遍认可的寡头垄断理论。要是我们有了这样的理论，就不会不知道成功的共谋到底是由哪些因素决定的，并且还能进一步探明谢尔曼法案对这些决定因素所产生的影响。由于我们想要研究的这类事件是在暗中秘密进行的，使我们不可能依靠直观的印象来进行有关的研究。

我认为，我本人提出的寡头垄断理论是进行这类研究工作的有用工具，这恰恰是由于我的理论力求将成功的共谋之决定因素和具体形式区分开来，或者不如说，我努力区分的是成功的欺诈行为和因而导致的不成功的共谋行动的决定因素。一个难以解决的问题是如何得到有关遵守共谋协定的可靠资料，因为发票、卖主、买主，甚至有形货物的运送，都可以做假。如果共谋的协议不能够强制施行，人们就不会遵照其规定行事。

从这一角度讲，某些共谋方法的有效性较高。其中最有效的一种方法是成立联合销售机构，因为这样做使削价没有可能发生，并且也不可能秘密地进行大宗货物交易。从欧洲卡特尔的经验来看，这种观点似乎有一定的道理：

> 无论用这种卡特尔据以了解其成员各种账目的方法来进行多么严密的管理，也还是不可能完全保证不发生违背卡特尔宗旨的现象，人们反而常常一再地抱怨没办法察觉精明的违反共谋协议的行为，尤其是没办法发觉隐蔽的削价行为。这导致了各个卡特尔不断地建立更多的共同销售机构，并将此当作唯一完全可靠的方法，来防止不执行卡特尔方针政策的行为。这种共同销售机构并非是个别的偶然现象，而是具

有普遍代表性的事物。例如奥地利的历史最悠久、组织最严谨的卡特尔之一,平板玻璃生产辛迪加,就曾在建立共同销售机构时这样解释:如若不采取这种办法,即使用最严厉的控制手段,也难以防止削价或超过限额的行为发生。[15]

为了进一步说明这一点,我们应当看一下根据1920年的《商业航海条例》免受反托拉斯法管辖的海上保险业的情况。该行业当时成立了一个包括国内海上保险公司和几家外国保险公司在内的辛迪加组织,由该辛迪加为各公司分派生意,作为这一组织成员的各个保险公司在辛迪加内各自分享一定的业务限额。如果未经辛迪加允许,并按其规定的比率,任何成员公司都不得直接在这一海上保险业市场上进行交易。这就是一种很严格的联合销售机构体系。[16]

有效性稍差一些的共谋方法,是对顾客进行分配,其中包括按卖主分配、按地域分配以及按其他原则进行分配等具体方式。采取这种方式进行共谋,仍然存在某种导致秘密削价的可能性,即从长远的角度讲,在某些卖主处得到优惠的顾客数量,可能会比在别的卖主那里按卡特尔规定价格购买货物的顾客有所增加。实际上,向非分配给自己的顾客出售货物,与建立联合销售机构的情况下一样,通常是可以察觉的。

建立联合销售机构和分配顾客这两种方法,显然都是对买主而言的,因而很可能会引起反托拉斯机构的注意,并且,其行为一旦遭到怀疑,便很容易加以证实。一些有效性较差的共谋形式,如订立价格协议,所存在的违法行为,一般都不容易被察觉,然而,这些有效性较差的共谋与上述两种共谋方式相比,也更加难以强制施行。[17]

我称之为有效的这两种共谋方法(建立联合销售机构和分配顾客),比其他各种形式的共谋都更可能被确认为违反了反托拉斯法。这几乎是必定会发生的事件,因为这类有效的共谋本身就是违法行为,而其他一些有效性差的共谋却包括了相当数量的无关大局的贸易联合行动,以及一些别的难以确定的法律范围。事实上,我们很容易对这一假设进行验证,即通过对有效的和无效的这两类共谋的少数样本进行分析所得到的结果来进行验证(具体数据见表 13.3)。由于样本的数量较少,所以这一验证的结果不很稳定(偶尔会以 0.2 的概率上升),不过我们可以很容易地将样本扩大。

上面所论及的一系列观点可能会有一些道理,并且我很希望如此。但是,这些论点还确实不足以令人信服,我知道自己必须还应做好两件事情。第一件事,是对这些论点所赖以依据的寡头垄断理论进行一下实质性的验证。迄今为止,我一直不知该怎样对这一理论进行某种系统的实际验证。第二件应该做的事,是具体地展示出各种“无效”的共谋之有效性,确实要比“有效的”共谋方式差得多。我以为,通过下面这种程序,可使我的第二个欠缺之处,得到部分补救的机会。

一系列有关卡特尔的案例不断出现,是由各种各样的原因造成的,其中的一个原因是,人们受有关某一大产业的突出案例的影响,会对各种卡特尔产生同类的抱怨,从而接连不断地提出诉讼。我想假定,使用较具成效的方法会缩短某一计划从出笼到被发现的时间间隔。如果事实的确如此,那么这种行动就会使这类共谋所获得的收益相对减少,并因而降低其发生的频率。对少数卡特尔案例所进行的分析已经表明,其模式确实符合我的这一假设。[18]

如若多搜集一些这类案例(很多是有可能得到的),并且更注重对作为基础的寡头垄断理论进行的严格验证,就能更加有力地证实这一论点。

表 13.3　不同类型的共谋案例及其结果[a]

类型	政府获胜	辩方获胜	总计
有效的	9	4	13
无效的	9	8	17
总计	18	12	

资料来源:由政府提出起诉的违反联邦反托拉斯法案例总结(1951 年);将各卡特尔分成“有效”与“无效”的必要补充材料,来自美国联邦议会反托拉斯法决议案(第 1 至第 12 卷)。

a 由商业票据交换所(CCH)验定的案例号码如下(仅包括每组关系密切的案例中之一例):

“有效的”案例号码:14,18,24,34,83,239,240,254,277,282,348,349,以及 355;

“无效的”案例号码:21,66,76,215,218,227,241,243,244,246,248,265,273,274,284,331,以及 343。

共谋类型	数目	共谋结成到被起诉的时间间隔
有效的	7	21.6(±3.9)个月
无效的	10	56.7(±2.4)个月

Ⅳ. 结　　论

本文的研究所得出的主要结论,还不够充分,也不具有指导这方面研究工作的权威性,我想在此将其总结为如下三条:

1. 谢尔曼法似乎只能对降低产业集中率产生某种极其微小的

作用。

2.1950年的兼并法案强有力地遏制了较大公司所进行的同行业内的兼并活动。

3.谢尔曼法使一些最有效的共谋方法较难实行，并因而减少了市场共谋的数量及其效力。

有一类作者在阐明某一问题时，如果无法设想出强有力的验证方法，或是不具备搜集大量事实根据的勤奋精神，通常就会以对研究方法的讨论来作为一种替代。很抱歉，我在这里就是这么做的。然而，我却绝不会强求任何有理智的人一定得接受我所得出的结论，因为这些结论的确是很不充分，即使是其中最有力的那一条（关于反兼并法令的效用），也仍然有待于用大量的或者能说明问题的事实根据来加以证实。在此我想强调的是，这些有关反托拉斯法之经济效用的研究结果，都肯定能进一步充实完善，并且会经过一系列去粗取精的过程，最终成为完全经得起事实检验的论点。

附　　录

下列各表中有关产业集中率的数据，是根据各类产业史、经贸杂志、金融新闻出版物以及其他有关材料得出来的。表13.21以后各表中的数据仅参考了一些主要的资料来源，特别是对较早年代的情况，需要通过大量间接的估算来得出，因此其数据只是一些近似值。我们对中小企业所占产出份额的估算尤其粗略，不过这类企业产出比重的变化，对某一行业的H指数也几乎不具很大的影响。研究期末年最大公司的产出份额，包括在以最早计算H指数的年份其产出份额超过25％起始的表格中。

这里所说的兼并，是指某一公司有50％或者50％以上的普通股股票被另一公司吞并，且建立了正式的联合销售机构。如无特殊说明，这些表格中给出的各年度H指数，都是根据该年度的所有兼并均已完成之后的产出比重计算的。

除水泥业和钢铁业使用的是生产能力比重以外，其他行业的 H 指数均按各公司所占据的国内消费份额计算（近似于生产量加上进口再减去出口）。在有必要利用其他数据（例如，生产量所占份额）的地方，我们在各表的脚注中给出了可能会考虑到的进出口数额。

注释：

①美国法典第 15 卷第 31 节（1964 年），第 37 号法规（1912 年）第 567 条。

②联邦司法部长第 355 号命令第 30 条。

③美国法典第 15 卷第 19 节（1964 年），第 38 号法规（1914 年）第 732 条。

④参见美国国会第 89 届第 1 次会议，众院司法委员会小组委员会第 5 号出版物，联合企业的连锁管理第 57 条（1965 年出版）。

⑤联邦政府对西尔斯 · 罗巴克公司诉讼案，据金融类 111 号第 614 款补充条例（D. C. N. Y. 1953 年）。

⑥即使人们很愿意采取两个公司联合行动的方式，连锁董事会也是一种笨拙的方法，因此，我认为，这类董事会的存在与否和各家公司之间竞争的程度，并没有很重大的关系。

⑦参见施蒂格勒："垄断与兼并的统计学"（The Statistics of Monopoly and Merger），载《政治经济学杂志》第 64 卷第 33 期。

⑧见我的那篇"论寡头垄断"（A Theory of Oligopoly），载《政治经济学杂志》第 72 卷第 44 期（1964 年）。

⑨至少费洛伦斯（Florence）在《英美产业的必然联系 22—29》（*The Logic of British and American Industry 22—29*）一书中，论及这两个国家产业的相对最佳规模时，是这样说的。

⑩1954 年美国各产业相对于英国产业规模的集中率分别为：汽车制造 8.8（1955 年）、水泥业 1.0、烟草业 3.6、玻璃业 7.0、肥皂业 8.9、钢铁业 5.1、橡胶轮胎 6.0。

⑪最有利于证实谢尔曼法案遏制了产业集中率这一假设的产业是水泥和烟草业，玻璃、肥皂和橡胶轮胎业的情况也能证实上述假设，只是其程度比水泥业和烟草业稍差，而钢铁业和汽车制造业的情况，却表现出与这一假设完全相反的

结果。从1911年以来，兼并一直不是使美国产业集中率提高的主要原因。

⑫保险业得以豁免的限度为：(1)由联邦政府管理该产业；(2)某些行为，如联合起来共同抵制，不得参与。有关的反托拉斯部门认为，既然美国已有了所谓的小克莱顿法案，保险公司的兼并就是可以免除的。参见在参院司法委员会反垄断和反托拉斯小组委员会会议上举行的第57次关于保险业问题的听证会，美国国会第86届第1次会议，第2部分第931条(1960年)。

⑬伊利诺伊州1963年火灾及意外伤害保险业的集中率为0.0232。

⑭这些案例的制表统计工作由迈克尔·马克斯(Michael Marks)在一项未正式出版的研究中完成。

⑮凯斯特纳(Kestner)，《组织压力153》(*Der Organizationszwang 153*)，1912年。

⑯上述第57次听证会，第2至第9部分。关于卡特尔的协议在第9部分第5555至5633项重印。

⑰这里存在一个重要的例外情况。在政府做买主的情况下，通常利用一些投标技术，可能会造成一些秘密削价，因而，针对政府买主的共谋体系，通常运行得最顺利。

⑱这里所分析的案例，按商业票据交换所的案例号码，在有效的一组内包括第18、24、34、83、277、348和349号案例；无效的一组案例是第66、76、215、218、244、265、273、274、284和343号。

表13.4　美国汽车制造业在某些时期[a]的集中率及兼并所造成的影响

选定时期	H指数	通用汽车公司所占份额(1931—1964年)	由兼并所造成的H指数增值	附　注
1904	0.076			
1908			0.0179	通用汽车公司组建
1909—1910	0.090		0.0022	美国汽车公司组建
1912			0.0001	小雪佛兰公司
1916			0.0090	通用-雪佛兰
1917			0.0001	马克斯韦尔-查默斯
1918			0.0020	通用-斯克里普斯·布思

续表

选定时期	H 指数	通用汽车公司所占份额（1931—1964 年）	由兼并所造成的 H 指数增值	附　　注
1920	0.279			
1922			0.0018	福特-林肯
1925	0.243			
1928			0.0059	道奇-克莱斯勒
			0.0002	赫普-钱德勒
1929	b			
1931	0.284	0.433		
1932	0.261	0.412		
1935	0.292	0.384		
1937	0.283	0.406		
1938	0.307	0.448		
1939	0.297	0.437		
1948	0.253	0.406		
1950	0.298	0.454		
1952	0.275[a]	0.418		
1953			0.0004	凯泽-威利斯
1954			0.0006	赫德森-纳什
			0.0008	斯塔倍克-帕卡德
1955	0.363	0.508		
1960	0.286	0.436		
1961	0.315	0.466		
1962	0.352[b]	0.519		
1963	0.342	0.510		
1964	0.331	0.491		

a 根据 1925 年前的生产量比重；1925 年后按新车注册数（包括进口车）计算。

b 按生产量份额计算，能与英国相比较的 H 指数如下：1929 年＝0.218（出口量 10％，进口量忽略不计）；1952 年＝0.278（出口和进口量分别为 4％和 1％）；1962 年＝0.383（出口和进口量分别为 3％和 5％）。

表 13.5　英国汽车制造业在某些时期的集中率及兼并所造成的影响(按生产量所占份额计算)[a]

选定时期	H 指数	莫里斯-BMC 公司所占份额 (1924—1964 年)	兼并所造成的 H 指数增值	附　注
1905	0.02—0.05			
1910			0.0012(最大)	BSA-戴姆勒
1912	0.065			
1913	0.084			
1919			0.0008(最大)	塔尔博特和达拉克组成 STD
1921			0.0018	阳光-STD
1924	0.202	0.305		
1926—1927			0.0133	莫里斯-沃斯利
1928			0.0006	亨伯-希尔曼
1929	0.212	0.350		
1931			0.0002(最大)	罗尔斯-罗伊斯-本特利
1932	0.208	0.334		
1935	0.198	0.315	0.0026(最大)	鲁茨-STD
1937	0.147	0.233	0.0016	莫里斯-赖利
1938	0.160	0.235		
1945			0.0030	标致-胜利
1947			0.0002(最大)	阿斯顿-马丁-拉戈达
1952	0.158 (兼并前)	0.197		
	0.235 (兼并后)	0.394	0.0776(最大)	奥斯丁和莫里斯组成 BMC
1955	0.253	0.390	0.0007	鲁茨-辛格
1960	0.253[b]	0.365		
1961	0.275	0.385		
1962	0.261	0.377		
1963	0.273	0.385		
1964	0.253	0.368		
1966			0.0168[c]	BMC-杰格尔

a 出口占生产量比重为：1913 年，6%；1924 年，10%；1929 年，13%；1932 年，16%；1935 年和 1937 年，14%；1938 年，13%；1952 年，61%，1955 年，38%；1960 年，40%；1961 年，36%；1962 年，43%；1963 年，38%；1964 年，36%。进口保持在占生产量比重的 16%(1913 年)，9%(1924 年)，12%(1929 年)；上表中给出 H 指数的其余各年之进口不超过生产量的 5%。

b 1960 年的国内销售份额，最大两家公司为 70%，最大的五家公司占 90%；按上表中所用的生产量比重计算，最大两家公司和最大五家公司所占份额分别为 67%和 96%。

c 据国内市场份额计算。资料来源：《华尔街周刊》，1966 年 7 月 12 日，第 1 页。

Max. ＝最大估算数，即，在无其他资料的情况下将各公司规模视为相等的。

表 13.6　美国水泥业(莱海伊谷地)[a] 在某些时期的集中率及兼并所造成的影响(按厂家生产能力计算)

选定日期	H 指数	兼并造成的 H 指数增值	附　　注
1900[b]	0.132		
1902		0.0203	莱海伊-塞勒
1904		0.0083	阿特拉斯-基斯顿
1905		0.0025	阿尔法-国立
1907	0.092		
1912		0.0019	阿尔法-卡茨基尔
1920	0.118		
1924		0.0058	莱海伊-蒂德沃特
1925		0.0004	北美-海德伯格
		0.0008	宾州德克斯塔-艾伦
1926		0.0057	莱海伊-巴思
		0.0040	宾州迪克西水泥公司
		0.0007	北美-阿克姆
1928[c]		0.0022	国际菲尼克斯
1929	0.086		
1939	0.079		
1948	0.072		
1954		0.0025	马丁-劳伦斯

续表

选定日期	H 指数	兼并造成的 H 指数增值	附　　注
1955	0.080	0.0024	阿伦顿-福奇山谷
1963	0.072		

a 东宾夕法尼亚、纽约布法罗以东、新泽西、马里兰以及西弗吉尼亚的最东部地区。

b 在大多数情况下，生产能力按首次运货日期和 1907 年之间推算。

c 国际菲尼克斯公司从 1925 年起按 FTC 日期控制。

表 13.7　英国水泥业在某些时期的集中率及兼并所造成的影响(按厂家生产能力计算)

选定日期	H 指数	APCM 所占比重(1900—1959 年)	兼并造成的 H 指数增值	附　　注
1900	0.028(兼并前)	0.088(白色)		APCM 组成前
	0.359(兼并后)	0.594	0.3317	APCM 组成后
1907	0.142	0.361		
1912	0.119(兼并前)	0.322		BPCM 组成前
	0.565(兼并后)	0.750	0.4446	BPCM 组成并被 APCM 兼并
1922	0.576	0.753	0.0475	APCM-肯特
1924	0.501	0.700	0.0466	APCM-亨伯
1928	0.368	0.580	0.0199	红色德尔塔组成
			0.0004	东方刘易斯
1931	0.331(兼并前)	0.549		红色德尔塔兼并前
	0.498(兼并后)	0.701	0.1673	红色德尔塔兼并后(应加上滕内尔-克莱德公司的兼并造成的 H 指数升值，为 0.0004)
1933—1934[a]			0.0147	阿尔法公司组成

续表

选定日期	H 指数	APCM 所占比重(1900—1959 年)	兼并造成的H 指数增值	附　　注
1936[a]			0.0002	拉格比-巴彻勒
1938	0.512	0.700	0.1650	APCM-阿尔法
1955	0.480	0.667	0.0022	拉格比-尼尔森
1959	0.395	0.598		

a 利用 1938 年的生产能力比重。

表 13.8　美国烟草业在某些时期的集中率及兼并所造成的影响(按国内香烟消费数量计算)

选定日期	H 指数	雷诺兹烟草制品公司所占份额(1921—1963[b] 年)	兼并造成的H 指数增值	附　　注
1890	0.207(兼并前) 0.234(兼并前) 0.812(兼并后) 0.925[a](兼并后)	0.6050 0.6911[a]		艾伦 & 金塔、W. S. 金博尔、古德温、金尼、W. 杜克公司组成美国烟草公司，并兼并了 S. F. 赫斯公司
1891	0.779			
1892			0.0906	S. 海因希姆-美国
1894			0.0391	H. 伊利斯-美国
1898			0.0912	德拉蒙德-美国
1899			0.1482	美国烟草公司兼并了莫诺波尔、国立、W. R. 厄比及利格特 & 迈尔斯等公司
1900	0.809		0.0082	S. 阿纳尼罗斯-美国

续表

选定日期	H 指数	雷诺兹烟草制品公司所占份额（1921—1963[b] 年）	兼并造成的 H 指数增值	附　　注
	0.860[a]		0.0121	J. 博尔曼-美国
1901			0.0230	布朗-美国
			0.0109	C. V. 温弗瑞-美国
1903			0.0338	韦尔斯、怀特海德-美国
			0.0104	格拉夫特-美国
1911[a]	0.831		－0.5292	美国烟草公司解散
1912[a]	0.302		0.0003	烟草制品有限公司成立
1916[a]			0.0004	欣纳希-烟草制品有限公司
1917[a]			0.0004	普鲁登舍尔-烟草制品有限公司
1918[a]			0.0004	福尔克-烟草制品
1921[a]	0.286	0.354		
1923[a]			0.0186	烟草制品-美国
1925[a]	0.318	0.416		
1935[a]	0.212	0.282		
1937[a]	0.197	0.281		
1944[a]			0.0021	阿克斯顿-弗希尔-菲利普莫里斯
1947	0.242[a]	0.283		
	0.256	0.301		
1954	0.216[a]	0.247	0.0011	本森 & 赫奇斯-菲利普莫里斯
	0.221	0.251		
1958	0.198[a]	0.281		
	0.202	0.287		
1963	0.221	0.344		

a 从 1911 年到 1944 年的数据是按占总产出量的比重计算的，其他年代标有“a”的数据是按占总产出量计算的。各年出口占总产出比重为：1890 年，11％；1900 年，31％；1912 年，14％；1921 年，14％；1935 年，3％；1947 年，9％。

b 美国烟草公司所占份额在 1947 年和 1954 年稍稍超过雷诺兹烟草公司，并且在

1890 年(兼并后)至 1911 年(解体前)期间,其生产量比重处于 80%到 96%之间。

表 13.9 英国烟草业在某些时期的集中率及兼并所造成的影响(按国内消费比重计算)[a]

选定日期	H 指数	帝国烟草公司所占比重(1900—1959 年)	兼并造成的H 指数增值	附注
1900[b]	0.281	0.516 (威尔斯)		帝国烟草公司组建前
1901—1902[b]			0.2259	帝国成立,并兼并了奥格登
1903[b,c]	0.507	0.710		帝国组建之后
1915[c]	0.507	0.710		
1920	0.830	0.910		
1926			0.0235	帝国-阿德斯
1928	0.670	0.814		
1932[d]			0.0494	帝国-加拉希尔
1933[d]	0.565	0.738		
1934[d]			0.0398	杰克逊集团通过加拉希尔并入帝国
1937[d]			0.0034	罗宾逊通过加拉希尔并入帝国
1938[d]	0.712	0.841	0.0336	帝国-沃尔塔斯
1946[d]			−0.0857	帝国在加拉希尔的利润降低了 50%以上
1947	0.690	0.824		
1952			0.0001 (最大)	加勒拉斯-邓希尔
1952—1953			0.0136 (最大)	帝国-约翰、伍德、查尔斯沃思 & 奥斯丁、捷运烟草(通过阿德斯)
1954	0.612	0.772		
1955			0.0003 (最大)	加拉希尔-本森 & 赫奇斯

续表

选定日期	H 指数	帝国烟草公司所占比重（1900—1959 年）	兼并造成的 H 指数增值	附 注
1958			0.0002	加勒拉斯-鲁思曼
1959	0.496	0.652		
1960			0.0044	帝国-菲利普斯（通过阿德斯）
1961			0.0168	加拉希尔-威克斯

a 1947 年前的消费比重主要根据消费重量计算，其后各年按消费价值计算。1954 年全英的香烟产量占所有烟草制品生产比重，按重量计算为 84.0%，按价值计算为 86.7%。

b 根据 1903 年的消费比重计算，因此 1900 年和 1903 年 H 指数的差异必定完全由 1901—1902 年的兼并活动所造成。

c 1903 年和 1915 年的 H 指数估计值相等，表明帝国公司所占未发生变动的比重对较小公司来讲只是近似的估计值。

d 从 1932 年到 1946 年，帝国公司占有了加拉希尔公司 51%的股票，而 1946 年后帝国占有的加拉希尔股票不到 50%（1956 年为 42.5%），因而，应认为帝国是在 1932 年兼并了加拉希尔，而 1946 年加拉希尔是自己放弃的；假使这两家公司都被看作是完全独立的，则 H 指数为：1933 年＝0.516，1938 年＝0.641，并且上表中唯一表明兼并所造成之影响的栏目数据，从 1932 年到 1946 年就应是：0.0019 杰克逊-加拉希尔；0.0002 罗宾逊-加拉希尔；以及 0.0318 帝国-沃尔塔斯。

“最大”即指，在得不到确切资料的情况下，利用被兼并公司所占消费比重的最大估算值计算。

表 13.10 美国平板玻璃生产业[a] 在某些时期的集中率及兼并所造成的影响（按该行业生产[b] 价值比重计算）

选定日期	H 指数	L-O-F 公司所占比重[c]（1935—1954 年）	PPG 公司所占比重[c]（1900—1954 年）	兼并造成的 H 指数增值	附 注
1895	0.035（兼并前） 0.066（兼并后）			0.0306	PPG 公司与其他 4 家公司合并之后，但在美国玻璃公司组建之前

续表

选定日期	H 指数	L-O-F 公司所占比重[c](1935—1954 年)	PPG 公司所占比重[c](1900—1954 年)	兼并造成的 H 指数增值	附　注
1895—1899				0.2376	美国玻璃公司组建
1899	0.304				
1900	0.192		0.242	－0.0545	美国玻璃公司解体，并入美国窗用玻璃公司，且成为各自独立的企业
1901				0.0182[d]	独立玻璃公司组建
1902	0.158[e]		0.225	0.0056[d]	联邦(库普)公司成立
1904				d	独立 & 联邦(库普)解体
				0.0006	密西西比玻璃公司-阿珀特玻璃和罗兰玻璃公司
1909	0.106		0.234		
1910				f	
1912				0.0119	约翰斯顿经纪代办处成立
1913				0.0059	美国窗用玻璃公司组建并与 PPG 订立销售合同
1919	0.094		0.229		
1920				0.0027	国立平板玻璃公司成立
1925				0.0003	利比-欧文斯-弗尔菲尔德(L)-(O)-(F)
1928				0.0027	利比-欧文斯-亚当斯通
1929	0.136		0.298		
1930				0.0104	L-O 和爱德华 · 福特公司组成 L-O-F
				0.0109	PPG-标准
1931				0.0138	L-O-F 兼并奥托瓦和纳特平板玻璃公司位于伊利诺伊州的几家工厂
1932				0.0017	密西西比-西方高地
1933				－0.0049	亚当斯通脱离 L-O-F
1935[e]	0.346	0.424	0.399	0.0024	福尔科公司组建

续表

选定日期	H 指数	L-O-F 公司所占比重[c](1935—1954 年)	PPG 公司所占比重[c](1900—1954 年)	兼并造成的 H 指数增值	附　注
				0.0131[g]	L-O-F 兼并维特罗利特,并与兰色里奇签订销售合同
1936				0.0005	美国-贝克·布鲁思
1948				−0.0006	布拉克福德脱离福尔科公司
1954	0.280	0.380	0.340		

a 包括薄片、平板及滚筒状玻璃生产业,层压玻璃和玻璃制品生产业除外。

b 1935 年前的数据须经复杂和间接的推算过程才能得出,当时的各公司生产能力是按其薄片、平板及滚筒状玻璃生产量比重计算的,而这几种产品产量的计算又需分别按各自的生产程序予以推算(如手工和机器生产、科尔伯恩和福尔考特机器生产,等等)。

直接从生产量推算的 1902 年 H 指数估计在 0.164 和 0.176 之间。

由于 1935 年的薄片与平板玻璃生产能力存在大量闲置现象,因此在前些年数据基础上估算的 H 指数近似于 0.260。

各年度进口占生产量比重为:1895 年,近似于 17%;1899 年,8.4%:1909 年,5.0%;1919 年,忽略不计;1929 年,5.0%;1935 年,忽略不计;1954 年,5.5%。1919 年的出口占生产量比重为 5.0%,其余各给出 H 指数的年份均低于 5%。

c 由于 L-O-F 和 PPG 公司在 1935 年和 1954 年所占的比重几乎相等,因此将这两家的数据都列在表中。美国(窗用)玻璃公司在其占主要地位的年份所占比重为:1899 年,0.499;1900 年,0.359(在分裂成两个独立的公司之后);1902 年,0.256。

d 1901 和 1902 年的兼并造成的 H 指数增值未用在表 13.20 的计算中,因为无法获得充足的资料来估计 1904 年这两家公司的解散造成的影响。

e 参见上述脚注 b。

f 帝国窗用玻璃公司于 1909 年 4 月组建,此处略去,该公司于 1910 年 11 月即解散,因此其活动时期仅为 1909—1910 年。

g L-O-F 公司与兰色里奇公司订立销售合同的确切日期无法找到。1935 年是该合同公开生效的第一年。

表 13.11 英国平板玻璃生产业在某些时期的集中率及兼并所造成的影响(按国内消费量比重计算)

选定日期	H 指数		皮尔金顿公司所占比重(1904—1955 年)	兼并造成的 H 指数增值	附注
1901				0.0051	皮尔金顿-雷文黑德
1904	最佳估计数	0.190	0.288		
	估算范围[a,c]	0.170—0.232	0.216—0.360		包括欧洲大陆各公司组成的卡特尔向英国出口的平板玻璃,算做一个公司的产量
1913	最佳估计数	0.154	0.364		
	估算范围[a,c]	0.121—0.221	0.273—0.455		上述卡特尔解体[b]
1930	最佳估计数	0.168	0.373		
	估算范围[a]	0.135—0.256	0.255—0.492		包括贝尔根、德意志和切赫平板玻璃卡特尔,每个卡特尔算做一个公司
1935		0.370[b]	0.584		迪托[d]
1954	估算范围[a,b]				
	最大估计值	0.725—0.834	0.844—0.912		d
	估算范围[a,c]				
	最小估计值	0.533—0.748	0.699—0.859		d

续表

选定日期	H 指数		皮尔金顿公司所占比重(1904—1955 年)	兼并造成的 H 指数增值	附　　注
1955[e]		0.904	0.950	0.1793—0.0699[a,b] 0.3512—0.1557[a,c]	皮尔金顿-钱斯

a 各公司滚筒状玻璃生产使用最大估计值,因为无法获得有关资料。

b 按出口价格估计产出量。

c 按进口价格估计产出量,包括关税在内。

d 进口占消费量比重为:1904 年,75%;1913 年,68%;1930 年,33%;1935 年,30%;1954 年,忽略不计。

e 皮尔金顿从 1936 年开始收买钱斯的股票,到 1955 年已将其全部买过来。该公司获得钱斯公司之主要利润的年份无法确知,只知道其董事们在钱斯公司的董事会正式任职的时间是 1951 年。

表 13.12 美国制皂业[a] 在某些时期的集中率及兼并所造成的影响(按产出价值比重计算)

选定日期	H 指数	P&G 公司所占比重(1935—1958 年)	兼并造成的H 指数增值	附　　注
1900	0.030			
1903			0.0046	P&G-舒尔茨公司
1909	0.068			
1910			0.0049	P&G-D. S. 布朗
1919			0.0002	帕尔莫利夫-克里斯特尔
			0.0002	巴比特-门德尔森
1925	0.088			
1926			0.0051	帕尔莫利夫-皮特
1927			0.0124	P&G-Wm. 沃尔特克
			0.0019	P&G-鲁布-诺-莫尔
1928			0.0290	科尔盖特-帕姆-帕尔莫利夫·皮特
			0.0033	P&G-格洛布
1929			0.0043	P&G-杜兹公司
1930			0.0082	格洛布-帕姆-皮特-柯克曼
			0.0106	P&G-体伊特兄弟公司
1933			0.0007	
1935	0.198	0.357		
1936			0.0024	P&G-辛辛那提肥皂公司
1937	0.259[b]	0.432		
1939			0.0112	利弗-戈尔德·达斯特
1951	b			
1954	0.288	0.500		
1955			0.0002	普里克斯-老荷兰公司
1956			0.0004	普里克斯-曼哈顿

续表

选定日期	H 指数	P&G 公司所占比重(1935—1958 年)	兼并造成的H 指数增值	附　　注
1957			0.0088	利弗-蒙萨托公司的“所有”部门
1958	0.253	0.452	0.0002	普里克斯-里斯利
1964			0.0008	普里克斯-弗尔斯

a 根据 1957 年 SIC 的定义划分，但不包括强碱性洗涤剂和甘油类制品。1937 年及以前包括刮脸用洗涤用品。1909 年及以前包括甘油类制品，1900 年还包括在大型公司的制皂厂中生产的蜡烛。

b 1951 年按家庭用皂及洗涤剂产量比重计算(即将工业用皂及洗涤剂除外)的 H 指数为 0.314；1937 年的同类指数为 0.245。

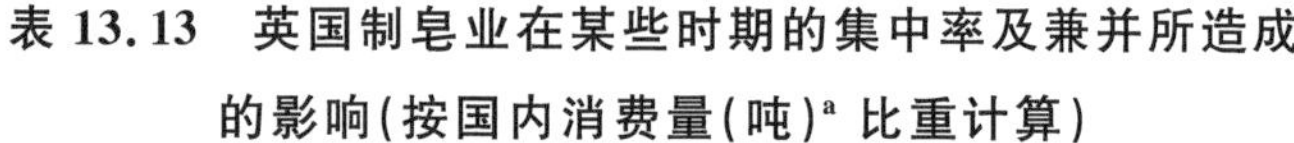

表 13.13　英国制皂业在某些时期的集中率及兼并所造成的影响(按国内消费量(吨)[a] 比重计算)

选定日期	H 指数	利弗公司所占比重(1915—1961 年)	兼并造成的H 指数增值	附　　注
1899			0.0024	利弗-本杰明·布鲁克思
1900	0.057			
1905	0.063			
1906			0.0040	利弗-维诺利亚
			0.0040	利弗-哈奇逊 & 辛普森
1907	0.045			
1908			0.0142	利弗-啥德森
1910—1912[b]			0.0459	利弗-托马斯、库克 & 其他公司
1911			0.0027	格罗斯菲尔德 & 戈西奇组成格罗西奇公司
1913[c]			0.0896	利弗-格罗西奇
1915[c]	0.228	0.460		

续表

选定日期	H 指数	利弗公司所占比重(1915—1961 年)	兼并造成的H 指数增值	附　注
1917			0.0603	利弗-沃特森
1919[c]			0.0128	利弗-普瑞斯(吉布斯)
1920			0.0384	利弗-奈特
1921	0.462	0.670		
1925			0.0922	利弗-BOCM
1929	0.376	0.600		
1935	0.308	0.535		
1938	0.300	0.515		
1954[d]	0.350	0.523		
	0.391[e]	0.543		
1961[d]	0.432[e]	0.594	0.0044	利弗-皮诺雅

a 参见表 13.14 按 1900 至 1921 年生产量比重计算的数据,即按各选定年份所生产的吨数计算。

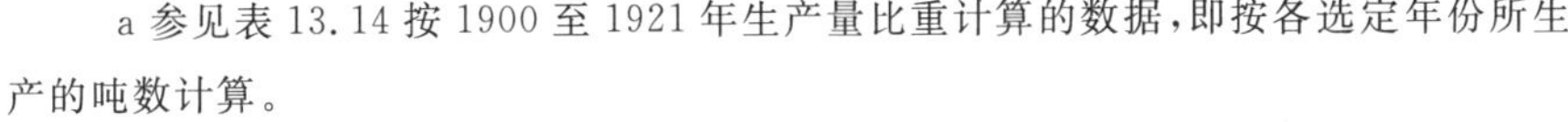

b 不包括奈特和沃特森公司,因为 1910—1912 年利弗得到的利润不足 50%。

c 利弗事实上于 1913 年将格罗西奇兼并,该年度它得到的利润已达 50%:1915 年的 H 增值=0.170,兼并造成的 H 增值=0.1378;如果按 1919 年为正式兼并的日期,利弗在该年度便全部控制了格罗西奇公司。

d 1954 年和 1964 年按产值比重估算的 H 指数分别为 0.384 和 0.430(根据爱德华和波普利特“相当于肥皂”的概念,合成洗涤剂的加权量为 1.5)。

e 只考虑一般民用消耗量比重,即将工业用量除外。

表 13.14　英国制皂业在某些时期的集中率及兼并所造成的影响(按 1900—1921 年生产量比重计算)

选定日期	H 指数		利弗公司所占比重(1915 年和 1921 年)	兼并造成的 H 指数增值[a]	附　注
1900		0.059			
1905		0.078			
1907		0.056			

续表

选定日期	H 指数		利弗公司所占比重(1915 年和 1921 年)	兼并造成的 H 指数增值[a]	附　　注
1911				0.0130	格罗斯菲尔德 & 戈西奇组成格罗西奇
1913[b]				0.1729[b]	利弗-格罗西奇
1915	最大估计数	0.364	0.593		
	最小估计数	0.313	0.548		
1921		0.535	0.725		

a 此数值仅依据格罗斯菲尔德和戈西奇公司的合并(格罗西奇)所得到的生产量比重计算,即除利弗以外的具有大量出口贸易业务的公司生产量比重。其他兼并造成的 H 指数升值可参见表 13.13。

b 如果按 1919 年计算兼并日期,则兼并造成的 H 增值=0.2112。参见表 13.13 的脚注 c。

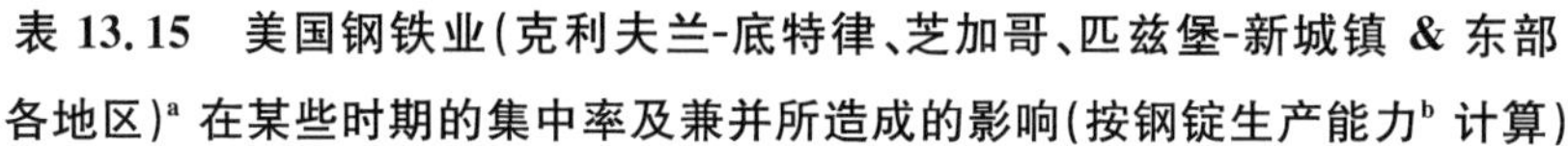
表 13.15　美国钢铁业(克利夫兰-底特律、芝加哥、匹兹堡-新城镇 & 东部各地区)[a] 在某些时期的集中率及兼并所造成的影响(按钢锭生产能力[b] 计算)

选定日期[c]	H 指数	美国钢铁公司所占比重(1901—1960 年)	兼并造成的 H 指数增值[d]	附　　注
1899	0.084[e]		0.0001	共和公司组建
1900			0.0003	克虏伯公司组建
1901	0.021(兼并前)	0.206(卡内基)		
	0.233(兼并后)	0.472	0.2117	美国钢铁公司组建[f]
1902			0.0248	美国钢铁公司-联合钢铁公司
1903			0.0010	美国钢铁公司-特洛伊钢铁公司
1904	0.232	0.471	0.0130	美国钢铁公司-克莱尔顿钢铁公司

续表

选定日期[c]	H 指数	美国钢铁公司所占比重（1901—1960 年）	兼并造成的 H 指数增值[d]	附　　注
1908	0.225	0.463		
1911			0.0003	克虏伯-米德兰
1916	0.240	0.475	0.0017	本瑟姆-宾夕法尼亚
1917			0.0002	本瑟姆-美国
1919			0.0002	惠林钢铁-拉贝尔铁厂惠特克·格莱斯纳
1920	0.178	0.405		
1922			0.0043	本瑟姆-卢克瓦那
1923			0.0077	本瑟姆-米德维尔钢厂 & 奥德南斯(科兹维尔 & 约翰斯顿钢铁厂)
			0.0018	新城镇钢板及钢管公司-布赖尔·黑尔钢板钢管公司-美国钢板钢管公司
1926	0.206	0.419		
1927			0.0002	美国轧钢厂-惠尔炼钢厂
1928			0.0004	共和炼铁 & 特朗贝尔炼钢
1929			0.0002	美国轧钢-阿什兰德
			0.0004	纳特钢厂组建:威尔顿钢厂,五大湖钢厂
1930	0.177	0.377	0.0038	共和钢厂组建:共和钢铁、中心合成钢,唐纳 & 伯恩·富勒
			0.0003	美国轧钢-谢菲尔德钢铁
1934			0.0002	美国轧钢-斯卡林钢铁
1935	0.183	0.382	0.0023	共和-科里根-麦金尼
1936			0.0001	美国轧钢-拉斯特利斯钢铁
1938	0.163	0.350		

续表

选定日期[c]	H指数	美国钢铁公司所占比重(1901—1960年)	兼并造成的H指数增值[d]	附　注
1942			0.0014	琼斯＆劳夫林-奥蒂斯
1944			0.0003	琼斯＆劳夫林-电力威尔德钢管分厂
1945	0.156	0.336		
1946			−0.0124	法雷尔和明戈脱离美国钢铁公司分别并入沙伦和惠林公司
			0.0005	共和-国防钢铁有限公司
1948	0.143	0.312		芝加哥钢铁厂
1951	0.138	0.304		
1954	0.130	0.291		
1957	0.125	0.276	0.0003	琼斯＆劳夫林-罗塔里电力
1960	0.122	0.266		

a 美国钢铁学会在《美加钢铁厂名录》(1954、1957)中，按照各州钢铁生产量供应的主要地区市场将美国钢铁业分成六个地区。我们这里未包括南部和西部地区各州的钢铁企业，其中有：亚拉巴马、阿拉斯加、科罗拉多、加利福尼亚、佐治亚、内布拉斯加、北卡罗来纳、俄克拉荷马、俄勒冈、南卡罗来纳、田纳西、犹他、弗吉尼亚和巴拿马运河区。各州1911—1960年生产能力资料来源于美国钢铁学会的年度统计报告。美国钢铁学会在1901年、1904年和1908年出版的《美加炼钢轧钢厂名录》中提供了这几年内各州的总情况。各州的生产能力在必要时插入这些年的数据中。

下面是几家大公司排除南部和西部各厂家生产能力的具体情况：

1.美国钢铁公司：排除了1907年以来田纳西煤炭、炼铁和铁路公司，1930年以来哥伦比亚钢铁公司，以及1946年以来吉尼瓦钢铁公司的钢锭生产能力。

2.本瑟姆钢铁公司：排除了西海岸钢铁联合企业、南加利福尼亚钢铁制造公司1930年以来的钢锭生产能力。

3.共和钢铁公司：排除了位于亚拉巴马州伯明翰的工厂1901年及1904年和海湾各州钢铁公司1937年以来的生产能力。

4.阿姆科钢铁公司：从1945年以来即将位于俄克拉荷马州的泉城与得克萨斯州休斯敦的谢菲尔德钢铁联合企业所有厂家的生产能力全部排除。

b 即，按以吨数计算的生产能力比重衡量。

c H 指数按 1900 年至 1960 年美国钢铁学会出版厂家名录的各年份给出。

d 所记载的是该行业下列最大企业的兼并情况：美国钢铁公司、本瑟姆、共和、新城镇钢板钢管公司、琼斯和劳夫林、国立、因兰德、惠林、克虏伯、匹兹堡、阿姆科和沙伦公司。

e 1899 年的 H 指数据 1901 年的厂家名录上生产能力计算，但反映出美国钢铁公司(1901)、克虏伯公司(1900)以及共和公司(1899)组建前以及联盟钢铁公司(1898)、国立钢铁公司(1899)和美国钢铁及电缆公司(新泽西，1899)联合起来之后各生产企业的规模。

f 联合的是下列钢铁生产公司：卡内基、联盟、美国钢铁与电缆、国立钢管、美国钢圈、美国钢板、美国桥梁公司。

表 13.16 英国钢铁业在某些时期的集中率及兼并所造成的影响(按钢锭生产能力[a] 计算)

选定日期	H 指数	兼并造成的 H 增值	附注
1900	0.036		
1902		0.0022	格斯特·基恩-内斯特福德
			阿尔弗雷德·鲍德温-怀特·巴特勒
			约翰·布朗-托马斯·弗思
1903	0.040	0.0030	多尔曼·朗-斯图尔特 & 劳埃德东北钢铁联合公司
1905		0.0060	比德莫尔-莫森德钢铁联合厂
1908	0.035		南德拉姆-卡戈·弗利特
1910		0.0056	南德拉姆-帕尔默造船与钢铁公司
1913	0.032		
1915		0.0026	大卫、科尔维尔-科兰德布里奇炼钢 & 克伦格纳科钢铁
1916		0.0007	钢铁、皮奇 & 托泽-塞缪尔·福克斯
1917		0.0021	钢铁、皮奇 & 托泽-弗罗丁汉姆
			里查德·托马斯-克瓦姆弗林钢铁公司
1918		0.0034	联合钢铁公司组成，鲍德温-布里姆鲍钢铁公司
1920	0.037	0.0012	约翰·萨歇尔-希尔顿，格斯特，基恩 & 内斯特福德-约翰、莱萨特
			斯图尔特 & 劳埃德-阿尔弗雷德·希克曼

续表

选定日期	H 指数	兼并造成的 H 增值	附　　注
1925		0.0017	理查德·托马斯-格罗夫森德 & 蒂普累特
1928	0.042		
1929		0.0015	英格兰钢铁公司组建
1930		0.0061	兰开夏钢铁公司组建
			科尔维尔钢铁公司组建
			大英钢铁公司(格斯特、基恩 & 鲍德温)组建
1932	0.051		多尔曼·朗-博尔乔·沃思
1936		0.0070	科尔维尔-苏格兰拉纳克谢尔钢铁公司
1938	0.067		
1944	0.068	0.0030	理查德·托马斯 & 鲍德温组建
1947[b]	0.070	−0.0033	马格姆 & 波特·塔尔博特脱离格斯特·基恩,组建威尔士钢铁公司
1953		0.0003	弗思·布朗-比德莫尔
1954[b]	0.068	0.0005	帕克盖特钢铁公司投资兴建钢管厂
1957	0.067		
1960	0.065		

a 在使用产出吨数比重时将 1900 年和 1913 年除外,各公司产出比重按每炉冶炼能力计算,但未按每星期出炉次数或每年实际生产的星期数方面的差别加以调整。

b 1947 年的数据是按国有化之前计算的,1954 年数据是按 1953 年至 1957 年各公司除去国有化部分计算的。

表 13.17　美国橡胶轮胎业在某些时期的集中率及兼并所造成的影响(按国内消费价值加上出口[a] 价值计算)

选定日期	H 指数	兼并造成的 H 增值	附　　注
1912		0.0226	古德里奇-钻石
1915		0.0061	菲斯克-联盟
1923		0.0007	李-共和
1925	0.089		

续表

选定日期	H 指数	兼并造成的 H 增值	附　　注
1926		0.0002	塞伯林-波塔奇
1929		0.0030	古德里奇-胡德
1930		0.0096	古德里奇-米拉
1931		0.0373	美国橡胶-吉拉特
			美国橡胶-塞姆森
1935	0.168	0.0119	古德耶尔-凯利-斯普林菲尔德
1939		0.0116	美国橡胶-菲斯克
1945		0.0007	通用-佩那
1947	0.163		
1954	0.165		
1958	0.141		

a 各年度出口占生产价值比重为：1925 年，3.7%；1935 年，3.5%；1947 年，8.3%；1954 年，4.4%；1958 年，3.7%。

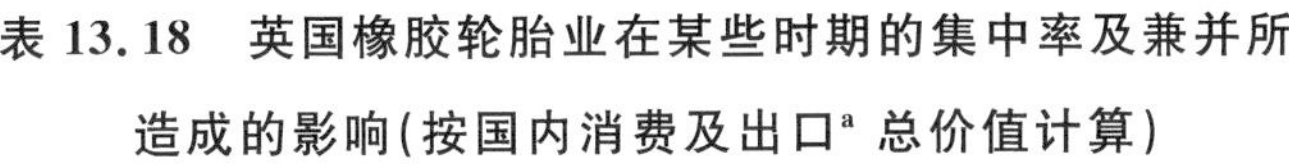

表 13.18　英国橡胶轮胎业在某些时期的集中率及兼并所造成的影响(按国内消费及出口[a]总价值计算)

选定日期	H 指数	邓洛普公司所占比重(1924—1952 年)	兼并造成的 H 指数增值	附　　注
1912				橡胶轮胎大规模生产开始
1924	0.363	0.584		征收进口税之前
1925			0.0899	邓洛普-麦金托什
1927				征收进口税
1933			0.0070	BTR-IRGP&T(帕尔默)
			0.0171	邓洛普-印度
			0.0009	BTR-斯特普尼
1935	0.355	0.571		
1938			0.0001	北部英国-美国橡胶(多米宁)
1947			0.0007	邓洛普-橡胶轮胎(苏格兰)

续表

选定日期	H 指数	邓洛普公司所占比重(1924—1952 年)	兼并造成的 H 指数增值	附　　注
1952	0.271	0.465		
1953			0.0056	邓洛普-西蒙斯(只生产轮胎的厂家)

a 即进口量加上英国生产量。各年度出口占生产量比重加上进口为:1924 年,16%;1935 年,22%;1952 年,25%。

参见表 13.19 按国内消费量计算所得出的不同数值。

表 13.19　英国橡胶轮胎业在某些时期的集中率及兼并所造成的影响(按国内消费[a] 价值计算)

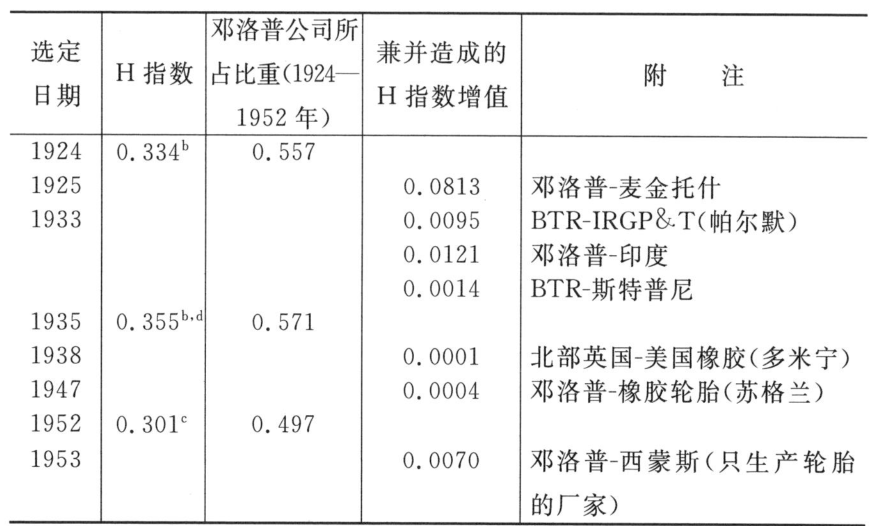

选定日期	H 指数	邓洛普公司所占比重(1924—1952 年)	兼并造成的 H 指数增值	附　　注
1924	0.334[b]	0.557		
1925			0.0813	邓洛普-麦金托什
1933			0.0095	BTR-IRGP&T(帕尔默)
			0.0121	邓洛普-印度
			0.0014	BTR-斯特普尼
1935	0.355[b,d]	0.571		
1938			0.0001	北部英国-美国橡胶(多米宁)
1947			0.0004	邓洛普-橡胶轮胎(苏格兰)
1952	0.301[c]	0.497		
1953			0.0070	邓洛普-西蒙斯(只生产轮胎的厂家)

a 即进口和生产量减去估计的出口量。

b 假定 1924 年和 1935 年的进口与英国各公司的产量成比例。

c 1952 年的数据是国内市场的实际供应量,也就是说,该年度未像其他年度那样估算出出口量。按 1935 年和 1924 年方法计算的 1952 年数据为 0.271。

d 由于该年度进口可以忽略不计,故该数据与表 13.18 中按进口量加上英国生产量比重计算的数据相同。

表 13.20　英、美两国在某些时期由兼并及内部增长对产业集中率造成的影响

	(1)时期[a]	(2)H 增值	(3)兼并造成的 H 增值	(4)内部增长造成的 H 增值 ΔH=(2)−(3)
美国汽车制造业	1904—1920	0.203	0.031	0.172
	1920—1939[b]	0.018	0.008	0.010
	1939—1952	−0.022	0.000	−0.022
	1952—1964	0.056	0.002	0.054
英国汽车制造业	1905—1924[c]	0.167	0.003	0.164
	1924—1938	−0.042	0.018	−0.060
	1938—1952	0.075	0.081	0.006
	1952—1964	0.018	0.001	0.017
美国水泥业	1900—1920	−0.014	0.033	−0.047
	1920—1939	−0.039	0.020	−0.059
	1939—1955	0.001	0.005	−0.004
	1955—1963	0.008	0.000	−0.008
英国水泥业	1900—1922[d]	0.548	0.824	−0.276
	1922—1938	−0.064	0.414	−0.478
	1938—1955	−0.032	0.002	0.034
	1955—1959	0.085	0.000	−0.085
美国烟草业	1890—1921[e]	0.052	0.631[g]	−0.579
	1921—1937[e]	−0.089	0.019	−0.108
	1937—1954[e]	0.019	0.003	0.016
	1954—1963[f]	0.000	0.000	0.000
英国烟草业	1900—1920	0.549	0.226	0.323
	1920—1938	−0.118	0.150	−0.268
	1938—1954[h]	−0.100	−0.072	−0.028
	1954—1959	−0.116	0.000	−0.116
美国平板玻璃生产业	1895—1919[d]	0.059	0.232	−0.173
	1919—1935	0.252	0.053	0.199

续表

	(1)时期[a]	(2)H 增值	(3)兼并造成的 H 增值	(4)内部增长造成的 H 增值 ΔH=(2)-(3)
	1935—1954	-0.066	0.000	-0.066
英国平板玻璃生产业	1904—1935[i]	0.180	0.000	0.180
	1935—1955[j]	0.534	0.070—0.351	0.183—0.464
美国制皂业	1900—1925	0.058	0.010	0.048
	1925—1937	0.171	0.078	0.093
	1937—1954	0.029	0.011	0.018
	1954—1958	-0.035	0.010	-0.045
英国制皂业	1900—1921	0.405	0.272	0.133
	1921—1938	-0.162	0.092	-0.254
	1938—1954	0.050	0.000	0.050
	1954—1961[k]	0.037	0.004	0.033
美国钢铁业	1899—1920	0.094	0.253	-0.159
	1920—1938	-0.015	0.022	-0.037
	1938—1954	-0.033	-0.010	-0.023
	1954—1960	-0.008	0.000	-0.008
英国钢铁业	1900—1920[l]	0.001	0.027	-0.026
	1920—1938	0.030	0.016	0.014
	1938—1954	0.001	0.000	0.001
	1954—1960	-0.003	0.000	-0.003
美国橡胶轮胎业	1925—1935	0.079	0.062	0.017
	1935—1954	-0.003	0.012	-0.015
	1954—1958	-0.024	0.000	-0.024
英国橡胶轮胎业[m]	1924—1935	-0.008	0.115	-0.123
	1935—1952	-0.084	0.001	-0.085

资料来源：表 13.4 至表 13.19。

a 在时期的选择上，我们尽可能将资料数据按下列 4 个时期分开：

1. 从最初计算 H 指数的年份到第一次世界大战后最早的年份。但是，在 19 世纪

90 年代即发生重大兼并行动的行业所选定的起始年都是 1900 年，或者是 1900 年后任一可计算 H 指数的年份。

2. 一次大战后最早年份到二次大战前最后的年份。

3. 二次大战前最后的年份到 50 年代中期。

4. 50 年代中期到最后计算 H 指数的年份。

b 参见表 13.4 注释 a。

c 利用 1905 年最小和最大 H 指数的平均值。

d 利用起始年兼并前的数据。

e 根据香烟产出比重计算。

f 根据香烟国内消费量比重计算。

g 利用 1890 年美国烟草制品公司组建时的生产量份额。

h 参见表 13.9 注释 a。

i 利用表 13.11 中 1904 年的“最佳估计数”。

j 利用表 13.11 中 1955 年兼并的极端估计数。

k 1961 年数据根据前些年资料由 1954 年包括工业消费与不包括工业消费的 H 指数之比率予以调整。

l 参见表 13.16 注释 a。

m 根据表 13.18 中国内消费加出口总价值计算。

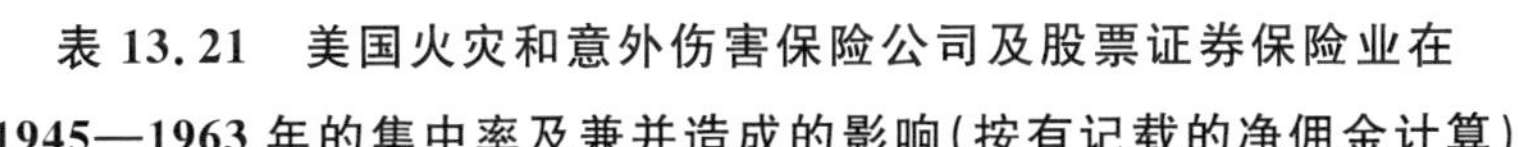

表 13.21　美国火灾和意外伤害保险公司及股票证券保险业在 1945—1963 年的集中率及兼并造成的影响(按有记载的净佣金计算)

选定日期	H 指数	兼并造成的 H 指数增值	附　　注
1945	0.163		
1947		0.000002	沃索雇主互助保险 赫德森·莫霍克
1951		0.00003	全国范围保险-国家意外伤害保险
1953	0.0164		
1954		0.000002	雇主集团保险-哈利法克斯保险公司
		0.00011	救火员基金会-国家保险
		0.000006	费城火灾保险-尤里卡意外伤害保险
1956		0.00027[b]	大陆伤害保险-哈特福德火灾保险
		0.00012	纽瓦克美国保险-美国汽车保险

续表

选定日期	H 指数	兼并造成的 H 指数增值	附　　注
		0.000007	费城火灾保险-威斯克一般伤害保险
1957		0.00063	美国福里-救火员(忠诚)联盟保险
1958		0.00010	美国福里-忠诚-约克郡保险公司
		0.000005	费城火灾保险-胡希尔意外伤害保险
1959		0.00004	商业联盟-北部英国
		0.000002	西北保险公司-缅因债券及意外伤害保险
1960		0.00001	雇主保险-北方保险
		0.000004	斯普林菲尔德-莫纳克-图尔萨标准保险
		0.000006	斯普林菲尔德-莫纳克-福里波特
1961	0.0154[c]	0.000002	信赖-纽约标准火灾保险
		0.00006	信赖-标准意外事故保险
		0.00008	皇家-格罗布-伦敦及兰开夏
1962		0.00003	通用事故保险-卡姆登火灾保险
		0.000005	圣保罗 F&M-伯明翰火灾及意外伤害
		0.00007	美国费德尔 & 古雅尔-商业火灾保险
		0.00003	全国范围保险-商业标准保险
1963	0.189[d]	0.00003	詹姆斯·S.肯珀-经济火灾及意外伤害保险
		0.00025[b]	大陆国家火灾保险-美国意外伤害保险
		0.00047	救火员基金会-纽瓦克美国保险
		0.000007	大美利坚保险-夏威夷首要保险
		0.00007	马里兰意外伤害保险-北方保险

a 共有和互惠的以及劳埃德公司不计在内。

b 若将事故和人身保险除外，则为 0.00012。

c 1961 年除外事故和健康保险的 H＝0.0168。

d 伊利诺伊州相应的 1963 年数据为 0.0232。

表 13.4 至表 13.21 的主要资料来源

美国汽车制造业：

《汽车工业》(期刊)

《汽车新闻》和《汽车新闻年鉴》(期刊)

爱德华:《美国汽车业动态》(1965)

爱泼斯坦:《汽车工业:经济与商业发展》(1928)

联邦贸易委员会:《汽车工业报告》(1939)

肯尼迪:《汽车工业:资本主义的宠儿时代的来临》(1941)

舒尔茨:《美国汽车工业的财政发展史》(1928)

全国临时经济委员会:《关于经济实力集中程度的调查》,专题著作第27号;《产业结构》(1941)

《各选区汽车业年度手册》(各年度)

英国汽车制造业:

安德鲁斯和布鲁纳:《纳菲尔德老板的生活》(1955)

布坎南:《混合的幸运:英国的汽车业》(1958)

马克西和西尔伯斯通:《汽车工业》(1959)

西尔伯斯通:《1955—1964年的汽车业》,牛津大学经济统计研究所公报第27号(1965),第253页

汽车制造厂商与贸易商协会,有限公司:《大英汽车工业》(各年度)

扬森:《英国经济,1920—1957》(1960年)

美国水泥业:

美国波特兰水泥联合会:《美国波特兰水泥制造厂商名录》

联邦贸易委员会:《关于价格原则的调查报告:价格制定的基本原则和水泥产品价格》(1932)

莱斯利:《美国波特兰水泥业发展史》(1924)

《矿井与采石场》(期刊)

联邦贸易委员会:《水泥业》(1933)

英国水泥业:

戴维斯:《波特兰水泥》(1909)

水泥管理局:《世界水泥业名录》(1961)

美国烟草业:

考克斯:《美国烟草制品业的竞争,1911—1932》(1933)

雅各布斯坦:《美国的烟草制品业》(1907)

琼斯:《美国的托拉斯问题》(1924)

尼考拉斯:《香烟制造业的价格政策》(1951)

报刊资料:1944 年 1 月 28 日;1945 年 2 月 2 日;1946 年 2 月 1 日;1947 年 1 月 31 日;1948 年 1 月 23 日;1949 年 4 月 1 日;1950 年 1 月 13 日;1951 年 1 月 5 日;1952 年 11 月 8 日;1953 年 1 月 9 日;1954 年 1 月 15 日;1954 年 12 月 31 日;1955 年 12 月 30 日;1956 年 12 月 28 日;1957 年 12 月 27 日;1958 年 12 月 26 日;1959 年 12 月 25 日;1960 年 12 月 23 日。

企业管理局,《企业管理专员关于烟草制品业的报告》第Ⅰ、Ⅱ、Ⅲ部分(1909 年、1911 年以及 1915 年)

英国烟草业:

大不列颠专利委员会:《关于香烟和烟草制品及其机器设备之供给情况的报告》,第 218 号(1961 年)

大不列颠商务部常设托拉斯事务委员会:《烟草制品业》,第 558 号(国会文件第 23 卷)(1920 年)

美国平板玻璃生产业:

《玻璃生产年度手册及厂家名录》(1927,1930,1949,1963,1965)《美国玻璃贸易指南》(1909—1913)

戴维斯:《美国玻璃制造业的发展》(1949)

《幸福》:1955 年 5 月号和 1956 年 5 月号

《国家玻璃预算》:1899 年 11 月 11 日,1901 年 10 月 19 日,1901 年 10 月 26 日,1902 年 1 月 25 日,1902 年 3 月 22 日

《玻璃生产厂家名录》(1916,1919,1939,1943)

托斯金和沃特金斯:《垄断的和自由的企业》(1951)

关税委员会:《平板玻璃及相关玻璃产品的生产》(1937)

英国平板玻璃生产业:

巴克:《皮尔金顿兄弟和玻璃制造业》(1960),以及皮尔金顿兄弟有限公司和巴克教授的通信

美国制皂业：

1925 年及 1925 年前：

人口普查局:《1910 年和 1925 年的制造业厂商统计资料》,有关企业的数据根据行业手册及公司历史资料所提供的其在企业所在地雇工情况加以调整。

1935 年及 1935 年后：

A. C. 尼尔森公司资料:《广告时代》,1964 年 3 月 30 日；

1963 年 10 月 24 日;1963 年 11 月 30 日;1963 年 1 月 28 日；

1960 年 12 月 26 日

利夫:《付诸实行》(1958)

普罗克特和甘布尔公司:《与普罗克特和甘布尔一起进入另一个世纪》(1955)

英国制皂业：

科利特:《洗涤用品业的经济发展》(1958)

英国议会常设托拉斯事务委员会:《关于肥皂生产业的报告》第 1126 号文件(载国会文件第 16 卷)(1921)

珀普利特:《合成洗涤剂》(1957)

雷德芬:《关于 C. W. S. 的情况》(1913)

威尔森:《尤尼利弗发展史》(1954)

美国钢铁业：

美国钢铁学会:《美加钢铁厂家名录》(各年度)

英国钢铁业：

1938 年及 1938 年前：

伯恩:《钢制品业的经济发展史,1867—1939》(1940)

《煤铁贸易杂志》增刊,1900 年 3 月 30 日及 1904 年 2 月 12 日；

《赖兰兹大不列颠金属制品商名录》(各年度)

1939 年及 1939 年后：

英国钢铁联合会:《统计年报》,1954 年后更名为《钢铁生产年度统计》

美国轮胎制造业：

艾伦:《古德伊尔家族》(1936)

加菲:《橡胶轮胎制造业的劳动生产率》(1940)

利夫:《弗尔斯通的生产状况》(1951)

索贝尔:《劳资谈判给橡胶轮胎业带来的经济影响》(1951),(由芝加哥大学图书馆收藏的未正式出版的论文)《狼与狼,橡胶:繁盛和贪婪的故事》(1936)

齐格勒:《当代产业经营实例》(1964)

英国轮胎制造业：

艾伦:《伯明翰及英格兰中部地区的工业发展,1860—1927》(1929)

艾伦:《古德伊尔家族》(1936)

唐尼索恩:《英国的橡胶制品业》(1958)

邓宁:《美国在英国制造业的投资状况》(1958)

大不列颠专利委员会:《关于充气轮胎制品供给与出口情况的报告》(1955)

《橡胶业发展史》,谢德劳维茨和道森主编(1952)

帕尔默顿:《英国的橡胶制品市场》(1922)

美国火灾和意外伤害保险业：

《火灾、海难及其他各类保险的最佳保险报告》(各年度)

《保险年鉴》(1955年前各年度)

《各州火灾、海难、意外伤害、家财担保以及其他各类保险》(1955年后各年度)

《保险代理商名录》(1964)

表13.4至表13.21所利用的综合性参考资料

美国：

《美国的产业结构》,亚当斯主编,第三版,1961年

联邦贸易委员会:《关于产业合并与兼并的报告》(1955)

人口普查局:《制造业普查资料》(各年度)

商务部:《美国的国际商务往来状况》(各年度)

商业票据交换所,有关反托拉斯案例的记载,[美国政府诉普罗克特和甘布尔公司案,(1957)]

国家临时经济委员会和人口普查局有关产业集中率的各种调查研究报告

英国:

艾伦:《英国产业状况及其组织机构》(1951年第三版)

国家经济和社会研究所:《经济与社会研究》第15卷(伯恩主编,1958)

库克:《兼并的效应》(1958)

伊夫利和利特尔:《英国的产业集中率》(1960)

菲茨杰拉德:《英格兰的产业合并》(1927)

大不列颠共和国贸易部:《工业产品普查报告》(各年度)

英国统计局关税及国内税收处:《英国与其他国家及附属地的贸易往来年度报告》(各年度)

麦克罗斯蒂:《英国工业的托拉斯运动》(1907)

梅泽尔斯和利克:《英国的产业结构》,载《皇家统计学会周刊》(第A系列)108号(1945年),第142页

门内尔:《接收:英国产业中垄断势力的增长,1951—1961》(1962)

里斯:《英国产业中的托拉斯现象,1914—1921》(1922)

14. 管制者能管制什么？电力部门的实例*

有关政府管制的文献浩如烟海，因此它们想必一定会涉及这一问题的方方面面，但是，实际上，这些文献却很少谈及，并且即使提到也未能予以清晰阐明的，是人们很可能会提出来的一个最基本的问题，即，政府的管制是否会使某一产业的行为发生变化？

这个很不合时宜的问题，在任何与被管制的产业有关联的人士看来，显然是不屑一顾的。难道不是所有重要产品的价格都受到了管制吗？难道运送货物的卡车和飞机不是都必须按照规定的路线行驶吗？难道从事公用行业没有受到限制吗？难道无数没完没了的行政管理程序不是正在使企业家日益衰老，使律师们越来越阔吗？

然而，数不清的政府管制行动最终所能证明的，并不是这种管制的实际效力，而是人们有受管制的愿望。假使这种愿望像有一匹马那样简单，那么只需上马具厂去购买马具便可以解决问题了。

详细地列举管制的政策绝不能解答政府的管制究竟产生了什么影响这一问题。现在有成千条法规禁止我们去做那些即使这些法规遭到废止我们也不会做的事。例如谋杀自己的邻居、饿死自

原载《法学与经济学杂志》，1962 年 10 月，第 5 期。1962 年版权所有，芝加哥大学。

* 本文与克莱尔·弗里德兰(Claire Friedland)合作写成。

己的孩子，为了得到保险金而烧掉自己的房屋，以及在自己的后花园修造一个屠宰场等。要想确定这些法规是否真的对实际行为产生了某种较明显的效力，唯一的方法是检查那些不受这些法规约束的人们的行为。

对不允许某货车主在A、B两城之间运送货物这一规定进行评价，是一件更为困难的事情。也许该车主本来就不想走这条路线，这与我们上面谈到的我们遵守那些约束个人行为的法规的情形颇为相似。但是，即使这位货车主是在一心一意要走这条路线时遭到了禁止，也就是说他受到了这条规定的管制，假如有相当数量的货车主可以按自己愿意走的路线运货，这项管制就仍然不会产生什么经济效力。

我们可以用经济学语言来重新表述这个问题。在正常情况下，某一产业的产出及价格主要是由供给与需求方面的基本经济和技术条件决定的，即应根据需求曲线是 D_1 还是 D_2，供给曲线是 S_1 还是 S_2 来判断（见图14.1）。只有当管制措施将这些曲线或曲线上表示产业活动的点移动了位置时，它才会对价格及产出发生影响。但是倘若管制只是使表示供给量的曲线从 S_1 移到 S_2，或者从 S_1 移到 S_2'，那么它的效力就会是微不足道的；假使它也只是把表示企业有效经营活动的点从 P_1 移到 P_2，其效力仍然会是微不足道的。

对政府管制之经济效力的检验，从本质上讲，与用正规形式表现出来的管制条文之内容无关。无论我们花多大力气来分析这些条文，甚至分析实施这些条文的行政管理程序，也无法得知这些管制措施是否仅仅盖上“橡皮图章”，还是略微干扰了经济事务的现状，或者是使现实经济活动发生了重大的变动。

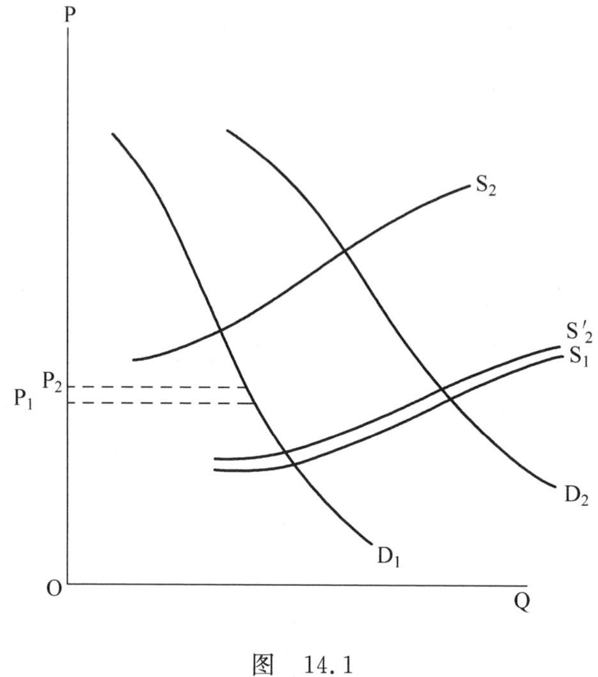

图　14.1

当人们谈及管制的效力是大还是小的时候，其实际的意思就是说，在某产业部门可观察到的经济行为中，是有一大部分，还是有一小部分，只能用管制措施来加以解释。例如：

1. 美国铁路运输业的衰落应当在多大程度上归咎于美国州际商务委员会(ICC)的管制？如果另外一些收入不断增加并且在很大范围内普及了汽车的国家，其铁路运输业也显示出与美国相似的情况，ICC 的管制就不是造成铁路业衰落的主要原因。

2. 公用事业委员会的管制是否缩小了对大买主和小买主提供公用事业服务的价格差别？如果在一组不受管制的市场上，我们观察到对大买主的收费与对小买主的收费之平均比率为 m_{nr}，而在一组受管制的市场上，该比率为 m_r，试问 m_{nr} 和 m_r 之间是否存在很显著的差别？假使各市场间对大小买主收费之平均比率的差异只有 2%可以说是由管制造成的，那么这些管制措施的影响就是不足道的。

3. 管制机构是否成功地制止了以垄断方式获取利润的行为？我们知道，这类机构通常会防止那种在会计账目上表现得很明显的垄断利润，但要想判断它的管制能否产生更大的效力，则需进行专门的研究，比方说，用受管制公司的股票投资者从受管制前起各个时期的收益，与不受管制的公司之股票投资者的收益进行比较。

上述概括性的评述并不足以说明分清管制的效力这件工作在分析上和实证方面的复杂性。我们举出这几个例子，只是想用来表明为什么不能从管制措施的条文当中寻找有关其效力的答案。

现在我们想通过对一个受到政府管制的产业部门的调查，来探讨研究这一问题的技术，并且希望获得一些富于启发性的结论。这一产业部门就是电力供应部门。在此，我们面临着这样三个主要问题：(1)受到管制的都是哪些厂商？(2)我们要研究的是哪些管制效果？怎样来测度这些效果？(3)我们如何来解释自己的研究成果？

Ⅰ. 厂商何时被管制？

每个生产和分配电力的企业都必须获得政府的特许才能进行经营，并被限定了供应电力的范围，从这个角度讲，它是从建立之时起就受到管制的。这类企业要使用公共的输电线路来供应电力，足以确保其接受政府的这种管制。因此，或许可以说，在电力部门找不出不受管制的部分以供我们来评判管制的效力究竟是大还是小。专门研究公用事业问题的经济学家可能会不同意这种说法,因为他们曾为由于纽约州和威斯康星州公共服务委员会的成立而在 1907 年开始进行的有效管制而大声叫好。[①]

然而,这些专家肯定并没有碰到具体测度管制效力的问题,所以他们对管制的评判并不那么令人信服。的确,假使我们能接受他们的评判,我们的问题便会得到解决,因为这些经济学家从来没怀疑过政府管制(有效的!)的重要性。

没有什么能够替代对政府管制进行客观而又真实的测度,而我们所选定的标志,是被授权对电费进行管制的州特别委员会的成立。[②]有人也许会抱怨说,有些这类委员会在成立之后很长时间根本就没起过作用,或者是指责,某些州的这种管制只是在该委员会成立初期起过一些作用,所以不宜以此作为测度管制的客观标准。要检验这些观点是否正确,只能援引另外的标准来确定管制的客观存在,即,以该委员会颁布第一个得到法院认可的收费规定的年份,或者以该委员会的开支达到 10 万美元,或其公开发布的所有规定达到 100 页的年份,作为开始实施管制的标志。但是,我们所要解决的问题之实质在于,对于是否在实行管制,会存在一种独立的标准,而要想得出有关管制效力的研究结果,其前提条件是接受这一标准。我们在此所遇到的问题与估计垄断所产生的影响时所产生的麻烦极为相似,因为在研究垄断的作用时,就需要先接受判断垄断是否存在的标准(集中率、厂商数目,等等)。

附录中的表 14.9 给出的是各州负责管辖电力公用事业的管制委员会成立的年份,从下面的附表可以看出,用此标准来测度各

州的管制是从不同年份开始的。到 1915 年，美国已有 2/3 的州成立了这种管制委员会，到 1922 年，3/4 的州已开始由这种管制委员会对电力部门实行管制。

	成立管制委员会的州数目
1910 年以前	6
1910—1920 年	29
1920—1930 年	1
1930—1940 年	3
1940—1950 年	2
1950—1960 年	2

Ⅱ. 管制对收费及收益的影响

政府对价格进行管制有两个基本目的，即制止对价格实行垄断的行为，以及消除某些形式的价格歧视。毫无疑问，这种管制可能会对价格产生一些别的影响，其中包括一些不符合管制之本意的影响，例如通常与管制相关联的短期价格刚性，但是，我们所关心的，将只是上述这两个基本目标。我们对管制效力的分析，将限定于 1937 年以前的时期，这只是因为到那时为止，已有 39 个州建立了管制委员会，并且每个未受管制的州也至少有两个相邻的州建立起电费管制委员会，所以即使 1937 年后的有关资料表明受管制的州和不受管制的州在电力公用事业的收费上没有差别，这些资料的含义仍然是模糊不清的，因为人们可以说这是由于邻州施行电费管制所造成的潜在威慑力量，使未受管制的州也不敢妄自提高价格。这种论点似乎并不能完全令我们信服。因为要是它确有道理，则州际商务委员会刚一成立就能发挥这种威慑作用，然而事实并非如此，所以“潜在威慑”的论点不足以服人。不过，有少数未受管制的州1937年后的资料倒是有利于我们对管制的效力进行分析。

电费水平

我们先来对受管制的州和未受管制的州的平均电费水平进行一下直接的比较，所选样本的概括数据请参见表14.1[③]。从此表中1917年的数据所显示出的差异来看，在该年度，受管制的州每千瓦小时的平均电费收益为1.88美分，而在未受管制的州该相应数据为3.20美分，这可能意味着是管制使电费降低了40%，但是这种简单的收费上的差别并不具备十分明确的含义，所以我们必须再对其进一步分析。我们可以按几组不同的年份对各州的电费进行分类（见表14.2），这样便能清楚地表明，受管制的各州不仅在管制之后，而且在管制以前，其平均电费都低于未受管制的州。

表14.1　受管制和未受管制的州每千瓦小时平均电费收益(1912—1937年)

年度	受管制的州[a]		未受管制的州	
	州数目	平均电费（美分）	州数目	平均电费（美分）
1912	6	2.30	41	2.99
1917	31	1.88	16	3.20
1922	33	2.44	12	3.87
1927	35	2.85	10	4.21
1932	34	2.91	8	3.69
1937	34	2.32	6	3.04

a 某一州受管制的起始年度是指该州已在此前三年便建立了管制委员会。

表 14.2

	州的数目	平均电费(美分)		
		1917	1912	1907
1912 年以前便实行管制的州	6	1.88	2.30	2.76
1912 年至 1917 年间开始实行管制的州	25	1.88	2.30	2.93
1917 年前未被管制的州	16	3.20	4.07	4.34

一个很明显的基本事实是，政府的管制与经济特点密切相关，而后者也会对电费产生直接的和独立的影响，例如人口的规模、人口的城市化状况、工业化的范围等。为了从中分出管制所造成的影响，我们必须直接计量这些经济因素。这一工作，我们可以通过下面的程序来完成。

对于某一不受管制的垄断者来讲，其电费水平的高低主要是由市场的规模与密度(可影响生产和运输的成本)、燃料的价格，以及消费者收入等因素决定的。我们以具有 25,000 或 25,000 以上人口的城市之人口规模近似地表示市场的规模和密度，以相当于一热力单位的成本和水力发电所占比重近似地代表燃料成本，并以州人均收入代表消费者收入，据此可建立如下的回归方程式：

$$\log p = a + b\log U + c\log P_F + dH + e\log Y + fR,$$

其中：p＝每千瓦小时的平均电费(美分)；

U＝25,000 人以上的城市之人口数(千人)；

P_F＝燃料价格[每热力单位(相当于吨烟煤)美元数]；

H＝水力发电所占比重；

Y＝州人均收入(美元)；

R＝虚设变量，不受管制的州为 0，受管制的州为 1。

按此回归方程式根据 1922 年资料所计算出来的结果见表 14.3。

这里我们还用对数计算出了这些变量与以百万千瓦计算的电力产量的回归关系。

从表 14.3 所列示的计算结果来看,管制的效果是以两种方式表现的,即以代表管制的虚设变量之回归系数,或者以包括及不包括管制的多种因素决定的该回归系数的差异来表现。无论根据哪种标准,都表明管制对 1922 年的电费水平没有影响。

表 14.3　每度电平均收费及电力产出对城市人口、燃料价格、人均收入、水力发电比重,以及管制的回归方程式,47 个州,1922 年

应变量	回归系数和标准差						R^2	
	常数	城市人口	燃料价格	人均收入[a]	水力发电比重	管制	包括管制	不包括管制
每度电平均收费	0.918	−0.0592 (0.0248)[a]	0.0604 (0.1665)	0.230 (0.204)	−0.498 (0.083)	−0.0109 (0.0068)	0.567	0.540
电力产出	−0.166	0.395 (0.052)	−0.577 (0.349)	0.718 (0.428)	0.491 (0.174)	0.0172 (0.0143)	0.694	0.684

a. 每直行中插入数据是下列各年的平均数:1919—1921 年[莫里斯·利文,“各州的收入”(1925 年)];1929—1931 年[美国商业经济管理局,《国内各州 1929 年以来的个人收入状况》,现行商业企业概览增补材料,1956 年]。

我们利用一些简化了的回归方程式将其他普查年度的数据汇总列示于表 14.4 中。从该表可以看出,1932 年管制并未对电费水平产生影响。1937 年的方程式确实显示出了某种管制的效用,但是其效力仅在对商业和工业消费者的电力供应收费方面,而这类消费者并不是实行电费管制所要保护的对象。我们认为,如果进行更充分的统计分析,1937 年的这种最不明显的管制效力也会被完全消除。④

至此,我们可以得出结论,政府管制对电力公用事业的平均收费水平没有起到什么作用。

电费的结构

我们从两个方面对电费结构进行了考察，以弄清管制可能会产生的影响。第一个方面是居民家庭用电大户与用电小户每月付电费金额的比率。考察这一比率，是希望发现管制机构为了在政治上更得人心，会对为数众多的用电量小的消费者降低电费，即受管制的州与不受管制的州相比，该比率应有显著的差异。但是，从表 14.5 所显示的数据来看，实际情况却基本上相反，也就是说，在用来进行比较的四组数据中，只有一组表明这一每月付电费金额比率具有显著的差异。[5] 和用电量相联系的居民电费结构，似乎与是否存在管制没有关系。

管制可能会影响电费结构的另一个方面，是对居民家庭用电与工业用电收费的区别。为了尽力消除价格歧视，我们设想管制机构会相对降低居民用户的电费，因为工业用户对电力来源的选择余地较大，所以需求弹性较高，这样会促使不受管制的供电厂商对工业用户收费较低，对居民用户收费较高，从而产生价格歧视，而管制机构可能会仍从政治上多得人心的角度出发，消除这种价格歧视，降低为数众多的居民用户的电费。为了验证上述设想，我们计算了两年内的居民用电费与工业用电费的比率（见表 14.6），结果发现，实际情况与我们所预期的正好相反。[6] 经过进一步的图解分析，表明居民电费与工业电费的比率，主要由居民平均用电量与工业平均用电量的比率来决定，而这一关系在受管制的州与不受管制的州是完全一样的，[7] 从而再次表明管制对电费结构并没有产生影响。

表 14.4　每度电平均收费对城市人口、人均收入、水力发电比重以及管制的回归方程式，1912—1937 年

年度	州数目	回归系数和标准差					R^2	
		常数	城市人口	人均收入[a]	水力发电比重[b]	管制	包括管制	不包括管制
Ⅰ.全部用电								
1912	47	0.663	−0.0291 (0.0134)	—	−0.552 (0.062)	0.0028 (0.0590)	0.654	0.654
1922	47	0.730	−0.0533 (0.0240)	—	−0.508 (0.081)	−0.0708 (0.0596)	0.546	0.531
1932	42	0.380	−0.0478 (0.0144)	0.141 (0.090)	−0.336 (0.058)	−0.0630 (0.0409)	0.580	0.554
1937	39	0.323	−0.0486 (0.0157)	0.123 (0.121)	−0.257 (0.059)	−0.102 (0.043)	0.496	0.413
Ⅱ.居民家庭用电								
1932	42	1.036	−0.0044 (0.0125)	−0.0804 (0.0781)	−0.132 (0.050)	−0.0371 (0.0358)	0.286	0.266
1937	39	0.726	−0.0223 (0.0130)	0.0187 (0.1002)	−0.146 (0.409)	−0.0337 (0.0358)	0.271	0.251
Ⅲ.商业和工业用电								
1932	42	0.622	−0.0496 (0.0149)	—	−0.349 (0.059)	−0.0306 (0.0391)	0.546	0.539
1937	39	0.572	−0.0520 (0.0159)	—	−0.262 (0.061)	−0.0925 (0.0417)	0.493	0.422

a 人均收入这一变量只在可得到年度统计资料的年份给出。

b 1912 年和 1922 年采用的是水轮机发电能力与所有原动机发电能力之比率；1932 年和 1937 年采用的是水力发电千瓦数与全部发电机发电千瓦数的比率。

表 14.5　每月用电量不同的居民户电费差异(1924 年和 1936 年)

年　　份	州分类	州数目	用电大户与用电小户月电费金额的平均比率
A. 每月用电 100 度对 25 度			
1924	受管制	29	3.02
	不受管制	10	3.25
1936	受管制	30	2.79
	不受管制	9	2.86
B. 每月用电 250 度对 100 度			
1924	受管制	29	1.90
	不受管制	10	2.15
1936	受管制	30	1.83
	不受管制	9	1.82

资料来源：美国电力委员会，“从 1924 年至 1936 年对居民用电收费的趋向”(华盛顿特区，1937 年)，表 11；所观察的数据是各州 50,000 以上人口的城市未经加权的平均电费。

表 14.6 每度电居民付费和工业付费的平均比率

	1917 年	1937 年
受管制的州	1.616(29 个州)	2.459(32 个州)
不受管制的州	1.445(16 个州)	2.047(7 个州)

股东投资收益

我们考察的最后一个方面是股东的投资收益,以从这一角度探究一下管制所产生的影响。这里要进行的基本验证是:投资不受管制的,或者受管制时间不长的公司,是否会比投资从很早以来便受到政府管制的公司收益更高一些?

为了回答这个问题,我们采用下述方法来具体计算一下投资收益,即 1907 年在每家电力公司投资 1,000 美元,并用其后得到的全部股息和各种权力的现金价值做再投资,然后计算到 1920 年所累积的投资价值。[8]选择 1907 年作为计算的初始年,是为了减少预计要开始进行管制这种心态可能造成的影响。然而,即使是从 1907 年开始计算——当然我们希望能选一个比它更早的起始年——我们所能追寻其投资踪迹的公司也只剩下 20 家了。表 14.7中所给出的就是这一计算的基本数据。

资本市场上的增值形式没有表现出规律性。我们以市场价值作为电力系统销售额和受管制年限的函数,做一简单的回归分析,其结果如表 14.8 所示。这两张表中的数据都表明了管制对市场价值的影响极其微小,不具备显著的统计意义。[9]

表 14.7　1907 年投资的 1,000 美元到 1920 年的市场价值(20 家电力公司)

管制开始年份	公司名称	1920 年的市场价值（美元）	1907—1920 年销售额的相对变化(%)
1887	马萨诸塞州:波士顿爱迪生电力照明公司	1,689	246
	劳威尔电力照明公司	1,485	295
	新贝德福德煤气 & 爱迪生照明公司	1,528	164
	布罗克顿爱迪生电力照明公司	2,310	558
1907	纽约州:布法罗通用电力公司	2,632	718
	金斯县电力照明和动力公司	2,356	279
	纽约和昆士电力照明和动力公司	1,059	225
1909	密歇根州:底特律爱迪生公司	4,273	1,412
	霍顿县电力照明公司	1,959	130
1910	马里兰州:团结煤气、电力照明和动力公司(巴尔的摩)	6,547	286
	新泽西州:新泽西公共服务公司	1,546	206
1911	俄亥俄州:哥伦比亚煤气电力公司	3,952	999
	康涅狄格州:哈特福德电力照明公司	2,028	728
	加利福尼亚州:太平洋煤气电力公司	2,056	212
1913	伊利诺伊州:国民爱迪生公司	2,719	299
1914 到 1920 年还未受管制	宾夕法尼亚州:费城电力公司	4,254	296
	加尔维斯顿-休斯敦电力公司	1,001	262
	北得克萨斯电力公司	4,861	272
	厄尔帕索电力公司	4,046	281
	坦帕电力公司	2,830	183

表 14.8　1907 年投资的 1,000 美元到 1918 年和 1920 年的市场价值。对销售增长和管制的回归方程[a](20 家电力公司)

终止年(t)	常数	销售增长	管制	R^2
1918	3.28	0.332	－0.015	0.16
		(0.227)	(0.010)	
1920	3.27	0.395	－0.017	0.21
		(0.232)	(0.010)	

a 市场价值用对数表示;销售增长＝log(销售额 t/销售额$_{1907}$)。

Ⅲ.结　　论

我们的研究起初是想探讨一下能否对管制的效力进行具体的测度，但是，由于发现政府管制对电力企业的行为没有起到任何显著的作用，因而认识到所应解决的问题其实是对管制的无效做出解释。至于这一发现是否有意义，则要取决于我们对管制的理解，以及我们要在什么领域中寻求管制的效果。大多数论述公用事业经济问题的经济学文献，也采用了上述这两方面标准来进行判断。

政府的管制在下列这两种情况下不起作用。第一种情况是，个别供电系统不拥有强大的长期垄断的力量，其产品的消费有很大一部分面临着与其他能源产品的竞争，并且它还要面临与其他供电系统的竞争。从长远的角度讲，该供电系统的工业用户（并由此使得许多民用消费者）很可能会转而使用另外一些供电系统的电力。若令某供电系统的长期需求弹性为－8，则其需求曲线和边际收益曲线便会如图 14.2 所示（D、MR）。若给定边际成本曲线 LMC，那么价格就将是 MP。[⑩]

第二种情况是，管制机构没有能力迫使该系统按照某一特定的产出、价格与成本的组合形式进行经营活动。我们在图 14.2 所绘制的曲线上，没有标出可代表管制机构所宣布的只许企业获取竞争性利润这一目标的市场价格。让我们假定管制委员会在稍微超出产出 OM 的某一产出上，比方说 OR，制定了等于平均成本（LAC）的价格，由于各种会计成本是由多种成分组成的，所以这里会存在一个很现实的问题，即管制机构究竟能否分清成本是 MS

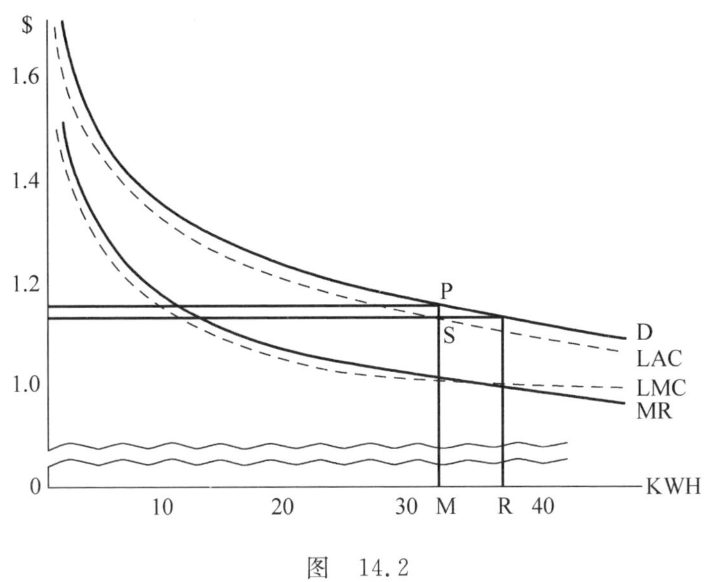

图　14.2

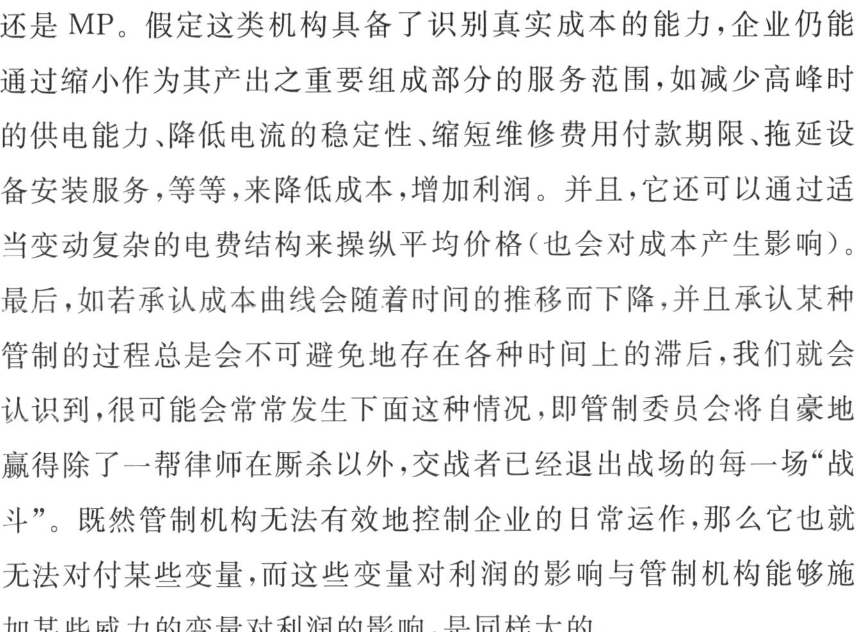
还是 MP。假定这类机构具备了识别真实成本的能力，企业仍能通过缩小作为其产出之重要组成部分的服务范围，如减少高峰时的供电能力、降低电流的稳定性、缩短维修费用付款期限、拖延设备安装服务，等等，来降低成本，增加利润。并且，它还可以通过适当变动复杂的电费结构来操纵平均价格（也会对成本产生影响）。最后，如若承认成本曲线会随着时间的推移而下降，并且承认某种管制的过程总是会不可避免地存在各种时间上的滞后，我们就会认识到，很可能会常常发生下面这种情况，即管制委员会将自豪地赢得除了一帮律师在厮杀以外，交战者已经退出战场的每一场“战斗”。既然管制机构无法有效地控制企业的日常运作，那么它也就无法对付某些变量，而这些变量对利润的影响与管制机构能够施加某些威力的变量对利润的影响，是同样大的。

事实上，价格管制理论必定要以一个隐含的假设为基本依据，

这个假设就是，如果没有管制，就会产生过分强大的垄断力量。倘若真会出现这种情况，那么缺少管制的纯粹垄断利润就会比竞争条件下的收益率高出 10%到 20%，因此价格就会比长期边际成本高 40%至 80%，此时才确实会有可能表现出管制的效用。然而，我们所研究的电力公用事业，却并未提供显现管制效用的可能性。

注释：

①L. S. 莱昂(Lyon)和 V. 亚伯拉罕森(Abramson)，《政府和经济生活》(1940)(*Government and Economic Life*)，第 636 页；20 世纪基金会，《电力工业和政府政策》(*Electric Power and Government Policy*)，1948 年，第 65 页，235 页。

②我们在进行统计分析时测度的是该管制委员会成立后三年的管制效力，这是因为在印象中，从委员会的成立到真正开始实施管制总是会有一段滞后的时间，因此，这里提到的所有情况，比方说，在 1917 年受管制的各州，就应当理解为这些州的管制起始时间不迟于 1914 年。

③全部平均收费数据可见附录表 14.10。这里所列示的每千瓦小时的平均收益与下列修改过的普查资料有关：1907 年至 1922 年的收益包括各私人电力公司向民用及工业用户出售的最大消费量，加上向外州的公司、市政电力公司以及电气火车供应的净销售量，但不包括州内各公司互相销售量。千瓦小时数是用各私人电力公司发电的千瓦时数加上从电气铁路或外州电力公司购得的净千瓦时数。1927 年至 1937 年的收益及千瓦时数是按现行最大销售量计算的，其中包括电气铁路的总消费量，但不包括其他电力公司的全部消费量。

④如果我们改用 25,000 以上人口的城市之人口的对数来计量城市人口，管制的回归系数就会变得毫无意义。表 14.12 和 14.13 中给出的一系列另外的回归方程，也具有同样特点。这些方程中使用的总产出和消费者人均产出都是独立的变量，因而所引出的问题可用正文中的同样问题来代替，但是似乎仍值得在附录中给出来。

⑤1924 年每月用电 250 度和 100 度的付费比率只有 5%，这一差别与我

们预计管制所将产生的效力正好相反。

⑥1917 年的差别是从零起始的显著差别，在 5%的水平；1937 年的差别在 10%的水平。

⑦1937 年每居民户用电千瓦时与工业户用电千瓦时之比，在 7 个未受管制的州中有 6 个州的这一比率超过了所有州的平均比率，而在 29 个受管制的州中只有 7 个州超过该平均数。

⑧以 1918 年为终止年得到的结果相同。

⑨对表 14.7 的资料，我们还进行了方差分析，将各个州按管制施行的年份分成 4 组，即 1887 年，1907—1910 年，1911—1914 年，以及 1920 年仍未受管制的。结果未发现管制的显著作用。

⑩弹性为−8 意味着某供电系统将制定高于边际成本 14%的电费价格。在成本不变的情况下，若资本和销售的比率为 4，则报酬率将超出竞争状态下所得报酬率的 3.5%。

附　　录

表 14.9　各州委员会开始电费管制的年份

州　名	开始年份	州　名	开始年份	州　名	开始年份
亚拉巴马	1915[a,b]	马里兰	1910	俄勒冈	1912
亚利桑那	1912	马萨诸塞	1887[g,l]	宾夕法尼亚	1914[f]
阿肯色	1935[c,d]	密执安	1909[j]	罗得岛	1912
加利福尼亚	1911	明尼苏达	[h]	南卡罗来纳	1922[q]
科罗拉多	1913[e]	密西西比	1956	南达科他	[h]
康涅狄格	1911[f,g]	密苏里	1913[f,g]	田纳西	1919
特拉华	1949	蒙大拿	1913	得克萨斯	[h]
佛罗里达	1951	内布拉斯加	[m,n]	犹他	1917
佐治亚	1907	内华达	1911	佛蒙特	1908
爱达荷	1913	新罕布什尔	1911[f,c]	弗吉尼亚	1914[r]
伊利诺伊	1913	新泽西	1910	华盛顿	1911
印第安纳	1913	新墨西哥	1941[o]	西弗吉尼亚	1913

续表

州　　名	开始年份	州　　名	开始年份	州　　名	开始年份
衣阿华	[h,i]	纽约	1907[f]	威斯康星	1907
堪萨斯	1911[j]	北卡罗来纳	1913	怀俄明	1915[g]
肯塔基	1934	北达科他	1919	华盛顿特区	1913
路易斯安那	1934[k]	俄亥俄	1911[j]		
缅因	1913	俄克拉荷马	1913[p]		

资料来源：各州法律、法规、公用事业委员会报告；Bonbright 公司和联邦动力委员会的调查；以及与管制委员会来往联络的文件。

a,b 管制并未改变正在执行的合同，也不包括与州当局订立的合同。

c 仅允许变更收费(即使用新电费)。

d 与州行政当局共同管制；委员会听取申诉。

e 1921 年议会决议，根据 1912 年的本地管理条例修正案，任何城市当局均不得控制公用事业。丹佛市于 50 年代初期投票通过了放弃该委员会的管制，到 1954 年放弃这类管制的城市已有 13 座。

f 仅规定最高收费标准。

g 只具调查申诉的权力。

h 直到 1960 年仍未实行管制。

i 管理城市以外的事宜，1954 年。

j 由市政当局规定电费，委员会只听取申诉。

k 有权规定新奥尔良市的电费，其他城市从 1921 年以后投票选择市政当局管制电费，主要管制权 1934 年移交州委员会。

l 巴恩斯(Barnes)，“马萨诸塞州公用事业的管制问题”，1930 年，第 96 页。从 1908 年开始需向煤气和电力委员会提供情况。

m 到 1960 年城市电费仍不受管制。

n 大部分电力公司均是政府经营的。

o 委员会从 1921 年以来对 10,000 人口以下的城市电费进行管制。

p 有权改变据 1915 年议会确立的市政当局特许权规定的电费。

q 1910 年获得根据申诉控制最高收费的权力，但无案例记载。1922 年委员会权力扩大到可按自己动议规定电费。1922 年的报告显示，委员会对电力公司的管制都考虑的是“最近的”情况。

r 未包括 1914 年为市政公司提供的服务。1918 年委员会权力加强，以至各电力公司未经其允许不得改变电费。

表 14.10　各州每度电平均收益(美分)，1907—1937 年

州　名	1907	1912	1917	1922	1927	1932	1937
缅因	1.90	1.42	1.51	1.62	2.06	1.96	2.03
新罕布什尔	2.36	1.69	1.78	3.92	4.39	3.80	3.03
佛蒙特	2.62	1.91	2.21	1.89	a	a	a
马萨诸塞	4.66	3.96	2.82	3.23	3.74	3.79	3.05
罗得岛	4.50	3.44	2.32	2.32	a	a	a
康涅狄格	3.50	3.53	2.64	3.25	3.46	3.56	2.81
纽约	2.19	2.22	1.86	2.09	2.58	3.05	2.21
新泽西	4.17	2.71	2.50	3.22	4.04	3.97	3.03
宾夕法尼亚	3.49	2.22	1.50	2.15	2.40	2.55	1.96
俄亥俄	3.38	2.75	1.85	2.36	2.60	2.73	2.01
印第安纳	3.18	2.86	2.42	3.02	2.89	3.11	2.24
伊利诺伊	2.94	2.28	1.93	2.24	2.62	2.68	2.20
密执安	2.22	1.89	1.46	2.01	2.40	2.67	1.94
威斯康星	3.67	2.36	1.82	2.43	2.77	3.18	2.41
明尼苏达	2.74	2.76	1.74	2.85	3.14	3.15	2.63
衣阿华	5.44	5.23	1.29	1.94	3.72	3.79	2.66
密苏里	3.57	3.56	2.86	3.10	2.83	2.64	2.22
北达科他	5.69	6.52	7.05	6.73	8.02	6.01	4.36
南达科他	3.35	4.03	5.41	5.58	7.27	5.65	4.33
内布拉斯加	4.44	4.41	3.11	3.59	3.57	3.24	2.78
堪萨斯	2.20	1.77	2.08	2.68	3.27	3.29	2.66
弗吉尼亚	3.05	2.40	1.72	1.88	2.44	2.65	2.22
西弗吉尼亚	2.44	2.32	1.55	1.36	a	a	a
北卡罗来纳	2.70	1.08	1.34	2.12	1.30	1.79	1.59
南卡罗来纳	1.07	0.86	0.48	1.01	1.54	1.65	a
佐治亚	1.23	1.45	1.13	1.27	1.97	2.19	a
佛罗里达	5.94	4.91	4.54	5.24	5.51	4.59	3.90
肯塔基	4.01	3.65	3.38	3.55	3.20	3.12	2.30
田纳西	3.61	2.78	0.70	2.04	2.40	1.90	1.99
亚拉巴马	2.92	2.22	0.79	1.22	1.66	1.69	a
密西西比	4.08	3.38	3.66	4.66	4.67	3.59	a
阿肯色	5.84	5.50	4.01	4.33	4.46	3.22	2.64
路易斯安那	4.53	3.86	3.27	5.26	3.05	2.55	2.06

续表

州　　名	1907	1912	1917	1922	1927	1932	1937
俄克拉荷马	4.32	4.37	3.24	3.39	3.26	3.12	2.36
得克萨斯	4.82	4.38	2.94	3.18	3.09	2.82	2.36
蒙大拿	1.57	0.84	0.74	0.81	a	a	a
爱达荷	4.85	1.22	1.37	0.70	2.00	2.06	1.56
怀俄明	5.51	5.08	3.32	4.97	5.17	4.49	3.64
科罗拉多	2.57	2.49	2.09	2.85	3.39	4.10	3.10
新墨西哥	5.66	4.93	4.93	5.32	7.15	a	a
亚利桑那	5.72	3.12	2.65	2.59	2.53	a	a
犹他	9.01	1.42	0.98	4.41	a	a	a
内华达	1.14	1.34	1.46	1.65	2.54	2.70	2.47
华盛顿	1.06	2.57	1.66	1.41	1.51	1.45	1.44
俄勒冈	1.94	2.09	2.11	1.39	2.09	2.10	1.89
加利福尼亚	1.97	1.39	1.29	1.57	2.18	2.20	1.82

资料来源：美国人口普查局，电力工业企业普查，每五年一次的报告。

a 为避免暴露个别企业的情况，这里未分别列示出该州的具体数据，而是采用了联合数据，即利用两个或两个以上相邻的，且管制法规相似的州之数据结合起来计算得出。其联合电费如下表所示：

州　名　称	1907年	1912年	1917年	1922年	1927年	1932年	1937年
佛蒙特和罗得岛					3.44	3.54	2.81
蒙大拿和犹他					1.08	1.94	1.13
特拉华、马里兰和华盛顿特区	3.68	3.22	2.01	2.52			1.95
特拉华、马里兰、华盛顿特区和西弗吉尼亚					2.39	2.35	

虽然特拉华州与邻近各州的结合都未达到上述标准，但仍将其包括在内，因为该州计算电费的马力比任一结合数据的总数都少 10%（1927 年）。部分带 a 号处的数据作者未提供。

表 14.11　各州出售给不同用户的平均电费美分/每度，1932 年和 1937 年

州名称	民用		工商业用	
	1932	1937	1932	1937
缅因	6.4	5.3	1.4	1.5
新罕布什尔	7.3	5.6	2.9	2.4
佛蒙特和罗得岛	7.0[a]	5.8[a]	2.7[a]	2.2[a]
马萨诸塞	6.1	5.3	3.0	2.4
康涅狄格	5.5	4.6	2.8	2.3
纽约	6.2	5.0	2.4	1.8
新泽西	7.3	5.5	3.1	2.4
宾夕法尼亚	5.9	4.6	2.0	1.6
俄亥俄	5.4	3.9	2.2	1.6
印第安纳	6.0	4.7	2.5	1.8
伊利诺伊	5.3	4.3	2.0	1.8
密执安	4.4	3.5	2.2	1.6
威斯康星	5.4	3.8	2.6	2.0
明尼苏达	5.7	4.1	2.6	2.2
衣阿华	6.6	5.0	2.8	2.1
密苏里	4.9	3.9	2.2	1.8
北达科他	7.0	4.7	5.4	4.2
南达科他	7.1	5.1	4.9	3.9
内布拉斯加	5.7	4.6	2.7	2.3
堪萨斯	5.5	4.9	2.5	2.1
特拉华、马里兰、华盛顿 D. C.	b	3.8[a]	b	1.6[a]
特拉华、马里兰、华盛顿 D. C.、西弗吉尼亚	5.0[a]	—	1.9[a]	—

州名称	民用		工商业用	
	1932	1937	1932	1937
弗吉尼亚	5.6	4.1	2.0	1.8
西弗吉尼亚	b	4.4	b	1.3
北卡罗来纳	5.8	3.8	1.4	1.4
南卡罗来纳	5.6	a	1.4	a
佐治亚	5.4	a	1.8	a
佛罗里达	6.7	5.3	3.6	3.2
肯塔基	6.2	4.2	2.5	1.9
田纳西	6.2	3.4	1.4	1.7
亚拉巴马	5.3	a	1.4	a
密西西比	6.6	a	3.0	a
阿肯色	7.3	5.7	2.6	2.2
路易斯安那	7.6	5.7	1.9	1.6
俄克拉荷马	6.3	5.3	2.6	1.9
得克萨斯	6.2	4.8	2.3	1.9
蒙大拿和犹他	4.8[a]	4.0[a]	1.6[a]	0.9[a]
爱达荷	3.6	3.1	1.7	1.3
怀俄明	6.8	6.1	3.8	3.0
科罗拉多	6.1	5.5	3.4	2.5
新墨西哥	a	a	a	a
亚利桑那	a	a	a	a
内华达	5.0	4.2	2.3	2.1
华盛顿	2.7	2.7	1.3	1.2
俄勒冈	3.2	2.8	1.7	1.6
加利福尼亚	4.3	3.8	1.8	1.5

资料来源：同表 14.10。

a 为避免暴露个别企业的情况未分别给出数据。参见表 14.10 脚注说明。

b 参见特拉华、马里兰、华盛顿 D. C.，以及西弗吉尼亚的联合数据。

表 14.12 每度电[a]平均收费对产出、消费者人均产出、收入，以及管制的回归方程式，1907—1937 年

年份	回归系数和标准差					R²		
	州数目	常数	产出[b]	消费者人均产出[d]	人均收入[e]	管制	包括管制	不包括管制
1907	45	0.502	0.0039	−0.628	0.0882	—	c	0.737
			(0.0427)	(0.072)	(0.1279)			
1912	47	0.648	−0.0237	−0.702	0.0497	0.0112	0.701	0.701
			(0.0649)	(0.089)	(0.2032)	(0.0816)		
1917	47	1.061	−0.0268	0.631	0.138	0.0269	0.850	0.848
			(0.0357)	(0.060)	(0.141)	(0.0346)		
1922	47	0.928	−0.0155	−0.692	−0.0662	0.0283	0.890	0.889
			(0.0282)	(0.051)	(0.1055)	(0.0350)		
1927	45	1.157	−0.0274	−0.664	−0.118	0.0029	0.921	0.921
			(0.0188)	(0.048)	(0.071)	(0.0252)		
1932	38	0.772	−0.0383	−0.700	0.0479	−0.0219	0.907	0.903
			(0.0167)	(0.049)	(0.0548)	(0.0195)		
1937	38	0.655	−0.0456	−0.672	0.0876	−0.0210	0.921	0.917
			(0.0145)	(0.047)	(0.0545)	(0.0180)		

a 美分，按对数计算。

b 百万千瓦时，按对数计算。

c 未计算出来，因为当时受管制的州只有马萨诸塞一个。

d 千千瓦时，按对数计算。

e 美元，按对数计算。

表 14.13 按不同消费者计量的每度电[a]平均收费对产出、消费者人均产出、收入的回归方程式，1932 年和 1937 年

年份	回归系数和标准差					R²		
	州数目	常数	产出[b]	消费者人均产出[c]	人均收入[d]	管制	包括管制	不包括管制
Ⅰ.按民用消费计量								
1932	37	0.628	−0.0492	−0.807	0.0407	−0.0140	0.843	0.840
			(0.0145)	(0.068)	(0.0509)	(0.0193)		

续表

年份	回归系数和标准差						R^2	
	州数目	常数	产出[b]	消费者人均产出[c]	人均收入[d]	管制	包括管制	不包括管制
1937	38	0.522	−0.0520 (0.0110)	−0.807 (0.056)	0.0835 (0.0450)	−0.0270 (0.0145)	0.882	0.870
Ⅱ.按工商业消费计量								
1932	37	0.969	−0.0382 (0.0312)	−0.694 (0.120)	—	−0.0565 (0.0362)	0.630	0.603
1937	38	0.870	−0.0541 (0.0278)	−0.602 (0.113)	—	−0.0380 (0.0352)	0.668	0.657

a 美分，按对数计算。

b 百万千瓦时，按对数计算。

c 千千瓦时，按对数计算。

d 美元，按对数计算。

15. 经济管制理论

国家——国家机器和国家的权力——是一个社会中的每个产业潜在的援助力量和潜在的威胁。由于国家拥有禁止或强制企业进行活动，以及取走或给予其资金的权力，因此它能够并且确实在有选择地给许多产业提供帮助，或者是损害它们的利益。具有强大政治影响力的石油业就是一个获得了很多政治利益的产业，而各种海上保险公司也同时分得了自己的一杯羹。经济管制理论的中心任务，就是要阐明哪种产业会因管制而得益，哪种产业又会因管制而遭受损失；政府将会采取何种管制的形式；其管制又会对资源的配置产生什么样的影响，等等。

管制可能是某一产业积极寻求的东西，或者也可能是强加于其上的东西。本文的中心论点是，一般来讲，管制是产业争取来的，而且其设计和实施都主要是为了使该产业获得更大利益。不可否认，有些管制确实给被管制的产业带来很多负担，一个简单的例子是政府向某些产业的产品（如威士忌酒、纸牌）所征收的各种程度不同的重税。但是这些给产业造成负担的管制是一些例外的情况，而且我们同样可以用解释使企业得利的管制（不妨将其称为

原载《经济与管理科学钟声杂志》第 2 卷第 1 期（1971 年春季）。承蒙“兰德经济学周刊”允许重印。

"争取来的"管制)理论来说明这类管制。

人们对产业的管制问题,普遍持有两种不同的主要看法。一种观点认为,政府的管制措施,基本上是为了保护全体公众或者一些人数众多的社会集团利益而制定的。按照这种观点,那些损害了公众利益的管制措施,例如石油进口限额就使美国石油产品成本每年增加了 50 多亿美元,是为了达到某种社会目标而必须付出的一些代价(这里是为了国防的目标),或者是有关当局的管制原则偶然发生的偏差,并不是其施行管制的本来意图。另外一种观点却认为,根本不可能对政治程序进行理性的解释,因为"政治"是各种性质迥异的力量之混合物,它总是处于一种难以预料的变动当中,令人无法确切地估量。在各种各样的政治行动中,既有可流芳千古的伟大壮举(如解放奴隶),也有最令人不齿的贪污丑行(如国会议员的营私舞弊行为)。

现在让我们来考虑一下由石油进口限额制所引出的一个问题,即,为什么实力强大的石油业不选择直接从国库获得现金补贴的方式,却选择了进口限额这种付出巨大的办法?对管制持"保护公众"观点的人必定会说,选择由联邦政府实行进口限额,是为了保证战争状态下国内石油供给充足,这种说法显然会在石油俱乐部里引起哄堂大笑。且不谈这种说法是否可笑,假使石油进口限额的目的果真是为了国防的需要,那关税就是实施这一政策的更经济的途径,因为由关税所得到的收入可以由国库独占。对政治过程持非理性主义观点的人会认为,采取这种管制政策,是因为消费者没有能力具体计量他们为进口限额所付出的代价,所以宁愿花费 50 亿美元来支付石油产品的高价,而不支付 25 亿美元的现金补贴，尽管后者对石油业同样很具吸引力。根据我们的极大化利润理论，应当从另一种不同的角度来解释这个问题。也就是说，如若选取现金补贴政策，现有的炼油厂商将不得不与新进入炼油业的厂商共享这一补贴；[①]而采纳进口限额配给制，前者便能获得更多的利益。只有在某一产业的供给弹性很小时，该产业才会选择现金补贴而不采用控制进入或产出量的方法。

这个问题，即某一产业为什么宁愿求取国家权力的强制性干预，而不愿要国家给予的现金，只是用来形象地阐明本文之研究方法的一个例子。我们假定各种政治体制都是按照理性的逻辑建立起来并且被富于理性地利用着，也就是说，它们都可以作为实现社会成员之愿望的适宜工具。这样说并不是认为国家会服从任何个人的公共利益观念，因为我们讨论的管制问题就正是要揭示，某一产业（或者其他由观念相同的人所组成的群体）在什么时候，以及为什么能利用国家的权力来达到自己的目的；或者被国家选中加以利用，以实现完全不同的目标。

Ⅰ.国家能给某一产业带来什么利益?

国家拥有一种从纯理论角度讲即使是最有权势的公民也无法分享的基本资源，即强制别人服从的权力。国家可以通过唯一为文明社会的法律所允许的方法——税收——来获取金钱；还可以规定各种物质资源的运动方式，并在不经其同意的情况下确定家庭和厂商的经济决策。这些权力会使得某一产业能够利用它的势力来扩大自己的利润。某一产业可能从国家手中谋求的主要政策帮助有下列四种。

某一集团可以谋求的最明显的政府援助形式是直接的货币补贴。如国内航空业在 1968 年得到了 15 亿美元的"航空邮件"补贴(即使它们当时并未空运邮件)。自从第二次世界大战以来,商业航运业所得到的建筑及运营补贴已几乎高达 30 亿美元,而教育界更是早已显示出其争取政府资助的老练技巧,比如国内各大学和高等院校近年来得到的联邦政府基金每年已超出 30 亿美元,此外还得到一些为修建宿舍及其他建筑物的补贴性贷款。退伍老兵们也经常能直接领取一些现金作为额外津贴。

我们已经扼要阐明了有能力获得政府关照的产业通常并不利用这种能力来获取金钱的原因,即除非受益者的数量能够通过某种可接受的方法得到限制,否则无论该产业所得到的补贴额多么大,都会消散在日益增多的竞争者当中。正是为了避免发生这类问题,各航空公司很快就放弃了以竞争投标的方式来争取航空邮递合同的方式。[②]而另一方面,那些名牌大学却仍未想出排斥掉其他研究经费申请者的好办法,以致从长远来看,它们所分得的联邦研究基金,将会大大地减少。

某一产业可望谋求的第二种政府帮助,是控制新的竞争对手进入本行业。在经济学文献中讨论兴起特殊价格政策(限定价格)的文章相当地多(但并不是说过量了),还有许多论文论及垂直一体化以及别的一些类似策略,以减缓新厂商进入寡头垄断产业的速率。但是,这些策略却远不如由政府颁发一纸便利而又必需的营业许可证更有效验(即经济得多)。(这里当然也包括对石油业和烟草制品业的进口配额和生产限额等方法,都能有效地排斥新厂商的进入。)

管制机构在行使控制新厂商进入的权力时所表现的孜孜不倦与格外努力,已是众所周知的事实。民用航空委员会自其 1938 年成立之后，从来就没批准过开辟一条新干线。联邦储蓄保险公司利用为新银行的存款进行保险的权力，使商业银行的进入率降低了60%。[③]州际汽车运输业的历史，更是从好几个角度提供了更突出的例证，因为在规模经济理论的基础上，甚至连表面上还说得过去的限制进入的例子都无法加以解释（在这种情况下转而用行车安全或者运营的经济性为理由来进行辩解）。图15.1给出的是联邦运输业执照发放数量的变化情况。从该图中可以看出，卡车运输业者的运货量增长幅度非常大，而与此同时从事该行业运输的业者数量却呈现持续下降势头；近年来新申请营业执照的人每年均超过5,000个；这些都证明了一个严酷的事实，即那些有志从事汽车运输业者的远大抱负，只能是永无实现机会的梦想。

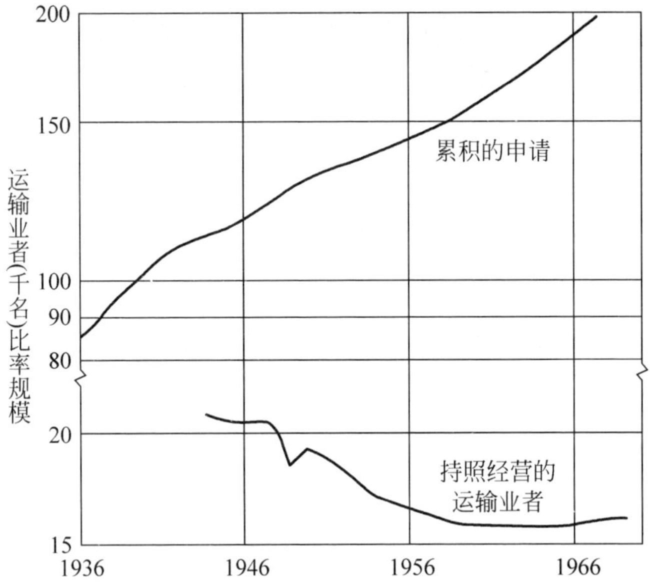

图15.1　州际汽车运输业执照发放情况

资料来源：表15.5

我们提出的普遍性假说是:每一具有足够政治势力利用国家机器来达到一己目的的产业或行业,都要力求控制新从业者的进入;而且,管制机构的政策常常是按照阻挠新厂商增加速率这一原则制定的。例如,任何一家储蓄和信贷公司都不会为了尽力吸引存款而采用高于本行业流行的利息率;[④] 而很快就要授予证券交易委员会的限定互助基金销售开支的权力,将有利于限制小型互助基金会的发展,并从而降低大型互助基金会的销售成本。

另外一种控制新从业者进入的方式是征收保护性关税(以及一些在州际商品和人员的流动中已经建立起来的相应障碍物)。人们或许会想,某一产业从这类保护当中获得的利益,通常会由于新的国内生产厂家的进入而消散,而这就自然会产生一个问题,即,为什么该产业不同时谋求对国内新生产厂家之进入的控制?有少数产业(如石油业)已经得到了对国内新从业者进入的控制,但是大多数产业均尚未得到。假如有某种特殊的国内资源对某一产业是必不可少的,关税就会发挥效力,油田就是一个例子。即使某一产业只具有耐久的专门化资源,如果关税将其收缩的速率放慢,它也会由此而得利。

各产业谋求的第三类国家权力的干预,是对其起替代和补充作用的部门的影响。大体上说来,生产黄油的厂家希望压缩人造奶油的生产,而希望鼓励面包生产;各航空公司积极支持的是对机场予以联邦财政补贴;建筑工会通过建筑法典来反对生产能节约劳动力的建筑材料。我们在下文还会简要地考察一个有关运输业内部竞争的例子。

第四类受到各产业欢迎的公共政策,是对价格的固定予以引导。甚至一个已经有效地控制住新从业者进入的产业，也常常会希望能有一个拥有强制权的机构来负责控制价格。如若某一受管制产业的厂商数目即使是稍多一些，也会在没有管制当局支持的情况下难以维持价格歧视。禁止对活期存款支付利息就是一个例子。这一规定或许在阻止向大多数非企业存款者付息方面产生了一定效力。在个别厂商可以不断扩大规模而不会导致规模不经济的情况下(例如，卡车运输业者可以使用已有的运输营业执照增添车辆)，价格控制是获取高于竞争性报酬率之收益的根本途径。

对政治利益的限制

对产业来讲，上述种种政治裨益并不是以某种纯粹的利润极大化的形式得到的。管制这种政治的过程会造成某些限制一个产业实施各种卡特尔政策的阻力。这些限制可分成如下三类：

第一，使某产业的控制力量在该产业内诸厂商之间的分配发生了变化。对于不受管制的产业来讲，各厂商对价格和产出的影响要与其所占据的全行业产出份额成比例(至少在可改变产出的直接生产能力之简单算术意义上是这样的)，而政治性的决策却还要考虑各类厂商的政治力量，因此小厂商会具有比在不受管制的情况下更大的影响力。于是，在分配限额时，小厂商几乎总是会得到比按照成本极小化的原则所允许的数额更大的配给额。根据石油进口限额制所分配的最初限额分配情况，将能具体地说明这一现象(见表 15.1)。从表 15.1 中可以看出，最小的炼油厂家获得的配额量占其日消费量的 11.4％；厂商的规模越大，该百分比越小。[⑤]这种利益累退的管制形式，是有关当局在一些厂商数目众多的产业进行控制的典型形式。

表 15.1 炼油厂商进口石油配额占日消费量的百分比
(行政区Ⅰ—Ⅳ,1959.7.1—1959.12.31)

炼油厂规模(千桶)	配额比例(%)	炼油厂规模(千桶)	配额比例(%)
0—10	11.4	100—150	6.6
10—20	10.4	150—200	5.7
20—30	9.5	200—300	4.7
30—60	8.5	300 及 300 以上	3.8
60—100	7.6		

资料来源:小企业委员会听证会,美国国会,第 88 届第 2 次会议,1964 年 8 月 10 日和 11 日,第 121 页。

第二,管制过程必须要有的程序性保护条款会付出很高的成本。由法律和只关心自我存在的官僚主义思想所共同造成的各种拖延可能非常严重。如罗伯特·格威格(Robert Gerwig)曾经发现的,由联邦动力委员会的审查过程所带来的行政管理成本(包括拖延),使得州际销售的天然气价格比州内销售的价格高 5%—6%。[⑥]

最后的一类限制是,这种政治程序会自动认可有势力的外部人士参与决定某一产业的事务。众所周知,电视频道在各地区间的分配并不是从使该行业的收益极大化这一角度出发的,而是体现出应为许多偏远地区服务的社会压力。由产业外人士参与决策的另一个更著名的引起不少非议的例子,是不许铁路运输公司放弃无利可图的铁路线。

上述各类限制都是能够预知的,并且都须纳入受管制产业的赢利状况计算当中。

对一个具体例子的分析

某一产业提出并接受管制的过程当然会比上面所概要描述的更特殊，也更复杂。一些会受提议执行的管制之影响的其他产业，会采取措施进行防卫，这种因素也必须要予以考虑。对汽车运输业管制的一个方面的分析，将会具体表明这些复杂性。在这一分析当中，我们所关心的只是管制与经济利益的一致性问题，下一步我们再考虑实现管制的政治程序。

1925 年前的汽车运输业几乎仅限于市内货物运输的经营，这主要是因为当时无法得到大型卡车，也没有条件良好的道路，所以不宜开展长途货运业务。随着时间的推移，上述缺欠逐步得到改善，长途市际卡车货运业务量比重开始上升，到 1930 年，其比重估计已达市际货运吨英里数的 4%。这使铁路运输业很快就意识到自己正面临着一个日益强大的竞争者的挑战，而它据以打败这一竞争对手的方法之一，便是求取国家的管制。

到 30 年代初期，美国各州都已开始实行对卡车容积及运货量的管制。对卡车运货量的限制是一种比限量颁发运输营业执照管辖面要大得多的管制方法，因为所有的卡车，即使那些免受进入管制的车辆，都必须服从容积与运货能力的限制要求。有关 30 年代初期各州卡车运货量的管制标准数据，可参见附录中的表 15.6。有时铁路当局在对卡车运输业的管制过程中所进行的参与的确是无可辩驳的事实。例如，当时得克萨斯州和路易斯安那州都曾规定，运输路线涉及两个或两个以上火车站的卡车运货限载为 7,000 磅，而只途经一个火车站的卡车限载为 14,000 磅。这样的规定，显然是由于考虑到在第一种情况下公路运输会与铁路运输竞争，而在第二种情况下不会发生这类竞争。

我们想试着确定一下限制卡车运货量的形式，这种限制形式会受到各有关方面之经济利益的影响。在此主要考虑的是下列几个方面：

1. 农场拥有卡车数量很多的各州会允许使用载重量大的卡车，因为势力强大的农业利益集团会坚持这一立场。据 1930 年人口普查报告记载，当时的农场卡车拥有量将近 100 万辆。我们的研究中所要使用的一个变量就是各州每 1,000 名农业人口拥有的卡车数量。⑦

2. 铁路运输当局发现，在短途运输和运货量不足一车皮的小量运输当中，公路运输的效率更高，容易在与铁路运输的竞争中取胜。但是在运货量大和路途长的运输当中，卡车却远远比不上火车的竞争力。⑧ 因此，我们要用到的第二个变量是各州铁路货运线的平均长度。铁路线越长，铁路运输和公路运输之间的竞争性就会越差。

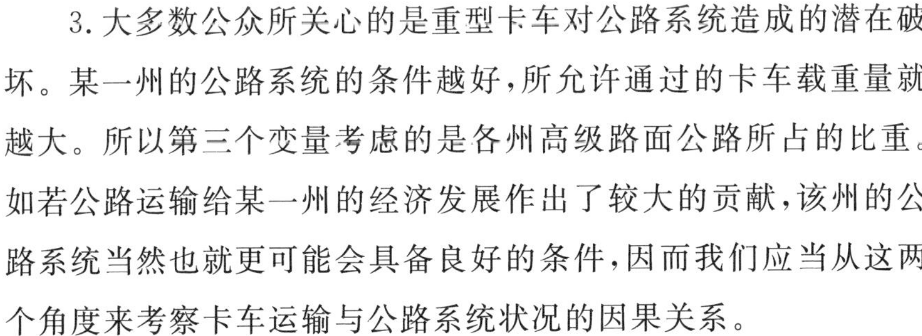

3. 大多数公众所关心的是重型卡车对公路系统造成的潜在破坏。某一州的公路系统的条件越好，所允许通过的卡车载重量就越大。所以第三个变量考虑的是各州高级路面公路所占的比重。如若公路运输给某一州的经济发展作出了较大的贡献，该州的公路系统当然也就更可能会具备良好的条件，因而我们应当从这两个角度来考察卡车运输与公路系统状况的因果关系。

我们这里计量的是两种卡车的限载量，一种是 4 轮卡车（X_1），另一种是 6 轮卡车（X_2）。这样我们便可以给出两个方程式，即：

$$X_1（或\ X_2）= a + bX_3 + cX_4 + dX_5,$$

其中：X_3 = 每 1,000 名农业劳动力所拥有的卡车数量，1930 年，

X_4 = 铁路货运线的平均长度，1930 年，

X_5 = 高级路面公路占该州公路的比重，1930 年。

（各个州上述变量的具体数据均在附录表 15.7 中给出。）

这三个用以说明问题的变量都具有显著的统计意义，并且其变动方向都与我们所预期的相吻合，也就是说，按农业人口计算的卡车数量越多，公路运输与铁路运输的竞争越不激烈（即铁路货运线较长）以及公路系统的状况越好，对卡车运载量的管制就越宽松（参见表 15.2）。

上面的分析所涉及的问题，可能应称之为产业对政府权力的需求。即使政府的服务可以无偿获得（而这种服务当然需付出一定成本，下一步我们将马上对这些成本进行分析），也并非是每一产业都会对那类意味着大大提高企业现值的政府援助（除了金钱以外！）具有极大的需求。对于某些经济活动来讲，会极难控制新竞争者的进入，例如限制家庭仆役的供给数量就是一个很难实施的措施。对某些产业的替代产品生产，也不可能有效地加以控制，例如合伙使用的私人汽车与公共汽车业的竞争，就无法进行限制。如果每一单位产品的质量及价格都不相同，如旧车出售市场上，固定价格就是行不通的。然而，一般地讲，大多数产业都会对政府的服务有正面的需求，并具有需求价格（可排列成表）。

表 15.2　政府对卡车载重限量的回归分析（回归系数下是 T 值）

应变量	N	常量	X_3	X_4	X_5	R^2
X_1	48	12.28	0.0336	0.0287	0.2641	0.502
		(4.87)	(3.99)	(2.77)	(3.04)	
X_2	46	10.34	0.0437	0.0788	0.2528	0.243
		(1.57)	(2.01)	(2.97)	(1.15)	

X_1＝对 4 轮卡车载重限量（千磅），1932—1933 年

X_2＝对 6 轮卡车载重限量（千磅），1932—1933 年

X_3＝每千名农业劳动力拥有卡车数量（辆），1930 年

X_4＝铁路货运线平均长度（英里），1930 年

X_5＝高级路面占州公路比重（%），1930 年 12 月 31 日

资料来源：X_1 和 X_2，卡车业红皮书及名录，1934 年版，第 85—102 页；美国农业部公共道路局，1932 年 12 月。

X_3，农业人口普查，1930 年，第Ⅳ卷。

X_4，美国铁路协会，铁道经济局：《各州铁路线长度》，1930 年 12 月 31 日；以及美国州际商务委员会：《全美铁路统计调查》，1930 年。

X_5，《全美统计概要》，1932 年。

Ⅱ. 获得管制之立法过程的成本

当某一产业获得国家权力的帮助时，它所得到的好处会补偿不了社会上其他人遭受的损害。然而，即便是该产业所得到的管制并未给整个社会造成损失，人们还是可能希望民主的社会能驳回这种产业提出来的要求，除非是该产业控制了选票的大多数。⑨如果就石油进口限额问题来举行一次直接的、选民充分了解情况的投票，那么这一计划肯定就会通不过。（假使在这种情况下选民

们不投反对票，就会与我们的理性的政治过程这一理论相矛盾。）为了阐明为什么很多产业确实能够利用政治机器达到自己的目的，我们必须考察一下民主社会之政治过程的性质。

举例来说，某一消费者在选择乘火车还是乘飞机旅行时，是根据自己钱包的状况来进行“投票”的，即在某既定日期乘坐他所选中的交通工具。在人们考虑该在哪里工作和应将手中的资金投向什么地方时，其决策过程与上述经济“投票”的形式相类同。市场的作用就是将这些经济选票累积起来，预测出其未来的发展方向，并据此进行投资。

由于政治决策是强制性的，所以其决策过程与市场的决策过程完全不同。如果要求公众就可与个人怎样旅行的决策相比较的有关两种交通工具的问题，比方说，民航和铁路哪种产业应得到联邦财政补贴，做出决策，那么，每一个人，无论是旅行者还是非旅行者，无论他是打算今年旅行还是打算明年旅行，都必须遵守这一决策。政治决策对全体公众的强制性，使得民主的政治决策过程与市场过程相比，具有如下两点区别：

1. 各种政治决策必须是由许多人（或者他们的代表）同时作出的，就是说，政治过程要求决策的同时性。如若选民不是同时投票，而是 A 今天来投，B 明天、C 后天，等等，那么多数意见的积累就会既花费巨大，准确性又差（A 现在的意见也许与上月投票时不一样了）。

同时性这个条件是政治决策过程的主要麻烦，它使特殊问题的投票表决由于耗资太大而根本无法进行，甚至当我打算出游而去购买飞机票这一活动都得付出很大代价，因为无论何时大多数同胞想要表达他们对使用火车还是飞机的观点，我都得同时参与和投票选举(即去投票站)形式类同的活动，这对我来讲，花费会十分巨大。为了解决同时性的问题，选民们必须极其审慎地选择代表，由这些代表来代理其行动，而且必须避免直接表达其偏好的边际变化。这一特点还意味着政治决策不能预见选民的愿望，也不能为实现这些愿望预先做好准备。

2. 民主的政治决策过程必定会涉及全社会“所有”的人，并不只是与直接牵连到该决策的人士有关。在私人的市场上，不去旅行的人绝不会参与乘火车还是坐飞机问题的投票，而大型交通运输公司每天都要就此进行多次选择。政治决策过程不能排斥那些利益不相关的选民，因为除了选民自动放弃，任何排斥都显然是滥用权力的表现。因而，政治过程的参与不允许按照利益的相关程度与知识的多少来决定。在某种程度上，这种要求所有人都参与的困难，可以通过除投票选举以外的其他一些确实能对利益攸关的集团更有效力的政治活动，如劝说、雇用老练的立法代理人等，得到一些缓解。然而，尽管如此，民主的政治体制还是的确无法提供有效的刺激，像私人的市场体系那样驱策人们去获取与决策有关的知识信息。即使我使用公共服务 A(道路)的次数比使用 B(学校)的次数多 10 倍，我也绝不会有兴趣去设法获取比有关学校教育的政府规定多 10 倍的有关道路管理规章制度方面的知识。[10]

政治过程的这些特点可以用建立各种层次的政府(所以我对了解本地学校教育情况，比对了解整个政府教育体制的兴趣会更大一些)，以及有选择地使用直接决策(规定的复决投票)来进行某

些修正。然而，对付这些特点的最主要的方法，还是或多或少地雇用一些专门从事政治活动的代理人，由这些人组成“公司”或者在“公司”控制下工作。这些“公司”就是所谓的政党或称之为政党机器。

如果这种政治代理人及其政党能够表达出并实现了其选民们的政治愿望，所得到的报酬就是在选举中获胜以及从担任公职中得到的种种特权。倘使某位代理人确信自己无论何时投票反对一项妨害社会的经济政策，都不会影响他再次当选，那么他肯定会这样做。可惜美德并不总能卖出好价钱。如若这位代理人拒绝为10个大产业争得其所要求的特别补贴或者政府援助，这些产业就会设法选出一个更听话的人来代替他，利害关系就是这么重大。这并不是说每个大产业都能得到其所想要的或者所有它想要的政策，而是意味着，政治活动代理人及其政党必须要找到比各个产业的政策建议之反对派更能持久的选民利益联盟，否则，即使将反对石油进口限额、农业补贴、机场补贴、医院补贴、不必要的海军船坞、某一不平等的公共住宅建筑方案、农村电气化补贴等政策者的支持加在一起，一个政治代理人也不可能赢得或保持他所担任的公职。

如上所述，政治过程的主要特点是参与的偶然性与普遍性，也就是说，各种政治决策必定是很少出台，而且必定会得到普遍赞同。选民们用于了解各项政策提案的优点和表达自己偏好（通过个人和团体的代理人，也通过投票选举）的开支，与在私人的市场上一样，是由预期的成本和收益决定的。在政治的竞技场上，包含内容广泛的信息成本会较高，这是因为人们必须就许多与个人无关或关系甚小的问题来获取信息，并且会相应地在参与政治决策时将对很多有关立法的问题一无所知。在投票选举中表达的偏好，也会不如在市场上所表达的那么精确，因为参加投票的人当中有许多会是不了解任何情况的，并且这些人会对决策产生影响。[11]

于是，进行政治决策的渠道就可能被说成是粗略的，信息不准确的，或者是乱哄哄的。假使人人在政策 A 和 B 当中都对 A 只是略微有一点偏爱，那么这种偏好就不会被发现或得以实现。如果选民集团 X 想要一项会给非 X 集团带来微小损害的政策，它就不必担心会为了非 X 集团发现这一点并反对实现这项政策而付出一些代价。民主的政治体制是用以实现多数派的所有强烈偏好以及少数派的许多强烈偏好的，但是却会忽视多数派和少数派的很多不太强烈的偏好。倘若公民们获取信息和表达愿望的成本能有所下降，且其选票对政策发生影响的可能性有所增加，那么，民意的传达就会更精确一些。

谋求政治权力的产业必须去找合适的卖主，这就是政党。要维持政党的正常运转、组织体制以及在竞选中的竞争，需要付出一定的成本，而讨论选举之财政问题的经济学文献把这些用于政治过程的成本看得过于狭隘了，这种文献认为，选举对于政治过程来说，犹如某种商品的销售对于生产过程，只是至关重要的最后一步。然而实际上，一个政党为了维持其组织体制和进行选举的吸引力，需要从它诞生之时起便一直要为选民提供成本很高的服务，并不是仅仅在选举以前才进行这类工作的。一部分用于服务和组织体制的成本，由国家向部分党的工作人员支付薪金的方式来承担。但是，对选民来说，制止执政党滥用权力的主要力量是反对党所付出的成本，而维持反对党的成本却不是全部由政府资金来承担的。

谋求政府管制的产业必须要准备付出两种政党所需要的东西，即选票和财政支持。这种财政支持可包括提供竞选经费，筹集经费的服务（如由实业界头面人物主持的集资委员会），以及一些较间接的方式，例如雇用政党的工作人员。有关选票的问题，是通过一些开支很大的计划来教导（或者是反向的教导）该产业的成员及其他有关产业的成员，以使支持票增加，反对票分散减少。

某项立法的成本可能会与谋求该项管制的产业之规模有关，产业规模越大，这种成本就越高。一些较大的产业所谋求的管制项目，会使社会付出更大的代价，并且会激起深受其害的社会集团更强烈的反对。该产业内外的游说工作，也会由于产业规模较大而更加繁重。然而，政治"市场"的规模是固定的，因而获得某项立法的成本会比产业规模的增加相应地速率放慢一些。所以，一些最小规模的产业实际上是完全被排斥在政治过程之外，除非它们占有某些特殊的优势，比如在一人口稀少的选区内其地理位置十分集中。

假使某一政党实际上垄断了全部政府权力，那人们或许会认为它能独自占有管制所带来的大部分利益。但是，政党问题很可能是用来说明德姆塞茨（Demsetz）自然垄断理论的理想实例。[12] 如若某一政党对选民敲诈勒索（或者歪曲理解选民的实际意愿），那么选民们就有可能选举另外一个将会以更符合该政党成本的价格来提供政府服务的政党上台执政。如若进入政治活动能受到有效的控制，那么我们便可以期望单一政党的统治地位将导致该党诱使人们提出保护性立法的要求,但是却对这种立法强制收取高价。

在与此相关的研究当中,政党的内在结构、担任公职可得到的额外特权在其成员之间的分配方式,都是一些具有很大魅力的领域,十分值得深入研究。由选举产生的官员们位于民主政治体制的最上层,就是说,没人能替代这些人履行公职的能力。我想,给予立法领袖的大多数补偿一般都要采取政治报酬以外的形式。为什么有这么多的政治家从事律师的职业?因为人人都要雇用律师,所以某个议员的公司就是一种获得补偿的适当途径。而如果政治家的个人职业是医生,要给他补偿就不能靠光顾其诊所,而要通过直接行贿。大多数企业都要光顾保险公司和银行,因此我们可以想见,负责立法的人一般都会与这类企业有经济上的联系。

为某些涉及整个产业的活动,如谋求一项立法筹措资金,通常会引起一个“免费搭乘”的问题。[13]我们目前尚未确立一种令人满意的集团行为理论——事实上这种理论就是附加下述条件的寡头垄断理论,即在成员众多的产业(例如农业),政党本身在提供有利立法的过程当中所扮演的,就将是企业家的角色。因此,我们只能在寡头垄断理论的薄弱环节所能允许的范围内,进行一些似乎有点道理的猜测,比如说,某一产业的集中程度越高,它在争取立法的斗争中所能投入的财力就越大。

营业执照

颁发营业执照可能是一种利用政治手段改善某一集团之经济环境的方法。允许人们从事某种职业的执照是进入该行业的有效壁垒，因为若无照经营就是一种犯法的行为。由于大部分营业执照的颁发都由州一级政府负责，所以我们能有机会在这一领域进行探索，以弄清可以给某种职业带来政治权力的都有哪些特点。

虽然我们能得到的资料非常有限，但是仍然可以根据这些资料做一些深入的研究，并找出几条对某种职业获得政治权力的能力有影响的特点：

1. 该职业的规模。这个道理十分简单，因为显然是某种职业的规模越大，它能提供的选票就会越多。（因此，在某些情况下，人们可能会希望在计量职业规模时将非公民成员除外。）

2. 该职业的人均收入。某种职业的收入取决于从事该职业的人数和平均收入，因此这两个变量将能够反映出该职业的总收入。某种职业的收入大体上是成功的政治活动所可能获得的报偿的一种指数，就是说，在不了解供求函数之具体形式时，我们推测，颁发执照的行动与每种职业均衡收入的提高大致上是相称的。如果再进一步探究，人们便可以预计，对某种职业所提供的服务之需求弹性越小，颁发执照这种管制方式就对其越有利。人们还可能将某种职业的收入看成是用来资助政治活动的基金来源，但是，倘若我们把政治活动当作一种投资，那么只有在资本市场不完全的情况下，政治能力才与职业收入的高低成比例。[14]

在比较各种不同职业的收入时，人均收入是一个适于使用的变量。但是，在比较各个州的同一职业的收入时，就不宜使用人均收入这一变量了，因为每个州同一职业的实际收入会差不多是相等的（在没有管制的情况下）。

3. 该职业在各大城市的集中程度。当某种职业组织一场运动以获得于己有利的立法时，它就需为争取支持而付出许多人力、物力和财力，而且一个分散的职业所付出的开支会比集中的职业更大。该职业的每一成员都可以得到立法所带来的好处，即使他并未分担为获得该项立法所付出的成本，也不能将其排除在分享利益的圈子以外。这种“免费搭乘”的问题使得争取支持的工作更加复杂。假使该职业的大部分从业者都集中在少数几个大的中心，（我们猜想）这些问题所造成的麻烦就会大大减少，因为管制甚至可以由地方政府开始施行。我们在此将使用传统的按地理位置的方式来衡量集中程度，即计算出在某州内人口超过 10 万（1900 年及 1900 年前按 5 万计算）的城市中，从事某种职业的人数占该州从事该职业之总人数的比重。

4. 是否存在反对颁发营业执照的一派人。如果某种职业是和全体公众打交道，那么为争取颁发执照才能经营所强加给任一顾客或者产业的成本，就会十分微小，因而对该顾客或者产业来讲，发起反对这种颁发执照的运动会在经济上划不来。但是，倘若受到损害的集团感觉到联合起来共同行动是可行的和有利可图的，它就会作出各种努力来反对颁发这种执照，如以削弱、拖延或者阻止（等会增加其成本）的方式来尽力对抗该立法项目的通过。毫无疑问，一些有利于进行政治角逐的条件，如支持者人数、财力以及组织水平，也同样会决定反对派的力量是否强大。因而，某种只在一个产业中供职且人数很少的小型职业，将会很难争取到必须持照才能从业的立法；而一个能为所有的人提供服务的大规模职业，则不会面临有组织的反对行动。

表 15.3　决定管制开始时间的因素

职业	颁发营业执照的州数	最接近管制中间年份的普查年份	回归系数(括号中为 T 值)		R^2
			职业规模[a]	城市化程度[b]	
美容师	48	1930	−4.03 (2.50)	5.90 (1.24)	0.125
建筑师	47	1930	−24.06 (2.15)	−6.29 (0.84)	0.184
理发师	46	1930	−1.31 (0.51)	−26.10 (2.37)	0.146
律师	29	1890	−0.26 (0.08)	−65.78 (1.70)	0.102
医生	43	1890	0.64 (0.65)	−23.80 (2.69)	0.165
尸体防腐师	37	1910	3.32 (0.36)	−4.24 (0.44)	0.007
注册护士	48	1910	−2.08 (2.28)	−3.36 (1.06)	0.176
牙医	48	1900	2.51 (0.44)	−22.94 (2.19)	0.103
兽医	40	1910	−10.69 (1.94)	−37.16 (4.20)	0.329
按摩师	48	1930	−17.70 (1.54)	11.69 (1.25)	0.079
药剂师	48	1900	−4.19 (1.50)	−6.84 (0.80)	0.082

资料来源：州政府委员会，《各州颁发营业执照立法情况》，1952 年；以及《美国人口普查资料》，各年度。

a 相对于劳动力的比率。

b 10 万以上人口的城市所占比重；1890 年和 1900 年两栏中的该项数字为 5 万。

我们对各州某些职业颁发营业执照的情况进行了初步的统计分析，并将其结果总括于表 15.3。在该表中，每一州每种职业的应变量都是对进入该职业首先进行管制的年份。两个自变量为：(1)职业规模，即在最接近管制之中间年份的普查年，从事该职业的人数与该州劳动力的比率。(2)城市化程度，即在同一年 10 万以上人口的城市从事该职业者所占份额(1890 年和 1900 年是按 5 万人口的城市计算的)。我们可以认为，这些变量与颁发营业执照的年份呈负相关关系。表 15.3 中有 9 个具显著统计意义的回归系数都体现了这种关系。

然而，这些分析结果并不十分有力，因为 R^2 很小，而且有半数以上的回归系数意义不是很大(在这些情况下常常显示不恰当的关系)。与职业规模相比，城市化程度和管制开始年份之间的相关性更强一些。[15] 我想，造成这些不足之处的主要原因，或许是由于资料过于粗糙。例如，我们这里分析的是 1930 年各州理发师这一职业的情况，但是到 1910 年已经有 14 个州通过了对理发师颁发执照的立法。如果相对来说 1910 年前即对理发师颁发营业执照的州有较多的理发师，或者是理发业的城市化程度较高，则对这些州的预测就会更准确。由于缺少各普查年之间以及 1890 年以前的资料，所以我们无法进行更精确的分析。[16]

一般地讲，规模较大的职业实行营业执照制的时间也较早。[17] 在我们分析的职业样本中，兽医是唯一具有范围明确的顾客，即牧场主，而在一些家畜数量相对于农村人口比例较高的州较晚开始实行颁发执照制度的职业。这些对职业内部情况的分析，为有关立法供给的经济理论提供了某些依据。

对不同职业所进行的分析，使我们可以考察一下另外几个与颁发营业执照有关的变量。其中第一个变量是上文已经讨论过的收入。第二个是市场规模。正如不可能只在某个一体化的市场之某一局部组织起能有效地发挥作用的工会一样，我们也不可能仅对该市场的某一部分实行管制。请考虑一下某种职业，例如企业低级管理人员的具体情况，从事这种职业的人具有全国性的市场，而且从业人员和雇主的流动性都非常大。如果某一州的低级管理人员组织起来进行活动，其有效的影响范围就会十分小；要是他们把薪金提到竞争水平以上，雇主就会到其他州去招聘工作人员，因此其需求弹性将会很大。[18]第三个变量是从业人员的稳定性，可以说，从事某一职业的时间越长的人，从对进入的限制当中所获得的利益就越大。遗憾的是，我们只能根据 1950 年 35 岁至 44 岁的从业人员人数和 1960 年 45 岁至 54 岁的从业者人数来粗略地衡量这一变量，即，这两个数字越是接近，该职业的从业人员之稳定性就越高。有关各类职业的具体数据可见表 15.4。

对需领取营业执照和不需领取执照的各种职业进行比较。所得到的结果，与我们的推测相一致：

(1)从事需领取执照的职业收入较高(人们或许会假设这些职业在未实行营业执照制之前的收入就比较高)。

(2)需领取执照的职业之从业人员比较稳定(但是，按照我们这种粗略的衡量方法，各类职业之从业人员的稳定性差别极其微小)。

表 15.4　需领取执照和不需领取执照的专门职业之特点，1960 年

职业	中值年龄（岁）	中值教育水平（年）	中值收入（50—52 周）	人员的稳定性[a]	非自我雇佣比例	5 万以上人口城市从业比例	占劳动力总数比重
需领取执照的：							
建筑师	41.7	16.8	$9,090	0.012	57.8%	44.1%	0.045%
按摩师	46.5	16.4	6,360	0.053	5.8	30.8	0.020
牙医	45.9	17.3	12,200	0.016	9.4	34.5	0.128
尸体防腐师	43.5	13.4	5,990	0.130	52.8	30.2	0.055
律师	45.3	17.4	10,800	0.041	35.8	43.1	0.308
职业护士	39.1	13.2	3,850	0.291	91.0	40.6	0.868
配镜师	41.6	17.0	8,480	0.249	17.5	34.5	0.024
药剂师	44.9	16.2	7,230	0.119	62.3	40.0	0.136
医生	42.8	17.5	14,200	0.015	35.0	44.7	0.339
兽医	39.2	17.4	9,210	0.169	29.5	14.4	0.023
平均	43.0	16.3	8,741	0.109	39.7	35.7	0.195
部分领取执照的：							
会计	40.4	14.9	6,450	0.052	88.1	43.5	0.698
工程师	33.3	16.2	8,490	0.023	96.8	31.6	1.279

续表

职业	中值年龄（岁）	中值教育水平（年）	中值收入（50—52 周）	人员的稳定性[a]	非自我雇佣比例	5 万以上人口城市从业比例	占劳动力总数比重
小学教师	43.1	16.5	4,710	[b]	99.1	18.8	1.482
平均	40.6	15.9	6,550	0.117[c]	94.7	34.6	1.153
不需领取执照的：							
艺术家	38.0	14.2	5,920	0.103	77.3	45.7	0.154
牧师	43.3	17.0	4,120	0.039	89.0	27.2	0.295
大学教师	40.3	17.4	7,500	0.085	99.2	36.0	0.261
制图员	31.2	12.9	5,990	0.098	98.6	40.8	0.322
记者和编辑	39.4	15.5	6,120	0.138	93.9	43.3	0.151
音乐家	40.2	14.8	3,240	0.081	65.5	37.7	0.289
自然科学家	35.9	16.8	7,490	0.264	96.3	32.7	0.221
平均	38.3	15.5	5,768	0.115	88.5	37.6	0.242

资料来源：美国人口普查局，1960 年。

a 1－R，其中 R＝1960 年 45—54 岁从业者与 1950 年 35—44 岁从业者的比率。

b 无单独数据；据全国经济委员会有关教师资料（包括中学及其他学校的教师），该数据为 0.276。

c 包括注释 b 中所提到的中学及其他学校的教师。

(3)从事需领取执照之职业的人常常较少受雇于企业(企业可能会反对这种领取执照才能从业的制度)。

(4)具有全国性市场的所有职业(大学教师、工程师、科学家、会计)都是不需领取执照,或者只有一部分需领取执照的。

但是,需领取执照与不需领取执照,以及需部分领取执照的三种职业群体之规模和城市化的程度,却都与是否实行营业执照制度无关,因此,这种职业间的比较研究仅给我们的管制理论略微增加了一些依据。

Ⅲ.结　　论

对政府管制所抱有的理想主义观念,在经济学界人士的头脑中已经根深蒂固,例如,许多经济学家都纷纷在自己的文章中指责州际商务委员会所奉行的亲铁路业政策,以致在有关文献当中,这类论述已成为陈词滥调。在我看来,这种指责就好像批评大西洋和太平洋茶叶公司出售杂货,或者批评政治家迎合公众的口味一样。这类批评的根本害处是它会使人误入歧途,这就是说,依照他们的指责,似乎应当通过向委员会委员们或者任命这些要员的人进行说教的方式,以使州际商务委员会不屈从于运输业者的利益要求。然而,实际上,获得一个完全不同的州际商务委员会的唯一办法,却是改变其政治上的支持力量,并使委员们的薪酬与他们为运输业者所提供的服务无关。

只有充分地正确揭示出政治生活的基本机制与必然联系,改革者才能胸有成竹地利用国家的权力进行改革,否则,那些由于各种特殊集团无孔不入地利用国家的支持而蒙受损害的人们,就会没有希望保护自己的利益。经济学家应当尽快地在理性政治行为的理论基础上,建立起为改革的实践颁发“执照”的制度。

注释:

①对于也能从进口限额的规定中得利的国内采油企业,无论是进口限额还是关税,或者现金补贴,都同样受欢迎。如若只考虑自己的利益,他们会希望管制当局拍卖进口许可证,而不是像现在这样无偿地分配。

②参见 L. S. 凯斯(Keyes),《联邦政府对进入航空运输业的管制》(*Federal Control of Entry into Air Transportation*),麻省,坎布里奇,哈佛大学出版社,1951 年,第 60 页。

③参见 S. 佩尔兹曼(Peltzman),“进入商业银行界”(Entry in Commercial Banking),载《法学与经济学杂志》,1965 年 10 月号。

④联邦住宅贷款银行委员会是一个管制机构,它也负责控制广告的数量以及其他竞争性领域的事务。

⑤在较早的自愿进口限额计划中,一些最大的炼油企业被限制在只得到其历史配额的 75%这一水平上。

⑥R. W. 格威格(Gerwig),“天然气生产:对管制成本的研究”(Natural Gas Production:A Study of Costs of Regulation),载《法学与经济学杂志》,1962 年 10 月号,第 62—69 页。

⑦卡车和农业人口(此处原文为“全部人口”,据上下文,似印刷有误,故改成农业人口。——译者)的比率可用以衡量:(1)卡车对农场主的重要性;以及(2)农场主在该州的地位。我们更重视的是第(1)条,理由稍后将会给出。

⑧每家铁路公司都了解这一点,而且我们假定:(1)各州内的平均拥有长度;(2)两家或两家以上铁路公司可能会联合使用一定长度的线路。显然,这两个假设最多只能做到相当接近。

⑨如果将(消费者剩余和生产者剩余)这种无谓损失(即某种管制实施后

A 的损失超出 B 的收益之差额)考虑在内,即使石油业是多数派,如若可以使用某些补偿手段(例如出卖选票),它也得不到自己需要的立法,因为少数派能通过这些补偿手段,针对多数派所获得的较小利益,有效地表达自己所蒙受的较大损害。

⑩见 G. S. 贝克尔(Becker),"竞争与民主"(Competition and Democracy),载《法学与经济学杂志》,1958 年 10 月号。

⑪这里有一个在投票数大于 1 的决策中遇到的组织方面的问题。如果由于规模经济的缘故,某种产品必须有 1,000 名消费者才能生产,这 1,000 张选票就必须得由某些企业家来汇集。但是,在这种情况下不像在政治领域那样,无须得到社会上其余人们的同意,因为这些人不会承担任何成本(即不必购买该产品)。

⑫H. 德姆塞茨(Demsetz),"为什么管制公用事业?"(Why Regulate Utilities),载《法学与经济学杂志》,1968 年 4 月号。

⑬院外游说组织通过出售有用服务来避免"免费搭乘"问题的理论是托马斯·G. 穆尔(Thomas G. Moore)提出来的[见"颁发营业执照的目的"(The Purpose of Licensing),载《法学与经济学杂志》,1961 年 10 月号],并经曼克尔·奥尔森(Mancur Olson)详细阐述过[见《集体行动的逻辑》(*The Logic of Collective Action*),麻省、坎布里奇,哈佛大学出版社,1965 年]。该理论未经过经验检验。

⑭令 n=从事某一职业的人数,y=该职业的平均收入。我们可以推测,该职业的政治能力就其所能得到的利益来讲都与(ny)成比例,但是也可以反映出选票的直接价值,因此这种政治能力与($n^a y$)成比例,$a>1$。

⑮如果我们把这些职业都汇入一个回归方程式,并为每种职业规定一虚设变量,那么回归系数便是:

相对于劳动力的职业规模: $-0.450(t=0.59)$

城市化程度: $-12.133(t=4.00)$

于是可见,城市化程度具有很高的显著性,而职业规模则不具显著性。

⑯一种更精确的分析可能应使用下列回归分析形式:

开始颁发营业执照的年份=常数

$+b_1$(达到临界职业规模年份)

$+ b_2$(达到临界城市化程度的年份)

这里的临界规模与临界城市化程度的定义是:在开始颁发营业执照的年份各种职业的规模与城市化程度的平均值。

⑰律师、医生以及药剂师到1900年时已是较大的职业集团,护士到1910年也成为较大的职业。在较大职业集团当中,唯一较晚实行营业执照制的职业是理发师,小职业集团中唯一较早颁发执照的是尸体防腐师。

⑱对某一局部的市场进行管制,一般也会在市场内部造成很高的供给弹性,也就是说,如果某一产品(或服务)的价格上升,就很难顶住被排除在外的供给所造成的压力。有些职业不得不在颁发营业执照时提供互惠,而且人们可以预计,若雇主的流动性相同,则需领取执照的职业与无须领取执照的职业在报酬的地理分布方面就不会有明显的区别。阿琳·S.霍伦(Arlene S. Holen)在"颁发营业执照对州际劳动力流动和资源配置的影响"[(Effects of Professional Licensing Arrangements on Interstate Labor Mobility and Resource Allocation)《政治经济学杂志》,第73卷,1915年,第492—498页]一文中的有趣分析提出了许多令人大惑不解的问题。

附　　录

表15.5　普通汽车运输、承包汽车及载客汽车运输业情况(1935—1969[a]年)

	截至年	累积申请			正在运营的运输业者	
		过去遗留的	新申请	总计	申请获得批准[c]	在运营中的数字[b]
十月	1936	82,827	1,696	84,523	—	—
	1937	83,107	3,921	87,028	1,114	—
	1938	85,646	6,694	92,340	20,398	—
	1939	86,298	9,636	95,934	23,494	—
	1940	87,367	12,965	100,332	25,575	—
	1941	88,064	16,325	104,389	26,296	—
	1942	88,702	18,977	107,679	26,683	—
	1943	89,157	20,007	109,164	27,531	—
	1944	89,511	21,324	110,835	27,177	21,044
	1945	89,518	22,829	112,347		20,788

续表

	截至年	累积申请			正在运营的运输业者	
		过去遗留的	新申请	总计	申请获得批准[c]	在运营中的数字[b]
六月	1946	89,529	26,392	115,921		20,632
	1947	89,552	29,604	119,156		20,665
	1948	89,563	32,678	122,241		20,373
	1949	89,567	35,635	125,202		18,459
	1950	89,573	38,666	128,239		19,200
	1951	89,574	41,889	131,463		18,843
	1952	(89,574)[d]	44,297	133,870		18,408
	1953	〃	46,619	136,192		17,869
	1954	〃	49,146	138,719		17,080
	1955	〃	51,720	141,293		16,836
	1956	〃	53,640	143,213		16,486
	1957	〃	56,804	146,377		16,316
	1958	〃	60,278	149,851		16,065
	1959	〃	64,171	153,744		15,923
	1960	〃	69,205	158,778		15,936
	1961	〃	72,877	162,450		15,967
	1962	〃	76,986	166,559		15,884
	1963	〃	81,443	171,016		15,739
	1964	〃	86,711	176,284		15,732
	1965	〃	93,064	182,637		15,755
	1966	〃	101,745	191,318		15,933
	1967	〃	106,647	196,220		16,003
	1968	〃	f	f		16,230[e]
	1969	〃	f	f		16,318[c]

资料来源：美国州际商务委员会各年度报告。

a 不包括经纪人和仅在州内运营的运输业者。

b 拥有产权的运输业者所占比重为，1944 年，93.4%；1950 年，92.4%；1960 年，93.0%；1966 年，93.4%。

c 估计数字。

d 该数字无法得到，假定其近似于不变。

e 1968 年和 1969 年数字是由于运输业者数目需在商务委员会年度报告中备案而得到。

f 可与以前各年比较的数据无法得到。1967—1969 年向常设机构提出的申请(即根据新旧档案查出的)为:1967 年,7,049;1968 年,5,724;1969 年 ,5,186。

表 15.6　各州规定的卡车限载量,1932—1933[a](根据表 15.2 资料)

州　名	最大载重量(磅)		州　名	最大载重量(磅)	
	4 轮[b]	6 轮[c]		4 轮[b]	6 轮[c]
亚拉巴马	20,000	32,000	内布拉斯加	24,000	40,000
亚利桑那	22,000	34,000	内华达	25,000	38,000
阿肯色	22,200	37,000	新罕布什尔	20,000	20,000
加利福尼亚	22,000	34,000	新泽西	30,000	30,000
科罗拉多	30,000	40,000	新墨西哥	27,000	45,000
康涅狄格	32,000	40,000	纽约	33,600	44,000
特拉华	26,000	38,000	北卡罗来纳	20,000	20,000
佛罗里达	20,000	20,000	北达科他	24,000	48,000
佐治亚	22,000	39,600	俄亥俄	24,000	24,000
爱达荷	24,000	40,000	俄克拉荷马	20,000	20,000
伊利诺伊	24,000	40,000	俄勒冈	25,500	42,500
印第安纳	24,000	40,000	宾夕法尼亚	26,000	36,000
衣阿华	24,000	40,000	罗得岛	28,000	40,000
堪萨斯	24,000	34,000	南卡罗来纳	20,000	25,000
肯塔基	18,000	18,000	南达科他	20,000	20,000
路易斯安那	13,400	N. A.	田纳西	20,000	20,000
缅因	18,000	27,000	得克萨斯	13,500	N. A.
马里兰	25,000	40,000	犹他	26,000	34,000
马萨诸塞	30,000	30,000	佛蒙特	20,000	20,000
密执安	27,000	45,000	弗吉尼亚	24,000	35,000
明尼苏达	27,000	42,000	华盛顿	24,000	34,000
密西西比	18,000	22,000	西弗吉尼亚	24,000	40,000
密苏里	24,000	24,000	威斯康辛	24,000	36,000
蒙大拿	24,000	34,000	怀俄明	27,000	30,000

a 红皮书的数字为"据对各州法律的解释以及车辆设计和轮胎承重的物理限量"(P. 89);"公共道路"的数字为"各州法律的摘要,包括 1932 年通过的立法"(P. 167)。

b 4 轮车:使用的是下列三类数据中最小的:(a)最大毛重(红皮书 P.90—91 给出);(b)最大轮轴重量(红皮书 PP.90—91 给出)乘以 1.5(参见红皮书 P.89);(c)最大毛重(红皮书 P.93)。除得克萨斯和路易斯安那州以外——参见红皮书 P.91。

c 6 轮车:按《公共道路》P.167 给出的最大毛重。这些数字大多数都与红皮书 P.93 所给出的数据相符,并相当于《公共道路》中的最大轮轴重量乘以 2.5(见红皮书 P.93)。得克萨斯和路易斯安那州除外,因为无法得到可从净载重量换算成毛重限量的资料。

表 15.7　表 15.2 中所列示的各自变量具体数据

州　　名	每千名农业劳动力拥有卡车(辆)	铁路货运线平均长度(英里)[a]	高级路面占州公路比重[b](%)
亚拉巴马	26.05	189.4	1.57
亚利桑那	79.74	282.2	2.60
阿肯色	28.62	233.1	1.72
加利福尼亚	123.40	264.6	13.10
科罗拉多	159.50	244.7	0.58
康涅狄格	173.80	132.6	7.98
特拉华	173.20	202.7	21.40
佛罗里达	91.41	184.1	8.22
佐治亚	32.07	165.7	1.60
爱达荷	95.89	243.6	0.73
伊利诺伊	114.70	207.9	9.85
印第安纳	120.20	202.8	6.90
衣阿华	98.73	233.3	3.39
堪萨斯	146.70	281.5	0.94
肯塔基	20.05	227.5	1.81
路易斯安那	31.27	201.0	1.94
缅因	209.30	120.4	1.87
马里兰	134.20	184.1	12.90
马萨诸塞	172.20	144.7	17.70
密执安	148.40	168.0	6.68
明尼苏达	120.40	225.6	1.44
密西西比	29.62	164.9	1.14
密苏里	54.28	229.7	2.91
蒙大拿	183.80	266.5	0.09

续表

州　　名	每千名农业劳动力拥有卡车(辆)	铁路货运线平均长度(英里)[a]	高级路面占州公路比重[b](%)
内布拉斯加	132.10	266.9	0.41
内华达	139.40	273.2	0.39
新罕布什尔	205.40	129.0	3.42
新泽西	230.20	137.6	23.30
新墨西哥	90.46	279.0	0.18
纽约	220.50	163.3	21.50
北卡罗来纳	37.12	171.5	8.61
北达科他	126.40	255.1	0.01
俄亥俄	125.80	194.2	11.20
俄克拉荷马	78.18	223.3	1.42
俄勒冈	118.90	246.2	3.35
宾夕法尼亚	187.60	166.5	9.78
罗得岛	193.30	131.0	20.40
南卡罗来纳	20.21	169.8	2.82
南达科他	113.40	216.6	0.04
田纳西	23.98	191.9	3.97
犹他	101.70	235.7	1.69
佛蒙特	132.20	109.7	2.26
弗吉尼亚	71.88	229.8	2.86
华盛顿	180.90	254.4	4.21
西弗吉尼亚	62.88	218.7	8.13
威斯康星	178.60	195.7	4.57
怀俄明	133.40	286.7	0.08

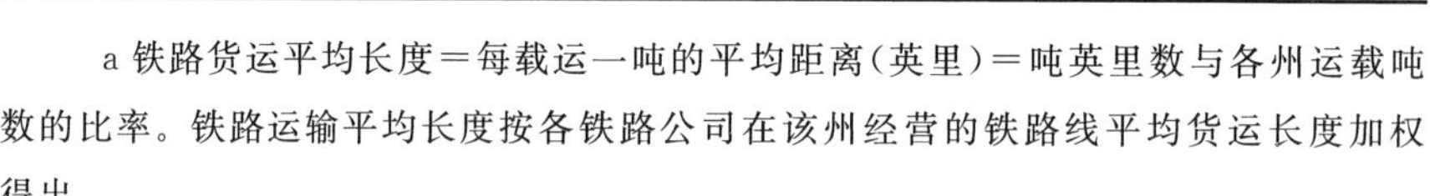

a 铁路货运平均长度＝每载运一吨的平均距离(英里)＝吨英里数与各州运载吨数的比率。铁路运输平均长度按各铁路公司在该州经营的铁路线平均货运长度加权得出。

b 高级路面占州公路比重:这里的高质量路面包含沥青碎石、沥青混凝土、平板沥青、波特兰水泥混凝土以及石材铺路。各州的所有乡村公路,无论属于地方还是州公路系统的都包括在内。

第四部分

有关经济思想史的论文

16. 完全竞争,历史的反思

在经济学中,至今尚未发现过一种在任何情况下都具有明确的意义、已不需要再进一步阐明的概念。其他学科也是如此。许多概念的意义都只是在各种可以想见的情况下才能解释清楚。甚至像“弹性”这一在经济学领域内含义十分明确的词,也会引出一些疑问,并且这些疑问是当年为它下定义的人[在此我们说此人是马歇尔(Marshall)]从未遇见过的。例如,怎样应用这一概念来解释有限的变化?或者,怎样用它来解释间断的、随机的以及具有多重价值的机能?而像“竞争”这类人人都用得上的名词,当然就会更加难以详细阐明和界定,因而会隐含着许多模糊认识。

而且,令人震惊的是,直到1871年,大多数经济学家竟然还未意识到应当对有关竞争的概念进行明确和系统的研究。这个与全部古典和新古典经济学理论中的任何概念同样重要、同样具有普遍意义的概念,长期被当作一种见怪不怪的事实,没有得到应有的重视。只有完全竞争这种既精细又复杂的概念在慢慢地发展,并于第一次世界大战后最终引起经济学界的重视,开始出现在一般的经济理论文献中。本文所要论述的主题,就是完全竞争概念的

转引自《政治经济学杂志》第65卷第1期,1957年2月。1957年版权所有,芝加哥大学。

演变发展，及其逐渐和完全的市场、单一均衡，以及静止的环境相混淆的过程。

古典经济学家

“竞争”一词从一般性用语成为经济学术语之后，在很长一段时间中一直只意味着两个或两个以上的人彼此进行的抗争。当初亚当·斯密（Adam Smith）在解释供给的下降导致价格上升的原因时，曾经提到，在买主之间“会立即开始竞争”。如果供给过度，则“立即将商品出手对卖主来讲具有或多或少的重要性，或者说卖主之间展开的竞争”越激烈，价格下降的幅度就会越大。[①]应当注意的是，这里的“竞争”，并且通常所使用的“竞争”一词，其意义是在某种竞赛中抗衡，即为获得有限的供给，或者为摆脱掉过多的供给量而发生的竞赛。竞争就是一种对新生力量作出反应的过程，也是一种达到新的均衡的方法。

斯密发现，经济上的竞争对手数量越多，就越可能促使其利用互相压低或抬高价格的方式来获利：

> 那种参与人数较少的交易，就容易导向这样的联合行动。
>
> 如果把这些资本（足以用来进行城市贸易）分给两个不同的杂货商，他们之间的竞争就会使商品价格比只由一个杂货商占有全部资本的情况下便宜。而要是将这些资本分给20名商人，这些人为了提高价格而采取联合行动的机会就会随着他们的竞争程度的增强而减少。[②]

这就是斯密有关竞争对手数量问题的全部论述。

斯密有关竞争的论述，当然包含着更多的意思，并且有些问题也阐述得很清晰，但是这“更多的意思”却实在没能完全地确切表述出来，因为他自己并未形成十分明确的想法。不过在他的竞争概念中似乎还包含着另外几个要素：

1. 各个经济单位必须对其不同产业资源的利用状况具有一定的了解。“只有在十分熟悉的情况下使用这些资源，报酬才能相等，并且保持邻近单位的同等报酬。”③ 不过，一些必要的信息通常总能得到，就是说，“必须承认，几乎不可能长期保守秘密，而且额外利润也不可能持续更长的时间。”④

2. 只有经过长时期的竞争，才能最终显现出其结果。“以不同方式利用劳动力和资本的优缺点在总体上的均等，只能在其日常的运作中，或者可称为使用这些资源的正常状况下发生。”⑤

3. 必须存在贸易自由，经济单位必须能够随意参与或退出任何交易。排斥人们参与各种交易的特权或联合行为，以及济贫法的定居条款对迁移所造成的限制，都是对“自由竞争”的干预。

于是，斯密将竞争的条件总括成下列 5 个：

1. 各个竞争对手必须单独行动，不得互相串谋。

2. 潜在的和现实的竞争对手数量，必须足以消除额外收益。

3. 各经济单位必须对市场机遇有一定的了解。

4. 各经济单位必须能够根据上述了解自由行动（不受社会的制约）。

5. 各种资源按其拥有者意愿进行的分布和积聚必须经过足够的时间间隔。

现代经济学家极其倾向于使这些条件具有比斯密及其同时代人所

能理解的更多的内容。事实上，斯密（和他的许多追随者）总是把对土地的拥有称为垄断——虽然农业用地的市场能满足上述所有的条件——这只是因为，他们认为土地的总供给是固定的。这一事实已足以证明，斯密本人也并不完全拘泥于自己的说法。[6]

斯密未曾说明，他是怎样得出这些竞争要素的。我们也许有理由推断，他关于竞争对手应当数目众多和他们必须单独行动的说法，是来自直接的观察。每个具有一定知识的人都至少在一般意义上知道竞争意味着什么，并且也知道竞争的本质就是各个竞争对手努力争取得到相对于他人来说更优越的地位。

与这个条件相对照，其他竞争要素好像是用来证明一个与竞争相关联的命题成立的必要条件。该命题就是，在企业家或投资者，或者劳动者所能了解的各个方面，报酬都是相等的。假使人们以报酬的相等作为在竞争状态下达到均衡的前提条件，那么足够数量的竞争对手和他们的单独行动便不足以达到均衡。参与竞争的企业家（或其他代理人）必须知道在各不同领域中所可能获得的收益，他一定得能够进入那些可望获得较高收益的领域，而且还得有时间在这些领域进行实际考察。从而，这些条件对于建立一种分析原理来讲，就成为先决条件，尽管其合理性还需要依据它们或多或少总与可观察到的情况相符这一事实来进一步增强。

在其后的 75 年当中，英国古典经济学派的重要成员都从未对斯密所提出的竞争概念的任何重要方面，进行过更详尽的阐述，也没有人对他的见解提出过质疑。如果我们能仔细地研究一下有关的文献——这是我尚未做到的事情——无疑就会找到很多论及这一概念的正规性和现实主义的独立段落。尤其是当这些学者应用这一理论来解决具体问题时，这种现象就更普遍。例如，西尼尔(Senior)就比其同时代人表现出对方法论的更大兴趣，他说：

> 然而，在自由竞争条件下，虽然生产成本对价格有调控作用，但是这种作用却要遭受大量偶然事件的干扰。只有当我们假定不存在能引起干扰的因素时，即资本和劳动力能够立即转移而不发生损失，并且每个生产者都能充分掌握每种生产方式的获利情况时，才能假定生产成本可以完全影响价格。不过，这一假定显然并不符合事实。很大一部分十分重要的生产资本，是由厂房、机器和其他工具所组成的，这些资本花费了大量的时间和劳动，并几乎不为任何非现行目标服务……很少有资本家能够估算出自己获得的利润额，除非是估计一下几年以内的平均利润，而能够估算出其左邻右舍的利润额的资本家，就更少了。[7]

从西尼尔的这段论述，可以看出他没有利用完全竞争的概念，而且在使用垄断的概念时，也完全未加区分，显得十分混乱。

英国古典学派的最后一位重要经济学家，开恩斯(Cairnes)，却将斯密的竞争概念抛开，重新提出了自己的观点。他说，所谓自由竞争状态，就是一种商品的交换与其生产过程中(资本和劳动力)的损失相平衡的状态。[8] 开恩斯认为，这一条件对资本来讲能够充分满足，因为存在大量可以自由处置的资本，能迅速流向可获得非正常报酬的领域。[9] 然而，对劳动力来讲，该条件却只能在某一局部得到满足，因为现实生活中存在的职业等级制度(非竞争的产业集团)使劳动者感到是最难以自由逾越的障碍。[10] 由于掌握特殊技能而获得的额外报酬也是一种垄断收益，尽管这种报酬与职业等级无关，只是为了补偿接受技能培训而付出的成本。[11]像开恩斯这样分析问题并不严密，因为他未能说明怎样使所付出的资本和劳动力相等；而且，他的看法也未经过实际的验证。

开恩斯把使价格与某一非竞争集团所生产的产品中所发生的心理成本相符的作用力，称为“产业竞争”。他还主张建立有关国际贸易的互惠需求理论，以解释非竞争集团之间的产品交换。这样看来，我们也许应将产业竞争称为非竞争集团内部的竞争，而将商业竞争称为非竞争集团之间的竞争。但是，西奇威克（Sidgwick）和埃奇沃思（Edgeworth）这两位经济学家对这些概念的认识却与开恩斯完全不同。他们认为，商业竞争是某一产业内部的竞争，而产业竞争则需要使各种资源具有在各产业间流动的能力。[12]我认为他们两位的见解更恰当一些。我至今未能找到开恩斯有关商业竞争的论述，并且我想他或许根本就没有讨论过这个问题。[13]

批评私人企业制度的人

私人企业制度所要求的主要条件，就是能够顺利地开展竞争，因此，那些批评这一制度的人，自然会格外关注斯密的竞争概念。他们可能会指出，斯密的假说不足以保证最佳结果的实现；或者指出，即使他的理论建立在完全竞争的基础之上，也很难避免某些背离最佳结果的情况（例如那些与外部经济有关的情况）。然而这些批评家却并没有从这些角度进行评述，这也许完全是因为他们不具备一流的分析能力，因此有关这类论述，我们还是得到主要从事理论研究的学者著作中去找，其中包括大多数在政治上持保守观点的经济学家。

或许，这些批评私人企业制度的人只不过拒绝接受竞争是市场组织的基本形式这一观点。但是在整个19世纪当中，对这一观点的指责却极不足道，并且很少发生，[14]甚至连马克思主义者都没有着重攻击过它，其劳动价值论和利润均等学说都不排斥竞争。[15]早期的费边主义作家也把攻击的矛头主要指向竞争过程中的缺陷，而并未指责过缺少竞争。[16]直到19世纪末，这些私人企业制度的批评者才普遍表示竞争根本就不存在，或说它正在逐渐消亡。

他们的这些批评，实在是并未超出过自己的认识，只是强调了由于展开竞争而带来的不良后果。如果我们根据这些人有关竞争的论述来系统地考察一下其批评意见，也许会很有意思。我认为，他们所提出的最具普遍意义，也是影响力最大的指责，就是说竞争会导致收入分配的不公，并且会使这种不公持续扩大，令整个社会极其不满。[17]按照他们的说法，古典经济学家的理论中最显著的缺欠，就是未能阐明竞争对收入分配的影响。

计量经济学派

首先对竞争的概念进行精确分析的是计量经济学家。这表明人们对它的认识已经进入一个具有特殊意义的历史阶段，因为在此阶段已表明了这种计量经济分析方法所取得的各类进展，同时也揭示出将各种不相容的因素引入竞争概念的方式。

如果某一惯于使用数学方法分析问题的经济学家想寻求某生产者的极大化利润，那么，他就会先引出这样一个公式：

利润＝收益－成本

然后再设法令该表达式的值极大化。也就是说，使利润关于产出的导数等于零。于是，这便会引出一个问题：怎样使收益（比方说，是 pq）随着产出（q）的变化而变化？一般来说，该问题的答案就是将竞争限定在使 p 不随着 q 的变化而发生变化的范围之内，即在这种情况下该厂商的需求曲线处于水平状态。古诺（Cournot）曾经精确地阐明过这种情况：

> 当每一局部产量 D_k（厂商 k 的产出量）不仅对全部总产量 $D=F(P)$，而且对利润的导数 $F^1(P)$ 来说，都极其微小时，竞争的效用便可达到极大，从而可以从总产量 D 中减去局部产量 D_k 而商品价格不发生任何明显变化。[18]

这一竞争的定义特别适用于古诺的理论体系。因为，根据他的寡头垄断理论，当同类厂商数目逐渐增多时，价格超出边际成本便趋近于零。[19]古诺认为，这个竞争的条件可以满足“大批产品”的要求，尤其易于满足这些产品当中的“最重要产品”的要求。[20]

就对竞争所涉及的厂商数目的分析，古诺的定义比斯密的要精确得多，也更加周密。他进一步指出，当市场上的价格超出厂商的边际成本，且当竞争对手的数目趋近于无限多的情况下该价格与边际成本的差趋近于零时，该市场便不存在无限制的竞争。但是，古诺的这种阐述仍然是片面的。由于他没有注意新厂商进入市场的条件问题，因而其定义也适用于即使不再有新厂商进入的厂商数目众多的产业。

杰文斯（Jevons）所阐述的竞争定义，信息的作用显得更加突出。他的竞争概念是市场概念的一个组成部分，并且认为完全的市场应具备如下两个特征：

> 1. 只有当所有参与市场交易的人都完全了解其供求状况，并了解在该供求条件下的交换率时，该市场才达到了理论上的完全。
>
> 2. ……（市场上）必须存在完全竞争，以使任何人都可以与任一表面上几乎不占什么优势的另一人进行商品交换；（市场上）不得存在任何旨在吸收并占有供给以制造异常交换率的合谋行为。[21]

人们可能会按好几种方式来理解这第二个意义含混的条件，因为寻求优势与合谋行动并不矛盾。至少杰文斯假定，在完全的市场上每位商人的行动是完全独立的。他指出，完全的市场应当使“同一市场上的同种物品在任何时候都不可能出现两种价格”。[22]这一关于单一价格的规定（杰文斯在其著作的第 2 版将它称为“无偏袒定律”）会排除价格歧视，并且或许会要求市场具有为数众多的买主和卖主。然而杰文斯却没能把这个条件阐述清楚。不过，当他谈到“某一单个的贸易商……必须按现行价格进行买卖，并不可能对这些价格施加明显的影响”[23]时，倒是显然含有必须存在大量贸易商的意思。

这种把竞争和市场混在一起讨论的方式，实在令人感到遗憾，因为这两个概念应当分别予以充分阐明。市场是一种为使各种交易圆满进行而建立的制度，其机能的有效发挥，就是每位买主都以比已知的各类商品之最低价高的价格成功地买到某种商品；而每位卖主都以比已知的最高价低的价格成功地售出其商品。如果能对各种商品进行详细的说明，而且各个买主和卖主都能充分了解其特征和价格，那么市场的上述机能就能够更有效地发挥。或许，完全的市场还会允许买主和卖主在进行交易时对未来价格抱不同的期望。市场可能是完全的和垄断的，或者是不完全的和竞争的。许多步杰文斯后尘的经济学家当然是差不多都模仿他的方法进行论述，因此，直至今日，人们甚至仍然普遍认为市场是一个附属于竞争的概念。

第一个力求系统而又严密地阐明完全竞争概念的人，是埃奇沃思(Edgeworth)。尽管在他那个时代和我们这个时代都很少有经济学家试图了解并揭示出“数理心理学”一书的原理和推测的意义，这或许是一本在经济学发展史上所出现的最难以理解其价值的著作，但是，我们还是应当极其周密细致地研究作者埃奇沃思在其中所阐述的观点，因为他的论述和证明似乎可以作为人们对完全竞争的各种普遍看法的渊源。

埃奇沃思认为，完全竞争应符合下列条件：

> 涉及正在履行的某一项，或者某些项合约的竞争范围，应包括所有愿意并且能够就某些正在交易中的商品再次订立合约的人……
>
> 在某一正常的竞争范围内，应能充分自由交往。你可能会假定参与竞争的人们是在某一地点集中进行交易，或者是通过电话保持联络——这虽然是一个理想的假设(在1881年)，但是却足以接近于实现或有助于实现某些抽象的理论目标。

> 除了某些特性以外，完全的竞争领域还会表现出特别有利于数学计算；……满足下列4个条件的可称为完全的竞争领域，其中前2个条件涉及数量众多或连续性；后2个条件与分离性或流动性有关：
>
> 1. 某一竞争者可以不受约束地与无数竞争对手当中的任何人再次订立合同……
>
> 2. 任何个人都可以与为数众多的竞争对手订立合同（在同一时间），而不受任何约束；……将这个条件与第一个条件相结合，似乎会使订立合同的每种商品都具有无限可分性。即，如若用任一X与某无限数量的竞争对手Y_s做交易，他就必须将X分成无限多个小部分，给每个对手一份；这两个条件的组合可能会进一步升格成为一个独立的条件。
>
> 3. 任何个人均可随意与另一与任何第三方无关，并且不需取得任何第三方同意的个人再次订立合同……
>
> 4. 任何个人均可随意与另一与第三方无关的个人订立合同……
>
> 在以上四个条件中，第一个（条件）的不足之处包含有第二个的缺欠，但是反过来并不成立；第三个和第四个条件的关系也与前两个相类同。[24]

根据上面所列出的竞争条件，自然会产生的一个问题是：这几个条件是否必须具备并且足以得到从直觉或实用主义的角度讲似乎很有用的竞争概念？实际上埃奇沃思已经给出了这一问题的答案，他认为这些条件既是必要的，也是充分的。如果更明确地讲，竞争还需要(1)市场上买卖双方参与竞争的人数都无限多;(2)对个人追求私利的行为完全不加限制;(3)所交易的各种商品都是完全可分的。[25]

我们可用下面的理论来说明由无限多数的买主和卖主参与竞争的必要性。在双边垄断的情况下,市场的交易活动将会是不确定的,即可能会在所订立的合同曲线的任何一点达到均衡。[26]如果我们再增加一对买主和卖主,那么,允许实现的均衡范围(可靠的合同曲线长度)就会显示出缩小。[27]根据直观归纳,可推断出在有无限多交易者的情况下,该范围将会缩成一个点,于是市场必定会规定某单一的价格。[28]

在讨论这一论点之前,我们也许应当先考虑一下各个交易者都可以随意地单独行动这一条件。埃奇沃思指出,交易者的联合行动使其数量的效用减小,而且“这些联合起来共同采取行动的人必定会得益”。[29]这样,实际上他必须假定,各个交易者不仅可以随意地单独行动,而且事实上也真的是这样做的。

但是,埃奇沃思用以证明必须由无限多数的交易者参与竞争的依据,却极不充分。他说,不确定的范围会缩小,只是因为一个卖主或买主试图通过提供较合意的价格来将对手排挤掉。[30]然而却没能指出将会发生这种显然是自拆台脚的价格竞争,也没能阐明如若这种竞争发生,其过程将会在双方都达到唯一的(竞争性)均衡之前结束的原因。和他的许多继承人一样,埃奇沃思也未能令人满意地阐明只有少数人参与的竞争问题。

凭直觉来讲,当有无限多的交易者参与竞争时,所有的垄断力量(以及不确定性)似乎确实都会消散,而埃奇沃思基本上只是提出了这一假设，却未对其加以证明。但是，在卖主规模相等的情况下，进行简单的论证只需表明：

$$\text{边际收益} = \text{价格} + \frac{\text{价格}}{\text{卖主数目} \times \text{市场弹性}}$$

并且，该式的最后一项在卖主数目无限增多时会趋向于零。[31]这里包含着古诺(Cournot)的论点。

但是，我们为什么要求进行交易的商品必须可分呢？

> 假设某一市场有同样数量的雇主和雇工，他们彼此提供工资和服务，并且遵从每个雇工都不得为两个主人服务，每个雇主也不得雇用一个以上雇工这项规定。再假设在上述两方之间已经建立的均衡状态被突然流入雇主一方的财富打乱，于是，我们可能会说，该市场不会在自然法则的作用下倾向于任何**确定的**和非常普遍的**独有**排列，并且，如果我们预先知道每个交易者的真实需求，或知道交易者的平均需求，这种情况就是可以预料的……[32]

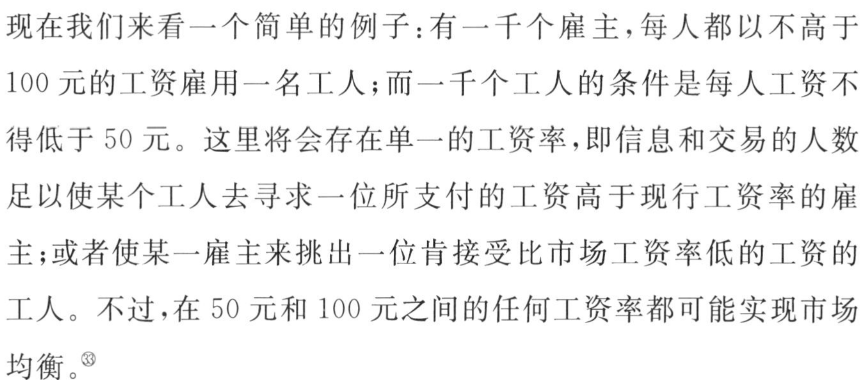

现在我们来看一个简单的例子：有一千个雇主，每人都以不高于100元的工资雇用一名工人；而一千个工人的条件是每人工资不得低于50元。这里将会存在单一的工资率，即信息和交易的人数足以使某个工人去寻求一位所支付的工资高于现行工资率的雇主；或者使某一雇主来挑出一位肯接受比市场工资率低的工资的工人。不过，在50元和100元之间的任何工资率都可能实现市场均衡。[33]

然而，令人困扰的问题并不是缺少唯一的均衡点，因为即使存在整整一打能使市场达到稳定均衡的点，仍然可以进行完全竞争。[34]此处的困难是由于需求（或供给）函数不具备连续的导数。就是说，甚至一个单位的退出都会导致价格的巨大变动，因而，个别交易者——即使他有为数众多的可独立行动的竞争对手——就能够对价格施加比较明显的影响。

由非连续性所带来的市场控制因素当然很容易消除。如若在交易中的商品是可分的，那么在达到均衡的情况下，均等就会代替不均等，即个别交易者不再能够影响市场价格。一个雇主可能会雇用不同数量的工人，因此他将提高雇用价格，只要其工资率不超出他的边际需求价格。一名雇工可能会找好几位雇主，并因此将提供更多的服务，只要雇主会付给他高于边际供给价格的工资。“倘若这些助手的劳动可以按小时出售，或者按其他可分成不同份额的单位出售，确定的均衡现象就会再次显现。”[35]因此，引入商品的可分性是为了使市场实现其未能达到的确定性，不过必须消除垄断势力。

但是，在这些有关完全竞争的假设当中，可分性还可能起到的另一种作用，却从来没有被明晰地阐述过。如果某一种商品被无数多的人拥有，那么，假使该种商品的总存量是有限的，其中每个人所占有的大概就只能是无限小的一部分。然而，经济学家们却从来没有强调过像“无穷大”这类概念的确切数学含义，而且这个数学名词也只是被他们用来表达无限多的交易者数量这一概念。

与埃奇沃思同时代的其他计量学派经济学家，对完全竞争的阐释还未曾达到像他那样的确切程度。瓦尔拉（Walras）曾给竞争下过一个不完全的定义。[36]帕累托（Pareto）曾注意到社会控制可能会影响买卖行为。[37]而亨利·穆尔(Henry Moore)在他那篇可能是首次谈及竞争的正式定义的文章[38]中，罗列过这样5条有关竞争的“含蓄的假说”：

> 1.每种经济要素都力求获得极大化的净收入。
>
> 2.在同一市场上的同质商品只有一种价格。
>
> 3.任一生产者的产品对每一单位产品价格的影响是微不足道的。
>
> 4.任一生产者的产出量与总产出量相比都是可以忽略的量。
>
> 5.每个生产者在安排其产品的订货量时不考虑对其竞争对手的行为会产生的影响。[39]

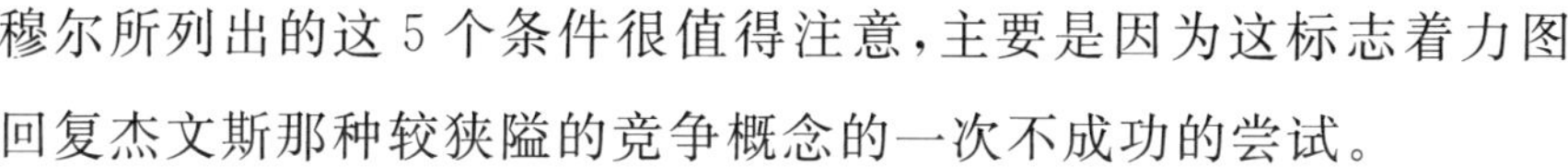

穆尔所列出的这5个条件很值得注意，主要是因为这标志着力图回复杰文斯那种较狭隘的竞争概念的一次不成功的尝试。

马歇尔

马歇尔(Marshall)通常不愿漂浮在理论的潮流之上，他对竞争的看法与其同时代的人不大一样，而是更接近于亚当·斯密的观点。马歇尔的有关阐释确实是和斯密的一样，几乎都是非正式的和不系统的。他的主要论述是：

> 我们这里所研究的是标准的供给和标准需求的最一般形式，即不考虑对经济学的特定内容具有特别意义的供给和需求的形式，并且只着重研究几乎为这门学科所共有的广泛存在的关系。这样，我们便可以假定在某一完全的市场上，这些

> 供求势力可随意发挥作用，买卖双方的交易者之间都不存在任何联合的行动，但是每个人的行动都是为了谋取个人利益，这就是说，这里存在自由竞争(free competition)，即买主和买主之间自由地展开竞争，卖主和卖主之间也在自由地竞争。然而，尽管人人的行动都是为了谋求个人利益，我们还是假定每个人对他人行动的了解，足以使他自己不致以比其他卖主更低的价格卖出，或者以比其他买主更高的价格买进商品……[40]

如果这段文字表明马歇尔是在引出竞争的确切概念，那么，我们必定记得他曾论证过竞争的主要过程“恐怕会搞乱市场”，并且厂商在竞争中的需求曲线是反向倾斜的；[41]我们也一定记得，他仅有的一次提到完全竞争，还是对其表示明显的藐视。[42]

不久，马歇尔就在倾向于精细阐述竞争概念的思潮影响下稍稍改变了态度。从《经济学原理》第3版(1895年)起，他开始明确地引入了个别厂商的水平需求曲线，将其作为标准状况，并给出与古诺的公式相同的数学表达式。[43]但是，这些改进仍都是拼凑起来的，而且他也并未在许多涉及不太确切的竞争概念的章节中加进这些修正过的观点。

马歇尔在这方面的最重大贡献，是间接表现出来的。这一贡献就是，他对直到他那个时代的竞争与最佳经济组织的关系进行了最具权威性的分析(《经济学原理》第5卷第13章，“论最大限度的满足”)。在这一分析中，他发现竞争的结果不仅具有必须把资源的配置当作已知数，以及在多个不同的稳定均衡处只有一个宝贵的例外能够达到极大这样两个众所周知的限定条件[44]，而且还有一个新的且可能十分重要的例外均衡状态，这就是由外部经济与不经济造成的均衡。实际上，这种外部经济学说宣称，个人在某些重要领域的选择只受一部分结果的支配。而且该学说必然会展现出一个与传统的最佳排列标准不相符合的达到竞争均衡的广泛范围。这一问题后来由庇古(Pigou)在《财富和福利》一书中加以发挥，并且还夸大了造成这种不协调的原因的重要性。

完整的阐述：克拉克和奈特

为了与现代的完全竞争概念相符，我们只需在埃奇沃思的竞争条件中再增加两个新的要素。这两个要素涉及的是资源的流动性和静态经济模式，约翰·贝茨·克拉克(John Bates Clark)曾对其进行过介绍。虽然他并不是首先提出这两个要素的人[45]，但是他的描述却是最具影响力的。

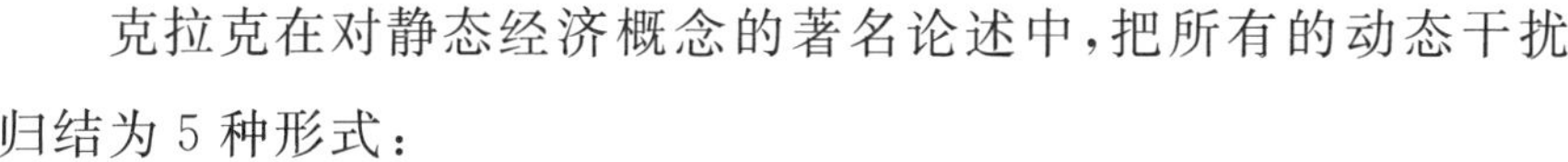

克拉克在对静态经济概念的著名论述中，把所有的动态干扰归结为5种形式：

1. 人口的不断增长。
2. 资本的不断增长。
3. 生产方式的不断改进。
4. 工业企业形式的不断变化。
5. 消费者欲望的不断增加。[46]

他所写的一些文章，主题都是分析在静态经济中抑制上述5种力量的条件，而要进行这样的分析，就必须以竞争的假设为基础：

> 由个人的竞争而形成的力量，能使各种社会成分符合一种理想的配置方式。社会的生产机制实际上就是按照这种样式来规定的，并且绝不会产生较大的差异。
>
> 我们必须大胆而又审慎地假定，社会生产中的资本和劳动力都是纯粹易变的因素，并且存在着理想的完全竞争。[47]

虽然克拉克所描述的静态经济和竞争是两个完全互不相关的概念，但是他多少还是有点倾向于认为竞争是静态分析中的一个因素：

> 前一章所说的，静止的状态会使企业家无法获得实际应得到的利润，并不排斥合法的垄断将保证某一企业家获得一种合法的永久利润的可能性，而且他还可能会在某一表面看来也许是静止的社会条件下获得这种利润。尽管各种经济力量在不受约束的情况下会使得各个代理人、劳动力以及资本流向有利可图的产业，它们向这类产业的运动仍然会遇到阻碍。不过，这种情况却不是如定义所阐明的那种真正的静止状态……当产业内的代理人、劳动力以及资本显示出完全的流动，但不是运动时，各产业集团才会处于一种真正的静止状态。合法的垄断会在某一点上破坏这种流动……[48]

现在我想从资源的流动这一角度谈谈竞争与静态均衡的鉴别问题。

各种资源在竞争状态下具有完全的流动性，是一个新提出的假设，而克拉克实际上并未将这一假设阐述清楚。只要排除他那5种动态因素的影响，就能在经过一段“摩擦”时间（或者说是小于瞬时流动的时间）之后达到均衡。虽然克拉克知道有这种可能性，但是他却只是说“最好是假设”并不存在任何摩擦。[49]这样，我们从他后来的著作中所能得到的启示，当然就只能是避开偶然“结果”了。

资源的流动性永远是一个隐含着的竞争的假设。而且，事实上人们会认为，充分了解可得到的机会，并且不设置妨碍流动的壁垒，便足以保证这种流动性。但是，资源从某地或某一产业向另一地或另一产业的移动率，还会存在各种技术上的限制，而这些限制实际上就是马歇尔提出的标准短期概念的依据。一旦人们普遍认可了这一事实，资源的流动性就必然会被赋予一个时间范围，虽然瞬时流动性的前提条件是极其偶然的。

弗兰克·奈特（Frank Knight）在 1921 年发表的《风险、不确定性和利润》一书中，完整地阐述了完全竞争的概念。他在这本书中的详细论述与其他一些态度严谨地阐释这一概念的经济学家相比，确实是最准确地切中了完全竞争的要义[50]，并因此而能够为 20 世纪 30 年代广泛展开的反对完全竞争的思潮开通了道路。

奈特在分析由不确定性所造成的影响时，首先力图确立起具备完全信息的经济体制的确切特征。克拉克消除历史变动的步骤显得既无必要又不充分：如果我们能够预见一切，那么静态经济就没有必要达到完全的竞争均衡；而且将历史变动消除也不足以达到这一均衡状态，因为很可能还会存在非历史性的波动，例如由旱灾或水灾造成的不稳定状态。这些波动是无法完全预料的。[51]要想完满、正确地调节某一经济制度的运转，必须要充分了解所有相关的情况，而只有当这些情况确实不变时，也就是说当该经济制度处于静止状态时，才可能真正地做到这一点。

在《风险、不确定性和利润》一书中，奈特把有关竞争的必要假设条件当作纯企业经济的一个组成部分来描述。我在此引用几段与竞争的关系特别密切的论述：

> 2. 我们假定社会成员的行动都是完全“有理性”的。仅根据这一点，当然不能说这些人都打算成为“能分辨善恶的天使”。我们的假定只涉及普通人的动机……；不过，假定他们都“知道自己想要什么”，并且都尽力“明智地”获取所想要的东西……我们还假定他们在进行活动时完全知道自己的行动所可能造成的结果，并且朝着这种结果去做……
>
> 4. 我们还假定，在人们按照自己的意愿制定、执行，以及改变各种计划时，不会有任何具体的障碍，也就是说，一切经济调节措施必须具有“完全的流动性”，其移动或改变都不必涉及任何成本。为实现这种理想状态，所有进入经济分析的因素——劳动力、商品，等等——都必须是连续变量，且无限可分……各种商品的交换都必须实际上是瞬时的和无成本的。
>
> 5. 作为第4条的结果，必然会存在完全竞争。所有的社会成员必定会具有完全的、连续不断的，以及无成本的相互联系。每个潜在的买主总是能充分了解所有潜在的卖主开出的价格，并可以在其中进行选择；反之亦然。而且，每种商品都可以分成无数多个小单位，这些单位商品必定分别属于各个个人，且互相之间进行着有效的竞争。

> 6. 每一社会成员都只作为个人进行活动,而不受任何他人的支配……在个人之间的易货当中,所关注的只是每个人的所有利益,而不是一群人的利益,无论这种利益是正当的还是不正当的。个人应独立进行活动,不允许以任何形式互相串谋,也不允许实行任何程度的垄断或者企图实行垄断。
>
> 9. 为实现本章和下一章所讨论的目的而给出的所有因素和条件应一直保持不变,除非发现其意义正好相反。这些因素和条件必须不受定期的或渐进性修订以及非正常波动的影响。此项说明显然与第2条的内容(完全的信息)具有密切的联系。假如人们确实还不了解有关的情况,那么,在静态条件下,每个人都会很快发现自己所处的地位及周围环境中的一切事物,都会影响自己的行动。
>
> 上述各项假设,尤其是前8条假设,都是多少持有良好意向地将现实理想化和纯净化的产物。它们都是完全竞争的必要条件。第9条的立足点与前8条有点不同,在这项说明中,只有关于完备信息(第2条假设)的那种即使在情况发生变化时仍可能出现的必然结果,才是完全竞争的必要条件。[52]

这里罗列出一些完全竞争的必要条件,可绝不是在表明它们是最低限度的必要条件;而且,事实上也没人能够给出这种最低限度的必要条件。

首先,我们来考虑一下完全的信息这个条件。如果在某一市场上每个卖主可了解 n 个买主的情况,并且各个卖主所了解的是不同的 n 个买主(但是互相重叠的),那么,倘使这 n 个买主的数量足以排斥联合行动的可能性，市场上就会存在完全竞争。或者，令任何市场上都存在无限多的经纪人，并令每个经纪人都了解许多买主和卖主的情况，每个买主或卖主也完全了解许多经纪人的情况，那么，也会存在完全竞争。由于各个企业家在静态经济条件下基本上是资源的所有者和消费者之间的经纪人，因此，假使他们都能符合上述条件，便足以造成竞争。也就是说，资源的所有者和消费者可能只了解许多企业家所给的价格，因而任何个别交易者并不需要了解全部信息，只要他们从整体上讲在某种全面的意义上了解有关的信息，就足够了。

现在再考虑一下流动性问题。如果我们想使完全竞争概念只表示不受各个交易者行为影响的均衡状态，那么，每个交易者的严格静止不动就能与其和谐共存。因为在任何市场上，大量的和全面的信息都足以消除垄断力量。倘若我们希望使完全竞争还表示某种资源在一切可能的使用当中都会获得同等的报酬，流动性就是一个必备的条件，但是这个条件并非对所有的资源都适用。假使有一种资源是固定的，而所有其他资源都是流动的，那么显然所有资源的所有使用方式所获得的报酬都相等。即使所有的资源都不具流动性，在消费品可随意运输的特定条件下，也能导致同等的报酬。[53]甚至在要求各种资源都必须可以流动的一般情况下，也不一定需要某种资源的所有组成部分都是流动的。如果某一经济体系的每种资源都有一部分是流动的，那么，它就会在由资源的流动部分所占比例及其位置移动的性质所决定的限度内，展现出完全的流动性。

为使某一经济体制的产出极大化，并不一定要求资源的运动不花费成本。在竞争的条件下，各种资源的运动都必须在其附加报酬等于或大于移动成本时才能发生。但是，如若要使某种资源的各种使用方式的报酬都相等，其运动就必须是无成本的。即，如果某种资源在 A 和 B 之间的运动成本为 1 美元（每单位时间），其在 A 和 B 处的使用报酬便可以都不超过 1 美元。在这一范围的任何一点，都能达到均衡（但是并非只有一个确定的点），而且这种均衡将由资源和消费者的历史分布来决定。

下一个要分析的条件是可分性。这个条件并不足以使市场上的大批交易者都能掌握信息，因为如若每一个别交易者只能对市场交换率产生一种极微弱的影响，而一般地说这会需要所交易的商品是可分的，商品的价格必定就会随着其数量的变化而不断地变化。但是，无限可分却不一定能排除各个交易者对价格进行有效控制；并且在使用某种资源时还可以用时间的可分性来代替数量上的可分性。不过，可分性却不足以保证获得唯一的均衡点，甚至在处理较简单的经济问题时，人们也必定需要各种相关的经济职能表现出严格的单调性。然而，这却是与竞争毫无关系的事。

很多生产某一种商品的厂商认为，进行竞争的正式条件应是该种商品的同质性（奈特的第 5 项假设）。某些形式的异质当然并不十分重要，因为这些异质性只是表面上的。例如，在按重量出售马铃薯时并不需要它们全都一般大；如果能衡量出劳动生产率的差异，就绝对不必要使每个劳动者的劳动效率都相等。这类例子或许能表明，我们可以用商品的异质性来代替其可分性。

奈特给出的最后一个假设涉及的是共谋行为，这个问题尤其不好解释。如若人们只是设定不存在共谋行为，那么为什么不同时设定甚至在只有两个竞争对手的情况下也可以按此种方式进行活动，以达到竞争均衡呢？而提出这一假设的人所通常要求的，只是市场上的交易者为数众多，从而足以使共谋不会发生。为了确定这一使共谋不会发生的交易者数量，还必须从理论上阐述实行共谋的条件。经济学家通常强调的是实行共谋的两种障碍，其中的第一种是信息的不完善，特别是在有关竞争的结果和使某一集团的利润极大化的方针政策方面，更不容易具备完善的信息。当然在信息完备的静态经济当中，也会产生这两个难以解决的问题。第二种障碍是难以确定共谋伙伴的利润分配标准，而且我们根本不知道，在我们所考察的具有这样多交易者的情况下，是否会更加难以确定这种分配标准。因而似乎很有必要假定市场上不存在共谋行为，以作为交易者为数众多的补充条件。例如，在有关完全竞争的各种假设当中，有一个就是谢尔曼法的实施。

所以，我们没有理由抱怨奈特未曾阐明完全竞争的最低限度必要条件，因为在 1921 年不可能进行这样的阐述，而且现在也不可能明确表述出这类条件。只有当人们掌握了某种模式的完整理论时，才能确切地表述该模式在理论上的最低假设条件。但是，我们不可能掌握有关竞争的完整理论，因为这是一种无限定结果的理论，在这一理论框架内，总是可能会产生一系列新的问题，因而无论我们在理论上已将较早出现的各种问题阐述得多么清晰，还是可能不断地发现一些解释得不太准确，或者是未能及时引起注意的新问题，必须再进一步详细阐释。

然而，我们对竞争定义的分析，绝不是以节省几条假设为出发点，尽管我们反对毫无道理地漫天扩大这类假设的范围。[54]我们希望能比较清晰地详细阐明竞争的定义——其清晰度应能达到符合经济科学要求的水平——使其可以实际应用于各种各样的理论研究模式，从而使有关竞争的学说能在各种理论的外延和应用方面都确立起无可争议的科学基础。我们希望这一定义能包括各重要市场所普遍具有的基本内容，以便根据这一理论进行的预测能够广泛符合现实情况。而且，我们还希望，这一定义十分规范，使我们可以据以判断各种政策的有效性。这样一种有利于满足上述需要，并且具备了上述条件的完全竞争概念，会使我们感到十分幸运。

一些结论性的看法

假如我们现在还能随意地重新定义竞争这一概念，那么最好是将其限制在市场上不存在垄断势力的意义上。这是一个值得为其命名的重要概念，而且把它称为“竞争”会很合适。但是，对这个长期以来用于广泛意义的名词的含义加以限定，是毫无用处的，并且我们也许最多只能指望使用某种暗示性的词语来表明这种较狭义的概念。我建议将这一较狭义的概念称为“市场竞争”(market competition)。

如果某一完全的市场上有无数个单独行动的交易者(他们当中任何一位所控制的供求份额都极不显眼)，该市场就会普遍存在完全的市场竞争。完全的市场即各个交易者充分了解所有买卖价格的市场。我在前面已经指出，不幸的是，完全的市场上的竞争是一种附属的特征，因为这种市场在垄断的情况下也可能存在。在现实当中，完全的市场更可能在垄断状况下存在，因为在这种状况下更容易获得完全的信息。

即使资源或交易者无法进入或者离开这种处于垄断状况下的市场，市场竞争仍会存在，因而，当某一产业不具备长期的竞争均衡，并且能适应大量赢利和亏损的状况时，便可能持续存在市场竞争。

有趣的是，我注意到张伯伦(Chamberlin)的"纯粹"竞争定义和我的市场竞争定义相同，都是"不掺杂垄断因素的竞争"。[55]但是，张伯伦认为，纯粹竞争能在不完全的市场上持续存在，他唯一要求的前提条件是存在大量的买主和卖主，以及所出售的商品相同。这样的前提条件并不完善，因为假如有100万名买主和100万名卖主就某一同质的产品进行交易，每一对买主和卖主的交易都在对所有其他人的情况一无所知的情况下进行，那么，我们就可以直接得到100万个双边垄断的例子。因而，纯粹竞争不能与完全竞争相比，因为在完全竞争的情况下，交易者还需"完全"了解信息(我在前面讨论过的各种限定条件)，由于这个原因，我认为还是用"市场竞争"一词比较合适。

广义的完全竞争应当具备使用每种资源的报酬率(边际产品价值)全部相等这一条件。如果我们欲将这一概念与市场竞争区分开，也许应当把它称为行业竞争(industrial competition)[在开恩斯(Cairnes)发明该术语之后]。行业竞争需要(1)在每一行业内存在着市场竞争；(2)资源的所有者应了解其在每一行业所能获得的报酬；并且(3)这些人可以随意进入或退出任一行业。此外，如果使用某种资源所得到的报酬率全部严格相等，那么该资源必定会无限可分。

假使资源的流动是瞬时性的,或者从长远来看其运动的次数有限,某一产业就将连续不断地达到均衡。由于这种长期竞争均衡的概念深深置根于现代经济理论之中,因此最适于用来解释长期行业竞争。我们可能会注意到,马歇尔以前的经济理论,并没有明确地描述过时间间隔这一因素,因为那时的理论未曾将只有一部分资源在流动的较短标准时期当作一个独立的因素,也未曾特别关注过这个因素。因此可以说,马歇尔以前的基础古典经济理论是一种研究长期行为的理论。

行业竞争概念与静态经济之间具有一种自然的密切关系,即便我们在给出这个概念时没有特别明确地注意到这一问题,这种关系仍然存在。只有当其所有者完全了解未来的报酬(对耐用资源而言)时,各种资源的报酬率才会相等,而在动态经济当中,似乎不太适于假定能够完全了解未来的报酬。因为,这不仅会使人们错误地以为自己具有预见未来的能力,而且还往往不合逻辑地使人们预测某一将来的事件,而却让该事件继续作为将来的事。

或许,我们可以用预期报酬率的相等来代替报酬率的相等,以尽力使这种行业竞争概念与长期以来不断发展的经济制度相适应。但是这种方法却实在没有什么吸引力,因为这当中存在着一些难以解决的问题。如,企业家在这种情况下力求争取极大化的是什么?是否还应将风险或不确知的额外费用也计算在内?一个更重要的问题是,这样阐述行业竞争,意味着长期发展着的行业会在一些长期标准时期内达到均衡,但是我们却没有十分充足的理由可以认为,这种长期标准时期是为了长期以来一直发展着的行业而规定的。如果任何经济进步都是长期平稳地发展起来的,我们就可以继续使用马歇尔的长期标准周期概念，事实上大多数经济进步确实都属于这种类型。然而，历史性的变化却是常常，并且迟早总会如巨浪滔天般地扑面而来，随后又归于沉寂，陷入停滞不前的时期，或者是向后倒退，并且我们很难假定自信能够预见这种波动的间歇时期，也很难假定这种波动发生得十分频繁，足以在经济上的适当时期内最终达到平衡。

因此，我们似乎还是应当利用另一种方法，来使这种竞争的概念与不断变化的环境相适应，即只需坚持在长期标准时期内可以自由进入或退出某一行业。这就是说，在足够长的时期内，即使是最耐用和最专门化的资源也会发生数量上的重大变化。从而，我们或许仍可期望某些预期的报酬将在合理的稳定变化条件下趋向于相等，尽管我们的分析水平距精确地指明这一报酬的具体数量还差得很远。[56]

这种将长期以来不断变化着的环境因素引入竞争概念的分析方法，显然会影响该概念的精确性。这个道理也很容易阐明，即，这一竞争概念几乎等同于要用到它的经济理论，而如果没有一种精确得多的经济发展理论，就不可能得到一种在非重复性变化的环境中精确得多的经济理论。

完全竞争概念的标准作用，产生于使用每种资源的报酬率全部相等，这一事实决定了竞争也是利用给定的资源获得极大产出的条件。各种产出量都要按市场价格衡量，而最大产出量关系到资源所有权的分布。我们可能会注意到，这一广为人知的最佳生产竞争的限定条件，应当由目前尚未对竞争在资源分布方面的作用进行研究这一事实来证明。竞争的体制会影响资源所有权的分布,并且——假定人的能力分布不变——竞争的体制实际上很可能导致某种其特点不可知的稳定的收入分配。这种分配理论或许会具有重大的标准价值。

完全竞争概念具有十分明显的标准作用。人们可能会认为,由于经济分析的方法更为精确,并且该概念的适用范围也更加广泛,因而资源的竞争性分配和最大化产出分配之间的一系列差异将会日益扩大。然而,迄今为止,对以这一概念为标准的主要批评意见却仍然只有两种。[57]第一种意见认为,个人之间的竞争会忽略外部经济和不经济,而大多数经济学家仍然一致认为——不管是对或者是不对——应当把外部经济和不经济作为有关个人问题中的一种例外情况来加以分析。第二种批评意见是近年来提出来的。持这种意见的人认为,这种竞争的体制无法提供经济进步的正确数量概念(并且很可能无法提供经济进步的正确形式)。目前这一指责还只是说说而已。假如这种适用于实证性分析的竞争概念不适用于标准的分析,人们或许能够拿出大量材料来充分证实这一指责,但是现在却仍然无法做到这一点。

最后,我们应当注意的是,人们对完全竞争概念的最普遍和最重要的批评,是说它不现实。自从这一概念被完整地阐述以来,这种批评意见就广为流传,并且人们对 20 世纪 30 年代提出的不完全竞争和垄断的竞争学说的热烈赞同,也是建立在这一看法的基础之上的。对此,有人可能会这样进行辩解:一切可以用于科学分析的、具有足够的普遍性和精确性的概念,都必定是抽象的。换言之,假如某一学科要研究的是一大批各种现象,那么它显然无法用那种只能准确地描述某一种现象的概念顺利地完成分析工作,因为用这种概念将无法正确地分析另外一些现象。这种为所有抽象概念辩解的传统方法，完全可以用来反驳上述批评意见。但是，还有另外一种辩驳的方法，或者不如说是这种传统辩解方法的另一种形式，可能会更具说服力。

这种辩解的方法，就是指出完全竞争概念已在经济理论家的日常工作这一决定性的领域，占据了比不完全竞争和垄断的竞争更为重要的地位。从 20 世纪 30 年代以来，当上述两种新的竞争学说正处于如日中天之时，很多经济学家就已经越来越倾向于反而利用完全竞争概念作为进行分析的标准模式。而今天的经济理论家，更是正在比过去任何时候都更广泛地使用这一概念来完成其理论分析工作。这种现象有力地证明了完全竞争概念的强大生命力。

当然，我这样说并不是鼓动赞成使用完全竞争概念的人自鸣得意。我已经列举了一些领域，并指出为了清晰地阐明这一概念的很多重要方面，还必须继续在这些领域付出很多努力。实际上，我这篇文章所阐述的基本论点就是，一般经济理论的所有重要改进，几乎都会对完全竞争概念产生影响。然而，事实也证明，完全竞争概念是一个很难对付的，并且富于弹性的概念；而且，在未来很长的时期之内，它都将继续以目前我们所认识的这种形式存在于世。

注释：

①《国富论》(*The Wealth of Nations*)(现代图书馆版)，第 56—57 页。

②同上书，第 126 页和 342 页。

③同上书。第 114 页。

④同上书，第 60 页。

⑤同上书，第 115 页。

⑥同上书，第 145 页。或许，这并没有很好地表明当时使用竞争概念的不严格，因为有好几位本文的读者表示赞同这一用法。但是，我想再次重申，在竞争状态下的供给弹性为零，也就是说，从预料之外的需求增长获取意外的横财，是所有供给弹性小于无穷大的商品都具有的特点。

⑦N. W. 西尼尔(Senior)，《政治经济学》(*Political Economy*)，纽约，1939 年，第 102 页。

⑧《一些新提出的主要政治经济学原理》(*Some Leading Principles of Political Economy Newly Expounded*)，伦敦，1874 年，第 79 页。

⑨同上书，第 68 页。

⑩同上书，第 72 页。

⑪同上书，第 85 页。开恩斯(Cairnes)这样说是不言而喻地把所有先天能力的差异都当成“垄断的”了。

⑫亨利·西奇威克(Henry Sidgwick)，《政治经济学原理》(*Principles of Political Economy*)，伦敦，1883 年，第 182 页。E. Y. 埃奇沃思(Edgeworth)，《政治经济学论文集》(*Papers Relating to Political Economy*)，伦敦，1925 年，第Ⅱ卷第 280 页、311 页。

⑬ 卡尔·马克思(Karl Marx)曾在《剩余价值理论》(*Theorien über den Mehrwert*)一书中区分过产业间的竞争和产业内的竞争(见该书第Ⅱ卷第 2 部分第 14 页)。

⑭例如，莱斯利(Leslie)就曾反复否认资源所有者占有足以影响报酬率均等的信息(参见 T. E. 克利夫·莱斯利(T. E. Cliffe Leslie)，《政治与伦理学论文集》(*Essays in Political and Moral Philosophy*)，伦敦，1888 年，第 47—48 页；158—159 页；184—185 页。

⑮尤其请参见《资本论》第Ⅲ卷和 F. 恩格斯的《英国工人阶级现状》(*The Condition of the Working-Classes in England*)。马克思主义的资本积聚理论轻微地且自相矛盾地背离了主要的立场(见《资本论》，现代图书馆版，第 684 页)。

⑯ 参见《费边论丛》(*Fabian Essays*),朱毕利(Jubilee)主编,伦敦,1948年,尤其是肖(Shaw)和韦伯(Webb)的文章。但是,他们对垄断的关注却与日俱增,并且克拉克(Clark)的文章认为:"联合行动正在将贸易合并进行"(同上书,第84页)。几年之后,韦伯在关于"市场上的讨价还价"的著名讨论当中,使用了竞争的模式,然后又继续把垄断组织的构成描绘成防止韦伯们不是很理解的竞争压力的方法[见《工业的民主》(*Industrial Democracy*),伦敦,1920年,第Ⅲ部分第ⅱ章]。

⑰19世纪下半叶,另一种主要的批评逐渐占据了显著地位,这种批评就是:私人企业制度允许,或者迫使就业波动大幅度发生。有些批评家(例如恩格斯)认为,竞争是造成这种波动的重要原因。

⑱《财富理论的数学原理》(*Mathematical Principles of the Theory of Wealth*),纽约,1929年,第90页。如果假定需求作用是连续不断的,那么只需假定 D_k 相对于 D 非常小,因为"只要这些余下的是原来价格的一小部分,需求变动就会明显地与价格变动相协调"(同上书,第50页)。

⑲令该厂商的收入为 $q_i p$,并令所有厂商的边际成本(MC)相等,于是,一个厂商利润极大化的方程式就是:

$$p + q_i \frac{dp}{dq} = MC,$$

厂商总数为 n 时,该公式为:

$$np + q \frac{dp}{dq} = nMC,$$

因为 $nq_i = q$,所以后一个方程式可写成:

$$p = MC - \frac{p}{nE},$$

式中的 E 是市场需求的弹性(同上书,第84页)。

⑳ 同上书,第90页。

㉑《政治经济学理论》(*Theory of Political Economy*),第一版,伦敦,1871年,第87页和86页。

㉒同上书,第92页。这里重新申明了某一交换行动的最终增长(即竞争的市场上的最终交换),必定会与交换总量成比例这一命题。或者说,dx 和 dy 的交换与 x 和 y 的交换成比例,或:

$$\frac{dy}{dx}=\frac{y}{x}。$$

其实杰文斯不如直接声称，如果用 x_i 换 y_i，则对所有的 i，都有：

$$\frac{x_i}{y_i}=\frac{p_y}{p_x}。$$

㉓同上书，第 111 页。在第 2 版前言中谈到大部分杰文斯深入探讨的问题时，对竞争的概念性论述有所退化："财产只是垄断的另一种称呼……因而垄断受到竞争的限制……"[《理论》(Theory)(第 4 版)，第 xlvi — xlvii 页]。

㉔《数理心理学》(*Mathematical Psychics*)，伦敦，1881 年，第 17—19 页。

㉕埃奇沃思(Edgeworth)强调再次订立合同，由于希望确保达到均衡，并且这种均衡不会受其实现途径的影响，所以促使建立一种允许打破试验性的合约而不受惩罚的制度。这里将不对此种制度进行考察。

㉖同上书，第 20 页。

㉗同上书，第 35 页。

㉘同上书，第 37—39 页。

㉙同上书，第 43 页。

㉚"……一般来说，Y_s 中的一个人也可能会与两个 X_s 再次订立合同，因而使这三方订立的合同比以前的合同更有利"(同上书，第 35 页)。

㉛设一位卖主售出 q_i，其他卖主每位售出为 q，则卖主的边际收益为：

$$\frac{d(pq_i)}{dq_i}=p+q_i\frac{dp}{dQ}\frac{dQ}{dq_i},$$

式中的 Q 是总销量，且 $dQ/dq_i=1$。令 $Q=nq_i=nq$，并将 E 写成

$$\frac{dQ}{dp}\frac{p}{Q},$$

我们便可得出正文中所表述的结论。

㉜《数理心理学》，第 46 页。

㉝当然，如果工人多出一名，其工资将是 50 元，如果多出一位雇主，其工资就会是 100 元。

㉞由于机会是在实际达到的均衡点中进行选择的过程中得到的，所以埃奇沃思说这种竞争"使用了不正当手段"是不恰当的(同上书，第 50 页)。

㉟《政治经济学论文选》(*Collected Papers Relating to Political*

Economy)，伦敦，1925 年，第 I 卷第 36 页。人们还可以求助于各个交易者供求价格的变化来消除不确定性。这是希克斯(Hicks)在"埃奇沃思、马歇尔与工资的不确定性"(Edgeworth, Marshall, and the Indeterminateness of Wages)[《经济学杂志》第 40 期(1930 年)，第 45—31 页]一文中所选择的方法。然而，用这种方法来解决问题比较复杂，因为必须做出有关这些供求价格分布的特殊假定。

㊱《纯粹经济学原理》(*Elements of Pure Economics*)，贾菲(Jaffe)译，伊利诺伊州，霍姆伍德出版社，1954 年，第 83 页和 185 页。这里表明没有指出"竞争"一词。

㊲《政治经济学教程》(*Cours d'économie Politique*)，洛桑，1896 年，1897 年，第 46、87、705、814 节；以及《政治经济学手册》(*Manuel d'économie Politique*)，第 2 版，巴黎，1927 年，第 163 页、210 页、230 页。

㊳"竞争反论"(Paradoxes of Competition)，载《经济学季刊》第 20 期(1905—1906 页)，第 209—230 页。该文的大部分内容都是论述两家卖主垄断市场的问题。

㊴同上，第 213—214 页。第 5 个条件是第 3 个和第 4 个条件的推论，但是请看下文。

㊵《经济学原理》(*Principles of Economics*)，第 1 版，伦敦，1890 年，第 402 页。与该书第 8 版的相应段落比较，可以看出他在对竞争的描述方面后来发生的奇特变化。

㊶《原理》第 8 版，伦敦，1929 年，第 374 页和 458 页。

㊷同上书，第 540 页。

㊸同上书，第 517 页和第 849—850 页。

㊹其前辈经济学家当然认识到这两个限定条件，如瓦尔拉(Walras)和埃奇沃思。

㊺用数学方法阐述的理论自然要以稳定的供求作用为前提，并因而提出稳定的技术和体验，因而，人们可以从瓦尔拉(Walras)、奥斯皮茨(Auspitz)、利本(Lieben)，以及欧文·费雪(Irving Fisher)的著作中，找出静态经济概念逐渐发展的轨迹。

㊻《财富的分配》(*The Distribution of Wealth*)，纽约，1899 年，第 56 页。

㊼同上书，第 68 页和 71 页。

㊽ 同上书，第 76 页和 78 页。

㊾ 同上书，第 81 页。

㊿ 虽然庇古(Pigou)没有论及此前的竞争定义，但是，我们必须把他也当成使完全竞争概念得到普遍认可的重要人物。他在《财富与福利》(*Wealth and Welfare*)一书中，用了几章的篇幅来论述非流动性(以不正确的信息为一个组成部分)和不可分性对资源的所有使用报酬率全部相等的影响(同上书，第Ⅱ部分，第ⅳ和第ⅴ章)。

51《风险、不确定性和利润》(*Rish, Uncertainty and Profit*)，纽约，1921 年，第 35—38 页。

52同上书，第 76—79 页，以及第 148 页。

53参见 P. A. 萨缪尔森(Samuelson)，"国际要素价格的再次均等"(International Factor-Price Equalization Once Again)，载《经济学杂志》第 59 期(1949 年)，第 181—197 页；以及 S. F. 詹姆斯(James)和 I. F. 皮尔斯(Pierce)："要素价格均等的神话"(The Factor Price Equalization Myth)，载《经济研究评论》第 19 期(1951—1952 年)，第 111—122 页。

54我们之所以反对漫天扩展这类假设，主要是因为过多的假设会把一些使用或滥用这一概念的人导向错误的应用领域。在劳动经济学教科书中所罗列的一大串有关完全竞争的假设，就被十分频繁地使用，以致忽略了边际生产率理论。

55《垄断的竞争理论》(*The Theory of Monopolistic Competition*)，第 1 版，马萨诸塞州，坎布里奇，1933 年，第 6 页。

56值得注意的是，即便是在静态条件下，这种报酬的定义也应进行修订，以与实际情况相适合；还应注意资源的流动性是竞争的基本要求。因而，我们说劳动者是流动的，以使从事各种职业的净利益，而不是现金收入，能够均等。正文中主要表明的是，我们找到了对长期发展的经济来说，净利益的恰当定义。

57在较广泛的框架内，对以竞争为标准的批评意见当然是关于(1)个人正确地判断其利益的能力，以及(2)竞争的体制连续不断地充分利用资源的能力。

17. 肖伯纳和西德尼·韦伯以及费边社会主义理论

英国政府的政策自19世纪上半叶开始的从相对纯粹的放任主义向集体主义的转变，或许至今尚未结束，因此，公众舆论方面的这种转变，以及在政府政策转变之后有效选举势力的变化，都不能说是由1884年才开始展开活动的费边社会主义者引起的。然而，人们还是普遍认为，费边社会主义者在劝说英国知识阶层不要接受以私人企业制度为基础的有组织经济生活方面，起到了十分重要的作用。

肖伯纳(Bernard Shaw)和韦伯(Webb)是两位最重要的费边社会主义理论家——人们确实倾向于相信，在费边社成立之后的头10年当中，只有这样两位理论家。韦伯在经济科学和政治科学这两个领域的学术成就，均为众所周知的事实，而至少是在英国，人们却不大看重肖伯纳在这些领域的学识，这主要是因为他在其他领域的活动实际上掩盖并且取代了在费边社的活动。但是，肖伯纳的自我感觉却很不一样，他说：

本文选自《美国哲学学会会议记录汇编》第103卷(1959.6)。承蒙美国哲学学会允许重印。

> 先生们，我确实是一个政治经济学家。我对此已有所研究。我懂得李嘉图(Ricardo)的地租原理，还懂得杰文斯(Jevons)的价值法则，我可以告诉你们任何国家之经济制度的本质。[①]

至于他对自己的评价是否恰当，我们可以稍后做出更确切的判断。

我认为，对费边社会主义运动的讨论，只需注重下面这样两个方面。第一个方面，是肖伯纳早期的经济理论著述。由于这些作品相当重要，并有特定的思想根源，因此我们对其很感兴趣。第二个方面，是肖伯纳和韦伯从理论上对资本主义进行的批判，这是他们二位在费边社成立的头 20 年当中倾注了大量精力和才智来进行的工作。

Ⅰ. 早期的肖伯纳

据肖伯纳自己讲，他是在 1882 年，由于偶然步入伦敦市政厅，听到亨利·乔治(Henry George)的一次关于税收和地租问题的颇有影响的演讲，才开始感到有必要彻底改革经济制度的。[②] 在研读了《进步与贫困》(*Progress and Poverty*)一书之后，他很快就转向社会主义。肖未完成的小说《一个反社会的社会主义者》(*An Unsocial Socialist*)，表明他在听过乔治那次讲座的同一年，已经完全皈依了社会主义。这部小说的主人公，一个叫做西德尼·特拉富西斯的人，抛弃掉妻子和遗产继承权——两项值得钦佩的举动——花费大量时间从事宣讲资本主义罪恶的活动，并煽动乡村无产者起来造反。这个极端自命不凡的人并没有能抑制英国社会主义(原文如此——译者注)的发展,这本身就表明读过这部小说的人实在是不多。

英国的马克思主义者对亨利·乔治的批判使肖伯纳拜读了法文版的《资本论》第Ⅰ卷。虽然这部著作对他很有吸引力,但是肖却并没有完全信服其中的全部经济理论,他在《公平》(*Justice*)周刊上发表的一封信,流露出对马克思经济理论的怀疑。该信的题目为"谁是窃贼?"[3]有人颂扬肖在这封信中十分尖锐地察觉出马克思劳动价值学说的重要缺陷。

马克思的主要论点是,资本家通过对资本设备和基本生活手段的控制,迫使工人在付出为 10 先令原材料增加了 10 先令价值的劳动之后,只拿到 3 个先令的报酬(他假设这是维持基本生存所需要的),而给资本家创造了 7 先令的剩余价值。

> 然而,请诸君注意随之谅必会产生的结果。一些按照同样原则做桌子买卖的资本家会为了吸引顾客而满足于只赚取 6 先令利润,他会以 19 先令的价格卖出一张桌子,也就是说,他会从自己的利润中拿出 1 个先令给买主,以确保他们惠顾。前面提到的资本家在这种情况下会被迫将自己的桌子价格也降到 19 先令,而那些头脑敏锐、信奉薄利多销的年轻竞争者,又会把桌子价格降到 13 先令 6 便士。[4]

但是,如果说生产这张桌子的工人被剥夺了 7 先令,那么买主就得被控盗窃了 13 至 14 个先令,即所有的英国消费者全都是贼。肖伯纳的这一批评没有收到任何反响。

有关竞争的假设和剩余价值假说确实是不相容的，并且甚至现在我也只是想在这样两个方面修正一下肖伯纳的论点。第一，资本家之间的竞争也会在劳动力市场上发生，并会使工资率上升；第二，做贼的消费者，当然主要是这些工人和他们的家属。

菲利普·H. 威克斯蒂德(Philip H. Wicksteed)的攻击，使马克思的价值学说更加令人怀疑，[5]他运用近年来发展起来的边际效用理论来证明马克思的价值理论在逻辑上说不通。威克斯蒂德指出，马克思坚持认为决定价值的只是社会必要劳动，这就悄悄地引入了效用的实际质量，却不承认这是商品的一般属性。由于这种价值论不能解释无法随意再生产的商品(如古代名家作品)或者专利商品的价值，因此是不完善的。威克斯蒂德未曾评论过马克思价值理论中的关键缺陷——否定除劳动力以外的其他资源的生产效率，这或许表明了这位批评者本人也具有激进的倾向(后来逐渐减弱)。

肖伯纳曾撰文对威克斯蒂德的观点进行过善意的反驳。[6]他将马克思放在一边，轻率地发动了对边际效用理论的攻击，而并没有做好充分准备来完成这份工作。肖攻击的重点在于，由某种商品的增量得出的效用之总量，对某一个人来讲，会随着时间的不同而发生大幅的波动，并且会因人而异，但是却不会随商品价值的变化而变化。这一批评没能区分均衡状态与非均衡状态，而且威克斯蒂德毫不费力地就驳回了这种攻击。[7]

随后的争辩转而在一个较小的圈子里进行，即在汉普斯特德历史俱乐部内进行。该俱乐部是一个由经济学家威克斯蒂德和埃奇沃思(Edgeworth)组织的团体，参加者有肖和韦伯，还有其他一些对资本主义持批判态度的人。在整整两年当中，肖伯纳一直跟随这两位世界著名经济学家学习经济理论——尽管人们可能会猜到，这两位教授和像他这样的学生在一起，大部分时间都得在进行争辩。此时的肖伯纳，开始显出完全转向杰文斯和李嘉图理论的迹象，这种求学的渊源真是十分奇特，因为杰文斯和李嘉图的思想几乎是风马牛不相及的。

肖伯纳思想的这一转变，是通过他在《国民改革者》(*The National Reformer*，1887 年)[8]中三次提到《资本论》而公布于世的。他每次提到《资本论》时，都表示深深赞赏马克思对资本主义的不公正所进行的强烈谴责，并十分赞同其所描述的资本主义社会行将灭亡的历史发展规律。他认为，马克思价值理论的关键缺陷就是威克斯蒂德指出的那一点，即只有相对效用才能解释可观察到的价值现象，这在马克思提到社会必要劳动时就已经不言而喻地承认了。[9]

至于肖伯纳的其他著作，我们只要在此稍微提及便可，因为其理论内容将在下面阐述。《费边论丛》(*Fabian Essays*，1889)中有关经济理论和向社会主义转化的论文，都出自肖伯纳的手笔。此后，他的经济学著述便主要以费边社小册子的形式出现，[10]尽管他还写过一本关于地方自治贸易的书。[11]更晚出版的《知识女性社会主义入门》(*Intelligent Woman's Guide to Socialism*)，没有提出任何与我们所讨论的主要题目有关的新观点。

西德尼·韦伯(Sydney Webb)的大量著述所讨论的几乎都是经济学理论问题，但是与我们的论题密切相关的，只是很少几部早期的作品。[12]这几部作品被认为是费边主义者对资本主义(私人企业)制度之基本逻辑的批判。现在我们就来看一下这个问题。

Ⅱ. 费边主义的经济理论

费边主义者对私人企业制度的主要指责，恰恰是基于古典的地租理论。

> 社会主义对个人主义经济行为的分析，是为了揭示出在个人占有土地方面可产生不公正特权的根源，并且它所反对的就是这些特权。这实际上表明了土地的公共所有是社会主义经济的基本条件。[13]

这一理论的关键是假定某一既定国家的有效土地供给固定不变。如果不考虑在正常情况下的排水、灌溉，以及其他类似设施所占用的少量土地，无论对土地生产的产品之需求怎样增长，都不会使它增多一亩。因而，土地所有者的总收入，将随着人口与财富的增长而逐渐增加。

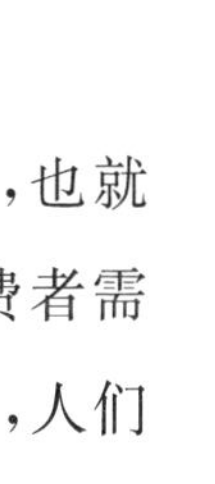

这种论点为实行谷物的自由贸易提供了主要理论依据，也就是说，英国“谷物法”的废除实际上是大大增加了可满足消费者需求的土地供给。[14]这就是李嘉图学派的主要政策目标。而且，人们可能会想，一旦实现了这一目标，便不必再就有关地主和地租的理论展开公开论战了。

“谷物法”废除之后，反对私人占有土地的呼声曾一度平息下来，但是到了19世纪后半叶又重新抬头。当时支持“土地改革协会”的经济学家有威望卓著的约翰·斯图亚特·穆勒(John Stuart Mill)[15]。继穆勒之后，与达尔文共同提出进化论的A. R. 华莱士

(Wallace)也参与了该协会的活动。爱尔兰的不在地主所收取的大量地租,使人们对私人土地所有制的批判日益激烈,而在亨利·乔治于1882年开始进行成功的巡回演讲以后,几乎所有的人都认为应当实行土地税制或者土地国有化了。[16]

肖伯纳在重述李嘉图的地租理论时,并没有就有关土地的问题加以明显的修正,只不过是用其漂亮的文笔在文字上进行了润饰。他收进《费边论丛》中的论述社会主义经济学的文章,是一篇论证并不严密的复制品,而在小册子《无政府主义不可能实现》(*The Impossibility of Anarchism*)中所谈到的无政府主义,实际上指的是私人企业的竞争,其攻击的矛头针对某些土地比另一些土地更有价值是经济生活的固有性质这一事实。[17]韦伯也完全同意这一观点。[18]

假使实行自由贸易能使小麦——以及生产小麦的土地——更便宜,那么,人们怎能对私人土地所有制提出严正指责呢?英国在维多利亚时代的晚期,曾经很奇怪地掀起了对封建主义的严厉批判,其原因十分复杂。首先,人们忽略了许多事实,并且即便认识到这些事实,也没能正确地理解。著名的费边主义小册子,《社会主义者眼中的事实真相》(*Facts for Socialists*),估计19世纪80年代中期英国的地租收入高达2亿英镑,占国民收入的1/6。除了复杂得令人难以置信的英国所得税法所造成的许多小误差以外,[19]这些费边主义者还粗率地将全部建筑物的价值也包括在土地的价值中了,实际上,当时的地租(城镇和乡村地区)肯定不会超过6千万英镑,或者说只占国民收入的5%。而且,从19世纪70年代以来,英国的农业地租就一直在大幅度地减少,其在国民收入中所占的比重，或许从1810年后一直呈下降趋势。一位细心的研究者曾经指出，19世纪末的纯农业地租只有6百万英镑。[20]

人们可能会转而注意城市的地租，费边社的出版物就经常提到贝德福德公爵。肖伯纳曾断言"城镇地租的上涨十分严重"，[21]而韦伯则在《土地的自然增值》(*The Unearned Increment*)一书中无疑是对伦敦地产的自然增价加以大大夸张。但是，即使按他这种片面的夸大算法，这种自然增值在1895年前的25年当中，每年也只有6百万英镑。[22]

然而，无论费边主义者使用多么高明的文字技巧，或者是漫不经心地以经验为依据，都不能将贝德福德公爵判为资本主义的首恶，因此极有必要把这种指控广义化。肖和韦伯都曾努力这样做过。他们力图把地租包括在资本利息之内，并严厉谴责这种不公正的收入分配方式。但是，这两位费边主义理论家的批评却都不得不以地租理论为根据。或者退而求其次，不得不建立一种能用以解释资本主义制度运转方式的独立理论基础。不过他们并未选择第二种途径，因为利用一些毫无关联的理论原则来实施改革，不仅在知识上显得粗俗，而且在心理上也毫无效用。

肖伯纳对地租理论的扩展，即尽力区分资本报酬和劳动报酬，显得比较粗糙。他在下面这段话中表明了将利润加进地租理论的基本方法：

> 通俗地讲，一块建有一座农场的地产会被人称为能获取地租的土地，而另一块修了一条铁路的地产却被称为能获取利润的资本。然而从经济学角度讲，只要这两块地产都能产

> 生收益，它们彼此之间便没有区别……无论是股东还是地主，都同样是通过无产者的劳动生产，从其地产上来获取利润。[23]

这种论点实际上是认为所有的资本手段都在某种程度上与土地结合在一起，换言之，无论是铁路还是自来水公司，在独有的位置和资源这两个方面都与农业或城市的土地相似。当然，在古典经济学里，“土地”一词实际上确实是各种不可制造的和非人类的资源之简称。但是，土地这一要素却很难控制某一经济中的大量资本，这些资本不仅在形式上是易变的，而且在数量上可以不断增加，因此不会服从某块土地的地租要随着经济进步而增长这样的古典经济学原理。肖伯纳武断地声称资本本身什么也不能生产，其所获利息只不过是一种勒索。这种不折不扣的马克思主义观点，与他所表示信奉的边际效用价值理论，完全不是一回事。

韦伯在力图将地租和利息等同起来时，采用了一种较为复杂精细的方式。他从广义上解释地租理论，使其包含了一些其他的内容。他说，假如地租是肥沃土地的产出量超出贫瘠土地产出量的余额，那么，为什么不可以说利息是有用资本（包括土地）收益超出废旧资本收益的余额呢？

> 经济学意义上的利息，就是超出工业部门所雇用的技术最差的工人在边际生产水平下使用资本所获得的经济学意义上的工资的生产量，或者是超出扣除生产水平和技术能力的租金之后的技术较好的工人在较好生产水平下所获得的“工资”的生产量。
>
> 按照这样的定义，经济学意义上的利息就可以用与李嘉

> 图的地租原理相似的原理来表示。[24]

韦伯认为，大部分利息都是“机会和机遇”的产物。不同投资的利息率倾向于相等这一基本原理，只适用于“在各种情况下使用的资本之最后增量”。[25]

从某一角度讲，我们的确能将地租理论推广到把各种形式的收益都包括在内，因此威克斯蒂德在 1894 年表明，地租理论在这一意义上与边际生产率理论的经济分析含义相等。[26]然而，这一意义上的地租理论，只是一种区分某一生产要素在生产某种产品中之作用的方法，与赋予李嘉图地租理论以经验内容的关键假设，即各种供给都固定不变，并不相关。

如果没有这一固定供给的假设，资本和土地之间就毫无共同之处。在竞争条件下，任何其收益高于平均收益率的投资都会吸引附加投资，直至收益率全部相等，而不仅仅只是边际收益率（即投资增值）相等就不再吸引附加投资了。

人们可能会通过否认存在竞争来力图避开这一结论，其方法是表明市场上普遍存在各种类型的垄断，并且这些垄断势力十分强大，以致大多数利息都是垄断收益。[27]不过，韦伯并没有就此展开进一步的论述，相反却断言，“任何倾向于进一步放松干涉个人自由的行动，都确实会不可避免地更加清楚地显示出占有较优越物质生产手段的人为自己争得实现其优势的力量。”

> 但是，民主的政体所无法容忍的垄断，并不是任何个人的垄断，而是垄断阶级的垄断。工人阶级反对的是……产生一种新的工业封建阶级……在这些人之间，确实存在着竞争，然

而作为一个阶级，它却能从实质上控制那些靠日常劳作养活自己的人的生活。[28]

按照韦伯的理论，垄断甚至确实不是一件坏事。他在《工业民主》(*Industrial Democracy*)一书中描述了“在市场上讨价还价”的著名景象。[29]消费者通过一系列讨价还价行动迫使零售商降价，零售商会迫使批发商降价，如此继续下去，直到这种竞争的压力“最后压到处于金字塔底部的孤立的劳动者头上”。[30]垄断是减轻这种无情压力的方法，并且，如果实行垄断能够成功地减少竞争，就会使工人们的处境稍好一些，从这一角度讲，垄断是一种适度的仁慈现象。

韦伯在此进一步指出土地和资本的相似性，但这显然必须在储蓄的供给事实上与利息率无关这一特定条件下。[31]然而，即便事实确是如此，我们也不能得出李嘉图关于社会的每一进步都必定会使资本家受益的结论，因为社会的进步恰恰要依靠在整个时期的资本供给。[32]

韦伯和肖都力图把地租理论扩大到将“高级工人”的“能力租金”也包括在内。[33]这是费边社会主义最不寻常的特点，它既抨击了财产收入，也抨击了大量的劳动收入。他们认为，很多专业人员和艺术家所获得的丰厚收入也是收入不公的表现，因为这能使少数人通过迎合有钱人的怪念头而致富，而且这些人之所以能获得丰厚收入，是由于有钱人的子女对教育的“垄断”。解决这一问题的办法是普及教育(教育已经得到了迅猛的发展)，如有必要，还可以通过累进税制来缓和这种收入分配的不公。

就某一方面而言，劳动与土地比资本与土地更为相似，因为人的素质与耕地的质量都存在天生的差异，并且在任何社会制度下都不可能消除这类差异。但是，土地供给的固定性与人口的可变性并不一致，而古典经济学家和几乎所有的社会主义者都一致认为，工资率并未随着社会经济的进步而出现长期的增长。费边主义者的才能租金学说既抹煞了他们所宣称的工资与其他收入的道德伦理差异，又将各类专业人员排除在他们的理论之外。或许，这就是他们未能在这一方面对自己的理论进行详尽阐述或进一步强调的原因。这一学说还掩盖了劳动力的社会化问题，并且其中隐含着的强制性[34]与韦伯和肖伯纳后来明确表现出来的反民主倾向是一脉相承的。

费边主义者对资本主义的最后一条指控，是说其收入分配制度极其冷酷并且极不人道。这条罪状无疑是最有号召力的。尤其是肖伯纳在谈及这个问题时，更是俨然一派街头演说家的口气：

> 例如，某位感情高雅的纽约阔太太，会给她死去的狗儿定做一具黑檀木镶银饰的棺木，并包有粉红的缎子套，而与此同时，一个活生生的儿童却得赤着脚到处觅食，并会饿倒在冰冻的臭沟旁。[35]

这类出自当时最善辩者之口的讽刺与谩骂，再经常用一些资本主义制度是多么不合理的词句来加以渲染，肯定会产生特殊的效力。

也许我们应当把这种有关公正问题的谴责看成是一种道德伦理的判决，各人会根据自己的口味，或者接受，或者反对。然而，这种判决却毫无用处，因为按照任何一种重要的西方哲理来说，公平都不是一个基本的伦理价值。[36]人们确实很想能区分表面上的和真正的不公平，也就是说，一个25岁的律师和一个50岁的律师在平均收入上的差别并没有道德意义。要想使各项政策贴切有效，就必须分清造成不公平的原因。是由于教育水平、天赋特长、运气、勤俭、财产遗赠方面的差异，还是由于特定的国家政策而造成的不同，应当予以分别对待。我们应当尽可能用量词来限定不公平的微细程度和模糊意义，尽力表明它是在增大还是在缩小，并且还应创造和利用另外一些可行的方法，来解决令人反感的不公平问题。

肖和韦伯提出的建议，只完成了一部分，而且是很小的一部分争取实现分配平等的任务。实际上，肖伯纳曾经提出过三个基本的论点，以证明应当实现收入平等。第一个论点直接表明，公正是收入分配的唯一客观依据。

> 那么……假定你认为应当有其他一些适用于人类的标准，就请你不要浪费时间来论证其抽象意义了，而要立即应用于某一具体的实例。现在让我来举出一个很容易说明问题的例子。假使我是一个极其聪明的人，那么当然我会在某些方面具有超出常人的能力，这肯定是毫无疑问的。你笑了，但是我姑且认为你不是因为我这么说而发笑，而只是因为我确实没有用勉强的谦虚令你烦恼……现在让我们挑出一个不如我聪明的人，那么，我应当得到多少收入，而他又应当得到多少收入呢？我注意到你脸上一片茫然，你绝对答不出这个问

题……

> 于是，很显然，如果你打算使收入产生任何不平等，其性质都必定是专横武断的。[37]

我们不能像肖伯纳那样认真地看待这一论点。只有当将其应用于无意义的算术计算，使刚生下来的婴儿、成年劳动者，以及监狱里的重罪犯人都获得同等数量的收入时，平等才是一个意义明确的分配原则。然而现实却恰恰相反，竞争的市场实际上要确定的，并不是肖伯纳其人比其同时代的剧作家聪明多少，而是他写出的受欢迎的剧本比那些人多多少。

肖伯纳的第二个有关平等的论点，他自称为“经济的论点”：

> ……如果使某一阶级的购买力降低到无法维持基本生活需要，而同时使另一阶级的购买力大大提高，能够买得起奢侈品，那么，你就必然会看到，由那些钱包富裕的人决定，倾向于生产奢侈品，而同时处于另一极端的人所需要的生活必需品却卖不出去，因而便不再生产。我尽可能简要地解释了这一论点，不过这却是有利于收入平等的经济论点。[38]

然而，不平等的收入分配将导致不平等的消费分配却不是证明平等的理由。假使一个人相信，正像几乎人人都一贯相信的那样，任何活着的人都应当能够维持生存（而且或许应能获得比维持生存要多得多的物品），那么，他就应当赞成提高某些人的消费水平。不过这种想法一般不会导致平均主义。

肖伯纳的最后一个论点是从优生学角度考虑的。他说，经济上的障碍能够阻止任何只受生理激情支配的人结成婚姻：

我们只需考虑一下现代的情况。这么说吧，我是一个漫步在牛津街上的小伙子，我看到了一个女孩子，并且爱上了她。在一个理智的社会中，倘若我摘下帽子对她说："请原谅，您真是太迷人了。如果您尚未订婚，是否愿意记下我的姓名和地址，并考虑一下能否嫁给我？"似乎是很合乎情理的。但是，现在我可不会有这种机会。当我碰见一位姑娘时，她很可能是一位打杂的女工，使我不能够娶她；或者，她也可能是一位公爵小姐，而不会嫁给我。[39]

谈到这一论点的时候，我们只能说肖伯纳是个绝对真诚的人，而真诚却并未成为费边主义者的信条。

韦伯在分析不公平问题时，是把自己的论点更直接地建立在地租理论的基础上。

至于造成这种不公平的原因，也不存在任何疑问或争议。大产业将小产业淘汰，使人数较少的业主阶级得到大部分投资的收益，并获得更强大的实力，社会上大多数人都要靠为这些人工作来谋生。如若有人利用土地和资本从事生产，那么他只能是在从自己的产品中扣除掉地租和利息，送给完全不事生产而只靠拥有土地和资本占有权获利的地主和资本家之后，才能雇用工人进行生产。[40]

资本主义制度使"这些最善良的手工业者无法逃避地租原理"，[41]是韦伯指责其不公正的依据。

维多利亚时代晚期英国的地租对家庭收入分配的影响，我们不得而知。假使这种影响与现代美国所经历的情况差不多——至少从家庭状况的角度看应当相似——最富的阶层得到的地租大大高于相称的份额，收入最低的阶层也高于其相称的份额，而中等阶层所得到的少于相称的份额。[42] 所以，取消地租会在高收入分配层次上减轻收入的不平等，而在较低收入分配层次上却会扩大这种不平等。但是，无论人们怎么处置地租，收入分配的变化都是微不足道的。

只有将资本利息包括在内，重新进行收入分配的可能性才会增大，但是地租理论对此却毫无用处。换言之，人们必须找出一种全新的理由来否决资本的私人占有权。这样的理由当然是能够发明出来的，而费边主义者却未曾完成这一任务。

Ⅲ. 结　　论

虽然改革者很少能小心谨慎地使自己的批评恰好切中某种制度的弊病，但是也没有像费边主义者这样把资本主义的次要和非典型方面当作其主要缺陷来全力批判。在供给固定的情况下，有一种对生产资源不起作用的收入，这种收入粗略地——只不过是极其粗略地——近似于由地租带来的收入，然而在费边主义者展开活动的时代，这类收入已经是微不足道，并且总的来说(包括城市土地租金)，在国民收入中的比重呈下降的趋势。

人们以为盲目的口号和高涨的激情能推进某项群众运动，但是费边主义的信徒却属于受过教育的大英帝国知识阶层，他们尽力使自己符合这一称谓的行动[43]，表明了一个我认为很能站得住脚的说法，即，社会的问题是由“知识分子”创造出来的。批判某种社会制度本身的重要性，如同用后来的观念来评价的那样，与这种批判在改变观念方面的作用毫无关系。假如一些有足够的能力和决断性的人们——而费边主义者的人数少得几乎令人难以置信——一遍又一遍地谴责某种缺陷，那种缺陷就会变得十分重大。[44]

费边主义理论家通常不是优秀的经济学家，大众改革家当然也很少是优秀的经济学家。肖伯纳在经济学方面，只不过是个头脑聪敏的外行。韦伯在这一领域的广泛才干虽然不可能用一句话来加以评判，但是他肯定不具备全面正确地掌握经济理论的能力。他们二位的这种局限性使其无法系统地提出严密的经济改革纲领，不过这显然不影响其批判现存社会秩序的效用。倘若当时有影响的经济学家能够认真地研究一下费边主义的文献——而不是全不重视——那么，我真不知道，对使用土地的控制是否会成为现代英国社会主义的一个重要组成部分。

注释：

①G. B. 肖(Shaw，G. B.)，“争取平等的理由”(The Case for Equality)第11页，1913年“五一”节的演讲(第1版，伦敦，1913年)。自由国民俱乐部政治经济学分会《学报》第85卷；在《肖的社会主义》(*The Socialism of Shaw*)一书中重印，由J. 富克斯(Fuchs)撰写序言，纽约，范加德出版社，1926年，第58页。

②阿奇博尔德·亨德森(Archibald Henderson)，《世纪巨人肖伯纳》(*George Bernard Shaw：Man of the Century*)，纽约，阿普尔顿—世纪—克拉夫茨出版社，1956年，第215页。

③署名为G. B. S. 拉金(Larking)。由R. W. 埃利斯(Ellis)在《肖伯纳和卡尔·马克思：专题论丛，1884—1889》(*Bernard Shaw and Karl Marx：A Symposium*)一书中重印，纽约，蓝登书屋，为R. W. 埃利斯出版，乔治亚出版

社,1930 年。

④同上书,第 5—6 页。

⑤除了作为经济学家以外,威克斯蒂德(Wicksteed)还是唯一神教的牧师,并从事文学写作——他翻译过但丁(Dante)的著作。

⑥G. B. 肖(Shaw):《对马克思的杰文斯式批判》(*The Jevonian Criticism of Marx*),1885 年,重印于埃利斯,前引书。

⑦威克斯蒂德,"答辩"(A Rejoinder),重印于埃利斯作品选摘。随后肖伯纳又撰文表示威克斯蒂德的反驳只能证明他的无能(埃利斯,前引书,第 138 页脚注)。

⑧肖,重印于埃利斯,前引书。这些论文对一个英国反马克思主义老顽固 H. M. 海因德曼(Hyndman)作了引人注目的诽谤性攻击。

⑨关于可望在《资本论》第三卷中找到解决方法的"变革"问题,肖注意到,所谓"科学社会主义",即意味着兑现一张恩格斯先生的期票,注明"伦敦,马克思的生日,1885 年 5 月 5 日"(埃利斯,前引书,第 108 页)。

⑩这些文章在 E. R. 皮斯(Pease)的《费边社发展史》(*History of the Fabin Society*)附录Ⅳ中予以分类(新的修订版,纽约,国际出版公司,1926 年)。其中一部分在《肖伯纳的社会主义》一书中重印。

⑪《地方贸易常识》(*The Commonsense of Municipal Trading*),载《费边社会主义者丛书》第 5 集,伦敦,A. G. 法菲尔德出版社,1908 年。虽然政治科学家比经济学家对这本书更感兴趣,但是其中也有一些关于社会成本和私人成本差异的、引人注目的大胆分析。肖伯纳格外强调了城市的低息借贷能力问题。

⑫比阿特丽斯似乎肯定没有写过经济学著作。或许,她没发表过经济学著作是因为她的仓促:"我径直到了俱乐部并立即阅读 600 页马歇尔的书。这种钻研使我对他深深折服。这是一本伟大的书,任何论述同类问题的书,都会与它相差很远。"("日记",1890 年 7 月 27 日,摘自玛格丽特·科尔(Margaret Cole)所著《比阿特丽斯·韦伯》(*Beatrice Webb*),纽约,汉考特·布雷斯出版社,1946 年。

⑬肖伯纳,《费边论丛》第 24 页(朱比利主编,乔治·阿兰和阿尔温出版社,1950 年)。

⑭经济学家当然也赞成实行谷物自由贸易，如同人们或许会说的，直接依据比较成本原理来为谷物自由贸易辩护，但是，这种更全面的理论却并非特别关系到政治上的战略商品——食物，也不一定具有成功的受益人，换言之，一个反派角色。

⑮约翰·斯图亚特·穆勒(Joln Stuart Mill)，《演讲和讨论》(*Dissertations and Discussions*)有关土地所有权的论文(伦敦，L. J. 帕克父子公司出版，1859 年)，第 5 页。穆勒认为地主应当有权要求为级差税收得到补偿，并且建议政府只应收取土地价值的未来增值。

⑯E. P. 劳伦斯(Lawrence)，《亨利·乔治在英伦三岛》(*Henry George in the British Isles*)，东兰辛，密执安州立大学出版社，1957 年。

⑰费边小册子第 45 号(1893 年，第 4 版)，以及《费边论丛》第 165 页、167 页。

⑱“利息率和分配原理”，《经济学季刊》第 2 期，1887—1888 年，第 188—209 页；以及“利息率”(The Rate of Interest)，同上，第 469—472 页。

⑲J. C. 斯坦普(Stamp)：《英国的收入和财产》(*British Incomes and Property*)，伦敦，P. S. 金父子出版公司，1916 年。

⑳J. R. 汤普森(Thompson)，“农业地租调查”(An Inquiry into the Rent of Agricultural Land)，载《皇家统计学会月刊》，第 70 卷，1907 年，第 587 页。

㉑G. B. 肖，“无政府主义不可能实现”(The Impossibility of Anarchism)，第 9 页。

㉒小册子第 30 号，1895 年。

㉓《费边论丛》第 19 页，后来他又谈到“通过使用资本使土地生产发生特殊改变而获得的地租，称为利润……”，同上书，第 25 页。

㉔“股息及其分配”(The National Dividend and its Distribution)，见 S. 和 B. 韦伯，《现代产业问题》(*Problems of Modern Industry*)一书，伦敦、纽约，以及班贝，朗曼，格林出版公司，1898 年，第 218 页、219 页。

㉕同上书，第 220 页。

㉖菲利普·亨利·威克斯蒂德(Philip Henry Wicksteed)，《分配原理的协调》(*Coordination of the Laws of Distribution*)，伦敦，麦克米伦出版公司，1894 年。

㉗这仍可能不是地租，因为由价格固定带来的垄断收益的减少，通常可能导致垄断者产出的减少。

㉘《现代产业问题》(*Problems of Modern Industry*)，第 237 页，又见《费边论丛》第 55 页。

㉙同上书，第Ⅲ部分第Ⅱ章。

㉚前引书，第 671 页。

㉛同上书，第 622 页。

㉜在《资本与土地》(*Capital and Land*)[费边主义小册子第 7 号，1908 年第 7 版]一书中，西德尼·奥利弗(Sidney Oliver)对私人收取的利润提出了完全不同的批评。大意是说，储蓄的投入形成具体的资本货物，而当这些货物消耗掉时，用来代替它们的资本货物在某种不可思议的意义上却不来自原先的储蓄。肖伯纳在《知识女性社会主义和资本主义入门》(*The Intelligent Woman's Guide to Socialism and Capitalism*)中也用到了这一论点(花园城，纽约，花园城出版公司，1928 年；伦敦，康斯特布尔出版公司，1928 年)。

㉝因而，韦伯说，李嘉图的理论必须扩展到“所有的生产手段，以及各种人类劳动的不同效率”，见“利息率”，前引书，第 472 页。肖伯纳的论述可见《费边论丛》第 183 页。

㉞例如，《费边丛书》第 55—57 页。

㉟《费边丛书》第 21 页。

㊱我们可以针对每一谈到不平等的不公正的肖伯纳式寓言，讲一个关于平等的不公正的寓言。例如：“约翰·厄普赖特是一个年轻的医生，他为给病人治病献出了全部精力，毫不吝惜自己的时间，尽力地满足病人的任何需求，只是一心想帮助他们。这位医生每年收入 2,000 英镑，直到 41 岁时死于过度劳累。而亨利·莱热医生却与厄普赖特相反，他坚持说即使病人腿断了也必须只能在星期二、星期四和星期五这三天当中的中午 12:30 到下午 3:30 之间到办公室找他。他更愿意同时接三个病人，这样可以在打桥牌时为他们看病，也好欺骗他们。每年他收入 2,000 英镑，直到 84 岁退休为止。”

㊲“争取平等的理由”，见《肖伯纳的社会主义》(*The Socialism of Shaw*)，第 53—54 页。

㊳同上书，第 60 页。

㊴同上书，第 63—64 页。

㊵“个人主义的困境”(The Difficulties of Individualism)，见《现代产业问题》第 235—236 页。

㊶同上书，第 260 页。

㊷参见盖尔·约翰逊(Gale Johnson)，“地租控制和收入分配”(Rent Control and the Distribution of Income)，载《美国经济学会会议记录汇编》，1951 年 5 月，第 568—582 页。

㊸我们很难判定他们的影响，对此没有确定的答案。H. 佩林(Pelling)认为，他们的作用从长远看很大，但是却很少产生即时的影响。参见《工党的起源，1880—1900》(*The Origins of the Labor Party*)，伦敦，麦克米伦公司，1954 年；纽约，圣马丁出版社，1954 年。

㊹如若暂且不谈理论，那么，在可能确定的程度上，收入和地租的分配当然是他们成功地进行指控的一个因素，这只是 19 世纪许多批判潮流中的一个，因而对其影响的估计也必定会相应地较低。

18. 经济学抑或伦理学?

Ⅰ. 经济学家和说教者*

经济学家在争论经济理论和经济行为问题时,很少提及伦理问题。他们(和我)发现,与经济学分析工作的相对精确和相对客观性相比,伦理学问题既复杂又难以捉摸。但是,伦理问题当然是无法回避的,因为在人们对各种政策进行评判时必须要有一定的宗旨,这些宗旨就肯定会包含着伦理的内容,不过这类内容可能会藏而不露。我在这些演讲当中,就打算利用经济思想史这一重要的探测工具,来探查一下某些涉及伦理学的问题。

在此第一讲当中,我想讨论的是经济学家——主要是经济思想史发展主流中的伟大的英国经济学家——如何劝导人类和社会

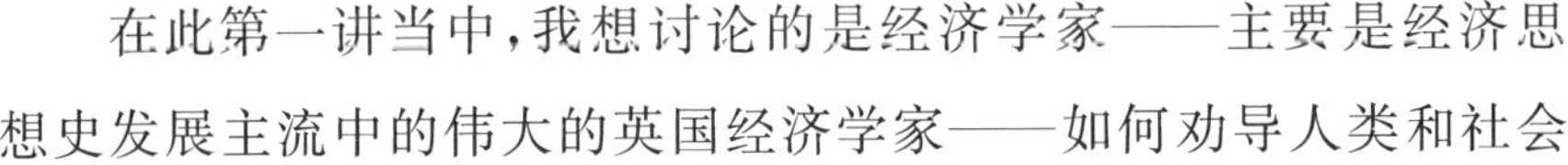

引自《坦纳人类价值演讲集》第2卷(盐湖城,犹他大学出版社,1981年),承蒙坦纳人类价值演讲董事会允许重印。

* 我想对加里·贝克尔(Gary Becker)、理查德·波斯纳(Richard Posner)以及斯蒂芬·施蒂格勒(Stephen Stigler)的重大帮助表示感谢。并对阿伦·迪雷克特(Aaron Director)的帮助表示深切的谢意,感谢他在我准备这些讲稿期间,以及多年的友好交往当中,所给予的无数帮助。本文的大部分内容是我在斯坦福大学胡佛研究所担任客座研究员时完成的,因此也应当感谢为我提供了这一良好条件的格伦·坎贝尔(Glenn Campbell)。——作者注

采取适宜的行为方式。在谈及这个问题时,我的兴趣主要不在于他们所提出的劝告,而在于这些劝告所依据的伦理基础。关于道德和正义,经济学家并不具备特殊的专业知识,他们所面临的问题自然是怎样把自己充满自信而又独具特色的劝导,传递到一个已经完全具备这种知识的社会。

说教知多少?

首先,说到经济学家这类说教者时,或许最重要并且可能是最令人惊诧的是,他们很少进行说教。我想,至关重要的事情,是阐明我所提到的说教的含义。我的意思是,所谓经济学家的说教,只是对人类或人类社会的政策或行为方式提出明晰而又理智的建议(或者更经常是谴责)。人们一般不希望给说教标上任何非中性的字眼——我们的语言确实是词汇太少,以致无法用暗示的方式表示赞成或者不赞成。在最近的一场战争中,一位经济学家声称他反对"照常营业",于是第二位经济学家站出来问,他反对的是不是"照常营业,照常休息"。

我将在此阐明关于说教的不严密的定义,并引述一些著名经济学家的见解来说明随之产生的许多观点。现在我想暂时离开本题,向在座的非经济学家解释一下我要提到的经济学家的权威性。我所引证的经济学家,除了一位以外,都具有很高的智力水平,并且专业知识丰富,他们有关经济学问题的各种见解,都值得诸位重视和深入思考。但是,对此我不打算再多说,只想讲讲亚当·斯密(Adam Smith)这一例外情况,他的位置是与众不同的。如果你在第一次听到他的某一见解时倾向于不赞同,那么,你就是在进行无效的反应。正确的反响应当是问你自己：我是否在哪里出了毛病？

当亚当·斯密谈到货币的贬值时——其价值降低的速度在今天要远远超过他生活的时代——他说，“通过采用这些办法，王室成员和施行统治的君主国家政府，就能用较少量的白银在表面上偿清欠债，并且履行各种契约的规定。这确实只是在表面上做到的事，因为他们的债主实际上是被诈取了一部分应当得到的财物。”[①]我认为斯密这样讲就是在进行说教，因为“欺诈”并不仅是一个描述性的词。按照这种温和的、我希望也是合理的道德判断定义来看，我只是引用了《国富论》(*Wealth of Nations*)前100页当中一个明显的说教例子。在这本书的后面一些章节，这种说教变得更加频繁。但是，在李嘉图(Ricardo)的《原理》(*Principles*)中几乎不存在说教；穆勒(Mill)的《原理》(*Principles*)中说教也很少见；而马歇尔(Marshall)的《原理》(*Principles*)根本就没有说教。当然，这些令人钦佩的人物在对许多事物表示赞同或者反对的时候，总是要在文字上精心斟酌，把话说得十分微妙。例如，杰文斯(Jevons)在谈到1861年的莫里尔关税法案(Morrill Tariff Act of 1861)时说：“这是本(19)世纪所见到的最倒退的一项立法”，这句话至少隐含着反对这项法案的意思。[②]我想，搜集到一些类似的评论倒不是十分困难，但是，这些名言之所以值得注意，实在是因为它们在经济学家的专著中并不是很常见。

要是说经济学家们并不醉心于频频提出易引起争论的政策主张，对很多非经济学家来讲，会显得不可思议，而且对不少经济学家来讲，也是难以置信的。我认为，造成这一看法的原因，是由于经济学家在与一位非经济学家谈论经济学时，除了有关政策问题，

不会有别的内容好讲。在任何时候，外行人都不可能具备足够的专业知识，能与经济学家一起讨论专业经济学所关注的各种问题：他会发现，《新闻周刊》的那些著名的专栏作家的专业性著述相当难以理解。某一专业杂志中具有代表性的文章与公共政策并没有关系——甚至常常会显然与我们这个世界无关。我确实不知道，经济学家们作为政策顾问的活动是在增加，还是在减少，但是却可以肯定，这个问题绝不是专业经济学所关注的事情。

因而，这些伟大的经济学家们并没有一心致力于说教。的确不会有人因为进行说教而成为伟大的经济学家——不过我想，或许马克思是一个例外，有些人说他是个伟大的经济学家，而我认为他只是个颇有影响的人物。世人把我们看成热心推行各式各样政策的人，也并非完全错误，但是，这样说更可能是从一般人的角度看问题，而不是从经济学角度阐明某种现象。经济学的主要任务一直是以大众可以接受的方式来解释实际的经济现象，而且近200年来，我们始终在诚心诚意地尽力完成这一使命，尽管并不总是能取得极大的成功。

向谁说教？

在我的印象当中，从前的教士总是要尽最大的努力来精心修正个人的行为，但是现在他们更注意修正的却是社会的政策。不管我的看法是否正确，经济学家们无疑会很少花费时间来告诫人们应该有高尚的动机或者采取堪称典范的行为方式。

现在我想再一次谈到斯密先生。他断言说，像东印度公司这种大型合股公司的员工们会只关心个人的发财致富。

> 如果指望这些庞大的经营地点远在一万英里之外,从而几乎全然不受监督的职员们,仅凭主人的一纸命令就立即放弃一切为自己谋划的生意,永远打消所有发财致富的念头,而满足于主人所允许的、不大可能增加的,并且一般来说与公司的贸易利润相称的数量不多的薪俸,那真是再蠢不过了……如果有人干涉他们以代理人为媒介而秘密经营,或至少不肯公开承认是自己经营的贸易部门的业务活动,他们就会利用政府的全部权力,并颠倒是非曲直,加以钳制或破坏。[③]

斯密在描述了这些公司员工们既抢掠其主人的钱财又欺诈其顾客的令人讨厌的贪婪形象之后,又赶快声称:"但是,我这样说并不是要恶意贬损东印度公司职员们的总体形象,更不是要诋毁任何个别员工的个人品格。我所要指责的,是政府的体制,以及这些人在其中所处的地位,而不是在这种体制下进行活动的人的品格。"[④]因此人们应当谴责的是社会制度,这是他们以可以预计的,但也许是不可变更的方式对所处环境的反应。这并不是对指导人们追寻个人利益的原则表示赞成或者反对,尽管斯密很可能非常欣赏我们将稍后进行更深入探讨的弗兰克·H. 奈特(Frank H. Knight)说过的一句话:不可避免的就是理想的!

斯密那种一般不就其个人的行为向个人说教的传统延续至今,已成为经济学家们的习惯。但是道学家仍然免不了向晚辈、下级乃至大众进行指教,列举这类事实也许会令诸位感到很开心,而我则会感到难堪得很。马尔萨斯(Malthus)曾经抱怨下层阶级过多地倾心于他称之为"性欲"的东西;甚至连约翰·斯图亚特·穆勒(John Stuart Mill)也赞成他的观点，建议使用严酷的法律手段来对付民众的这种欲望。阿尔弗雷德·马歇尔(Alfred Marshall)曾指出，依据边际收益递减规律来进行投机活动是不明智的，但是后来，幸亏米尔顿·弗里德曼(Milton Friedman)和吉米·萨维奇(Jimmie Savage)能够利用边际效用递增规律为这种投机活动找到了理由。绝大多数经济学家都认为，人们普遍地由于对未来需求缺乏远见而造成失误。我们曾经听说某一家公司的任何个人和全体员工都无可指摘，但是这种说法至今还是显然会遭到许多政治家的强烈反对。想必是个人身上的坏毛病会比某些非个人的制度更适合于作为反感和攻击的对象。如果退一步考虑到经济学家也是人类的一员，他们偏向于反对个人行为，而没有更多地关注社会制度的失误，还是可以原谅的。

然而，我们却不应当为这类失误进行辩解。作为说教者的经济学家，应该关注的适当目标是社会的政策和制度，而不是个人行为。经济理论的特定逻辑所需要的态度是：我们的论述涉及追求效用极大化的人们，但是如果力劝人们不要这样做，就将是既自相矛盾，又徒劳无功的。假使我们能够劝服某位垄断者不争取极大化的利润，于是其他改革家也能说服人们不使资源流向最有利可图之处，我们的理论就会变得无所适从。

鼓吹效率

经济学家喋喋不休地说教的主要题目，就是良好的政策有利于，而低劣的政策会干扰社会收入的极大化。我们还会找出其他一些说教的主题，但是，近200年来，提高效率，即较完美地实现各种无可争议的目标,却一直是讲求规范的经济学家所开出的主要药方。在考察这一有关良好行为的基本法则之要旨和权威性以前,让我们先看一下一个重要的实例。

亚当·斯密对这一原理的最持久的应用,通常是在他抨击对贸易自由的干预以及重商主义的时候。他在其巨著中花费了四分之一的篇幅来讨论这个问题。斯密为此曾经断言:

> 如果个人争取改善自身境遇的惯常努力能得以自由地发挥,并有所保障,它就是一种强大的法则,以致在没有任何其他辅助力量时,也能单独地带来社会的繁荣富裕,而且还能克服许多使人为的法律愚蠢地妨害其发挥作用的障碍,这些不恰当的障碍总是或多或少地侵害了这种努力的自由发挥,或者是减少了其顺利进行的保障。[⑤]

有关贸易自由的论争于大约40年后在比较成本理论的指导下得以深化,但是,关于中央政策的结论却仍然保留下来,用李嘉图的话来说就是,"在商业完全自由的制度下,每个国家都必然会把其资本和劳动力用在最有利于本国经济发展的地方。"[⑥] 这是几乎所有的经济学家直至今日仍然普遍接受的观点。

我们还可以举出其他一些例子,以证明经济学家们用效率作为经济政策的判断标准,不过这些例子并不比上面的例子更重要。批评垄断的中心要点是指出它降低了资源利用的效率。对干预劳动力市场的行为,诸如最低工资立法,以及阻碍劳动力在地域上和职业间的流动,所进行的批评,也着重于它们影响了资源配置的效率。经济学家是这样一种人:在读着被关在小牢房里的爱德蒙·

丹蒂斯时，惋惜自己不能同时阅读大仲马的另一部作品。

在斯密的时代以及其后的几十年里，有关效率的争论被关于神圣而不可侵犯的天赋自由权的漂亮词句涂上了一层装饰的色彩。但是，如果说人们曾经十分强烈地关注过天赋自由的话，[7]那么，到了维多利亚时代的中期，这种意识也已经消失得无影无踪了。

只有当实现政策的目标和代价毫无争议的时候，对这些公共政策的效率进行抨击才是恰当的，并且令人信服。假如某项政策比另外一项政策能更有效地实现某一目标，而使用的资源成本相同，那么，该项政策显然就是较优的政策，并且不需进行伦理方面的论争。这的确是绝大多数经济学家在就公共政策进行说教时的基本特征。

按照这种见解，经济学家说教者的作用，只是帮助纠正一些常常使国家陷入混乱的问题。J. S. 穆勒以其惯有的明晰阐释了支持重商主义的种种错误认识：极其平常的论证能力如何把货币和财富混为一谈；一个商人是怎样直到将其货物转化成货币之后才会承认其事业成功；货币如何超群地支配着一般商品，并且会随时满足其他商品所无法满足的需要；国家如何"会从实物税收中获得相对很少的利益，除非它以货币形式征收税款"以及诸如此类的问题。"所有这些原因共同促使个人和政府在估算其平均收入时，几乎无一例外地都很重视货币……"，但是，我们应当注意的是这一结论："然而，当我们已经发觉其在表面上似乎令人可信时，荒谬并不终止它的荒谬……"[8]

这样，我们便可以回答这个问题：在经济学家并不掌握某种很有说服力的伦理体系时,他怎么能如此广泛并且毫不费力地批评政府的政策。这一问题的答案是,他批评错误不需要任何伦理体系,因为他仅仅是训练有素的政治算术家。他生活在一个现实的世界上,这个世界存在着各种历史的和现代的、深藏的和浅露的社会性错误。由于他只是向社会指出其所追寻的目标,以及它的追求是怎样地缺乏效率,因此无须与社会所追寻的目标发生争执。

一个充满错误的世界能不断地产生新的错误,其速度丝毫不亚于经济学家纠正原有错误的速度!这恰恰意味着,无能为力的社会需要自己的经济效率专家,而我们正是它们自选的救星。

脱掉当今经济学家身上所覆盖着的复杂外衣,揭示出他们所关心的本质问题。我相信,这仍然是我们这一行提出绝大多数政策建议时所依据的根本信念。我们的社会确实是一直都存在着严重的收入再分配问题,这是一个日益引起人们更多关注的问题。但是,对于经济学家来说,每天都要遇到的问题通常都是效率问题。我们生活在一个容易出错的社会。

有人认为,社会作为人类聚集的群体,即便没有总是令人崇敬的目标,也会有一些使人可以接受的目标,只是对实现目标的有效方法认识不足。我认为这种观点无论在过去还是在现在,都极其错误。

这种观点的错误应当是显而易见的,因为在我所讨论的所有时期,一直存在着有关政策目标的激烈争战。实际上,在任何有文化的社会,甚至是最专制的社会中,都会有人对社会的目标提出不同意见。例如,在李嘉图时代,戈德温(Godwin)就曾经强有力地论证过,政治体制和财产制度是社会苦难的主要原因。或许戈德温这个例子还不能恰当地说明问题，我想一个无政府主义者应当赞成贸易自由。那么就让我们考虑一下马尔萨斯的情况。马尔萨斯是英格兰历史上的第一个政治经济学教授，他是所谓农业保护论的支持者，而这种理论则恰恰是李嘉图所攻击的目标。

马尔萨斯认为，一个专门从事制造业生产和贸易的国家能很容易地发现来自国内外的竞争侵蚀了它的利益，而且无论如何，它的利益会在很大程度上有赖于其贸易伙伴的繁荣兴盛。一个纯粹的农业国会发现自己的一切都要受停滞的封建社会体制的限制。或者，换言之，它会发现一旦农作物停止生产，自己就不可能有效地利用资本。因而，马尔萨斯希望建立一种农业和商业混合的社会制度。

我不想隐瞒自己的猜疑，我想马尔萨斯实际上是在论证这种农商混合的制度的优越性。但是，一个千真万确的事实是，他提出了一大堆难以解决的问题，而赞成贸易自由的后几辈经济学家并未热切地认真对付过这些问题。其中的一些问题涉及长期经济增长和稳定的经济环境的决定因素，对此，迄今为止，经济学家们仍未找到令人信服的解释。

为什么经济学家——来自全体人民——不愿意把大部分政治活动说成是错误的呢？对这个问题，还有第二种，并且甚至是更有力的解释。那种认为人会有理性地争取效用最大化的假说，恰恰与人类的政治活动和他们的愿望毫无关系的假说互相冲突。我本人经常以理智的政治行为为题进行论证，已足以使我在此必须限制自己不发表什么评论。[9]最不得人心的事，是错误地分析政治过程，即把它当作一种乐善好施的公共趣味与无意铸成的错误这两者的奇特混合物。

我们当中的一些人现在对政治的经济理论寄予厚望。无论人们对此是赞成还是反对,如果假定公共政策缺乏效率是由于其依据了错误的观点,都是不正确的。要知道,一年复一年,十年复十年,在大多数国家都可看到的保护性关税或高利贷法应归因于思想混乱,而不是由于有目的的行动,这实在是一件令人异常困惑的事。最优秀的人和最先进的国家确实都犯过错误,但是,难道100年之后我们仍没有资格询问,所谓的错误造成的结果,仅仅是无意的吗?

换句话说,某种声言一大套持续存在的政策都是错误的理论,如果它本身不是错误的,就具有反知识的深远意义。把无法阐明的现象当作错误而不予考虑,这是最空洞的"解释性"原则——太阳底下,甚至太阳上面的任何东西都可以贴上这种标签而弃置不顾,然而人们却没有增加一丁点的认识。

我们经济学家在传统上曾对各种政策的缺乏效率提出过无数的批评意见,他们自己(包括我自己)常常为了这些批评而得到完全的满足。我确信这些批评对政策的改变作用甚微,因为几乎一切事情所涉及的范围都远不止是狭义的效率问题,也就是说,这些政策为很多含糊不清或者难以理解的目标服务,并且其服务的效率还算说得过去。关税的目的是把收入再分配给具有很大政治权力的集团,绝不仅仅表明政府对比较成本理论一无所知。我们所生活的世界充满了各种错误的政策,然而对支持这些政策的人来说,它们却不是错误的。

我想再稍稍提一下重商主义政策,斯密认为它是大大小小的商人用来对付头脑简单而又正直可欺的地主们的聪明策略。在斯密的时代，地主仍然构成了大不列颠的统治阶级。斯密及其追随者应当自问的是，一个拥有诸如埃德蒙·伯克（Edmund Burke）这样的智者的阶级，是否会在数百年当中花费巨大的代价来坚持一个简单的谬误。在此，我十分诚惶诚恐地说，对重商主义的成本与效益观点认识错误的，更可能是斯密，而非英格兰的贵族阶级。为了斯密我想说：一个长期存在许多谬误的世界，不会有利于经济学的生存。

鼓吹平等

有很多种政策，很难仅仅根据其实现为人广泛接受和认识比较一致的目标的效率来进行判断。我这里指的是那些旨在实现收入再分配的政策。如果纳尔逊和琼斯的收入相等，而根据某项政策要拿走纳尔逊一半收入，并把它给予琼斯，那么，除了琼斯以外，人人心中都会不可避免地产生一个有关平等的疑问。

在整整一个世纪当中，从斯密到杰文斯，经济学家们在讨论收入分配问题时都一致地小心翼翼。可以设想，斯密认为收入分配是由市场决定的事情，因此他说，“君主应给予其所属各阶层子民以公正平等的待遇，如仅仅为了促进某一阶层的利益，而伤害另外一个阶层的利益，显然完全违反这一规律。”[10]我倾向于接受这一观点，尽管人们偶尔也可以从斯密的书中找到一些与此不同的看法，比如他建议对极尽奢华的车辆课以不成比例的重税来加重“懒惰与虚荣的富人”的负担（第Ⅱ卷第 246 页），而这样的歧见很少出现。[11]

古典经济学派与斯密的看法相差并不太远。他们认为平等所产生的负效应有两种：一是削弱人们厉行节俭和努力工作的动机；二是根据马尔萨斯的原理会增加人口数量。李嘉图对那些不尊重财产权的投票持否定态度。[12]虽然穆勒撰文提出财富的分配与其生产不同，它具有社会的伸缩性这一令人安慰的论点，但是，他却没有打算支持累进所得税制，这主要是因为他担心收入的平均化会导致人口的增长，还因为这种税制会给政府管理部门带来无法承受的调查审核工作。而边沁（Bentham）从功利主义的微积分得出来的轻飘飘的平等概念，并没有给他的朋友、门徒甚至佃户们留下任何深刻印象。

这种遵循几乎不提收入再分配的规律也有一个很有趣的例外。地租是对使用“原始的和不可摧毁的”财产所支付的费用，按其定义来看是一种非功能性收入，所以社会对地租施行控制不会影响土地的使用。因而穆勒强烈主张对土地价值的未来增值实行国有化。但即使在支持这一观点时，他还是希望对现有的地主给予足够的补偿。[13]

当效用理论成为经济学的核心时，所有这一切便发生了变化，但是这种变化却不是由效用理论的出现造成的。1881 年，埃奇沃思（Edgeworth）出版了《数理心理学》（*Mathematical Psychics*），他在这本书中，以高贵典雅、富于想象的文笔，卓有成效地描述了功利主义微积分的计算方法。效用论与自然选择论结合在一起，其最激进的建议是不允许未达到一定能力水平的人们有小孩[14]，再有就是，生产能力和享受能力之间可能存在的相互关系甚至可能导致贵族阶层的优势。这种激进观点在适当的时候被那种使损失最小化的功利主义税收原则的古典理论所取代。政府在向穷人征税之前应先向富人征税，并且不只是简单地向富人征收比穷人更重的税，因为过分的累进税率会对生产造成无法预知的危险。[15]累进税制思想来自这样两个假设：一是收入的边际效用随着收入的增长而下降；一是某人拥有的收入数量与他将收入转化为效用的效率，并不存在必然的联系。

到1912年，庇古(Pigou)已经能够将“如果其他事物保持不变，只要国民所得收入的分配更加公平，就能够扩大经济福利”，当作福利经济学的一条公理。[16]但是，他仍然不大赞成广泛实行直接的再分配，其理由是——由此可见他性格古怪——穷人不会理智地利用资金：“那些不善烹饪或用酸腐小菜喂养子女的妇人，并不会丧失母亲的职位；那些没能仔细考虑儿子前程的男人，也不会被剥夺做父亲的资格……然而，根据人们所说的，……足以确立这一观点……即，穷人，作为向自身和子女投资的企业家，反常地缺乏能力。”[17]幸亏穷人的智力水平不断地迅速提高，因而庇古能够在几年之后写道，“指责所有较贫穷阶层的人士都缺乏经营管理的能力，实际上完全是一种诽谤。”[18]难道是庇古跟上了社会前进的步伐？

我想宣称，我所相信的东西就是我可以证明的，在过去的100年当中，经济学家这类说教者对收入分配问题的关注一直在稳步增长。而今天，任何政策对收入分配的影响都是每一项政策评估首先考虑的因素，平均主义几乎成为无可辩驳的社会政策目标。我们可以用两段话来概括出收入分配在从伦理角度判断经济政策时的支配性地位。

第一段话是说，经济学家对收入分配问题的关注日益扩展，并非来源于经济学本身。直至最近，专门论述收入分配的经济学文献仍然十分鲜见，还比较蔑视传统观念（尤其在有关人与人之间的效用比较之可能性方面），并且没有累积起来。毋庸置疑，经济学家从其所生活的社会之精神气质的主流中，汲取了平均主义的价值观，并将这种价值观用于经济学分析，但是他们并不是形成这种精神气质的主要贡献者。在我当作范例的英国传统中，费边社会主义者比新古典经济学家对平均主义的影响更大，而且也更坚定地支持平均主义。

第二段话是，在广泛的收入再分配问题上普遍接受伦理原则妨碍了实证性收入分配理论的发展。这样的实证性理论将能够阐明收入分配规模如何对诸如财富的增长、教育的发展、税收和其他政治措施的作用、遗产制度，以及家庭性质的变化产生影响；还可以解释上述这些因素又是怎样反过来影响收入再分配的。这种实证性理论正开始形成，我预计它将对经济学家有关再分配政策的态度产生重要影响。然而，需要指出的是，直至最近，对收入分配问题的专业性研究还为数甚少，并且没有汇总累积，其原因应当说是由于经济学家们把这一问题主要看成是属于伦理学的问题了。

结论

我必须将这场关于经济学说教问题的说教告一段落了。从我们作为说教者的经验中，我所得出的主要教训是，我们要鼓吹社会所希望听到的东西，就会受到民众的欢迎。或许，所有的说教者遵循这一原则都会受到普遍的欢迎。

一个说教者受民众拥戴的程度，未必能衡量出他作为说教者的影响力,更不用说作为学者的影响力了。事实上,我们或许可以证明,不受欢迎的说教反而更有影响——当然,如果对立面确实存在,而说教者只是使听者更进一步坚定信念,那么,教士就应当退居教徒们的后面,让更聪明的人来引导他们。无论经济学的说教者是引导还是跟随,都需要某种伦理体系来指导他们提出建议。我将在下一讲中介绍这种伦理学的性质和起源。

Ⅱ. 竞争伦理学:友善的经济学家

人们对一种由个人掌握资源配置的决策权,并且决定最终产品的构成和分配的经济组织体制,有各种各样的称谓:市场制度、私人企业制度、竞争体制、自由放任的制度,或者按照马克思主义者的说法是垄断的资本主义制度。这种制度在过去 200 年里一直是控制西方世界经济生活的主要方式,不过,在此期间,政府的干预无论在广度上还是在深度上,也都获得了巨大的发展。

这一讲,我想先讨论一下主流派英国经济学家们对这种经济制度的看法,即他们对私人企业制度赞成和反对的范围及内容。在此,我只是简要地回顾一下他们的看法在前现代时期的演变历程,而重点阐述现代经济学家对市场的态度。随后我要提出的问题是,这些经济学家的伦理思想来源于何处,以及这些伦理价值对他们的工作产生了一些什么影响。

1900 年前:经济学家的辩解越来越小心谨慎

直到 19 世纪中叶,人们普遍相信私人企业制度的效率,也同样地广泛承认其优越性。私人拥有财产权使沙子变成了黄金，没有人抱怨不应当以沙子为代价来换取金子。“天赋的自由制度”得以广泛地扩展。我们确实可以列举出一大串古典经济学家指派给政府的旨在纠正或增加私人活动的任务，但是，这些任务并不是普遍的或系统的“规划”，而只是敷在社会经济躯体上的一点点“治伤膏药”。马尔萨斯(Malthus)论述人口问题的论文，有一部分是谴责平等体制的，而李嘉图(Ricardo)则嘲笑罗伯特·欧文(Robert Owen)的平行四边形理论。[19]

约翰·斯图亚特·穆勒(John Stuart Mill)对私人企业制度的相对优点和各种形式的社会主义，充满了矛盾心理。这种矛盾心理是由以下三个原因造成的：首先，他具有理解和阐述几乎任何观点的异常嗜好；其次是哈丽雅特(Harriet)，这个经济思想史上的妖女的影响；最后一个原因，是他认为私人企业制度造成了许多令人震惊的荒谬缺陷。穆勒声称，大约90%的劳动力报酬至多只是松松垮垮地与他们所付出的努力和所取得的成绩相关联。这种联系确实是如此地不紧密，以致他愤慨地表示，“劳动的产出竟然以我们现在所看到的这样几乎是相反的比率分配给劳动者。”[20]他认为可以肯定地说，竞争的市场无法实现工作时间的缩短，即使所有的劳动者都有这样的愿望。[21]据说只有大智者才会犯大错，而穆勒恰应此语。

然而，尽管穆勒用明晰的和含蓄的方式阐明政治经济学并不意味着主张自由放任，但是，他还是创立了一种很快被广泛仿效的惯例做法。在列举了应当实行自由放任的几条理由之后——主要是根据个人自由和发展的愿望，不过也根据其效率——穆勒得出

结论说,“很少有人会为这些理由是否充分而争论不休,以从所有的例子中挑出一个强有力的例子,来向那些建议而不是抵抗政府干预的人施加影响。自由放任,简言之,就应当是一般的惯例,即如果不是出于做大善事的需要,任何背离这一惯例的做法都肯定是不良行为。”[22]这种否认自由放任是一种经济学原理,而强调其是作为一般准则的权宜之策的做法,很快成为经济学家的既定教义,并且一直保留至今(稍后我将论证这一点)。不久,开恩斯(Cairnes)、杰文斯(Jevons)、西奇威克(Sidgwick)、马歇尔(Marshall)以及J. M. 凯恩斯(Keynes)等人又进一步证实了这一传统做法。[23]垄断、外部性、信息不通以及其他背离自由放任的理由被累积起来,但只是作为一般准则的一些个别例外。

这种令纯科学沉默而用大量假设支持自由放任的折中方法,使我比大多数经济学家都更加感到困扰。一种科学如果能够在自我规定的界限内用一般化的术语阐明各种现象的行为,它便可以说取得了成功。举例来说就是,科学应当能够告诉我们最低工资立法对就业和全体劳动者的报酬所产生的影响;还应当能告诉我们价格变动对消费者的影响;等等。具体地讲,就是通过标准的分析预测出最低工资立法使能力最差的工人收入减少,并使全社会收入普遍减少,以及其他各种各样的影响。

也许有人会说,由于经济学家分析框架的局限性,这种理论未必能导致对最低工资立法的明确反对。例如,劳动力市场上的买方垄断或者工人的信息不通,导致了无效率的市场结果。然而,为了防止这种情况,经济学家应该分析(比方说)在最低工资立法的条件下和存在买方垄断的自由放任条件下所产生的影响,分析得出一个明确的结果,或者是没有结果,总之无论在哪种情况下,都不会形成什么“假设”。

其他的人也许会说,这种理论可能会由于经济学范畴以外的原因而被认为没有结论,尤其是它所未认识到的社会价值可能会颠倒其结论。[24]例如,最低工资立法可能使人们所希望达到的收入再分配(或者某项其他的社会价值)得以实现。于是,最低工资立法的明显受益者就是最低工资规定线以上的工人,这确实正是劳联-产联支持这项立法的原因。或者说,位于高工资领域的工人可以免除低工资工人的竞争,以维持合意的人口分布状况。

那么,假定这些理由或其他一些理由足以解释已知的最低工资立法为社会所接受并得以继续施行的原因,难道这不是对在进行最低工资立法的研究中把这些结果包括在内的经济理论所提出的正当要求吗?为什么对社会意义重大的全部结果不应该对经济学家也至关重要呢?如果我们不乞灵于理性探询范畴之外的结果——比方说,该项法案有利于信仰真正上帝的人,但没有进一步的识别标准——就不容易使探讨经济现象的纯科学与一系列有关现实情况的非派生性假设共同存在。当然,我们可以科学的劳动分工为由来忽视效率以外的价值,即使任何其他科学似乎都不打算研究这一被忽视的部分。但是,无论如何,人们总要对这种假设的来源提出疑问。

我想,这些问题的答案是,经济学家可能会含蓄地暗自决定,其他一些可能压倒效率假设的价值通常很软弱或是充满矛盾的,甚或只是进一步强调了根据各种研究结果所得出的结论。我并不打算与这种正在流行的哲理发生争执:无论我们多么充分地阐释

施行最低工资立法的理由——这是我们应当拓宽的一项研究范围——我预计我们经济学家都不会喜欢这项法律。然而，流行的哲理却不应该当作科学来炫耀。

边际生产率伦理学

经济学家一直倾向于公开的和无条件地赞美私人企业制度，到了19世纪末，这种传统发生了一次重要的中断，其原因是人们发现并且普遍采纳了边际生产率理论。

边际生产率理论认为，在竞争性均衡状况下，各生产要素得到的补偿率等于它给企业所带来的边际或追加的价值。假如该生产要素是一个劳动力，他在一个（比如说）服务性行业从事服务工作，没有什么资本设备，于是，在达到均衡时他的工资就会等于他的服务给企业所增加的收入额。如果像在通常情况下那样，所有生产要素的产品都混合在一起，那么边际产品就可能表现为更多的庄稼、更可靠的机器或者某些其他可销售的物品。

假如你向一个外行人宣称，某人的工资就是他的边际产品，并且在也许比我还清晰地解释过边际产品的含义之后，再加上一句，“这难道不令人愤慨吗？”我想这个外行人会对你的评论感到惊讶。无论如何，在边际生产率理论的奠基者和传播者中间，已经有好几位经济学家精确地表明：某一个人的边际产品价值，恰好等于他的报酬率。

倡导这一观点的最著名的经济学家，是约翰·贝茨·克拉克(John Bates Clark)，他在其巨著，《财富的分配》(*The Distribution of Wealth*)(1899年)中指出：

> 劳动阶级的福利状况,取决于他们收入的多寡;但是,他们对其他阶级的态度——以及因此而引起的社会稳定问题——却主要地是由他们所收入的数量是否等于他们所生产的数量所决定的。如果他们创造出来的财富数量很少,但却可以全部归其所有,那么他们就可能不想进行社会革命。但是,倘若他们感到自己生产出大量的财富,却仅仅得到了其中的一部分,那么,他们当中的许多人就会变成革命者,并且所有的劳动者也都有权进行革命……
>
> 首先,我们应确定社会是否给予了每个人他自己所生产的(产品),以检验这个社会是否公正,其次我们再来查明社会上每个人所应得的部分是增大了还是减小了,以判定它是否为人们造福。[25]

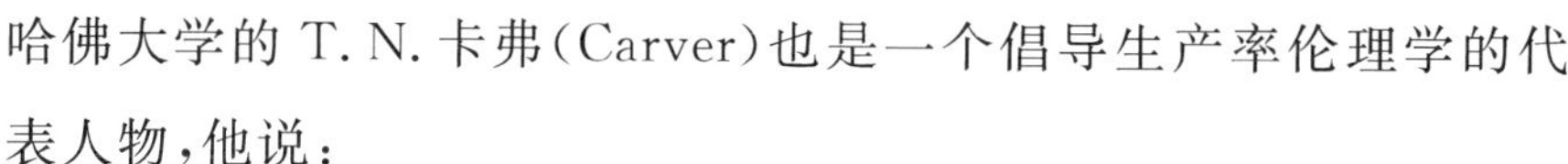

哈佛大学的 T. N. 卡弗(Carver)也是一个倡导生产率伦理学的代表人物,他说:

> 可是,如果一种特殊的劳动力数量很少,而其他生产要素的数量庞大,以致每增加一名这种特殊的劳动力,就能大大地增加产品的产量,于是,我们便可以精确无误地说,他的物质产品很多,在这种情况下,他的价值就很高。因而,这就是确定一个人价值大小的原则,并且,根据我们判断公平的标准,这样便可以决定一个人应当得到多少劳动的报酬。[26]

我没有去探究到底有多少经济学家参加了这一从伦理学角度判断竞争的讨论。我相信有许多经济学家确实做过这件工作,他们通常不是很公开地明确阐述这类问题,而是含蓄地承认用边际生产率作为报酬的依据是恰当的。例如，庇古(Pigou)就把低于工人的边际产品价值的工资称为剥削性的工资。[27]

这类文献通常被看成是"朴素的生产率伦理学"著作，这里的形容词不是用于区别于其他更复杂的伦理学体系，而是表达了经济学家的不赞同之意。这种不赞同之意的典型表述可见于弗兰克·奈特(Frank Knight)的著名论文："竞争伦理学"(The Ethics of Competition)(1923 年)。[28] 他对竞争性体制的公平性提出了四点异议：

> 1. 经济体制铸成了其成员的趣味与爱好，所以不能以有效地满足了需求来为这种制度辩护。[29]
>
> 2. 这种经济体制并不是完全有效率，因为它存在着不可分性、信息不全、垄断、外部性等特点。[30]
>
> 3. 竞争的体制最主要的缺点是，它基本上是根据世袭权和运气(努力只占很小的比重)来分配收入。在竞争的条件下，收入的不平等累积性地日益扩大。[31]
>
> 4. (或者是)把竞争当成一场比赛，这种形式也难以满足可以接受的公平标准，诸如给每个人以相同的起跑线，以及允许参加各种各样的竞赛。

许多年前，当我第一次读到这篇论文时，我正在奈特教授的指导下撰写学位论文。你们不必感到奇怪，当时的我认为他的文章是对"生产率伦理学"的最终驳斥。而当我在大约一年前再次拜读这篇文章时，却为以前的看法感到震惊了。奈特作出了一系列最彻底、最自信的经验判断(诸如上述的第一和第三点异议)，但是却没能找到一点点支持这些判断的证据。而且,他的第二点异议,即现实世界的市场在他特指的意义上并不是完全竞争的,怎么会是恰当的呢:人们可以规定出某种完善的标准来判断不完善的表现,并且任何经济制度下的现实表现用任何一般性标准来衡量都肯定是不完善的。奈特一再提及在任何“可接受的道德体系”下反对竞争性结果的理由,但是却从未告诉我们这种体系中到底包含什么道德内容。他自己的独特判断确实似乎并不强加于人,正如他有时所说的“没有人会为了一瓶陈年葡萄酒的道德价值是否与一桶面粉的道德价值相等而争论不休”。亲爱的奈特教授,请原谅背叛了你的学生吧。但是我实在是好争论,如若这是酿造葡萄酒的大好年头的话。

我还要简单讲讲可接受的伦理思想的地位问题,但是此刻,我只想指出,有关收入分配的生产率伦理学的感召力,不仅获得了来自公众的广泛支持,而且在经济学家们只注重感情而不在意语言的时候,也对这种伦理学表示支持。举行秘密的公民投票不可能计算出伦理的价值,然而生产率伦理学却的的确确得到了普遍的支持。甚至连马克思也像庇古一样把剩余价值定义为工人的产品超出其工资的部分。由技术与努力之外的因素而获得的报酬——在奈特的例子中,有胡须的妇女在马戏团得到好位子,只是因为她们没有刮掉这些胡须——并不足以否定生产率伦理学。

经济学家的伦理学

我尽可能地晚一点提出这一问题:经济学家的伦理体系究竟来自哪里?我的回答是:他们从任何地方都能找到自己的伦理

体系。

有时候，人们普遍接受的哲学体系可以成为一个来源。在经济学说史上影响最大的哲学体系是功利主义，边沁（Bentham）那个圈子里的经济学家，西奇威克（Sidgwick）、马歇尔（Marshall）、庇古（Pigou），尤其是埃奇沃思（Edgeworth），都深受功利主义的影响。我已经提到过埃奇沃思的《数理心理学》（1881 年），这本书在很大程度上是他对早先的专题文集，《伦理学的新旧方法》（*New and Old Methods of Ethics*）（1877 年）的再创造。埃奇沃思在这本书中极其郑重地描述了功利主义的伦理思想：

> “机械社会”终有一天将与“机械天堂”一起出现，分别攀上作为道德顶端的一个最大化原理的南北高峰。如同物质世界中一个微粒或张或弛的运动都一直从属于累积能的一个最大总量一样，各个心灵的运动，无论是因自私而分隔，还是因同情而联系，也会不停地在实现最大的快乐，即天地万物间神圣的爱。[32]

埃奇沃思的微积分和西奇威克的《伦理学方法》（*Methods of Ethics*）代表了新古典经济学中功利主义伦理思想的高峰。

事实证明，直率地利用功利主义伦理学的主要障碍在于，它需要额外的信息，尤其需要关于不同的人创造效用的效率方面的信息，但是，人们承认没有客观依据可用来衡量这种效率。我们应当记得，埃奇沃思曾被引向认为也许贵族统治的社会是最好的社会。

即使我们能够克服对效用进行比较这一困难，并且是由意见一致而得以全面克服，而不是通过争论或寻找证据来克服的，那么,这种系统的伦理学将会导致一种令人窘迫的后果。让我举例来解释这一点。

当人们试图描绘某种一般伦理体系的应用情况时,就会遇到马歇尔曾经面临的那类问题。马歇尔在恰当地题为“正常需求和正常供给变动的理论同最大限度满足原理的关系”的一个章节中,详细地考察了合适的货物税的性质。[33]根据功利主义的理论,马歇尔指出,对必需品而不是奢侈品征税,更符合人们的愿望,因为必需品的需求弹性较小,所以货物税所引起的消费者效用(消费者剩余)的损失较小。[34]当然,由于累退税忽视了纳税能力,因而马歇尔反对这样的建议。

也许有人认为,假使马歇尔能恰当地衡量出穷人的边际收入效用比富人的高,那他就不会感到窘迫了。这是极有可能的,尽管他将为此对奢侈品税和必需品税的效用大小进行比较。但是,无论如何,其他令人窘迫的问题很快就会出现。比如,功利主义的目标意味着世界范围的收入再分配。

某一包罗万象的伦理体系面临的问题是,它所得出的结论并不受社会普遍欢迎,从而也不受经济学家普遍欢迎。虽然我没有进行大量的核实,但是我相信,只要是伦理体系与普遍的社会价值观发生冲突,经济学家便会抛开伦理体系的影响。如果事实的确如此,就更有理由接受社会的价值观念,而不管其包含着什么矛盾。

约翰·罗尔斯(John Rawls)曾经提出过一种摆脱这一绝境的方法,即引申出一般的伦理价值,使其既具有归纳性又能够协调地应用。具体的设想如下所述。挑选一套可信的判断标准,并使这些标准能确定社会上人与人之间许许多多变化多样的具体矛盾。在假定这些矛盾已被确定的条件下，寻求一种解释或一种原理来正确地预测出这些矛盾的折中点，并称这种原理为伦理原理。通过这样的程序，任何隐含的伦理原理都可以随着可信的判断之后重新被发现。人们也许会抱怨这种程序具有高人一等的味道，而根本性的问题当然还在于是否能够发现存在着什么原理。[35]罗尔斯后来提出了一种经过修正的关于公正的功利主义理论，颇有影响。但是这种理论并不是建立在这样的归纳基础之上，这表明他也认识到归纳性的伦理学很难系统化，并且很可能难以使人接受。[36]

如果像我所相信的那样，经济学家一直满足于根据知识阶层的主导思想确立自己的目标，那么，这绝不是说他们只是提取各种伦理价值观所隐含的赞成意见，然后或是采纳大多数人的观念，或是把这些观念按照知识阶层所持观点的变化速率，匀称地分布开来。他们自己的学科拥有自身的影响。

其他社会科学领域的人们常常谈到理性决策的逻辑对经济学家具有特殊的魅力。我必须要说，这实际上是在抱怨。这种逻辑的有趣之处在于：它解答了如此大量不同性质的问题，而这些问题的答案往往对经济学家来说是合理的，同时对其他人却是荒谬的。经济学家对这种逻辑所表现出来的兴趣并未减少它的自相矛盾。当朗菲尔德（Longfield）指出在严重饥荒时期富人买进粮食并半价出售给穷人而穷人并没有得到帮助时，他必定会对此十分满意。宗教界人士要是从斯密的著作中得知培训正牧师所花费的大量津贴只会降低副牧师的收入，一定会感到非常气恼。甚至一些经济学家也对贝克尔（Becker）的“病羊定理”感到愤慨。这一定理证明的是，以利他主义的态度对待一个自私的人，会使他不得不按照无私的原则行事。

经济学逻辑的中心，就是个人的效用最大化行为。这种行为可见于人类行为的各个领域——我刚刚提到的同事加里·贝克尔（Gary Becker），曾在犯罪、结婚和离异、生育以及利他主义行为等诸多领域对此进行过分析，并取得了引人注目的结果——然而经济理论却主要应用于看得见的市场。追求私利的力量以及它在复杂的决策领域中几乎令人难以置信的精细微妙，使得经济学家力求阐明明确的或隐含的价格在解决许多社会问题时所发挥的巨大作用。

结果，当某一时期的资源配置和收入分配迅速而广泛地不再依赖竞争的市场，经济学家就会非但没有领导潮流，反而远远地落在潮流的后面。他们固执地试图利用价格来减轻污染、配给能源或者促进社会治安。对目前一些经济领域所显示出来的放宽管制的温和政策，他们总是最积极的倡导者。

经济学家对市场的重视是由于他们的专业素养，还是出于对一种大体上（但不是完全）与所追寻的目标无关的、可证明是有效的资源配置机制的偏爱，或者是由于组织经济活动的市场上的伦理价值观？上述每种原因各占多少比重？或许应当由一位比我更聪明的人来确定。但是，最后一个因素，即自愿交换当中的道德吸引力，至少是发挥了某种作用的，对此我可以举出一个例子来加以说明。

市场上的交易是自愿的和重复进行的。政治交易或军事交易很少表现出这两种特征，而宗教交易或许完全不具备这些特征。因为市场上的交易是自愿的，所以必定会至少是对一方有利，但不会损害另一方的利益。因为市场交易是重复进行的，所以（通常）会使欺诈和毁约的行为无利可图。公正和负责的声誉是一种经商的资本——在企业的资产负债表上，可将其称之为信誉。

理性的行为一点也不会妨碍人们形成节约决策成本的习惯。马歇尔认为其中的一个习惯就是诚实，他说："现在进行欺诈的机会确实是比过去要多得多，但是，我们却没有理由认为人们会比过去更多地利用这类机会。相反，现代的贸易方式一方面隐含着对他人的信任，另一方面也包含了迫使人们不得企图欺诈别人的力量，这样的习惯在落后民族当中是不存在的。"[37]比马歇尔更早就以更明确的词句表达出这一观点的人，是斯密：

> 只要商业在某一国家兴起，就总是会带来重言诺守时间的习惯。这些美德在未开化的国家里几乎是不存在的。在欧洲各国当中，荷兰人最重视做生意，也是最遵守诺言的人。英格兰人在这方面比苏格兰人强一点，但远远比不上荷兰人。比较起来，生活在英国边远地区的人比商业城市的人更缺乏这类美德。这并不是像有些人所认为的那样出于民族性方面的原因，没有什么必然的理由可以解释为何英格兰人和苏格兰人不能像荷兰人那样按时履行契约。这种差异更可能是由于利己心理的作用，这种利己的动机是支配个人的一切行动，使其从个人利益的角度考虑采取某种行为方式的一般准则，英国人和荷兰人一样，都深具这种心理。一个商人最怕的是

> 失掉信用，因此总是时刻小心翼翼地按照合同的规定来履行自己的责任。假如一个人在一天之内便需与人签订20项合同，那么他就不可能因尽力欺骗左邻右舍而获得很大的好处，因为这种欺诈的面目一旦被人识破，他就必定会遭到失败。但是，我们发现，如若人们之间只是偶尔打一次交道，就会倾向于互相欺骗，因为某一取巧行为可能使其获得的利益会大大超出因此所蒙受的信誉上的损失。就诚实和守时而言，我们称之为政治家的人并不是最值得称道的人物，各国的使节们更不重视这类美德，因为每当他们在外交上占一点点小便宜，就会受到人们的赞扬，而他们自己也会为了这种机巧而沾沾自喜。这种现象之所以存在，是由于国与国之间在100年当中只不过才打两三次交道，如果有一次使用狡诈手段取得成功，所得到的好处可能会远远超出名声上的损失。法国人的形象自从路易十四以来在英国人心目中并不是很高大，但是她的利益和光荣，却均未因此而有损毫厘。[38]

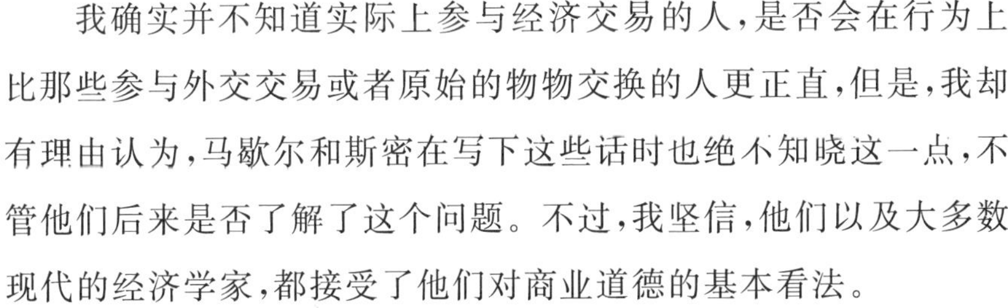

我确实并不知道实际上参与经济交易的人，是否会在行为上比那些参与外交交易或者原始的物物交换的人更正直，但是，我却有理由认为，马歇尔和斯密在写下这些话时也绝不知晓这一点，不管他们后来是否了解了这个问题。不过，我坚信，他们以及大多数现代的经济学家，都接受了他们对商业道德的基本看法。

这一信念并不是基于某种投票表决的结果，而是基于我们的日常习俗。现代经济学家几乎恒定地要求以不存在欺诈和强制力量作为商业活动的前提。这一前提条件有一部分是以如同预算公式那样的数学形式表现出来的，即各个经济单位所获得的价值总量应等于所付出的价值总量。因而，商业交易几乎就可规定为是非强制性的，任何人都不会在进行交易之后境况更糟。

没有什么必然存在的理由让我们作出这一假设，倒是有两个很不错的原因使我们不要这样进行假设。在经济行为当中会包含欺诈和强制因素的第一个原因是，可能会无法将它们与诚实的交易区别开。假设我每天晚上穿过某公园抄近路回家，于是我的裤子平均每周遭人抢走一次——我知道不能带钱。这难道不是一种自愿的交易吗？在这项交易中，我每天付出 1/5 条裤子的买路钱而走了近路。再假设我卖给你一块土地，你误以为这块地下埋藏着石油，而我知道没有，这算不算欺诈呢？如果是欺诈的话，那么我们来修改一下条件，改成你知道这块地下面有石油，而我不知道，显然，我们可以发现有一半人不会承认这是欺诈行为。

第二个原因是，即使从社会的角度看是确凿无疑的欺诈或强制行为，也没有理由认为普通的经济分析不能应用。欺诈性证券的供应数量恰好是使包括销售成本在内的边际成本等于边际收入。人们不会希望罪犯的收入比他们从事合法职业所能得到的收入还要多，做任何事所付出的代价都会得到适当的补偿。这些经济学的普通命题适用于犯罪行为。

总之，我们经济学家排除欺诈和强制是出于习惯，因为我们认为，在企业经济社会的普通经济交易中，欺诈和强制行动在实践上并未表现出显著的作用。

虽然经济学家比其他知识阶层表现出对私人企业制度的更大热情，但是，这并不是说，各种流行的社会观念对技术性的经济学研究没有影响。请想一想现代经济理论对垄断问题是多么重视吧。实际上，在浩如烟海的有关产业组织的文献中，对垄断问题的研究占了首位。能证明垄断之重要性的证据微不足道，但是能证明垄断对经济运行的影响相当微弱的证据却有很多。我在多年的研究工作中，慢慢倾向于赞同熊彼特（Schumpeter）的观点，他认为垄断问题在经济学文献中的显要地位，是由于一般社会观念的影响之故。[39]

什么是伦理学？

我刚刚已经讲过，经济学家们认为经济交易通常是在公正负责的高尚水平上进行的，因为在重复进行交易时行为端正涉及交易各方的利益。可见诚实的行为很值得。

不赞成这一观点的人，我们可以举出理查德·惠特利（Richard Whately）大主教。他是一位著名的逻辑学家和神学家，也多少可称得上是一位经济学家。主教大人曾说，按照诚为上的原则行事的人，不是诚实的人。[40]虽然他并未就此进行详细的阐述，但是含义也很清晰，就是说，因能得利而行为正直的人只不过是一个非道德的算计私利的人，只有在按照正确的行为准则行事时不考虑自身后果的人，才是诚实的人。

如果社会上所有的人都怀有使社会效用最大化的功利主义目标，那么大概人人都会行为正直，因为防御欺诈和惩戒恶行，对社会来说是一大笔无谓的损失。即使只有一个人不像别人那样遵循这种伦理观念，他也很可能会从不诚实行为当中获得很多好处，因为社会在防范他或她的不正直行为时确实得付出代价。所以，人们或许可以得出结论，诚实和正直对作为一个整体的社会来讲是一种功利主义的伦理，即使它没有给(非功利主义者的)个人带来好处。

人们究竟是否相信那些对其行为的影响不受他们的长远效用最大化行为支配，并因而会与这类行为发生冲突的伦理观念呢？这个问题难以说清：如果我们允许个人效用函数中存在无限的利他主义，那么就是回复到社会功利主义。为了避免这种结果而采取一种似乎从经验上讲站得住脚的立场，我会假定在家庭内部和亲朋好友之间，利他主义的因素很强，而随着社会关系的疏远，这种因素会越来越淡漠。这正是亚当·斯密在《道德情操论》(*Moral Sentiments*)中提出的观点。[41]这样解释并没有最终给出人们是否按照伦理原则行事这一问题的答案。实际上它是排除掉这样简单的回答："当然，他们沉醉于博爱。"

有效的伦理价值是否存在，当然是一个实证性的问题，并且从原则上讲，我们可以直接对此进行验证。我记得曾经有人做过一项试验，即将装有少许现金的信封贴好邮票，写上地址，但不予封口，然后随意丢在街上，再跟踪记录这些信有多少寄到了指定的收信人手中。在我的印象中，好像是作为一个慈善团体的收件人收到了较多的信封，而大部分现金都被拾到它们的人侵吞了。

人们可能会不赞成这样进行试验，我记得有过这类争议，因为它没有说明拾到信封的人是怎样做的：也许有些人拾到信封之后去找神父忏悔，而有人却去找赛马经纪人下赌注，这两种人的行为大相径庭。但是这仍不失为一个值得探寻的有趣问题，更适于作为现今的哲学博士论文的题目，而不太适于当作新闻来进行报道。

让我来预测一下，如果对人们在其个人私利和普遍声称所信奉的伦理价值观发生冲突时的行为方式进行全面系统的测试，会得到怎样的结果。许多时候，实际上是大多数时候，追求私利的理论（正如我对斯密学说所进行的阐释）会获得胜利。在一些行为者的社会特点不容忽视，并且或许不是偶然发生的情况下，追求私利的假说将会失败——至少是未能对追求私利做出微妙而又高深莫测的解释。

我预计会产生这样的结果，因为这是一个经济学家们不仅在各式各样的经济现象当中，而且在对婚姻、抚养子女、犯罪、宗教以及其他社会行为进行深入研究时，都可以很容易地得出的结果。我们相信人是一种追求效用极大化的动物——显然与鸽子和老鼠没有太大的差别——迄今为止，我们尚未发现这能为剖析人们乞灵于不同行为目标时的生活部分提供什么信息。事实上，我刚刚提出的试验并没有很大的意义，因为大多数伦理价值观确实并不会与个人的效用极大化行为发生冲突。

我将在最后一讲探索这种充满危险的思想观念。

Ⅲ. 竞争伦理学：不友善的评论家

自《国富论》(*Wealth of Nations*)出版以后的一个世纪里，经济发展的步伐一直在以前所未有的速率和规模向前迈进。西方世界的生产技术、经济体制、生活方式，乃至政治，都发生了持久而且意义深远的变化。人们的生活水平不断地在提高；寿命得以延长；教育也在整个社会得到了普及。

可以想见的是，随着这种惊人的经济发展而产生的激烈变革，会引起某些社会集团的强烈反对和苛刻的批评。大不列颠文化界的重要人物们很快就会怀恋过去的罗曼蒂克时代。桂冠诗人罗伯特·索锡(Robert Southey)分别使用玫瑰色和黑色的双焦镜头来观察早年的村野制度和工厂体制：

> ……我们保持片刻的沉默，俯视着下面群集的住宅。在这里，以及在毗邻的小村米尔贝克，都可以看到工业和农业所带来的影响，并可以对其作一番比较。古老的农舍是诗人和画家都会感到欣喜的样式。它们几乎全部由天然的石材建成，不用半点灰浆，也没有染上白石灰水的痕迹；低垂的屋顶上覆盖着石板瓦，与周围的景致浑然一色，无比协调，即使由某种土生土长的安菲昂音乐的魔力来建造这些房子，也不会使它们更加美丽动人；岁月流逝，日晒雨淋，给它们留下斑驳杂色、遍地绿苔、短草丛生，以及石缝中千姿百态的植物，又使它们显得更加和谐。许多烟囱，有圆的有方的，虽不像小六角塔楼那样过分修饰，却装点了葡萄牙式农舍的顶端；窗下修剪得整齐的方形篱笆，门旁葳蕤繁生的蔷薇，地上零落的花瓣，还有门前昂首挺立的向日葵，都使整个空间充盈着一种快乐的气氛；附近的庄园、蜂箱以及夹杂着黄水仙和雪花莲(这里最古老和最繁茂的植物)的果园，都表明这里的主人悠闲自得，讲究整洁和舒适，并且享受着自然、健康和纯真的快感。而那些工人们的新村却是……按照呆板的格式建造的……毫无装饰，排成一行。
>
> 我说，与这些工业有关的一切怎么会表现出如此丑陋不堪的样子呢？从最大的拜金神庙到最破陋的奴隶住所，所有

> 的建筑装饰都是千篇一律的风格，岁月不能使其显得成熟，自然既不能装点它们，也不能掩盖它们的丑陋，使这些房屋总是给人一种触目惊心的感觉！[42]

在由无数声音组成的这种激昂愤慨的批评当中，我只想简要地提到两个人的声音。

把政治经济学称为沉闷的科学（dismal science）的托马斯·卡莱尔（Thomas Carlyle），以他惯有的激情写道：

> 然而，我敢说，自开天辟地以来，芸芸众生含辛茹苦、辛苦劳作的日子很快就要把我们吞没。这并不意味着死亡，甚至不是指我们要因饥饿而死，而是会使人类变得十分不幸；许多人已经死去，所有的人都必定会死——我们大家的最终归宿都在一架痛苦的战车上。但是，我们却不知为何要这样悲惨地活着；痛苦地劳作却一无所得；心神憔悴，筋疲力尽，而且极端孤独，举目无亲，被束缚于所谓自由放任的冰冷世界里；这是蚕食我们生命的慢性死亡，我们一生都被囚禁在一种无声的、死一般的、没有尽头的不公正当中，就像被关在法拉利斯式的可恶的铁牛肚子里！对于上帝所创造的所有人来说，这一切实在是无法忍受，并且一直是永远无法忍受的。难道我们还会对法国的革命、宪章运动，以及三日起义感到惊异不解吗？假使我们考虑一下这些时代，就一定会认为它们才是真正绝无仅有的伟大时代。[43]

最后是约翰·拉斯金（John Ruskin）对广大维多利亚时代的听众不断地重复指出工业主义的罪恶。他曾试图把自己的全部想法归

纳到这样的宣言里："政府和合作是生活准则的全部内容；无政府状态和竞争则是死亡的法则。"[44]他还更加明确地表示："按照供需法则来生活是鱼类的特权，正如老鼠和野狼一样；但是人类的不同之处在于他要按照正义法则来生活。"[45]

要想把当代有关竞争性社会制度的批评意见统统列举一遍，实在是一件十分费力的事情。这类批评可见于戏剧、小说、教堂、学术界、文化水平较低的企业界、社会主义者、共产主义者、费边主义者以及别的许许多多不赞成竞争制度的人们当中。我想应当提请人们注意熊彼特(Schumpeter)曾经就1924年的日本大地震评论过：有一点非常清楚，这不是资本主义制度造成的。人们突然之间明白了，如果没有资本主义制度，我们这个社会的食物将会是怎样的匮乏，同时也就没有那么多愤慨了。

我现在并不打算描述这类相反的观点，更不想驳斥对资本主义的批评。对此，人们已经写出了许多精彩的回答，例如，我在前面引述过的索锡(Southey)那段话就使麦考利(Macaulay)感到很不以为然，他满怀嘲弄地写道：

> 索锡先生告诉我们，他发现了一种可以对工业和农业所造成的影响进行比较的方法。那么这种方法是怎样的呢？这就是，站在一座山冈上俯瞰下面的农舍和工厂，然后比较这两类建筑物中哪类更美。不知索锡先生是否想过，在环绕着方篱墙、小花园、蜂箱以及果园的坚固或富于装饰的农舍里居住着的，或者曾经居住过的英国农民的生活实质？如果他没有想过，那么又用什么作为进行比较的参照呢？我们鄙视那些

> 冒牌的哲学家，他们认为自己可以通过贬损文学和美术来提高科学事业的地位。然而，假使说有什么东西能够为这些人的狭隘思想开脱的话，那就是像这本书之类的作品了。[46]

事实上麦考利认为索锡只具有“我们相信任何人都不会如此明显地具备的两种才能——盲从和无端的仇恨”。[47]

后来的和通常不太重要的为自由放任主义辩护的人已经证实：这类批评开始落入俗套，即对所攻击的制度进行谩骂；在谩骂当中甚至遣责其某些优点，并夸大实际的缺陷，而唯独对可能作为替代的经济制度存在的困难视而不见，即使他们实际上正面临着这些难题。不过这些特点当然不一定是批评私人企业制度的人所独有的，很可能批评任何现存制度的人都必然会具有这些特征。

我在这一讲开始就提到这些早期的批评性文字，只是为了表明领导公众舆论的重要人物们很久以来一直是反对竞争的经济体制的。由于私人企业制度在公众心目中的地位下降，国家对经济生活的控制大大扩展，人们自然会忍不住想将此归功于这些早期的批评家及其众多的现代门徒。我想请诸位千万别抱有这样的想法。在初步观察过所谓的人云亦云者的观点之后，我想再看一下那些领导公众舆论的人，尽力解释他们的态度，并考察他们的重要性。假使我的解释是正确的，就会引出一些有关私人企业制度之未来发展的有趣问题。

态度是否有所改变：下层阶级

历史是由有文化的人写成的，也是为他们所写。我们对 18 世纪贵族阶级的思想和行为的了解，要比对人数大约为 10 万的，其收入和教育水准处于或接近于社会最底层的人们的思想和行为的了解详尽得多。没人能从有文字记载的历史中推断出这些下层阶级对经济哲学的态度，而高贵的贵族阶级说过的话却被收入英国国会议事录和几大卷正式出版的通信集中而载入史册，流传千古。因此，我们无法根据直接的文字记录来判断这些下层阶级对自由放任主义所持的态度。

但是，我认为有一种假设似乎很有道理，并且我希望在座各位也能相信它是站得住脚的。这一假设就是：在过去的几百年当中，这些下层阶级已经极大地提高了其富裕程度和正规教育的水平，因而他们已经极其强烈地爱上了自由放任的资本主义经济体制。一个极具说服力的证据是现代史上重大的自发性移民状况：成千上万的欧洲人来到美国，直到欧美两边都设置了向美洲移民的障碍；许多中国人尽力设法进入香港、上海以及其他开放的亚洲经济城市；大批墨西哥人现在也公然抗拒美国的移民法，千方百计地偷渡到美国。虽然这类移民包含了由穷困社会转向富裕社会的倾向，但是其意义并不仅在于此，这主要是一国人口中下层阶级的移民。一个开放的和分散化的经济体制，对下层阶级来说仍然是充满了机遇的地方。

下层阶级在竞争性体制中赖以发展的基本事实是，竞争的生产制度对不同身份的人会明显地一视同仁。一个雇主会发现两名每小时收入 3 元的非熟练工人完全可以替代一名每小时工资为 8 元的半熟练工人。一个商人会发现向穷人售出 10 件 1 元钱的东西比让富人买走 1 件 7 元钱的物品更有赚头。这个商人更感兴趣的,并不是顾客的身份,而是其所得到的金钱的色彩。

假如能够得到机会,现代社会(以及许多其他社会)中确实会有很大一部分人渴望移居到竞争性的经济社会中去,那么,为什么这些人还要支持在许多民主社会——他们是这些社会中选民成分的很重要部分——广泛地扩大政府对经济生活的控制范围呢?

现在我想先假定,然后再举例论证,下层阶级不会由于受怀有不同目的的知识分子的愚弄,或在他们的引导下,来支持政府的管制政策和社会主义,而是一般地倾向于为了自身利益参加选举。一旦非熟练工人进入开放的社会,他们就会反对进一步放开自由移民。收入最低的工人明白最低工资立法对自己的不利影响,因此其代言人将会投票反对这类法案。[48]我们可以在许多方面来验证这种对下层阶级政治行为的理性解释,例如,考察一下他们是支持政府将巨额开支用于发展高等教育,还是支持政府将大笔的金钱投入控制污染的研究项目。

我相信,我所主张进行的这类研究将会证明,下层阶级一向是相当有选择地支持对竞争性经济体制的运行所进行的干预,而且在这方面会斤斤计较。这只不过是由于对他们有利的管制政策并不是很多。下层阶级将尽力寻求并接受政治制度允许他们得到的经济收入,不过,他们不会从减少社会收入的管制政策获得任何利益。

然而,我们这种政治制度却绝对不是由下层阶级来支配的。毕竟他们在投票箱前的表决权不如在市场上的大,尽管从表面上看情况正好相反。这些人居住分散,年龄和社会背景的差异很大,并且确实没有因经济和社会方面的渊源和利益而成功地结成必要的或者有用的政治联盟。他们只是接收新闻或电信媒介所传送的信息，绝不可能直接控制信息的传播。这些特征并不意味着下层阶级是某些阴谋的牺牲品，也不意味着他们对政治事务丝毫不具影响，而是表明了，即使是在英国和美国这样的民主社会里，市场也确实会比文献资料或社会政治能更准确、更迅速地衡量出下层阶级的偏好。

我以为，我们的政治制度这种重视具有一定教育水平和一定社会特点的选民的倾向，是下层阶级之所以未能在现代的管制政策中发挥更大作用的原因之一。第二个，也是更重要的原因是，下层阶级绝不是人口中的大多数，因为竞争性经济体制的极高生产效率已经消除了穷困和未受教育的阶层！这种经济体制的生产率已将移民或贫穷家庭的子女变为中产阶级。在美国第一流的经济学家当中，就有相当一部分人是手艺人的儿孙。

当私人企业制度将许多来自下层阶级的支持者提升到中产阶级的地位时，他们就会更加关注国家的各种政策。如对进入技术性职业进行限制，就将成为中产阶级中的各种集团利用政治势力获得好处的大量事例中的重要一例。如果不是格劳乔·马克斯(Groucho Marx)加入了允许像他这样的人加入的乡村俱乐部，那么私人企业制度就不会把谬论变成真理，而且会排斥掉一些懂得如何把事情做得更好的人参加竞赛。

态度是否有所改变：知识分子

知识分子几千年来一直很藐视商业活动，因此他们对竞争性经济体制的轻视是不足为奇的。然而，当今的大多数靠笔墨为生而不是靠商品生产为生的人,却都把自己的生存归功于现代经济制度的发达生产力。按照历史的标准,只有生产力高度发展的经济体制,才能够向其人民提供 12 年至 18 年的正规教育,从而为一个庞大的教师阶层提供就业的机会。只有这样的富裕社会,才可能拥有发达的通信事业和普及的社会服务设施——知识阶层的另一些广阔的就业领域。因此,至少在表面上很令人不解的是,为什么这些知识分子要坚持传统的敌视商业企业的立场——蔑视它们的动机,指责它们的成就,起码是支持政府进一步加强对它们的控制,而且往往是主张直接建立社会化的商业制度。

对这个问题,许多人会这样回答:确切地说,知识分子所反对的是商业活动中经济关系的竞争性,以赢利衡量成就,以及它给不符合市场需要的文化活动所造成的困难。简言之,知识分子所怀有的伦理价值观敌视的是实利主义。

与这种答案几乎相反的另一种解释方法是,这些上层阶级之所以持这种立场,是由于他们发现自己的主要庇护者是政府,他们的主要就业机会决定于政府以及政府的活动。即使与私人经济活动密切相关的政府的发展取决于私人经济的生产效率,知识分子的一己私利却仍然存在于政府经济活动的扩展当中。

我认为,在短时期内情况确实如此,而这个短时期至少是一两代人的时间。现代国家的政府所采取的广泛管制活动,无论是直接的管制,还是这种管制对私人部门的影响,都是对知识阶层的需求保持旺盛的主要原因。例如,倘若美国的高等教育部门属于私人性质,其各项支出都由学生直接交费来支付,而不是主要由政府补贴来支付,那么教育部门就会大大萎缩,这并不是由于投资效率的提高——虽然效率肯定会有所提高——而是因为这样一来，对很多大龄学生来说，进入学校求学就不再是一项在其时间上合理的投资了。对个别学生而言，国家大大降低了高等教育的相对成本，尽管这使社会的相对成本提高了。同样，政府以全副武装的管制政策为大约50万人创造了公职，而从事于遵循这些政策或者违背这些政策的各种职业的人数，甚至会更多。

简言之，在政府的经济作用扩大时，知识分子是受益者。照此看来，他们给政府以支持可以获得最高的报酬，正如我们社会中的其他资源之分配方式一样。难道知识分子不总是对其保护者毕恭毕敬的吗？

在此，我既没有尽力寻求似是而非的论点，也没有努力得出公正的结论，所以我想强调，我像亚当·斯密一样，并不打算含沙射影地故意指出知识分子的缺陷，我自然会认为知识分子的思想高明得足以令人接受。大多数知识分子在指手画脚之后并不改变立场，他们尽力发展能够为人们所接受的思想。人们不需要的思想会如同其他没有需求的产品一样没有销路。例如，假使在座的哪一位想成为继亨利·乔治(Henry George)的经典著作之后鼓吹单一税制的信徒，那么我就会建议他或她先去找一个富有而又宽容的配偶。

知识分子和思想意识

某种支持和反对私人企业制度的自私理论会使很多人受到冲击，这并不只是因为我所提到的这种理论非常肤浅，尚未向高深的方向发展(虽然这些缺欠是公认的)。很多，或许是大多数知识分子，都会坚决表示，知识分子对私人企业制度的反对是基于伦理和文化价值的考虑，与个人私利无关；而且，知识分子的反对对形成整个社会的批评态度来说，起到了十分重要的领导作用。

有一位永远令人感兴趣的学者曾一再强调知识分子对社会潮流所产生的强有力影响，这位学者就是约瑟夫·熊彼特（Joseph Schumpeter）。他在对资本主义未来的崩溃所进行的完整论述中，包含着一种捉摸不透的形而上学观点，即，他认为，对社会制度的合理性的需要，以及对社会上领导阶级的超凡能力的需要，与资本家头脑里所进行的理性算计并不一致。知识分子曾经一直在批评社会秩序方面发挥着他们惯有的作用：

> 一方面，公开讨论的自由，包括对资本主义社会的基本原则吹毛求疵的自由，从长远的角度看终归是不可避免的。另一方面，知识分子集团又不能不吹毛求疵，因为它靠批判生存，其整个地位都有赖于刺痛别人的批判；而对人和时事的批判在任何东西都不是神圣的情势之下，必然会在对阶级和制度的批判当中流露出来。[49]

于是，知识分子被当成是特别能够促使工人运动走向激进的阶层。

知识分子应当相信决定历史进程的重要力量是知识分子，这一观点并不难理解。但是，虽然经济学家也是知识分子，要他们理解这一点却不是那么容易，因为这种说法把整个劳动阶级放置一边，并且将他们看成是有特殊动机的人。按照传统的职业选择经济学理论，知识分子为自己选择的各种职业和艺术、伦理、文化以及政治观点，是按照使其收入最大化的数量来分布的。这里的收入包括诸如声誉和明显的影响力等令人愉快的社会地位。按照传统的经济学观点，一个加尔布雷思(Galbraith)是尽了最大的努力来为罗纳德·里根(Ronald Reagan)工作的；一个弗里德曼(Friedman)是尽了最大的努力来为卡特(Carter)或肯尼迪(Kennedy)工作的；而我也是尽了最大努力来对你们讲述知识分子的地位是何等重要。[50]值得注意的是，熊彼特在指出知识分子阶层不断下降的市场前景是他们对市场进行批评的一个根据时，也在一定程度上接受了这一观点。[51]

请各位千万不要认为我贬低职业性说教的重要性就等于是低估了科学事业的价值。一旦人们发现了各种经济现象中的一般关系并将其证实，它就会成为每个人能够运用的知识结构中的一部分。某种新确立的科学关系改变了人们所评论的话题，并且为所有掌握了这一情况的人所完全接受，而不管他们赞成何种政策。无论一个人是喜欢现今的价格体系，还是不喜欢它并偏向于接纳一种对某些商品实行非价格限额的形式，他都必须承认需求曲线是反向倾斜的这一事实，并重视其作用。甚至在公共政策领域，最有影响的经济学家也是那些作出最重要的科学贡献的经济学家。

至于自身利益的理论，不仅适用于知识分子，而且适用于社会上所有的人，因此我们应当竭尽全力来寻求理性地支持与他们的最终利益相一致的立场。这些利益往往十分微妙且非常遥远，而有利于这些利益的政策又常常很复杂，甚至是尝试性的。例如，对于最近在能源产业内所实行的种种管制措施，就应当做出比已产生的效应更全面、更深入的分析，以辨清和衡量实行这些政策所付出的代价和所得到的收益。但是，至少在原则上，以及从日益增长的实际经验来看，我们是可以确定各种公共政策的效果的，因而能够判断出它们对哪些人有利。

有关思想意识的作用，可以说完全是另外一回事，假如这个含糊不清的字眼适用于表示一系列不导致某种扩大的和长远的自身利益观点的信念的话。假定存在某种反市场的思想意识，并且假定这种思想意识和自身利益无关，那么，它的渊源是什么？它的内容又是什么？如若我们沿着这样的思路考虑问题，难道不是面临着一种固有的武断抉择吗？于是，反政府的价值观就是某种使人们之间团结一致而不是进行针锋相对的交易的人道主义本能；或者是在某个向巫师学来竞争技术的世界中尽力探求单纯和稳定；或者是对某种人为造成的毫无效率的平均主义的希望；或者是别的什么东西。按此方向的抉择肯定会像对伦理体系的选择一样为数众多，一样充满了任意性，事实确是如此。或许，没有一个人，并且当然也没有任何经济学家有权贬低这类非效用最大化的体制，但是，即使是经济学家也有资格对任何实际上在很大程度上被人所接受的思想意识的内在逻辑和内容表示怀疑。

结果，在对公共政策的起源进行数量方面的研究时，思想意识开始显得难以捉摸。于是，假如有人想知道为什么有些州倾向于所得税制而有些州想采纳销售税制，那么衡量某一个州的较高价值观念(或者是理智的混乱程度?)最普通的方法，就是该州在1972年投麦戈文(McGovern)票的选民之百分比！从这个角度讲，思想意识只是代表了一大堆人们并不想对其进行探讨的模糊概念。

对思想意识作为一种非效用最大化的目标所起的作用进行检

验，最简便的方法就是搞清楚支持这类思想意识的人在支持它的过程中是否付出了代价。倘若一般说来，并且在大多数时间里，我们都能发现（比方说）鼓吹“小的是美好的”人们比那些才能相当的、致力于使全国制造业者协会向更大规模发展的人收入少，那么，我就会承认这种证明方法是有效的。但是，让我们先来看一看这种方法。

道德的计算

我是沿着一条你所看到的迂回路线到达这一自然地，甚至是无法抵御地来源于经济学理论的命题的。人，无论是在家里，还是在政府的或私人的办公室里，无论是在宗教活动当中，还是在从事科学工作时，简而言之，无论他在何处，都永远是一种追求效用最大化的动物。他会经常地犯错误，这或许是由于对效用进行计算过于困难，但是更经常地是由于他的信息不够完备。他学习纠正这些错误的方法，尽管有些时候这需要付出很大的代价。

在此意义上，我们所谓的伦理学就是一套有关与他人进行交易的规则。一般地说，这是一些禁止缺乏远见的谋求私利的行为，或者迫使别人付出巨大代价而自己却并未得到很大利益的行为的规则。在进行交易时，普遍遵循这些规则，不仅会给交易者带来长远的收益，并且还会产生一些外在的好处（外部效应）。社会对伦理规则的认可，是强化这些规则以实现普遍利益的一种温和的形式。[52]当然也会有一些人因违背这些规则而获得好处。更确切点讲，社会上人人都会偶尔违背这项或那项规则，而极少数人则常常违反一些重要的规则。

应当注意的是,对伦理准则的进一步详尽阐述,会有这样两个困难:首先,我们总是倾向于用一种重复假设的方式来给个人效用下定义。这个困难不容忽视,因为人们对效用函数的解释不尽一致——我在第二讲结尾部分提出过我的解释,我认为一个人的效用要取决于他本人、家庭以及周围少数与其有关系的人的福利状况。但是,人们仍可以将运用效用理论的困难夸大。一个有理性的人从经验中学到知识,因而这与我们会有规律地预计出偏见性错误的效用最大化假设相矛盾:可见人们不可能偷偷地引入有关错误的理论。发展一个内容丰富的效用最大化理论是一项永无止境的任务。

关于效用最大化假设的第二个困难是难以对其进行验证。其主要原因并不在于效用最大化的本义含糊不清,而在于没有一套可以验证与这种假设相一致,并且为公众所接受的伦理观念。正是因为不存在这样一套定义明确的伦理观念,才使得各种各样特定的伦理观念能够随意出现,于是当然不会有哪种像样的理论能用来对付这种具有随意性的验证了。

特别是,人们能够要求某种关于个人效用最大化行为理论阐明的,最多只是一种个人行为的伦理体系。社会借助于政治手段迫使其成员所遵循的政治价值观,包括一些当代流行的方针政策,诸如收入分配,在某些行为领域禁止实行种族、性别和年龄方面的歧视(但是在另一些领域并不禁止,如婚姻)。这就需要用某种政治理论而不是一种个人主义的伦理观念,来解释各种政策和目标。对社会上一小部分人来说,这些政策和目标的主要好处就是,按照它们的规定行事可以免除牢狱之苦。

由于这些障碍，我认为，弄清楚什么是古往今来人们所广泛接受的个人行为的伦理戒律，并检验它们是否符合偏重于个人的效用最大化行为规律，是一个可行的，甚至十分正统的科学问题。我曾在前面简要地描述过，事实上罗尔斯(Rawls)就曾提出过一种可以构成归纳性伦理体系的方法，这种方法恰恰是那种能够表明该伦理体系是基于效用最大化行为的过程。我相信这种检验会得出这一结果的说法，会引起许多不同的人提出异议，但是这种争论更加证明需要进行这种检验。

结论

我所提出的假设是，我们生活在一个信息灵通的理性社会当中，在这样的社会里，人们非常明智地进行活动以寻求其自身的利益。领导者的作用有限，他们的行动更主要地是发挥媒介的作用，而不是指示或引导其表面上所领导的人们的行为方式。

社会发展的各个主要方面都具有比较明显的目标，并且其发展的进程是可以预测的。一种全面的人类行为理论应能解释在其宽广的适用范围内所有持续的和普遍的现象。确切地讲，这正是这种理论的最大优点，同时也是它的最大弱点。

如果我们能证明这种假设对于政治和社会事务如同对于经济事务一样，具有丰富的应变力和先见之明，那么，我们便可以期待着对自己所一直探讨着的经济和政治体制这一类问题的理解向前迈进一大步。即使我们对这些问题的理解未能达到这一辉煌的境界，我也完全相信，这将成为下一代人从事的许多社会科学研究领域的强有力的主旋律。我将努力去了解它会告诉我们的、有关我的朋友即竞争性经济体制的未来发展前景。

注释:

①《国富论》(*The Wealth of Nations*),格拉斯哥版,牛津,克拉兰顿出版社,1976年,第Ⅰ卷,第43—44页。

②《煤炭问题》(*The Coal Question*),伦敦,麦克米伦出版公司,1865年,第326页。

③《国富论》,第Ⅱ卷,第638—639页。

④ 同上书,第Ⅱ卷,第641页。

⑤ 同上书,第Ⅰ卷,第540页。

⑥ 大卫·李嘉图(David Ricardo),《政治经济学及赋税原理》(*Principles of Political Economy and Taxation*),P.斯拉法版,剑桥,剑桥大学出版社,1951年,第133页。

⑦ 对此我有几分疑惑。比如斯密声称,禁止银行发行小额纸币固然是对天赋自由权的侵犯,但是为了对社会更有利,却应当这样做。参见《国富论》,第Ⅰ卷,第324页。

⑧《政治经济学原理》(*Principles of Political Economy*),多伦多,多伦多大学出版社,1955年,第Ⅰ卷,第67页。

⑨ 但是,诸位可以参阅我的"斯密漫游于国家学说"(Smith's Travels on the Ship of State),原载《政治经济学历史》第3卷,第2期,1971年秋季;和"经济管制理论"(The Theory of Economic Regulation),原载《经济和管理科学钟声杂志》第2卷,第1期,1971年春季;以及安东尼·唐斯(Anthony Downs)、詹姆斯·布坎南(James Buchanan)、高尔顿·塔拉克(Gordon Tullock)的基础文献,还有关于公共选择问题的文献。

⑩《国富论》,第Ⅱ卷,第654页。

⑪ 我们发现斯密抱怨窗户税是累退的(《国富论》第Ⅱ卷,第373页);还抱怨什一税与地租不成比例(《国富论》第Ⅱ卷,第358页)。

⑫"我认为财产权是神圣不可侵犯的,在我看来,这一点对于良好政府的事业非常重要。我赞成剥夺那些把侵犯财产权看成是他们的利益所在的

人们之选举权。但是，事实上只有社会上最贫困的人才会持有这种看法。一个有少许收入的人必然能意识到，如果把国内的大笔财物在广大人民中间进行平均分配，他自己能得到的份额是多么小。他必定会懂得，假如推翻了使他的辛劳所得能够安全可靠的原则，他通过这样的平均分配所获得的一点点利益，绝不足以补偿自己因推翻这个原则而失去的利益……决定全国的就业量的因素，不仅仅是资本的数量，还有资本的有利分配，尤其是每个资本家的信心，即他必须相信自己能够安然地享有利用资本、技能和冒险精神而获得的各种成果，不受任何干扰。如果资本家们不具备这样的信心，全国的生产事业就立即会毁之过半……”见《议会改革报告，作品和通信集》(*Observations on Parliamentary Reform，in Works and Correspondence*)，第500—501页。

⑬ 穆勒认为这种现值不包括地租未来增量的公正估计值，这一看法是错误的。在他对不动产税的支持当中，也隐藏着与此类似的问题。他的遗作，《关于社会主义理论》(*Chapters on Socialism*)，甚至在讨论勃朗(Blanc)、傅立叶(Fourier)以及欧文(Owen)的时候，都没有重视不平等问题(除了隐含在贫困问题的讨论当中以外)。

⑭ 那些否认“享有一份国内快乐”的人或许能通过移居他国而得到安慰。

⑮ 见弗朗西斯·埃奇沃思(Francis Edgeworth)的“纯粹税收理论”(The Pure Theory of Taxation)，载《政治经济学作品选集》，伦敦，麦克米伦出版公司，1925年，第Ⅰ卷，第111—142页。

⑯《财富和福利》(*Wealth and Welfare*)，伦敦，麦克米伦出版公司，1912年，第24页。

⑰ 同上书，第356—357页，以及第358页。

⑱《福利经济学》(*Economics of Welfare*)，伦敦，麦克米伦出版公司，1924年，第709页。

⑲ 对那些比欧文们更熟悉欧几里得(Euclid)的平行四边形的人来说，他们所设想的乌托邦就是由一些居民为500人至2,000人的社区组成的，每个社区建造在“按照巨大的方形或平行四边形排列起来的”村落中，具有平衡的农业和制造业经济，在这种经济体制下，“普遍存在着完全的和充分的平等”。参见“宪法、法律和社会管制”(Constitution, Laws, and Regulations of a

Community),载《新社会展望》(*A New View of Society*),美国第 1 版,纽约,布利斯和怀特出版公司,1825 年,第 162—163 页。

⑳《政治经济学原理》(*Principles of Political Economy*),多伦多,多伦多大学出版社,1965 年,第Ⅰ卷,第 207 页。

㉑ 同上书,第Ⅱ卷,第 956—957 页。

㉒ 同上书,第Ⅱ卷,第 944—945 页;第五卷第Ⅺ章充分阐明了这一论点。

㉓ J. E. 开恩斯(Cairnes),"政治经济学和自由放任"(Political Economy and Laissez-Faire),载《政治经济学论文集》(*Essays in Political Economy*),伦敦,麦克米伦出版公司,1873 年。"经济科学与我们现存的工业制度之间的联系并未超过机械科学与现存的铁路制度的联系"(第 257 页)。W. S. 杰文斯(Jevons),《政府与劳动的关系》(*The State in Relations to Labour*),伦敦,麦克米伦出版公司,1882 年。H. 西奇威克(Sidgwick),《政治经济学原理》(*Principles of Political Economy*),第 3 版,伦敦,麦克米伦出版公司,1901 年,第Ⅲ卷,第Ⅱ章。A. 马歇尔(Marshall),"骑士制经济的社会可能性"(Social Possibilities of Economic Chivalry),原载《阿尔弗雷德-马歇尔纪念文集》(*Memorials of Alfred Marshall*),A. C. 庇古(Pigou)编辑,伦敦,麦克米伦出版公司,1925 年。以及 J. M. 凯恩斯(Keynes),《政治经济学的范围和方法》(*Scope and Method of Political Economy*),第 4 版(伦敦,麦克米伦公司,1930 年,第Ⅱ章)。

㉔ 按照穆勒的观点,强制的自由是证明自由放任的假设合理的主要价值观;《原理》(*Principles*)第 5 卷,第 11 章是《论自由》(*On Liberty*)的一个前言。

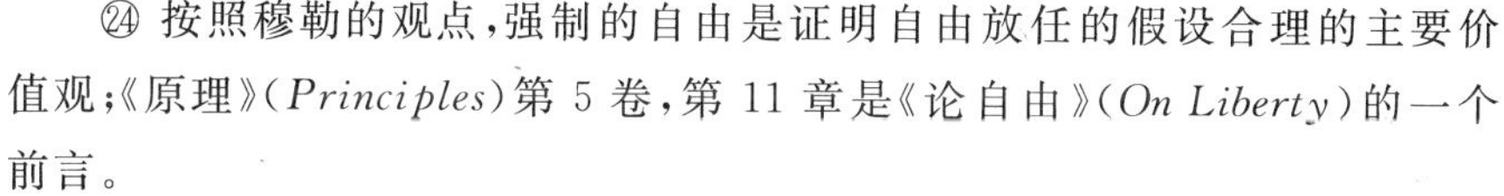

㉕ 纽约,麦克米伦出版公司,1899 年,第 4—5 页。

㉖《社会正义论文集》(*Essays in Social Justice*),坎布里奇,哈佛大学出版社,1915 年,第 201 页。

㉗《福利经济学》(*The Economics of Welfare*)第 2 版,伦敦,麦克米伦出版公司,1924 年,第 754 页。

㉘《经济学季刊》,重印于《竞争的伦理学》(*The Ethics of Competition*),芝加哥,芝加哥大学出版社,1976 年。

㉙"……社会秩序大体上形成并且满足了其成员们的要求,自然产生的

结果(是)应当用伦理观念而不是用它所产生的要求来评判社会……”(同上书,第 51 页)。

㉚ 因而,“在现实生活条件下,基于‘自由放任’政策的社会秩序不可能证实辩护性经济学所得出的为人所熟悉的伦理结论是正确的”(同上书,第 49 页)。

㉛“个人或物质生产力的所有权建立在遗传、运气和努力等因素的复杂混合之基础上,或许它们的相对重要性的顺序就是这样排列的”(同上书,第 56 页)。“运气的作用是如此大……以致能力和努力很可能(对事业)毫无用处。而且这种运气的作用会累积起来发挥,如同一般的赌博游戏一样”(同上书,第 64 页)。

㉜《数理心理学》(*Mathematical Psychics*)第 12 页。

㉝《经济学原理》(*Principles of Economics*),1920 年,第 5 卷,第 13 章。

㉞ 同上书,第 467 页。

㉟ 参见“伦理学决策过程概述”(Outlines of a Decision Procedure for Ethics),原载《哲学评论》第 60 卷,1951 年,第 177—197 页。

㊱ 参见《论公正》(*A Theory of Justice*),坎布里奇,哈佛大学出版社,1971 年。

㊲《经济学原理》(*Principles of Economics*)第 8 版,伦敦,麦克米伦出版公司,1920 年,第 7 页。

㊳《关于法律制度的演讲》(*Lectures on Jurisprudence*),剑桥,剑桥大学出版社,1978 年,第 538—539 页。

㊴ 近来经济学家的注意力移向资源保护和形形色色的污染问题,也表明是一种对社会上普遍议论的事情的反应,而不是进行专业经济研究的结果。

㊵ 纳索·W. 西尼尔(Nassau W. Senior),《关于爱尔兰问题的日记、谈话和论文》(*Journals, Conversations and Essays Relating to Ireland*),伦敦,朗曼·格林出版公司,1868 年,第Ⅱ卷,第 271 页。

㊶ 参见罗纳德·H. 科斯(Ronald H. Coase),“亚当·斯密对人类的看法”(Adam Smith's View of Man),载《法律与经济杂志》第 19 期,1976 年,第 529—546页。

㊷《托马斯·莫尔爵士关于社会进步和发展的对话》(*Sir Thomas More*

or Colloquies on the Progress and Prospects of Society)，伦敦，约翰·莫里出版公司，1829 年，第Ⅰ卷，第 173—174 页。

㊸《过去和现在》(*Past and Present*)，芝加哥，亨内伯里出版公司，第 296 页。

㊹《约翰·拉斯金全集》(*The Complete Works of John Ruskin*)，纽约，托马斯·克伦威尔出版公司。

㊺《约翰·拉斯金的共产主义》(*The Communism of John Ruskin*)，纽约，亨布尔德出版公司，1891 年，W. P. B. 布利斯(Bliss)主编，第 52 页。

㊻“索锡谈社会”(Southey's Collequies on Society)，见托马斯·巴宾顿·麦考利(Thomas Babington Macaulay)《批评、历史和其他杂文》(*Critical, Historical, and Miscellaneous Essays*)，纽约，梅森、贝克尔和普拉特出版公司，1873 年，第Ⅱ卷，第 148—149 页。

㊼ 同上书，第 132 页。

㊽ 参见 J. B. 考(Kau)和 P. H. 鲁宾(Rubin)，“关于最低工资立法的投票情况：时间系列分析”(Voting on Minimum Wages: A Time-Series Analysis)载《政治经济学杂志》，第 86 期，1978 年，第 337—342 页。

㊾《资本主义、社会主义和民主》(*Capitalism, Socialism and Democracy*)，第 3 版，纽约，哈珀·托奇图书公司，1950 年，第 151 页。

㊿ 请回忆一下上一节的结论，即，分配体制的顺利运转，通常不是依靠那些选择了可以销售思想的人们，而只是依靠他们的已经售出的思想。

51 见《资本主义、社会主义和民主》，第 152—153 页。

52 某人所表达出来的对社会观点的赞同本身被另一个人的赞同意见强化，并从而形成一种不成文的法律制度。这种论证的路线显然把我们引入了[如同迈克尔·麦克弗森(Michael McPherson)所指出的]政治(即不是纯粹的个人主义)理论中。

19. 为什么社会主义者常常获胜？

人类社会进入 20 世纪以后，在社会生活的组织方面所发生的最显著的独特变化，是政府的巨大发展。这种管理国家机构的发展在世界范围内的影响是如此深远，以致很难漠视它的存在，就好像没人能否认太平洋的存在一样。我在本文中给自己规定的任务，就是探究一下政府发展起来的原因。之所以确定这样的任务，是因为就一种无法解释清楚的运动而言，我们很可能预料不到其发展动向，更不必说对其加以控制了。

社会主义者认为无须对政府的发展多加解释，这只不过是民主和正义之不可抗拒的必然结合。但是，即便人们接受了这种软弱无力的观点，也还是会有许许多多的现象需要进行解释。例如，各个国家的政府所获得的管理经济生活的权力存在着很大的差异，那么，我们能否利用有关民主和正义的很不确切的概念来阐明这些差异呢？

无论如何，对我们当中那些认为政府的发展使总产出大大减少，并且很可能败坏社会道德水准的人来说，必须用另一种方法来解释这一现象；而使反对建立政府的人认识清楚这个问题，则更加

选自《奥多》，第 30 卷，1979 年；承蒙奥多（Ordo）和古斯塔夫、弗希尔、弗拉格（Gustav，Fischer，Verlag）允许重印。

困难,也更加重要。我想,我们可以认为,人们也许能够通过使用决定性的权力阻止某种尚不理解的社会发展,从而对其进行控制。但是这种方针与我们的各项原则并不相容,而我们绝不想成为无原则的人,因为权力不是最重要的问题。假如我们想要预见,并且或许是想控制政府未来的作用,就必须了解它为什么会发展起来。现在我们就来考察一下从当前这个集体主义的时代出发提出的几种有关政府发展的主要原因。

Ⅰ.错 误 论

在反对建立政府的人当中最流行的和占压倒优势的看法,是说这种趋势是错误的。所谓错误,从字面上理解,就是说建立政府是一群并不了解客观情况的人所进行的违反自己利益的活动。这种错误很可能是社会主义者和主张进行干涉的人所引起并使其逐步发展起来。这些社会主义者以极大的热情坚持不懈地谴责私人企业制度和个人主义,其充满了火药味的攻击和指控总是过于夸大事实,而且往往并不正确。他们向大众许诺的社会化生活的益处,不仅毫无边际,而且很不现实。

我们只需稍加举例,便可以表明社会主义者对私人企业制度的攻击是粗暴的诽谤。由于这类文章的数量极多,我们根本无法全部读完,因此我只选择其中的一部为例,这就是著名的历史学家、曾经与哈耶克(Hayek)教授共事的理查德·托尼(Richard Tawney)教授所著的《贪婪的社会》(*The Acquisitive Society*)[①],并且,我只从他这部有名的著作中摘录一段:

由于报酬与贡献的脱节，致使最多的收益并非是劳动所得，而是来自隐蔽的、被人认为是肮脏的经济因素。这首先造就了一个靠吃产业年金生活的阶级，他们向工业产品征税，却对工业产品的增长没作出丝毫的贡献，而社会不仅容忍这些人，而且还欢迎、赞赏并极其小心地保护他们，好像他们手中掌握着繁荣昌盛的秘诀一样……他们多熟悉在一次大战前的英国靠固定地租或债券利息生活的人及其生活方式啊！先在公学读书，然后上牛津和剑桥的大学俱乐部，再就是城里的其他俱乐部；六月在伦敦，那时的天气最美好；八月去野外郊游；十月打野鸡消遣；十二月到戛纳过冬，待二三月份好开始狩猎。全世界新兴的资产阶级都拼命想模仿他们的生活，小心翼翼地使自己那奢华的手表永远按照这种荒谬的时间表运转。

其次，这种制度降低了靠劳动生活，但是绝不可能据此获得大量报偿的人们的地位，而这些人正是人类中的大多数。这种地位的降低必然是由于人们不愿把工业的目的在心目中置于首位。如果他们将工业的目的摆在最重要的地位，如果他们能重视工业的目的是为人类服务这一事实，他们就会认为一切从事劳动的人都是可尊敬的，因为劳动为所有的人提供服务；而且，为人们提供服务和只消耗财富的人之间的差别是如此地重要，以至可消除由收入的不同而造成的一切次要区别。但是，当人们忽略了这一起作用的标准时，所剩下的唯一标准就是财富了，而一个贪婪的社会，尊重财富的所有权，就像一个“实用的社会”会尊重即使是由身份最卑微、劳作最辛苦的手工艺人所创造的艺术一样。

社会主义者批判的主题有两个,一是资本主义使收入分配极不公平;二是社会生产受利润的支配,而不是按其用途来安排各种产品的生产。由于许多人经常不断地重复这两种批评,已使其构成了一种遭到曲解的社会化形式。

这些社会主义者几乎总是为适于一时情势的需求而应允实现各种意义模糊的目标。实际上,除了消除资本主义的罪恶以外,人们确实很难看出社会主义还有什么别的明确目标。爱德华·贝拉米(Edward Bellamy)是一个著名的例外,我必须尽力克制自己,才能忍住不大段大段地引用他在《回顾过去》(*Looking Backward*)[②]一书中的论述。然而,我还是至少应当引用他提出的两个论点。第一个论点讲的是良好社会的劳动组织(于 2000 年达到):

> ……(一个人)的青年时期必须要用于受教育,而到了壮年,当其体力开始衰退之后,同样不可更改的是应该在这段时期享受轻松适意的休闲。从其 21 岁结束学校教育开始,到 45 岁退出工作岗位,他从事生产劳动的时间是 24 年。在 45 岁以后,虽然他退出了劳动岗位,但是作为公民,仍有义务在社会对劳动力的需求突然大大增加的紧急情况下重新参加劳动生产,直到年满 55 岁,但是这种情况很少发生,并且事实上几乎是从来不会发生的。[第 63—64 页]

贝拉米对社会主义社会的描述比大多数社会主义者都更精确,因为他指出了这种社会具有高度发达的生产率和对个人偏好的压制这样两个特点,所以他的预言至少有一半是正确的。但是在谈及政治方面的问题时，他就甚至连这点有限的预见力也没有了：

> [韦斯特先生]“但是，没有政府立法机构，而议会每五年才开一次会，你怎样来实施各项立法呢？”
>
> “我们没有立法，”利特博士回答说，“就是说，几乎没有任何法规。议会很少考虑制定新的法律，甚至在其开会期间也不考虑，于是它只有一种将制定法规的任务交托下届议会的权力，以免仓促决定任何事情。如果你稍稍考虑一下，韦斯特先生，那么你就会明白，我们根本没有必要制定法律。我们的社会所赖以建立的基本原则将永远不变，而你们那个时代的各种争斗和误解才需要以立法的方式来解决。”[第 208 页]

这种无视在任何社会制度下都会持续存在各种现实问题的思想方法，是空想社会主义的特点。我不禁要最后提到一笔的是，贝拉米在这部书中令人奇怪地预见到哈耶克教授提出的建议，即，政治领导人是由 40 岁以上的公民选举出来的(同上书，第 189 页)。

许多人都一再重申，中央集权式经济体制的发展应归因于这类文献所引起的观念变革。人们对这种经济体制的主要指责，是说它建立在公众的错误行为基础之上，我认为，这并不利于对这种范围广大、持续时间很长的社会运动做出正确的阐释，因为，假使它真的是公众错误行为的产物，就用不着对其加以解释了。任何行为，甚至是正确的行为，都自始至终会发生错误。倘若不指出某种理论将会发生的错误，就不可能对错误的假设进行验证。而且，就我所知，还没有人能提出一种甚至是错误的错误理论。如若各种观念的暴风雪今天这样明天那样地任意刮向人类社会,那么,我们除了希望它将转变风向,并担心它会更加猛烈以外,实在是别无他法。

然而,这种"错误"论的主要缺陷,还在于它悍然不顾我们所具有的一般社会知识,以及在我们生活的时代中各种社会化的事实。倘若知识分子的骗术是社会变革的动力,那我们就可望看到在许多情况下极具说服力的保守主义者将控制公众的意愿,并成功地引入某种削弱政府活动的政体。归根结底,毕竟没有一个社会主义哲学家能比得上哈耶克的深刻造诣,也没有一个社会主义的宣传鼓动家能像弗里德曼(Friedman)一样地保持逻辑清晰的头脑。事实上,大多数知识分子——虽然不是全部——都是在对其所处时代的需求做出反应,就像底特律一样,他们的生产是为了满足需求,而不是创造出这种需求。的确,如果每个受过教育的人都受到雇用,底特律就可能生产出更多各种各样的产品。各种持续存在并且波及面很广的社会现象,都绝不是由一些偶然的原因造成的。

国内或国际促进经济生活社会化的形式也没有表明,未受过教育或社会地位低下的阶层是支持社会化的主要力量。假如让美国的教授们来挑选总统,那 1968 年到 1976 年的美国总统就会是麦戈文了(McGovern);假如受过高等教育的,甚或文明的人们不是这样容易接受把人引入歧途的社会主义论点的影响,那世界上就不会出现像英国和瑞典这样其领导人竞相扩展政府作用的国家了。

Ⅱ.政治程序的偏向

保守主义者在阐释社会主义的兴起时所提出的见解，都不如我刚刚谈及的骗术论更流行，但是，最近正越来越普遍地被公众接受的另一种论调，是说政治程序极端偏向于集体主义，从而系统地曲解了公众的真实偏好。我们可将这种偏向论看成是一种理性行为理论，因为个人在其所处的既定政治制度下的行为是有理性的；但是，我们也可以把它看成是一种非理性行为理论，因为这些人所设计出来的政治制度效率极低。

这种政治程序的偏向在于，我们所看到的政策就是这样两类：一类对少数人极其有利而轻微地损害大多数人的利益；另一类（包括取消第一类政策）给大多数人带来少许好处而严重损害少数人的利益。因而，社会主义者提出的每一项政策建议几乎都会得到某一内聚力很强而又财力雄厚的特定群体的支持，而大多数信息不灵的人——如若他们得到的一点信息是正确的——只会稍稍表示反对。然而，这大多数人常常是根本就不知道所提出的这项建议是什么。

例如，向城市供应奶制品的农场主会尽力将牛奶市场的价格提高，（比方说）每品脱提高 5 美分，这样能使每位农场主每年得益 15,000 美元，而每个城市消费者每年将多支出 10 或 20 美元。这些农场主会雇用活动能力很强的说客进行游说，并利用有效的政治手段来促使政府采纳这项政策，而有理性的城市消费者却不见得能抽出一或两个小时的时间来了解牛奶市场的价格并反对将其提高 5 美分。于是，我们每个人都会热烈地支持某 15 项对自己明显有利的政策,同时极不注意另外 800 项稍微损害了自己利益的政策,就是毫不足奇的了。

我认为这样解释很有道理,但是,人们也许会向其支持者提出一些令人困惑的问题。例如,为什么 1900 年前这种政治机制没有使美国政府的活动得以大大地发展?为什么这种政治机制的偏向在联邦一级政府表现更为严重时,政府活动的中心却从地方转移到中央?为什么在由各州立法机构选举参议员能够有力地支持其主权的情况下,我们却于 1914 年放弃了这种方式?公众支持这些权力的转移,是否犯了错误?

也许,这些问题都能找到完满的答案——我想其中有一两个问题完全是可以解答的——但是,现行政策机制偏向于发展政府的作用,这无论如何都是一种相当有道理的论点。至于是否存在令人满意的解决这一问题的方法,却不是那么清楚了。

在过去的 20 年里,政府的财政支出增长得如此迅速,以致似乎很有可能逐渐放慢这种速度并且或许会产生不良的反应。对此,人们提出了许许多多限制公共支出的建议。这种强烈要求缩减开支的现象绝不是第一次出现,早在 19 世纪 50 年代,在美国就已经开始对很多州政府的债务进行严格的限制,而且各地方政府的欠债和税收比率长期以来一直处于管制之下。令人奇怪的是,这些主张限制公共财政支出的人并没有看到,以前所实行过的广泛限制——在我的印象中——并未对政府支出的长期走向造成任何影响。

即使我们采纳了这类建议,并且它们也抵制住了扩大公共开支的巨大力量,这些限制措施也肯定解决不了政府的发展这一问题。有成千上万条写成文字的、通常不涉及政府开支问题的公共管制政策，对经济事业的活力和收入分配产生了很大的影响。如果根据这些政策对适当数量的人们进行收入再分配，我想我不会为他们是否得到与由政府直接进行再分配同样多的总收益而感到奇怪：只要想想我们所具有的全副武装的关税、配额，对进入和从事各项职业的控制、价格管制、所得税豁免权的授与，以及其他等等诸如此类的防护措施所起的作用，就不难明白上述结论。倘若直接的公共支出有所削减，那么这种收入再分配的方式必定会更加迅速地发展起来。

Ⅲ.各种理性论

有关政府发展的理性论认为，其发展是有意识地利用公共势力增加社会上各特殊集团之收入的结果。穷人向富人征税，农民向城市消费者征税，航空公司向其乘客征收非竞争性的价格——都是特殊集团祈求政府权力帮助的表现。从这一角度讲，现代的政府所致力的事务，就是收入的全面再分配，它不仅要通过直接的税收和福利支出计划，而且还通过一系列互相关联的管制措施来实现收入的再分配。

我曾经提出，直到有人能建立一种会犯错误的理论，前面提到的那种错误论才能最终成为一种理论。这里所说的各种理性论也面临着同样的问题。每一项公共政策或者税收及财政开支计划都会有一些受益者，并且按道理讲，其受益者会支持这些政策，而遭到损害的人则会反对之。因此，在用理性论来解释政府的发展之前，必须得使它能表明哪一集团将会在政治权力的竞争当中取得成功。同时，我们还必须懂得，就设计出一种能够指出哪一集团将控制政府的理论而言，是不会取得很大进展的。不过，我仍然相信政治生活是有理性的，并且成功地解释政府的发展也必定得沿着理性的方向来进行。

此时我不可能提供充分的证据来证实这一看法。我很想说我没有足够的时间来就各种理性论进行论辩，并且希望你们能推断出这种论辩也许需要花费 1 个多小时的时间。而事实上，对此进行充分的论证可能需要 10 年或者更长的岁月。但是，眼下还是有两个很想马上讨论一下的小问题。

在用理性论来解释对各产业的管制时，如电力工业、航空业、汽车运输业、电视等，我们总能发现，从防止竞争的角度讲，这种管制对生产者集团十分有利。这种理论预计，那些居住地很固定的消费者也会因这些管制政策而得利，特别是美国的能源政策，更是体现出这种功能，它使住在西北地区的消费者由于政府对天然气价格的控制而大大受益。而另一方面，我们在用理性论解释受关税保护的产业情况时，却未能得出什么确切的结论。

各种直接的收入再分配政策当然尤其会令人感兴趣，并且自从董事法出台以来，有许多学者都投入这一领域的研究工作。由于其中包括加里·贝克尔(Cary Becker)、哈罗德·德姆塞茨(Harold Demsetz)以及萨姆·佩尔兹曼(Sam Peltzman)这三位大学者，因此我们完全有理由相信，他们一定会将沉重的累进税制和大规模的福利计划的发展原因阐释清楚。

我们所要解决的问题是科学地阐释为什么穷人要向富人征税，就是说，解释清楚惠灵顿公爵代表的意义，任何不理解这一点的人都不可能理解任何事物。需要阐明的是，为什么美国直到1925年才开始促进这方面的发展？为什么其发展远远落后于瑞典？为什么日本的这一发展进程比西欧国家的慢？等等。有人认为，造成这些差异的最明显的原因，是由于普选权完全是现代的。然而，选举权的扩大与我们所观察到的事实却只存在着极不密切的关系。（例如，如若选举的范围是确定因素，那美国就应该比英国更早实现社会化了。）

在我看来，用下述三个方面的发展来说明问题，可以解释得更清楚。首先，现代经济体制使税率非常高的所得税制得以实行。合作式经济活动的优势地位、单个业主的衰落，以及书面签约记录的激增，都使J.S.穆勒认为完全不可能实行的税率成为可能。

其次，少数几个国家的人口集中程度（这里借用了一个产业组织的术语）大幅度增长。我们常常用H指数来衡量集中程度，这可以表明所观察的国家按规模分布情况其人口相当于多少个同样规模的国家。在1815年，欧洲各国的人口集中率并不很高，当时人口最多的俄国占欧洲人口的23%，按规模分布情况看相当于8个同等规模的国家；目前的俄国和波兰的人口已占欧洲人口的46%，其集中率指数也上升至相当于4个同等规模的国家。从1815年到1970年间，欧洲的主权国家数目已从54个降至23个。个人已不能像过去那样以移居外国的方式来惩戒收税过高的国家了。

第三，贝克尔和佩尔兹曼对有关由国家履行收入再分配职能的理论进行了大量补充。佩尔兹曼强调对收入再分配的需求。根据他的理论，并且每个人都很可能也会认为，富人和穷人之间的收入差异越大，政府的收入再分配计划就越庞大。他的第二个主要观点是，富人和穷人的收入越趋近于平等，政府在收入再分配方面发挥的作用就越大。不过，这个观点远不如第一个观点那样惹人注目。贝克尔也认为现行的政府收入再分配政策能够实现使各个社会成员都很满意的收入分配。他强调应重视进行这种再分配所须付出的成本——包括固有损失和管理成本——对收入再分配之限度的影响。实际上，我在前面所谈到的那两种有利于政府发展的力量（易于征收税款和向外移民机会减少），是使收入再分配变得更容易实行的特殊原因（德姆塞茨尽力想阐明现代社会之专业化程度的提高是政府发展的主要原因）。

正像弗兰克·奈特（Frank Knight）常说的那样，对真理进行的讨论往往容易过头，但是，退一步讲，我还是认为有关政府发展的各种理性论，都未能从实际验证中获得有力的支持。

Ⅳ. 结　　论

假定有关政府发展的理性论是正确的——假定它很快就会发展成熟，连其批评者都会认为确实应当用它来解释政府作用的变化。这似乎意味着，在我们现有的政治制度下，即自由选举的政治制度下，政府的巨大和日益增长的作用，非常符合全体民众的愿望，因为我们这种政治体制是服从大多数的民主政体。那么，我们是否就由此而不必面临在自己很满意的政治制度下是成为集体主义者，还是成为非民主主义者的严重抉择了呢？

让我先来进一步阐明成为一个集体主义者会意味着什么。首先，这并不意味着应当加入其所在国家的由相当多数社会主义者组成的政党，也不意味着应当由衷地赞同新近选举出来的议员的意见。我们仍然可以论证扩大价格体系作用的重要性。因而，我们可以说，如果美国公民们想获得比在缺少政府管制的情况下更纯净的空气、更清洁的湖水，或者更安全的工厂设施，利用价格体系的作用通常会比以直接进行管制来达到这些目的更经济实惠得多。在这种情况下，人们对目标本身不会存在争议，只是会对使用不同方法来实现这些目标的成本有所争议。我认为，这甚至是社会主义社会中的保守派经济学家也应当具有的极其宝贵的职能。弗里德曼(Friedman)对货币在收入波动方面之作用的阐述，就是履行这种职能的显著例子。

而且，成为集体主义者也不意味着必须赞同每一项为某一特定集团的利益而制订的社会计划。请考虑一下最低工资立法给美国各工会的会员所带来的好处吧。这一法案所规定的工资水平，对年纪轻的人和未接受过技术培训、无工作经验，以及身体有残疾的人来讲偏高，使他们不得不进入该法案管不到的行业就业，或者失业，或者退出劳动大军，因而对生产效率较高的工人的需求会有所增长，这些工人一般都是美国各工会的会员。倘若我们能设计出一种方法，能给这些工会会员们增加同样多的工资，同时又仍然为那些没有技术的劳动者保留住就业机会，那么，我们就可以使社会的总收入有所增长。

简言之，成为集体主义者就意味着成为市场社会主义者，即按照詹姆斯·米德(James Meade)所提出的观点，在美国进行经济改革的实践。至于重视市场的社会主义者是否会在现代社会中起很大的作用，则是一个我不打算多探讨的问题。

另一种选择，是完全放弃眼下的这种民主制度。我必须赶快申明，这并不是要人们赞同任何形式的极权主义。另外一些能够保证大大缩小政府作用的政治体制，从其公共政策可更接近于各个公民的愿望这一角度来看，的确更具民主色彩。然而，我们却过分倾向于就收入再分配的普遍目标提出争议，以致几乎没注意使用何种方法才能更有效地实现现有的各项目标这个问题。

一种可能缩小政府作用的方法，是为其创造竞争的环境，以使富人和生产效率高的人的这类社会集团能够随意选择政府。如果美国的主要税收、财政补贴，以及各种管制计划能由50个州自己来定，而不是像现在这样只由一个联邦议会制定，那么，某些州所采取的对某些集团有利的政策就足以使该州人口中的这部分居民人数大大增加。于是，过高的累进税率、过严的商业管制措施，以及十分狭窄的个人选择范围，对那些感到负担沉重的人来说，都成为可以逃避的事情。这种政府的竞争当然也会限制其他州的权力和资源利用，并且这也就是分散化的政治生活之所以不会只由于它对当今政治体制下的公民们具有吸引力而得以实现的原因。

第二种可能缩小政府作用的途径，是限制有产阶级、知识阶层、有职业的人们，或者一些类似社会集团的经营权。戴西(Dicey)含蓄地指责现代福利国家的发展是由于未对人们的选举权进行限制。如果真能对投票实行各种限制，倒是确实可以改变政府的某些政策，但是，我实在不很清楚，较狭窄范围的选举是否能减少政府在收入再分配方面的作用。

与此有关的一种方法会削弱各个简单多数党的势力。得票较多的多数党要通过的经济立法，可能会妨害得票较少的多数党实现自己的要求，而目前这种参政两院制当然主要是为了减小多数原则的作用。我们的政治组织和政治实践长期以来一直倾向于与我们的政治原则恰恰相反，难道不是一件很引人注目的事情吗？

我们并不高兴看到这种背离简单多数主义政治体制的现象，而更希望看到的是能在其他方面战胜挫折——特别希望改变舆论的导向。假如公众决定选择一个自由的社会，那该多么好啊！假如著名的第 13 号法案于 1978 年 6 月 6 日在加利福尼亚州通过时，这种反作用就成为一种可在美国生存下来的政治力量，该是多么好啊！人们的政治倾向的变化，肯定会比可能发生的政治变化更加适于需要，而我却担心这些变化会使我们这些认为经济和政治生活应当分散化的人，无法避免一个严峻的问题，即我们是否永远会是少数？

倘使我们所信仰的自由的价值观已成为少数派的观点，我也绝不主张放弃它们。我本人对这些价值观的重视程度，实在是随着认识到它们遭到了多么广泛的否定而与日俱增。如果我们所追寻的目标事实上是许多人不希望实现的，那么，要是我们很重视它，并且试图建立使我们能够寻求自己想望的目标的政治制度和方针政策，是否将不会取得更大的进展呢？

注释：

①《贪婪的社会》(*The Acquisitive Society*)，纽约，1920 年，第 34—35 页。

②《回顾过去》(*Looking Backward*)，波士顿，霍顿·米夫林出版公司，1890 年。

第五部分

杂　文

20. 样式变化的惊人成本：对一个实例的研究*

富兰克林·费希尔(Franklin Fisher)、齐夫·格瑞利奇(Zvi Griliches)，以及卡尔·凯森(Carl Kaysen)在一篇将会受到广泛重视的文章中指出，如果消费者能满足于使用1949年出产的汽车，到1961年，他们就能为每辆汽车节省700多美元。[①]严格说来，这三位经济学家提出的是这样一个问题，即，是否值得为更快的速度和更自动化的传动装置付出成本，但是1949年的汽车毕竟不是不能使用，并且也能遮风挡雨。[②]或许最好是将每年用于改进汽车型号的50亿美元改为他用，如增加教育经费、提高农产品补贴、给每家一把小提琴，等等。

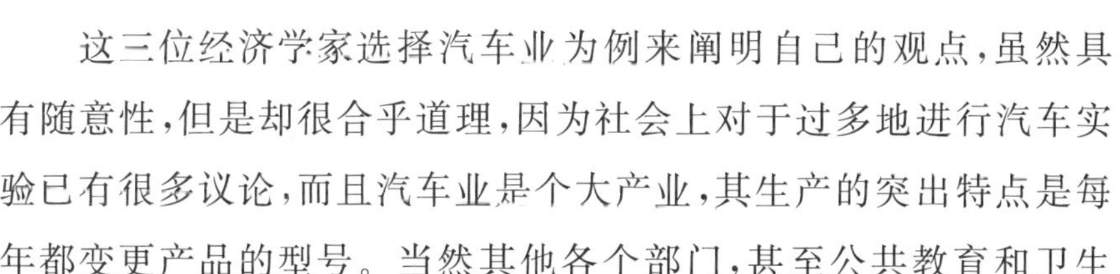

这三位经济学家选择汽车业为例来阐明自己的观点，虽然具有随意性，但是却很合乎道理，因为社会上对于过多地进行汽车实验已有很多议论，而且汽车业是个大产业，其生产的突出特点是每年都变更产品的型号。当然其他各个部门，甚至公共教育和卫生

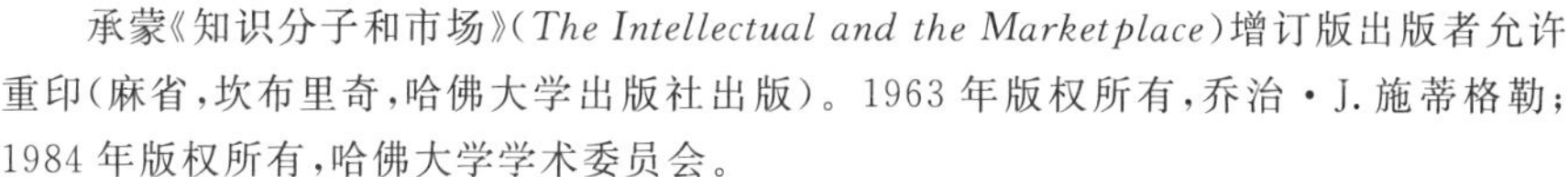

承蒙《知识分子和市场》(*The Intellectual and the Marketplace*)增订版出版者允许重印(麻省，坎布里奇，哈佛大学出版社出版)。1963年版权所有，乔治·J. 施蒂格勒；1984年版权所有，哈佛大学学术委员会。

* 品味高雅和收入高的人们总要谴责粗俗的奢侈行为，经济学家们是支持这种谴责的，而我也要为此略尽绵薄之力。

部门，也都在进行真假相混的各种改进，并且实际上，我们想，这些部门用于改进产品的成本也完全是可以估算出来的。我建议在此就估算一下某一行业用于改进产品的成本，其产品样式的变化十分迅速，已经到了令人难以置信的地步。

这一行业就是出版业。我想通过对同一本书的不同版本的比较，来说明该产业的情况。一般地说，一个人绝不会改变自己的观点，也很少对自己的见解加以改进，但是，事实上，李嘉图(Ricardo)的同一本著作却有3种版本，穆勒(Mill)的是7种，马歇尔(Marshall)的有8种，庞巴维克(Böhm-Bawerk)3种，瓦尔拉(Walras)5种，庇古(Pigou)4种，罗斯切尔(Roscher)27种，等等。我想，恐怕我们每5年修订一次的教科书，更多地是为了满足市场的需要，而较少反映经济科学研究的进展。这种用于小修改的成本也并非是毫不足道的，况且旧型号的汽车仍然可以使用，而一本书经修订再版之后，旧的版本就没什么用处了。

但是，出版业的这种改版现象却仍然愈演愈烈。在美国每年大约出版11,000部图书，没有一部是可以列入100部最杰出的书之列的。为什么当大家公认《德意志共和国的兴衰》(*The Rise and Fall of the Dutch Republic*)是一部比较好的作品时，我们还必须接受《第三帝国的兴亡》(*The Rise and Fall of the Third Reich*)呢？《北回归线》(*The Tropic of Cancer*)是否比德·萨德侯爵(Marquis de Sade)的书更好看(或更不好看)？田纳西·威廉斯(Tennessee Williams)究竟在哪些方面超过了莎士比亚(Shakespeare)？萨缪尔森(Samuelson)的《经济学》已有5种版本，巴赫(Bach)的3种，哈里斯(Harriss)的4种，还有其他人所写的经济学教科书，是否都能充分证明确实是一些比《国富论》更好的著作呢？

经济学家无法回答这些问题，因为寻找它们的答案靠的是对价值的判断，这些判断不具科学性，而经济学家却是科学家。经济学家所能做的事只是报告这些事实。正如费希尔、格瑞利奇和凯森所言，我们不可能对酒鬼说别再喝酒了，但是我们却可以审查酒吧的账目。或者，用一个不会引起规范性联想的比喻来说就是，我们不可能让一个国家不要再把美丽的树木变成废纸了，然而却可以称量纸灰的重量。

因此，让我们来假定，从 1900 年以后没再出版过一本新书。我认为选择这个日期比较客观，而且无论如何这可以使我们得出的数目较大。在此之前出版的书，尽管由于没有新书的干扰市场会有所扩大，有些或许也只能卖出很少数量[我记得的这类书有，J. S. 穆勒的《韩维廉爵士的哲学思想及其所论述的主要哲学问题》(*An Examination of Sir William Hamilton's Philosophy, and of the Principal Philosophical Questions Discussed in His Writtings*)，以及辛克莱(Sinclar)的 21 卷 1791—1799 年的苏格兰概况]；还有些书很可能销声匿迹了[我记得的一本是海因里希(Heinrich)的《燃素就是事实》(*Phlogiston ist die Wahrheit*)。]，但是，仍然有非常丰富的出版物可供我们选择，因为 1900 年及在此之前出版的书籍虽然不能用来代步或者遮风挡雨，却能成为武装牛顿(Newton)、高斯(Gauss)、贝多芬(Beethoven)、歌德(Goethe)，以及杰斐逊(Jefferson)、林肯(Lincoln)和德雷德·斯科特(Dred Scott)等人头脑的精神食粮。

就出版业来说，可以节省的开支十分庞大，而且我们也许能通过上千种隐蔽的途径来省钱。现在我只举出其中的 4 种：

1. 所有的书籍都可以免去版税，其零售价或许能减省 10 美分。写书的人通常还生产别的产品。

2. 目前一本书一般印数为 3,000 册，这个数字至少可提高到 200,000，从而节省 98.5%的排字成本，并且很容易就可降低 30%的书价（或照这一降价的百分比，仅此一项节省的钱就能超过汽车业）。

3. 可以减少大约 98%的广告费，这可能使价格再降低 5%或者 10%。

4. 按照恰好与费希尔、格瑞利奇和凯森的方法相似的方式计算，书籍的利润更高。一旦某个家庭在威斯康星州外发展壮大，它就会成为麦古菲出版社的忠实读者，并可能延续到第二代，甚至第三代。这个因素可降低成本的系数为 2.5，总共能节省现有成本的 85%。

现在我要接着计算间接节省的成本：房屋建筑可以再小一些；人们也许不需如此频繁地变换其眼镜的度数；教师也许不必总是设计新的试题，等等。

如果我们看一下报业的情况，可节省的费用甚至会更大。天下本没有什么新鲜事，所以每次印 12 版包罗万象的新闻就足够了，例如：犯罪、战争、妇女、殖民地、边地生活、民族解放，以及爱尔兰问题。这样除了可以节省，比方说，98%的报纸成本以外，还会使人们不致陷入新闻的包围当中。

这些可以节省下来的钱数都是以 10 亿美元计的，而且读者因而所节省的时间也要以 10 亿小时计。这样做可能会在某种程度上延迟新知识的传播，几乎所有的信息变动都需花费成本。但是，我想读者应当记住这样两个事实，即：大多数新知识都是不正确的；各种新闻都离不开某一中心焦点。

注释：

①"1949 年以来的汽车型号变动所造成的成本"（The Costs of Automobile Model Changes Since 1949），原载《政治经济学杂志》，1962 年 10 月号。

②不过，我那辆 1950 年的道奇车与其说是用来代步，不如说更大的功用是遮风挡雨。

21. 可确知的加尔布雷思在不确知的时代

当英国广播公司(BBC)在1973年致电加尔布雷思(Gallbraith)教授,请他主持一个连续播出的电视讲座时,无疑是想重新显示一下"文明世界"和"人类的进步"之类电视节目的成就。他们并未指望这位当时任哈佛大学教授的经济学家在这一节目中提出什么全新的思想。归根结底,从事新思想的生产毕竟是一个在数量上和质量上都没有保证的行业,甚至一个政府的新闻机构所希望的,也只是就财政支出而言显出一点成绩。所以,我们完全没必要对连加尔布雷思这样的经济学家都没有在这一系列电视讲座以及随后出版的书当中提出什么新思想感到奇怪,更不必说抱怨了。因此,一个很著名的善于说教者按照他自己的老习惯进行了一番说教,并且即使这种说教有点喋喋不休的味道,也不能算是什么大过失。况且在加尔布雷思(还有我!)所生活的时代,人们本来就习惯于过分喋喋不休。

引自《约翰·肯尼思·加尔布雷思的马拉松式电视讲座:可确知的加尔布雷思在不确知的时代》(*John Kenneth Galbraith's Marathon Television Series: A Certain Galbraith in an Uncertain Age*),载《国民论坛》1985年5月27日。版权所有,国民论坛出版公司,纽约东35大街150号。承蒙允许重印。

这并不是说，所有的古老知识和神话都适宜于用电视的形式来表现：迄今为止，还没有人成功地将乘法表编成戏剧上演，希腊神话也没有给电视提供丰富的素材。总的来讲，人们确实可以期望历史神话会比某种纯理论的科学原理更适于用视觉形式来表现。BBC 选择加尔布雷思的原因甚至可能还包括摄像方面的偏好，他的特点就是没有对某一经济学问题进行专门的研究。

如果我们全面地考察一下加尔布雷思过去 10 年来的著作，就会发现，他所有的观点都与我在此所列出的这一系列电视讲座的主题和《不确定的时代》(*The Age of Uncertainty*)一书的相应各章完全一样：

1. 亚当·斯密(Adam Smith)曾一再宣称的狭隘的追求私利的学说，在 19 世纪资本主义制度的严酷当中充分体现出来。

2. 由此造成的收入分配极不公平，非常富有的人过着极其令人难以忍受的奢侈生活。

3. 卡尔·马克思(Karl Marx)为“工人阶级”[由于大部分最需要做的工作都是由其他阶级完成的，因此这个词(Working Classes)会使人误解，但这不是加尔布雷思的错]的利益发起了反对资本主义的“大规模攻势”。在对马克思的生活情况加以描述的同时，提请读者注意其学说。

4. 殖民主义是资本主义国家为转移其国内矛盾而广泛使用的一种手段，它对殖民地国家人民的损害延续了一个世纪，古典经济学家很少注意到这种现象。

5. 详细介绍列宁(Lenin)的生平，指出在他的领导下，俄国从革命的混乱状态成为一个有秩序的共产主义国家。

6. 货币是一种欢乐和痛苦的永恒源泉，配第(Petty)曾说："它能美化一切事物，尤其是美化拥有大量钱财的人。"在中央银行中货币会戏剧性地剧增和减少。没指出这种手段与资本主义有何关系。

7. 凯恩斯(Keynes)的理论向工业化国家指出了通过大批失业来摆脱持续萧条的途径，使资本主义矛盾得以缓解。加尔布雷思对这一理论体系进行了一系列修正，形成在二次大战期间和70年代所采纳的理论体系。

8. 一个名叫约翰・福斯特・杜勒斯(John Foster Dulles)的思想狭隘僵化的教条主义者，推进了冷战时期自我毁灭趋势的发展，他的思想顽固地建立在军火大国的利己行为基础之上。我要请读者猜猜看，是谁未曾陷入这20年的歇斯底里当中。

9. 大联合公司，即目前这种设有不止一处全国性总部的、其环境模式和消费模式都是自给自足式的巨大联合体，被描述成一种类似于统一的全球企业式的机构。这种公司的管理由哈佛管理学院履行像蜂群中的女王一样的作用，已经失去了个人的感觉。

10. 人口增长与土地的增长不相适合，是世界大部分地区贫困的主要原因，并且十分难以解决。这一部分利用从印度的旁遮普到新加坡(一个成功地"解决了农村地区贫困问题的国家")的旅行纪录片，中间不断地穿插着美国南北战争前的奴隶和现代季节工人的镜头，并未得出普遍性的结论。

11. 这一旅行纪录片讲述得较多的是：我们从古代的政治首都，到中世纪的商业城市，再到19世纪工业化城市的居民区，最后到达现代的大都市——走过了一个繁荣的工业社会的发展足迹。这里的现代城市不一定是社会主义的。

12. 该书的结尾表现出一种郁郁沉思和缅怀往事的情绪。部分段落似乎表明，只有建立素质很高的领导集团，才能对抗我们这个时代的主要灾难，而今天这一灾难就是核战争。

在对我们这个"不确知的时代"的内容进行更仔细的考察之前，我们先来简要地看一下电视系列节目所展现的东西。有关不确知的时代这一问题，是由电视系列讲座先提出来的，并主要通过电视节目来展现，而且，对大多数人来说，这一冒险事业的成功，也会主要在于视觉上，而不在于印刷出来的文字说明。我必须只根据第一、第六和第十这三集可以看到的电视片来做出判断，不过这些片子所证实的东西大体上还算一致。

我恐怕加尔布雷思会难以胜任这件事，因为用视觉形象来表述抽象的思想极其困难，除非人们已准备好接受这种借助于视觉形象进行描述的讲演，无论是否使用黑板。请想想价格理论中的一个十分重要的原理吧，即，资源的任一使用方式都会排斥其他方式的使用。有人称这一原理为成本理论的另一种形式；还有人用"没有免费的午餐"来表明这一原理，甚至连保罗·格蒂(Paul Getty)都不得不节省午餐，如若他珍惜自己的时间的话。大炮或黄油，二者必居其一。也许有人会说，某位工人可能在化肥厂里保留的弹药车间工作，但是，这样说(太咬文嚼字)只是表明了资源的多种用途，并不表明其稀缺性。稀缺性的存在极为普遍，以致我们无法很容易地为其摄像，这样，我们又怎么能把诸如肉类、皮革以及鞋子等一大批各种各样的商品在市场行情上的内在依存关系这样复杂的思想形象地展示出来呢？一幅图画所描绘的形象也许会比一千句话更生动，但是如果我们的任务是阐明某一道理，那么语言和形象的作用就会彻底地颠倒过来。

事实上，我对利用电视节目来阐述经济思想能否有效的担忧，并非杞人忧天，而且加尔布雷思也没有克服有关缺陷，因为他并未试图利用视觉形式来阐明自己的思想。该电视系列节目的第一集，即有关亚当·斯密和工业革命的，描述的是一场灾难（有一个例外后来特别加以注明），其主要角色（君主、资本家、地主和工人们）用一种很幼稚浅薄的画面和动作凑成的字谜来表现。桌子上摆着一系列古典经济学象的放大照片，显然没人因为约翰·斯图亚特·穆勒（John Stuart Mill），一个真正天才的经济学家，比他的父亲，詹姆斯·斯图亚特·穆勒（James Stuart Mill）显得还老而感到不自在。这些人的生动形象与加尔布雷思本人的形象构成了有利的比照。

其后的各集电视片——至少是我看到的这些——较少使用这种笨拙的方法，而大多采用播放旅行纪录片的形式。在这些纪录片中，分别用两类不同的场景来为解说员的旁白作说明，所展示的图画往往很刻板，如讨论食品问题时是持续不变的成熟谷穗；探讨人口问题时是拥挤的人群，或者是很长的一段一对印度年轻人订婚的场面（其对话能够听到，很少翻译出来）；当讨论棉花和奴隶问题时，所出现的画面就会是密西西比的艉明轮船。另外的一些场景展示的是历史地点或历史人物，如气派堂皇的英格兰银行董事会办公室；加尔布雷思经营的农场；以及列宁在瑞士的居住地。偶尔也能出现很吸引人的一段电视片，我特别欣赏的是有欧文·费雪（Irving Fisher）及其妻子的画面的那一段。

加尔布雷思在这些电视片中有足够的叙述，但是却表情呆板，身体僵硬。他在进行讲解时不时地使用反语和遁词，而这种文字风格更适宜于书面的表达方式（显然他自己就总是阅读这种文字的东西），却不适宜于口头的传播。他的讲话，如“请仔细听好，我马上要讲解银行业的主要情况”，以及“你们应当并且可以理解费雪（Fisher）的方程式”，都是如此地简短，并使用人们如此不熟悉的概念（开放的市场经营；周转率），以致我们难以想象，那么多小国的观众如何能从这些讲座中获得启迪。

现在让我们来看看实质性的内容。

在《不确定的时代》（*The Age of Uncertainty*）以及加尔布雷思以前撰写的大部分著作中，都谈到了知识分子的思想之发展和影响力。他的电视讲座和《不确定的时代》一书，都以凯恩斯（Keynes）的《通论》（*General Theory*）中有关效应的最后几段为人们所熟知的话作为开头，即知识分子对各种社会事件进程的影响要比既得利益阶级的影响重要得多，尤其是对经济事件的影响，更为重要。虽然加尔布雷思引用这些话时只认为它们有一部分道理，而我却认为这样的说法所包含的道理微不足道，因为社会上各主要阶级（接受福利救济的和蓝领阶级，以及资本家阶级）并不像凯恩斯声称的那样容易被“几年前一些拙劣学者的空谈”所迷惑而搞不清自己的利益所在。所幸的是，加尔布雷思在这本书的第90页表示赞许地引用了马克思的相反见解。不过，他这部书的主题仍显得不是很紧凑，所谈及的有：各主要经济学家的思想理论；他们的谬误和远见；并且还——常常是恶毒地——谈及了据说是由他们所造成的影响。

加尔布雷思本来很善于阐述其他经济学家的思想理论，但是

他在这一系列电视讲座和《不确定的时代》一书中，却几乎没有发挥出这方面的才能。我认为，这主要是由于缺少压力。就我所知，他在最近这几十年当中，并未写出过从专业角度看足够精确的介绍经济分析或经济计量学的著作。假如一个经济学家习惯于进行随意的概括和印象主义的事实描述，他就会失掉勤奋探究的习惯，并且会得出错误的信念。我想，这就是加尔布雷思，一个既聪明又精力充沛的人，之所以在撰写经济思想史著作时表现出严重的含混不清和更适于新闻记者使用的浮浅风格的原因。

亚当·斯密并不是一个可以随意列举的人物，他对经济学作出的伟大贡献是，阐明了如何在各产业和各地区之间进行资源分配；怎样确定商品的价格；以及如何确立工人、地主以及资本家等各类人们的收入。经济的动力可以说是由买主寻求低价和卖主寻求高价造成的，买卖双方的个人利益都要遵循竞争的原则，并且在竞争作用的指导下，与竞争活动相协调。这一有关价值和分配理论的核心观点，正如人们常说的那样，是经济科学中永远不灭的真理。今天的经济学家和1776年一样，仍然认为在竞争条件下使用各种资源将会获得最大收益；并且，在竞争条件下某种资源的各种使用方式之收益相等将会使产出极大化等观点，仍然具有头等重要的地位。

而加尔布雷思在评述斯密的经济论点时，却采取了很不负责任的态度。他注意到，并且事实上斯密也确实曾经感到，如果当时的牛津大学允许教师自由选择学生以获得其所付学费的经济报偿，那么他在就学期间所受的教育就会大大地提高水准。当斯密本人放弃掉年薪100英镑的教授职位而去做年轻的巴克勒奇公爵的私人教师，每年领取 300 英镑年金时，加尔布雷思说，这是“个人利益胜过了高尚的原则”。斯密本来就主张各种资源都应当并且的确是在流向其可以获得最大收益(包括非货币收益及成本)的地方，他的行动也完全符合其在理论上所预示的原则。〔后来加尔布雷思指责斯密接受了苏格兰关税委员会专员的职位，一个“领干薪的闲职”，是与他自己的理论相矛盾的行为。而约翰·雷(John Rae)在谈到斯密的生平时说“他以极不平常的勤奋态度专心地致力于这些工作”〕加尔布雷思实在是没有分清个人对社会制度的反应与这些社会制度的适当设计之间的差异。

他完全忽略了个人利益必须服从竞争的原则这一事实，事实上他显然是将个人利益与使追求私利的个人为公共利益服务的看不见的手等同起来。而实际上造成这个令人满意的国家状况的，正是竞争(以及一种依据契约法的规定建立的社会制度)。如果没有法律和竞争的控制，自私自利就常常会导致欺诈和垄断剥削的行为。讨论斯密的理论而不提及竞争，就好像论及拿破仑的生平而不提及战争一样。

其他一些论及马克思、列宁以及凯恩斯的章节，还有对凡勃仑(Veblen)、斯宾塞(Spencer)和其他经济学家思想观点的简短描述，都和对待斯密、李嘉图(Ricardo)和马尔萨斯(Malthus)的态度差不多，不仅过分沉迷于语调，而且大量谈及的是各人的生平传记。比前几章稍好一点的地方是，在这些电视片中穿插了许多有趣的事例，从而使沉闷的理论内容变得比较轻松，足以令心烦意乱且渴得要死的电视观众感到可以忍受。

加尔布雷思对现代社会中一个非常重要的思想，即平等的思想，没有给予明确的重视。争取平等的权力在 1800 年时只是数量很少的激进分子的奋斗目标，而在今天的西方世界，这种思想却是整个社会意识形态的重要组成部分。这是自从斯密的时代以来，在经济学家和普通老百姓的观念上所发生的最根本的变化。然而，预见到这一变化的人，却并不是经济学家——一般说来，经济学家在认识和接受争取平等的观念方面是落后的——而是加尔布雷思从未提到过的亚历克西斯·德·托克维尔（Alexis de Tocqueville）。请回忆一下这段颇有影响的话吧：

> 人们对特权的憎恨会随着这些特权的减少和变得不太重要而增强，因而民主的激情似乎恰恰是在其燃料最少的时候烧得最旺。我已经阐明了产生这种现象的原因。如果周围的一切全都很不平等，不平等就不会显得很惹眼；而在普遍一致的情势下，最轻微的差异也会显得十分可憎；这种一致性越是彻底，则这类差异就会越令人不能容忍。所以，人们对平等的热爱自然会始终是和平等的普及程度一起增长，并且这种热爱会在平等本身的哺养下不断地发育壮大。
>
> 民主国家的人民对哪怕是最小的特权这种绝不会消失和永远燃烧着的憎恨，尤其有利于使所有的政治权力都逐渐集中于只代表国家的人手中。而平民们不会妒忌君主，因为他无可争辩地必然得高高在上，并且每个平民都会感到自己绝对没法与君临其上的国王相比。

托克维尔的这一预见十分正确，因为自他那个时代以来的现代西方社会在经济政策方面的根本变化，确实是越来越借助于政

治的力量以进行收入再分配。虽然穷人向富人征税也是这种收入再分配的一种形式，但是，经济政策的根本变化却不仅仅只限于此，而是社会上每一个地位稳固、组织严密的利益集团——工会会员、农民、卡车公司、航空公司、石油生产商、教师、电视台、领取福利金者、退伍军人、房客、房产主以及能叫得出名字的其他群体——都已成功地获得了一些主要为本集团的特殊利益而确立的法规。加尔布雷思所注意到的这类群体，只是大型军火联合企业（我怀疑能否将其当作一个统一的整体），可见其观察力实在是不太敏锐。

事实上，加尔布雷思对经济生活的看法显然是从个人的角度出发的。请再想一想他在开头一章谈到古典经济学家和工业革命时的情况吧。他所讲述的现代工业资本主义兴起的 5 部插曲是：(1)在电视片中很可笑地以别针的生产为例来阐明劳动分工的情况；(2)苏格兰高地的清理；(3)童工；(4)爱尔兰的饥荒；(5)新兴的工业富翁（用了整整一章来描述）。

除了该讲座的第一集，他用以阐明其内容的例子极不适合我们的时代。在一个人类历史上空前的、各种消费品都在持续地加速增长、全体国民的生活（和健康）水平都不断提高的时代，加尔布雷思挑选出来用于重点观察的，却是一些已经全部或大部分被排除于不断发展的市场体系以外的现象。童工、饥荒以及比工业革命所造成的更不平等的收入分配，都是人类历史上早就存在的现象，在我们的时代，童工和饥荒已被消除，而收入的不平等到 19 世纪末也已经大大地降低了其程度，这些都是经济的进步所带来的变化。亚当·斯密曾在《国富论》第一章的结尾进行过这样极有意义的比较：

> 的确，与大人物的过分奢华相比，他的饮食起居[是那种文明国家中最底层的人民所能享有的]必定显得极其简朴和安适；然而，另一方面，或许一位欧洲亲王比一个勤劳节俭的农夫所享有的日常生活用品，也并不比该农夫超出一位掌握着成千上万一无所有的未开化人民的生命和自由的非洲国王所享有的那许许多多消费品更多。

或者再来看看长期以来对殖民主义的攻击(我们知道应当包括美国对越南的侵略行动)，无论人们是谴责殖民主义还是为殖民主义辩护，从现代经济发展的角度讲，总的说来，它都是一种次要现象，真正重要的进展是大批西欧移民进入美洲新大陆(加尔布雷思认为这不算殖民主义)，这一运动在一个世纪当中就改变了全球的经济面貌。殖民主义对资源的需求并不足道——1835 年的印度是在 40,000 名英国殖民者的统治之下——而且，1910 年英国对全世界殖民地的贸易额，我想还不如她与美国一个国家之间的贸易额大。英语国家在范围上的大大发展，不仅使世界的产出大大增长，而且也使这些移民及其留在本国的同胞们的生活水平都大大地提高了。

我还想说的是，不过在谈及这一问题时，我的自信要与有关知识的浅显正好成反比。传统意义的殖民主义，即对某些国家的占据，并不是一个国家的人民对另一国人的单方面抢掠。殖民势力在某一殖民地所进行的广泛投资，不可能不同时增加当地人民的收入，这不仅仅是不要他赢利的问题，还因为没人能够单独占有经济发展所带来的全部收益。

如果我说加尔布雷思的写作热情比其作品的实际内容更值得赞扬,必定会使他感到很恼火。而我,尽管是绝对不想用这种方式来惹恼他,却仍然感到不能不在此提及其写作风格上的一个有趣特点。虽然这个特点不是什么新的特点,可是至少在他以前的著作中表现得不是这样突出。这个特点就是追求新奇。在论及世界上的各种问题时,在整整一部《不确定的时代》中,到处都表现出这种写作风格。加尔布雷思主席以充满警句的评论构成了他这部言论集的杰出开端。请看下面的例子:

1.“一个对企业的经营管理不利的法则[杜尔阁(Turgot),与斯密同时代的法国经济学家]。人们总要宁可冒着彻底毁灭的危险,而不愿放弃任何一点点可能得到的利益。”

2.“或许应当制定一条广泛适用的一般规律,即,如果可能的话,任何人都不会花费精力去证实别人的优势。”

3.“[成功的革命]需要三个绝对重要的条件:必须有坚定的领导者……这些领导者必须对其追随者进行训练……而且,最重要的条件是,敌方必须力量薄弱。所有成功的革命都是在踢开一扇腐朽的门。”

4.“……企图统治他人者最终必定会失败。”

5.“除了节约别的以外,经济学家还要节约思想概念。现在仍然如此。他们要利用当研究生时所学到的思想概念应付一生的工作。”

6.“个人利益总要披上公共目的的外衣,并且,站在个人立场上坚持从中得利的人最容易相信某种公共目标的可行性和正确性。"

加尔布雷思在展示这些故意造作出来的警句时，很充分地表现出一种他所喜爱的风格，这种风格，可能如同斯皮罗·阿格纽(Spiro Agnew)所描述的，是一种集聪颖、似是而非和刚愎自用为一体的奇妙混合物。如果我对BBC的这一缺乏文化素养和固执己见的电视系列节目感到不以为然，固然是委屈了加尔布雷思教授，但却肯定是由于赞扬而委屈了他，这就是说，他的讲座实在是只能娱乐观众，而从这个角度讲，别的许多人都确实不如他那么成功。

22. 施蒂格勒的供求弹性规律*

我在此提出下面这一定理，并希望其含义的重要和论证的严密足以称得上是"规律"。

一切需求曲线都是无弹性的，

一切供给曲线也都是无弹性的。

我斗胆给这一规律冠以自己的名字，是因为它虽然长期以来一直是经济学研究过程中的潜在内容，但是完整明确的阐述和论证，却是由我在这里首次提出来的。现在我准备从人们的经验和前辈经济学家的阐述这两个角度进行论证。

经验的论证

从原则上讲，我们不可能根据经验确证一切已有的或者将会出现的供求曲线都是无弹性的，但是却可能以广泛的调查研究表明弹性功能会因供求曲线不存在而表现显著为有力根据，来推定上述规律确实存在。

承蒙《知识分子和市场》出版者（麻省、坎布里奇，哈佛大学出版社）以及乔治·J. 施蒂格勒本人允准重印。1963 年版权所有，乔治·J. 施蒂格勒；1984 年版权所有，啥佛大学学术委员会。

* 我延搁了很长时间才出版这篇文章，是因为怕太多的读者会发现它很有说服力。时间和社会的变动或许并不会影响它所表达的真理。

首先，我想考察一下学术界的经验。由于编校者对文字简洁的需求也是无弹性的，所以我在此不可能把所有有关的论述都列举出来，尽管这样做会显得对有些学者不太尊重。让我们先来看几个统计学方面的例子，这些研究成果不是很重要，因为它们(除了许多技术上的缺陷以外)几乎总是只有短期的效用。

亨利·舒尔茨(Henry Schultz)：

"除了荞麦(第一和第三周期)和第三周期的黑麦的需求可能有弹性以外，所有这 10 种商品(糖、玉米、棉花、干草、小麦、马铃薯、燕麦、大麦、黑麦以及荞麦)的需求都是无弹性的(即，$|\eta|<1$)。"[《需求理论及计量》(*Theory and Measurement of Demand*)，芝加哥，芝加哥大学出版社，1938 年，第 556 页。]

大卫·A. 韦尔斯(David A. Wells)：

"进一步分析纽约和布鲁克林大桥建成以来的交通情况，也可以表明美国人在消费方面的奇特发展趋向……在大桥建成的第三年，步行过桥费(从 1 美分)降到 1/5 美分，步行过桥者人数减少了 440,395 人，总计为 3,239,337 人；而开车过桥人数(其费用从 5 美分降至 2½ 美分)却增加了 10,130,957 人，总计达 21,843,250 人。"[《近年来的经济变动》(*Recent Economic Changes*)，纽约，阿普尔顿出版公司，1889 年，第 386—387 页。]

E. H. 舍恩伯格(E. H. Schoenberg)：

"(香烟的需求)弹性系数平均为 0.68。"["香烟的需求曲线"(The Demand Curve for Cigarettes)，《商业杂志》第 6 期，1933 年 1 月，第 35 页。]

E. J. 布罗斯特(E. J. Broster)：

“茶叶的价格需求弹性为 0.554，收入需求弹性为 0.284。”[“茶叶的需求弹性和固定价格政策”(Elasticities of Demand for Tea and Price-Fixing Policy)，《经济研究评论》第 6 期，1939 年 6 月，第 169 页。]

R. M. 沃尔什(R. M. Walsh)：

“棉田的供给弹性在不同价格水平时的变动为从 0.1 到 0.3。”[“棉花和棉籽生产对价格的反应”(Response to Price in Production of Cotton and Cottonseed)，《农业经济杂志》第 26 期，1944 年 5 月，第 372 页。]

比上述各例的意义重要得多的论证，是由下面这些经济学家提出来的，他们不是对有关资料进行机械的计算，而是仔细地把所有的情况综合在一起展开分析：

阿尔文·H. 汉森(Alvin H. Hansen)：

“但是，大多数产业最多只能具有单位弹性需求。”[《财政政策和商业周期》(*Fiscal Policy and Business Cycles*)，纽约，诺顿出版公司，1941 年，第 326 页。]

A. 沃尔特斯(A. Walters)：

“铜的市场需求总是完全无弹性的。”[“国际铜业卡特尔”(The International Copper Cartel)，载《南部经济学杂志》，第 11 期，1944 年 10 月，第 143 页。]

J. H. 琼斯(J. H. Jones)：

“然而，如果我们将世界原煤需求当作一个整体……那么，无疑可以说它是无弹性的。”[“英国原煤贸易的现状”(The Present Position of the British Coal Trade)，载《皇家统计学会会刊》，第 93

期第 1 部分，1930 年，第 10 页。]

A. 亚伯拉罕森(A. Abrahamson)：

“威士忌酒的昂贵价格对降低其消费量的影响可能极其微弱。”[选自 W. 汉密尔顿(W. Hamilton)主编的《价格和价格政策》(*Price and Price Policies*)，纽约，麦格劳-希尔出版公司，1938 年，第 427 页。]

L. H. 塞尔策(L. H. Seltzer)：

“消费者的存款需求相对来说对通常的利率变动并不敏感。”[“利率的提高是十分必要和不可避免的吗？”(Is a Rise in Interest Rates Desirable or Inevitable?)，载《美国经济评论》第 35 期，1945 年 12 月，第 837 页。]

G. J. 施蒂格勒(G. J. Stigler)：

“人们注意到消费波动的范围很小，这一定可以证明[英国 1890—1904 年的小麦]需求是异乎寻常地不具弹性。”[“关于吉芬反论史的几点说明”(Notes on the History of the Giffen Paradox)，载《政治经济学杂志》第 55 卷，1947 年 4 月，第 154—155 页。]

J. K. 埃斯特曼(J. K. Eastman)：

“近年来对锡的需求在大部分价格范围内都是无弹性的。”[“锡业生产的合理化”(Rationalisation in the Tin Industry)，载《经济研究评论》第 4 期，1936 年 10 月，第 13 页。]

R. B. 舒曼(R. B. Shuman)：

“但是，根据通常的经验，并没有证据表明每加仑(汽油)价格变动几分钱会对销售量产生重大的影响。”[《石油工业》(*The Petroleum Industry*)，诺曼，俄克拉荷马大学出版社，1940 年，第 144 页。]

W. H. 尼科尔斯(W. H. Nicholls):

"在(不稳定的)经济形势下,农业尤其容易受损,因为(1)它在面临着使其毁灭的低价格时也得继续生产。"["与经济进步相一致的农业价格政策将促使农产品获得足够的更稳定收入"(A Price Policy for Agriculture, Consistent with Economic Progress, that Will Promote Adequate and More Stable Income from Farming),载《农业经济杂志》第 27 卷,1945 年 11 月,第 744 页。]

上面列述的这些学者的论点,可能仍需要进一步明确论证,但是我现在必须先简略地谈谈各实业界人士的看法:

钢铁业:

"钢铁的需求很不具弹性。"[美国钢铁公司,《临时国民经济委员会文件》(*Temporary National Economic Committee Papers*),第 1 卷,第 169 页。]

水泥业:

"我从未见过任何降低卖价的厂家曾由此获得任何好处。如果它们降低价格,可能就会订立某一特殊的合约……但是,归根结底,它们不会再有更多的生意。"[大力神水泥公司经理布罗布斯通,美国最高法院第 333 辩护及公判记录第 683—740 号,第 2 卷,1947 年,第 7697—7698 页。]

汽车制造业:

"我认为目前的汽车价格绝不会在整整一年里都给本行业造成重大压力。毫无疑问,人们所看到的价格确实使购买汽车的公众震惊……遭到反对的价格会在短时期内达到平衡。"[一名销售经理的话，载《汽车工业》，1937 年 12 月 4 日，第 811 页。]

染料业：

“所有生产靛青的厂家一致加价无疑会纠正目前一般买主的错误看法，使他们不再以为这种染料的价格即将下降，也不再以为这会使需求量大大增加。”[米蒂苏贸易公司，美国国会参院专利委员会 S. 2303 听证会，第 77 届国会第 2 次会议文件，第 2380 页。]

但是，最全面和最具权威性的证据，还必须来自掌握大部分经济部门管理权的那些人的工作经验。在第二次世界大战结束前，美国所有物品的出售几乎都由价格管理局管理，这里的经济学家除进行实际的管理工作以外，还发表过诸如下列的论述：

“由国防需要导致的南方松木材用量的增长，以及经济活动范围的随之扩大，使得这种物品的求大于供(原文如此)，结果使价格在通货膨胀压力下大大上涨，达到了空前的水平。”[价格一览表第 19 号，1941 年 11 月 24 日，第 1 页。]

“高度增长的需求和由此而引起的投机活动，使牛尾和猪鬃的价格猛烈上涨，这种情况并不是由生产成本的增加造成的，也不能对供给的增加产生任何影响。”[价格一览表第 24 号，1941 年 8 月 27 日，第 1 页。]

这种评述当然是可能只不过意味着需求曲线向右移动得较大，未必表明它是无弹性的，但是，各种需要考虑的因素却使我们不能这样理解。各种津贴和差价的使用，所依据的是无弹性的供给，而各种分派、定量配给和优先配给的实施是建立在无弹性需求的基础上的。每种价格的上涨都是“无根据的”，然而某一价格上涨的理由却是鼓励供给和(或者)定量需求。因而，价格管理局的经济学家的意思是说，较高的价格将无法履行这些功能。而且，如果迫于压力，他们会承认价格控制是成功的，因为这使价格指数得以控制。也就是说，它对产出没有明显的影响。

最后让我们来看一下英国的经验。这个国家的经济活动是中央计划型的，其所有的供求关系都为已知。在该国的经济计划中［如 1948 年的《经济概览》(*Economic Survey*)所报道的］，没有涉及相对价格问题，可见这里普遍存在的能证明供求无弹性的证据给人以无言的深刻印象。例如，“在美国方面我们正尽力扩大出口，但是，任何真正重大的进展，仍需要那个国家在进口习惯方面发生某种根本的变化”(第 10 页)。这就是说，较低的价格不会使用美元购买的货物增加。而且，该《经济概览》在论及如何对付超出电力需求高峰问题时，虽然间接提到了几种可能的解决办法(第 24—26 页)，但是却未涉及提高电费，想必是这样做并不起作用。总而言之，这种——可以说是审慎周密和有计划地——忽视价格作用的现象，是英国从法律上造成供求无弹性的有力明证。

因此，我认为完全可以从经验方面来证实供给和需求是无弹性的。当然有时人们认为需求是有弹性的，可是通常并无任何实在的根据。不过，至少在下面这两种情况下，可以为弹性需求提供某种证据：

越橘调味酱：

“假定人均收入仍保持前一年的水平，那么市场便可望承受每年增加 17.5％的越橘调味酱销售量，而不使价格下降。如果销售量增长超过了前一年的 17.5％，那么每超出 1％，价格就会比前一年降低 0.49％。”［C. D. 海森(C. D. Hyson)和 F. H. 桑德森(F. H.

Sanderson),“越橘调味酱生产业的垄断性歧视”(Monopolistic Discrimination in the Cranberry Industry),载《经济学季刊》第 59 卷,1944—1945 年,第 348 页和 350 页。]

家庭佣工:

“价格弹性……具有更大的绝对价值:－2.3。”[G. J. 施蒂格勒,《美国的家庭佣工,1900—1940 年》(*Domestic Servants in the United States, 1900—1940*),纽约,全国经济研究所,1947 年,第 30、32 页。]

这两个例子并不一定能证明前述的研究结果都不正确,因为我们可以很容易地用“抽样波动”来解释这些现象。

前辈经济学家的论证

我将给出两个证据,来证明所有的需求曲线都是无弹性的。每种证据包括了大部分经济行业,两种加在一起就肯定能包含所有的产业,其中大部分产业将提到两次。不过,我实在不打算用不确知来换取优雅的美名。在论证了需求曲线是无弹性的之后,我还要考察一下供给曲线的弹性问题。

首先,让我们来看阿尔弗雷德·马歇尔(Alfred Marshall)给出的证明:“(无弹性需求)的第三个条件是,在商品生产的成本中,只有一小部分是由这一要素的价格构成的。由于泥瓦匠的工资只占建造一所房子所需费用的很小一部分,所以即使它上升 50%,也只能使建造房屋的成本增加很小比例,对其需求几乎没有影响。”[阿尔弗雷德·马歇尔,《经济学原理》(*Principles of Economics*),纽约,麦克米伦出版公司,1920 年,第 385 页。]

当前，几乎所有的生产品都是其他一些产品生产费用支出的一个很小的组成部分，如钢铁费用只占汽车制造成本的 1/10；运输费是各种运送价格的一小部分；家计支出是生活成本的一小部分。因而，大多数需求曲线都是无弹性的。[①] 人们也许会注意到，马歇尔曾经为了证明这一论点而假定各种投入都不可能由其他物品来替代。谁能说他的观点不对呢？

其次，是从期望的角度来证明。当价格上升时，人们不会减少购买，因为他们想价格可能会进一步提高；当价格下降时，也没有人会多买东西，因为他们认为价格还可望继续下降。这种价格上升时的预先购买，以及价格下降时的延迟购买，都有利于证实和保持购买者的期望。（有些经济学家继续指出，可以通过缩小需求——以及增加供给——来降低售价，但是，这也许是把事情想得太容易了。）

这一证明一般来说是正确的，只是通常还不够严密和精确。第一次价格变动不会引起预期的行动，显然也是预料中的。例如，某卖主在降低商品售价时预计，第一次的降价只不过使买主更期待进一步降价而无益于增加销售额，因此他可能分两步降价以消除预计进一步减少销售的可能性，但是，买主当然很容易预见到这点，所以该卖主就将商品价格降到恰好等于买主期望的水平，只是为了提高销量，然而买主却没有预见到这一点，从而该卖主的生意下跌。由于他从未料到会造成这种结果，故而惊慌失措，进一步出乎意料地变动售价，在这种情况下，生意自然会陷于停顿。在经过一些明显的进一步改变以后（为简略起见，我在此不一一叙述），价格实际上就固定下来。销售率回复到原有的水平，这是预料到的事情。

细心的读者将会注意到，我到此为止几乎没提及供给的问题。现在我就来弥补这一缺欠。事实上，无弹性的需求就隐含着无弹性的供给，因此，证明了前者便足已能证明后者。有些经济学家在谈到这个问题时非常矛盾地说，需求虽然是无弹性的，但是边际成本曲线却是水平的。下面就来证明一下这种论点错在何处。

首先，从直觉上来证明，如果对投入 A 的需求是无弹性的，其价格降低 10%使投入量的增长小于 10%。其他各种投入的情况也与此相类似。如果所有投入的价格都降低 10%，投入 A 的增长量会更少，因为以此为替代投入的动机不存在了。对其他投入来讲，也会发生相似的现象。但是，由于每种投入的价格降低 10%相当于产品价格上升了大约 11%，因此，产品价格上升 11%导致每种投入的增加量小于 10%，并且使产出的增长也小于 10%，所以说供给是无弹性的。这一证明的缺陷在于，它掩盖了各种投入之间很可能广泛存在的互补性。使用数字方法进行证明可以消除这一缺陷。

让我们来规定下列符号的意义：

$x=$ 产出，

$a, b=$ 投入，

$p, p_a, p_b=$ 各种投入的价格，

$x=\phi(a, b)=$ 生产函数。

利润达到极大化的条件为，

$$p\phi_a=p_a;\quad p\phi_b=p_b。$$

对上述两式中的 p_a 进行不完全微分，然后对 p_b 进行不完全微分，并规定：

$$\Delta=\begin{vmatrix}\phi_{aa}\phi_{ab}\\ \phi_{ab}\phi_{bb}\end{vmatrix},$$

$$\eta_a=\frac{\partial ap_a}{\partial p_a a},$$

$$\eta_b=\frac{\partial bp_b}{\partial p_a b},$$

$$\eta_{ab}=\frac{\partial bp_a}{\partial p_a b}。$$

于是

$$\eta_a=p_a\phi_{bb}/ap\Delta,$$

$$\eta_b=p_b\phi_{aa}/bp\Delta,$$

$$\eta_{ab}=-p_a\phi_{ab}/bp\Delta。$$

现在，对使利润达到极大化的两个等式中的 p 进行微分，可得到，

$$\frac{\partial a}{\partial p}=(p_b\phi_{ab}-p_a\phi_{bb})/p^2\Delta,$$

$$\frac{\partial b}{\partial p}=(p_a\phi_{ab}-p_b\phi_{aa})/p^2\Delta。$$

最后，供给弹性为

$$\eta_s=\frac{\partial x}{\partial p}\frac{p}{x}=\frac{p}{x}\left(\phi_a\frac{\partial a}{\partial p}+\phi_b\frac{\partial b}{\partial p}\right)。$$

如果在上述计算过程中进行一点替换，定义 k_a 为 ap_a/xp，并用同样方法定义 k_b，那么，就会得出下列等式：

$$\eta_s=k_a\mid\eta_a\mid+k_b\mid\eta_b\mid-2k_b\eta_{ab}。$$

我们已经指出，$|\eta_a|<1$，$|\eta_b|<1$，其含义便是十分明确的。首先，如果 $\eta_{ab}>0$（这些投入是替代物），于是

$$\eta_s < 1,\quad 对\ k_a \mid \eta_a \mid + k_b \mid \eta_b \mid < 1。$$

其次，假使碰巧 $\eta_{ab}<0$，我们注意到，如果 $\Delta>0$，如同在稳定均衡情况下所表现的，则

$$k_a\eta_a\eta_b > k_b\eta_{ab}^2。$$

因此，在最不利的情况下，

$$\eta_s < (\sqrt{k_a \mid \eta_a \mid} + \sqrt{k_b \mid \eta_b \mid})^2$$

但是，我们可以假定，在没有特殊亏损时，该式子的右面部分小于1个单位。

证毕。

含义

这一规律的含义用专业术语来表达就是，需求和供给的弹性为零时应称为无弹性的，其弹性数值小于1个单位，应称为有弹性的。假如正确地计算出相关系数，供求弹性就具有相同的变动范围。

对这一经济学含义的讨论必须等待另外的机会，那时将表明价格体系并不存在。

注释：

①该证明有一个严正的推理。由于所有的或大部分特定生产成本都相对来说很小，而企业家绝不会为成本小而烦恼，所以他们绝不会为成本问题担忧，因而，企业家绝不会使利润极大化。这一推理隐含着经济理论方面的意义。

23. 教授真理的历史素描

甚至对很有远见的人来讲，未来的景象也会是含糊不清的，而比较聪明的举动，或许是不要试图去探究未来的问题，因为你所射出的箭肯定会击中一些从来没想达到的目标。保护消费者利益这支箭就是证明。

这支箭的射出非常简单：许多人——尤其是一个姓纳德的小伙子——发现汽车的安全性能不符合他们的愿望，并且很可能比你们所想象的更不安全。他们要求，并有那么点感到，即使不能得到更安全的汽车产品，至少它在表面上要显得更安全。于是有关人士规定，新汽车必须装有一种相当大的并且很昂贵的适用工具。而且，这些热心保护公众利益的人还坚持说，有缺陷的产品应当送去改进，而且，不管汽车制造厂家是否尽了最大努力，所发生的损害仍然要由其负责赔偿。类似的箭很快又射向了一些非机动车产业。

这种代表真理和重视安全问题的箭有时能射中非常合适的目标——一些遭到公众唾骂的商人，他们理所当然地能够向其顾客任意索取为安全而付出的费用，并经常得吃官司，名声很臭。但

转引自《政治经济学杂志》第 81 卷，第 2 期，1973 年 3 月。1973 年版权所有，芝加哥大学。

是，目标在于改革的那些箭却穿透了——假如它们真的能击中——其所指向的目标。而在 1973 年，这类箭击中的是一位教授。真是不幸的日子！

那一年，一个 1969 年毕业于哈佛管理学院，刚刚被解除了某大公司助理财务总管职务，名叫达斯库姆·亨德森的年轻人，向法院控告其母校向他教授错误的知识。这种知识是关于经营费用的适当投资问题，在此我们也许应当略去其详细而又复杂的数学公式。普莱塞克教授是亨德森在哈佛读书时的一位老师，他曾教给学生一种预测短期利率变动的可靠方法，其依据是一个包括证券差价的近期变动、货币储备（普莱塞克教授在芝加哥大学获博士学位）、联邦储备管理委员会宣布的前一季度"所有处于控制之下的"数据，以及充分就业赤字等因素的方程式。在法庭审判中确认，该方程式虽然在 1960—1968 年期间非常适用（亨德森上普莱塞克教授的课是在 1969 年春），但是将其用于 1969 年和 1970 年的资料，一经分析，便可以清楚表明，这种预测会出现荒唐的错误。而这位助理财务总管不知道后来得出的结论，将他所在公司的钱投资于长期债券，在其运作过程中没能赢利，于是他立即被解雇了。当他了解到这是由于普莱塞克所教授的模式有偏差时，就上诉法院，状告教授误人子弟。

这是一场新颖的官司，亨德森的律师经过仔细的推敲，列举出被告的一系列罪名，希望至少能对当庭申诉有利：

1. 普莱塞克教授未曾对他的理论进行足够的经验性检验；如若他能将这一理论试着应用于本世纪 50 年代这 10 年的实际情况，就不会对其这么信奉了。

2. 普莱塞克教授未曾对学生提出适宜的富于科学性的告诫。据亨德森的课堂笔记记载："我以一个计量经济学家的名誉保证，这一模式将不会过时。"另一个同学的笔记中也用不同的语句记载着同样意思的内容。

3. 当这种理论在 1969 年和 1970 年的实际应用中已知不再适用时，普莱塞克教授应当立即通知其以前的学生不要再使用它。

4. 哈佛大学明显地忽视了对一名曾在学术上遭到令人感到丢脸的抨击(《商业杂志》，1972 年 4 月)的助理教授的聘任工作，不但没有重新审查其任职资格，反而在 1972 年将其提升为副教授。该案的原告要求赔偿因失去工作而造成的经济损失 50 万美元，另加 20 万美元的精神赔偿费。

哈佛大学和普莱塞克教授要求驳回此案，因为它毫无意义，而且没有事实根据。人们不能要求高等院校和它的教授对诚实的错误思想负责，或是对所有可能停止使用的教育内容负责；他们也不能要求高校当局及其教师向以前的学生传授新知识，因为这会产生使其无法承受的巨大成本。这些辩护的理由在较低一级法院获得了胜利，麦金托什法官(1938 年哈佛法学士)宣称，高校的授课内容和出版物均应根据宪法第一次修正案关于学术自由的原则受到保护；这类案子没有先例；并且，他还明确认定了学术讲座具有不可靠性。但是当原告上诉之后，豪尔森法官(耶鲁 1940 年法学士)将此案发回原法院裁决，并在庭上做出与麦金托什相反的判语。他指出："如果法律规定生产香波的厂家不得危害学生的头皮，而却允许一家地位显赫的教育机构随意向他头脑中塞进一派胡言，似乎是不能容忍的自相矛盾。"

正如读者将会得知的那样，普莱塞克教授和哈佛大学在最后裁决中获胜，但是却处于败诉的边缘。能为其提供辩解的理由的，只有这样两个事实：(1)普莱塞克的问题按 1969 年的情况进行考察，看起来与大多数这类方程式同样适用；(2)原告要求在该方程式被发现不适于实际情况仅仅两年之后立即得知有关信息，是不合理的，因为只是出版方面的滞后就需两年左右。至于哈佛大学，假使普莱塞克的专业地位稍稍低一点，它就得分担给原告无可争辩地造成损害的责任了。因此对最后开庭做出的判决，教授们像读提出反对意见的书评那样仔细。

大学界对此判决的反应，如若按照年长的英国人的说法，是忧心忡忡，而我却称为乌烟瘴气。各个专业院校——商业和医学专业——很快便理解了该判决的意义。在令人窒息的三个星期之内，康奈尔医学院的一位教授就明确宣称撤回他为研究生讲授了 10 年之久的帕金森症的治疗方法。这只不过是这类风潮的第一起事件，然而，在这场狂飙远远未达到顶峰的时候，就已经至少有 95 例控告大学和大学教师的诉讼被记录在案。伴随着这场“撤回”讲授内容的风潮，一些学术刊物纷纷刊登说明失误和承认错误的文章，一大批学术界人士极其猛烈地突然降低了学术上的声誉。

随后，状告教学失误的案例如爆炸般地迅速增长。我作为一个非法律专业的学者，不想在此详细报告这些案例的具体内容，我只想说，确立一整套合乎情理的权利和义务，需要经过很长的时间和很多的案例，并且人们可能会发现这些案例中有许多使自己愤怒的东西，而无论其站在什么立场。让一名懒惰或很愚笨的学生在法庭上详细地阐述自己是如何地不成功（安德森诉校董会案，加利福尼亚州 191 卷第 426 号),是一件很不正常的事。尤其是要求教师出示其进行解释的录音磁带,更不正常。一名教授并不能为某一真理和谬误常常交互变换,而且还避免不了要对其存在的合理性提出质疑的领域所出现的错误负责(尼尔诉社会学系案,密歇根州 419 卷第 3 号)。因此,与其花费时间来追索这些案例的一系列主要判决结果或是它们的反常之处,倒不如仔细考察在高等院校教授真理的实际效用。一个细心的观察者在解释这种效用时必定会十分谨慎小心——即使显然不会有人对本文提出异议(布朗校长诉助理教授霍兰德案,新泽西州 329 卷第 1121 号,一个有关任职权的案例)——所以我们应当非常仔细地看一看下面这些论点,它们似乎都是很有道理的假设。

一般地讲,新的责任主要是由最有能力承受它们的领域来承担的,因为在这些领域中,最容易确立几乎是一致的看法,以分清已有的资料是正确的,还是相对于不可原谅的错误来说是可以原谅的谬误。各种理论学派实际上不在此列,并且,说来也怪,计算机科学也不属于这样的领域。数学领域被排除在外的原因,是由于人们总要寻求数学计算的答案,而政治科学不包括在内,是由于人们不可能找到答案。经济学中的一个论述如何使某一新兴国家致富的分支(其名称是“发展经济学”),事实上被法庭拒绝审理,因为任何大学都无法赔得起其教师在这一领域的失误所造成的损失。

在一些教授真理的负担最为沉重的专业——在这类专业里,如若所传授的知识不正确会付出昂贵的代价,并且教师们的错误是可以论证的,如医学、化学以及税务法学等——其课堂已经成为很不同寻常的场所。很多大学都禁止学生在课堂上记笔记，由教师发给他们讲课的纪要，而且强烈反对使用藏有麦克风的磁带录音机进行记录，虽然这些措施并不是总能十分成功。哈佛的辩护词中说，教师们并不愿意传授新思想概念，但是由于无价值的旧思想也要消失，其课程常常在两星期内结束，因此我们可以表明，取得最终均衡是人们所赞成的方式。

一些学术刊物发生了显著的变化。让我来引述一篇关于商品价格的短期波动之特点的文章中的一段话，以说明这种变化（《经济学与统计学评论》，1978 年 8 月）：

> 本文提出一种理论，并进一步确证之，尽管证据不是很充分。这一理论就是，小麦的价格会发生一系列非随机性短期变动。（虽然对实际商品的分析属于秘密，但是这里的分析将由自动放弃承担责任的专业人员来做出）本文仅谈及方法学问题，所涉及的只是一些最粗浅的知识，因此将不对大胆提出的初步假设是否正确承担责任。此外，这里的假设实际上与雷斯利特 1967 年提出的假设相同；我主要是在统计技术方面进行了较大修正（这种技术是按照 S. 施蒂格勒 1973 年提出的方法计算的）；其本身具有一定的局限性。这里给出的回归式经过三遍计算，所使用的是不同的计算机，得出的结果相似。作者将欢迎读者对本文提出有用的批评意见，但不会为此感到奇怪。

这篇文章的编辑在其脚注中注明："哈佛大学学术监察委员会对余数的非随机性计量问题表示关切；按照该委员会的规定，如果该作者是哈佛的教授，则其文章底稿须经全系审查通过。”难怪有一位学者抱怨说，对人们阅读他的文章提出警告，比告诫其别抽大麻还要热心。

教授真理的较长期效用完全属于另外一个问题，我甚至不打算在这篇文章中进行概括。联邦学术阅读、写作和研究管理局（ARWR）1981 年所走过的历程是一项创举。该机构随着状告教师的风潮兴起，很快就建立了为参与学术活动颁发执照的制度。这一制度初步保证了防止不合格的人从事学术活动。任何大学若雇用无此执照的教师都不能获得联邦的补贴，这项资助到 1985 年平均为高校收入的 99.7%。我们有幸从这项改革措施得到的一个副产品是，将共产党人、古典自由派、外国人、毕业于已颁照学术领域的 36 岁以下者，以及毕业于法学院的统计学家，统统都排除在外。然而，我想再次重申的是，这完全是另外一个问题了。

图书在版编目(CIP)数据

施蒂格勒论文精粹/(美)库尔特·勒布,(美)托马斯·盖尔·穆尔编;吴珠华译. —北京:商务印书馆,2017
(汉译世界学术名著丛书:120 年纪念版:珍藏本)
ISBN 978-7-100-14139-0

Ⅰ. ①施… Ⅱ. ①库… ②托… ③吴… Ⅲ. ①经济学—文集 Ⅳ. ①F0-53

中国版本图书馆 CIP 数据核字(2017)第 139034 号

权利保留,侵权必究。

汉译世界学术名著丛书
(120 年纪念版·珍藏本)
施蒂格勒论文精粹
〔美〕库尔特·勒布 托马斯·盖尔·穆尔 编
吴珠华 译

商务印书馆出版
(北京王府井大街 36 号 邮政编码 100710)
商务印书馆发行
南京爱德印刷有限公司印刷
ISBN 978-7-100-14139-0

2017 年 12 月第 1 版 开本 710×1000 1/16
2017 年 12 月第 1 次印刷 印张 35¼
定价:170.00 元